1 MONTH OF
FREE
READING

at

www.ForgottenBooks.com

By purchasing this book you are eligible for one month membership to ForgottenBooks.com, giving you unlimited access to our entire collection of over 1,000,000 titles via our web site and mobile apps.

To claim your free month visit:

www.forgottenbooks.com/free1024416

ISBN 978-0-364-43398-0
PIBN 11024416

MORALISTES

ANCIENS.

———

ENTRETIENS DE SOCRATE.

PENSÉES DE MARC-AURÈLE. — MANUEL D'ÉPICTÈTE.

TABLEAU DE LA VIE, PAR CÉBÈS.

SENTENCES DE THÉOGNIS, DE PHOCYLIDE, DE DÉMOPHILE,

DES SAGES DE LA GRÈCE,

VERS DORÉS DE PYTHAGORE, ETC., ETC.

TRADUITS DU GREC.

A PARIS,

CHEZ LEFÈVRE, ÉDITEUR,

RUE DE L'ÉPERON, N. 6.

CHEZ CHARPENTIER, ÉDITEUR,

RUE DE SEINE, 29.

———

AVIS DE L'ÉDITEUR.

Il y a quelques années, M. Lefèvre publia un volume in-8° à deux colonnes intitulé *Moralistes français*. Le succès de ce volume ne saurait être douteux, car il fut réimprimé plusieurs fois. Dès lors notre dessein était de compléter cette publication en y joignant le recueil des plus beaux traités de morale que nous aient laissés les anciens. C'est ce volume que M. Lefèvre publie aujourd'hui dans un format à la fois commode et élégant, et sous le titre général de *Moralistes anciens*. Il renferme :

1. Les Entretiens mémorables de Socrate, par Xénophon ;
2. Les Pensées de Marc-Aurèle ;
3. Le Manuel d'Epictète ;
4. Un appendice au Manuel d'Épictète ;
5. Le Tableau de la vie humaine, par Cébès ;
6. Les Sentences de Théognis ;
7. Les Sentences de Phocylide ;
8. Les Sentences de Démophile ;
9. Les Sentences de Démocrate ;
10. Les Vers dorés de Pythagore ;
11. Les lettres de Théano, de Mélisse, de Myia, etc.

La plupart de ces traités ont pris place depuis longtemps parmi les chefs-d'œuvre, et ils forment dans leur ensemble le code de morale de l'antiquité.

Dans une publication de ce genre le travail de l'éditeur était peu important, et le choix des traductions offrait seul quelques difficultés : voici comment nous avons procédé.

Il existe deux traductions des Entretiens mémorables de Socrate : la première, de Charpentier : elle est lourde, diffuse, elle a vieilli ; la seconde, de Lévesque : celle-là est infiniment supérieure, soit pour l'intelligence du texte, soit pour la netteté du style : elle a dû fixer notre choix.

LES

ENTRETIENS MÉMORABLES

DE SOCRATE.

LIVRE PREMIER.

I.

J'ai souvent admiré comment les accusateurs de Socrate ont pu le présenter aux Athéniens comme un criminel d'état, et leur persuader qu'il méritait la mort. Quelle était leur accusation? Socrate est coupable, disaient-ils, car il ne croit point aux dieux que révère la république, car il introduit des divinités nouvelles : il est coupable, car il corrompt la jeunesse.

Il ne révérait point les dieux de l'état! Et quelle était la preuve de cette imputation? Il faisait des sacrifices, et l'on ne pouvait l'ignorer : il en offrait souvent dans l'intérieur de sa maison; souvent il en offrait sur les autels publics. Se cachait-il quand il avait recours à la divination? Il disait lui-même, et tout le monde répétait, qu'il était inspiré par un être supérieur : c'est ce qui a le plus contribué, je crois, à le faire accuser d'introduire de nouveaux dieux.

Mais quelles sont les nouveautés qu'on peut lui reprocher? Qu'a-t-il fait? ce que font tous ceux qui croient à la divination : ils consultent le vol des oiseaux, ils sont attentifs aux paroles fortuites, ils observent les présages, ils interrogent les entrailles des victimes. Pensent-ils que les oiseaux, pensent-ils que le premier homme qu'ils rencontrent, soient instruits de ce qu'ils cherchent à savoir? Non, sans doute; mais ils croient que les dieux eux-mêmes leur envoient ces signes de leur volonté, et c'était le sentiment de Socrate.

Le vulgaire, il est vrai, dit qu'il est excité ou retenu par les rencontres qui lui sont offertes, par les oiseaux qu'il observe : mais ce n'était pas ainsi que Socrate s'exprimait. Il pensait, il disait qu'un être supérieur daignait l'inspirer; et c'était d'après ces avis intérieurs qu'il conseillait à ses amis de suivre leurs desseins ou de les abandonner. Les uns se sont bien trouvés de l'avoir cru; les autres se sont repentis de ne l'avoir pas écouté.

On n'imaginera pas qu'il eût voulu passer dans l'esprit de ses amis pour un imbécile ou pour un imposteur. Cependant s'il eût été convaincu de mensonge après avoir soutenu qu'il était inspiré par un dieu, comment aurait-il évité l'un ou l'autre de ces reproches? En un mot, puisqu'il osait prédire l'avenir, il est clair qu'il croyait dire la vérité.

II.

Mais, dans cette persuasion, en qui pouvait-il mettre sa confiance, si ce n'était en Dieu même? Et s'il donnait sa confiance aux dieux, comment pouvait-il croire qu'ils n'existaient pas?

Religieux en public, il ne l'était pas moins dans le

secret de la plus intime amitié. Il engageait ses amis à suivre leurs lumières dans les choses indispensables : mais, dans les entreprises dont l'événement est toujours incertain, il les envoyait consulter les oracles. L'art de la divination, disait-il, est nécessaire pour bien administrer un état, et même pour bien régler une famille. L'architecture, la sculpture, l'agriculture, la politique, l'économie, la science des calculs, celle de commander des armées, toutes ces connaissances enfin ont leurs principes ; toutes peuvent être soumises à notre choix. Mais aussi, dans toutes, ce qu'il y a de plus important, les dieux se le sont réservé, et nous ne pouvons y trouver que l'obscurité la plus impénétrable.

En effet, on peut très bien planter un verger ; mais sait-on qui doit en recueillir les fruits ? Un architecte saura donner à son édifice les plus belles proportions ; mais nous dira-t-il qui doit l'habiter ? Ce général d'armée sait combattre ; mais sait-il s'il ne se repentira pas d'avoir livré bataille ? Ce politique connaît bien les principes du gouvernement ; mais il ignore s'il pourra se féliciter un jour d'avoir tenu les rênes de l'état. Ce jeune homme épouse une belle femme ; il se promet de goûter auprès d'elle la félicité suprême : elle ne lui causera peut-être que des chagrins. Un autre se repaît des plus brillantes espérances, car il vient d'entrer dans l'alliance des hommes les plus puissants de l'état : il ne prévoit pas qu'ils le feron exiler un jour.

Socrate regardait comme une folie de ne pas recon-

naître dans les événements une providence divine, et
de les soumettre à l'intelligence humaine : mais il ne
trouvait pas moins insensé d'aller consulter les oracles sur des choses que les dieux nous ont permis
d'apprendre, et dont nous pouvons juger par nous-
mêmes : comme si l'on s'avisait de demander à la divinité si l'on doit faire conduire son char par un cocher habile ou maladroit, ou si l'on confiera son
vaisseau à un bon ou à un mauvais pilote. Il taxait
d'impiété la manie d'interroger les dieux sur ce qu'on
peut aisément connaître en prenant la peine de cal-
culer, de mesurer, de peser. Commençons, disait-il,
par apprendre ce que les dieux nous ont accordé de
savoir, et consultons-les sur ce qu'ils nous ont caché;
car ils daignent se communiquer à ceux qu'ils favo-
risent.

III.

On peut dire que la vie entière de Socrate s'est
écoulée sous les yeux des hommes. Le matin, il allait
à la promenade et dans les lieux d'exercice : il se
montrait sur la place aux heures où le peuple s'y rendait en foule, et passait tout le reste du jour au milieu
des plus nombreuses assemblées. Le plus souvent il
parlait; tout le monde pouvait l'écouter : et lui a-t-on
jamais vu faire, lui a-t-on jamais entendu dire rien
d'impie, rien de suspect?

Il n'avait pas la manie si commune d'embrasser
dans ses leçons tout ce qui existe, de rechercher l'origine de ce que les sophistes appellent la nature, et
de remonter aux causes nécessaires qui ont donné

secret de la plus intime amitié. Il engageait ses amis à suivre leurs lumières dans les choses indispensables : mais, dans les entreprises dont l'événement est toujours incertain, il les envoyait consulter les oracles. L'art de la divination, disait-il, est nécessaire pour bien administrer un état, et même pour bien régler une famille. L'architecture, la sculpture, l'agriculture, la politique, l'économie, la science des calculs, celle de commander des armées, toutes ces connaissances enfin ont leurs principes ; toutes peuvent être soumises à notre choix. Mais aussi, dans toutes, ce qu'il y a de plus important, les dieux se le sont réservé, et nous ne pouvons y trouver que l'obscurité la plus impénétrable.

En effet, on peut très bien planter un verger ; mais sait-on qui doit en recueillir les fruits ? Un architecte saura donner à son édifice les plus belles proportions ; mais nous dira-t-il qui doit l'habiter ? Ce général d'armée sait combattre ; mais sait-il s'il ne se repentira pas d'avoir livré bataille ? Ce politique connaît bien les principes du gouvernement ; mais il ignore s'il pourra se féliciter un jour d'avoir tenu les rênes de l'état. Ce jeune homme épouse une belle femme ; il se promet de goûter auprès d'elle la félicité suprême : elle ne lui causera peut-être que des chagrins. Un autre se repaît des plus brillantes espérances, car il vient d'entrer dans l'alliance des hommes les plus puissants de l'état : il ne prévoit pas qu'ils le feron exiler un jour.

Socrate regardait comme une folie de ne pas recon-

seaux, ils sont attentifs aux paroles fortuites, ils observent les présages, ils interrogent les entrailles des victimes. Pensent-ils que les oiseaux, pensent-ils que le premier homme qu'ils rencontrent, soient instruits de ce qu'ils cherchent à savoir? Non, sans doute; mais ils croient que les dieux eux-mêmes leur envoient ces signes de leur volonté, et c'était le sentiment de Socrate.

Le vulgaire, il est vrai, dit qu'il est excité ou retenu par les rencontres qui lui sont offertes, par les oiseaux qu'il observe : mais ce n'était pas ainsi que Socrate s'exprimait. Il pensait, il disait qu'un être supérieur daignait l'inspirer; et c'était d'après ces avis intérieurs qu'il conseillait à ses amis de suivre leurs desseins ou de les abandonner. Les uns se sont bien trouvés de l'avoir cru; les autres se sont repentis de ne l'avoir pas écouté.

On n'imaginera pas qu'il eût voulu passer dans l'esprit de ses amis pour un imbécile ou pour un imposteur. Cependant s'il eût été convaincu de mensonge après avoir soutenu qu'il était inspiré par un dieu, comment aurait-il évité l'un ou l'autre de ces reproches? En un mot, puisqu'il osait prédire l'avenir, il est clair qu'il croyait dire la vérité.

II.

Mais, dans cette persuasion, en qui pouvait-il mettre sa confiance, si ce n'était en Dieu même? Et s'il donnait sa confiance aux dieux, comment pouvait-il croire qu'ils n'existaient pas?

Religieux en public, il ne l'était pas moins dans le

secret de la plus intime amitié. Il engageait ses amis à suivre leurs lumières dans les choses indispensables : mais, dans les entreprises dont l'événement est toujours incertain, il les envoyait consulter les oracles. L'art de la divination, disait-il, est nécessaire pour bien administrèr un état, et même pour bien régler une famille. L'architecture, la sculpture, l'agriculture, la politique, l'économie, la science des calculs, celle de commander des armées, toutes ces connaissances enfin ont leurs principes ; toutes peuvent être soumises à notre choix. Mais aussi, dans toutes, ce qu'il y a de plus important, les dieux se le sont réservé, et nous ne pouvons y trouver que l'obscurité la plus impénétrable.

En effet, on peut très bien planter un verger ; mais sait-on qui doit en recueillir les fruits ? Un architecte saura donner à son édifice les plus belles proportions ; mais nous dira-t-il qui doit l'habiter ? Ce général d'armée sait combattre ; mais sait-il s'il ne se repentira pas d'avoir livré bataille ? Ce politique connaît bien les principes du gouvernement ; mais il ignore s'il pourra se féliciter un jour d'avoir tenu les rênes de l'état. Ce jeune homme épouse une belle femme ; il se promet de goûter auprès d'elle la félicité suprême : elle ne lui causera peut-être que des chagrins. Un autre se repaît des plus brillantes espérances, car il vient d'entrer dans l'alliance des hommes les plus puissants de l'état : il ne prévoit pas qu'ils le feron exiler un jour.

Socrate regardait comme une folie de ne pas recon-

ses disciples l'art de gouverner les hommes, aurait dû leur apprendre celui de se gouverner eux-mêmes. Je ne m'amuserai pas à combattre cette objection : je vois seulement que tous les maîtres, non contents d'instruire leurs élèves par le moyen de la parole, se donnent pour exemples, et leur montrent qu'ils sont les premiers à pratiquer ce qu'ils enseignent. Je sais aussi que Socrate montrait en lui-même à ses amis le modèle de l'homme sage et vertueux, et qu'il joignait à son exemple les plus belles leçons sur les devoirs des hommes et sur la vertu. Je sais enfin qu'Alcibiade et Critias se conduisirent avec sagesse tant qu'ils le fréquentèrent; non qu'ils craignissent, comme des enfants, qu'il les punît de leurs fautes, mais parce-qu'ils avaient alors l'idée du bien.

VIII.

La plupart de ces gens qui font un métier de la philosophie soutiendront peut-être que l'homme juste ne peut devenir injuste, ni l'homme modeste, insolent; et que, dans tout ce qui porte sur des principes, on ne peut tomber dans l'ignorance après avoir été bien instruit.

Je ne pense pas comme eux. Par l'exercice, le corps prend les habitudes qu'on lui veut faire contracter : l'exercice n'est pas moins nécessaire à l'ame; c'est par lui seul qu'on s'accoutume à remplir ses devoirs, et qu'on parvient à s'abstenir sans peine de ce qui nous est interdit.

Aussi voyons-nous que les pères n'osent se reposer sur le caractère heureux de leurs enfants : ils ont en-

core un grand soin de les éloigner des sociétés dangereuses, persuadés que la fréquentation des hommes
honnêtes est un des plus utiles exercices que puisse
prendre la vertu, mais qu'elle se perd dans la fréquentation des méchants. Le poëte Théognis rend témoignage à cette vérité :

> Le sage dans nos cœurs fait passer ses vertus ;
> Le méchant nous ravit notre bonté première.

Il dit ailleurs :

> Le vice a quelquefois surpris le cœur du sage.

Je suis frappé de cette vérité. Je vois que, par le
défaut d'exercice, on oublie même les vers, quoique
leur mesure serve à les graver profondément dans la
mémoire : la négligence nous fait oublier de même
les principes que nous avons le mieux connus. Si
nous oublions les préceptes qui nous engageaient à
la vertu, nous perdons bientôt de vue tout ce qui
nous la rendait chère ; elle-même est bientôt oubliée.

Voyez l'homme qui s'adonne au vin ou qui se laisse
enchaîner par l'amour : il n'a plus la même force pour
observer ses devoirs et pour s'interdire ce qu'il doit
éviter. Plusieurs, avant d'aimer, savaient ménager
leur fortune ; blessés par l'amour, ils ne le savent plus :
ils commencent par dissiper leur bien, et se livrent
ensuite à des gains honteux qui naguère les auraient
fait rougir.

Comment donc ne pourrait-il pas arriver qu'un
homme auparavant réservé dans ses mœurs perdît
toute retenue, et que le juste devînt injuste ? Je suis

persuadé que toutes les bonnes qualités peuvent
s'acquérir par l'exercice, et la tempérance aussi bien
que les autres. Dès que les voluptés se sont empa-
rées de notre ame, elles lui font abjurer toute retenue,
et la soumettent en esclave aux appétits déréglés du
corps.

IX.

Tant qu'Alcibiade et Critias restèrent auprès de Socrate, tant qu'il leur prêta ses secours pour combattre
leurs passions vicieuses, ils surent leur résister et les
vaincre : mais dès qu'ils l'eurent abandonné, Critias
se retira dans la Thessalie, et y vécut avec des hommes
qui aimaient bien mieux s'abandonner à leurs déré-
glements que d'observer la justice. Pour Alcibiade, sa
beauté le fit poursuivre par une foule de femmes du
plus haut rang ; le peuple le révérait ; le pouvoir qu'il
acquit dans la république et chez les puissances alliées
lui procura un nombreux cortége de flatteurs habiles
à le corrompre ; il vit qu'il lui serait aisé de saisir les
rênes du gouvernement ; il s'oublia lui-même, et res-
sembla bientôt à ces athlètes qui négligent de s'exercer parcequ'ils ont remporté trop aisément la victoire.

Voilà ce qui perdit Critias et Alcibiade. Enflés de
leur noblesse, éblouis de leur fortune, étourdis de
leur puissance, amollis par leurs complaisants, corrompus par toutes ces circonstances réunies, éloignés
depuis longtemps de Socrate, doit-on s'étonner qu'ils
soient devenus présomptueux ? Mais les fautes qu'ils
ont faites, l'accusateur les rejette sur Socrate. Eh

quoi! dans l'âge où l'on manque le plus de jugement, où l'on sait le moins se modérer, ils se montrèrent sages et réservés; le mérite en était à Socrate : et l'accusateur ne croit lui devoir aucun éloge !

On n'a pas la même injustice pour les autres professions. Quand un maître de flûte ou de lyre a donné de bons principes à ses élèves, s'ils s'avisent de le quitter, de prendre d'autres leçons, et qu'ils perdent leurs talents, est-ce sur lui qu'on en rejette la faute? Un père voit son fils se bien conduire sous un maître et devenir vicieux sous un autre : accuse-t-il le premier instituteur? n'en fait-il pas même l'éloge en voyant que le jeune homme ne s'est corrompu qu'en cessant de suivre ses leçons? Les pères même ne sont pas accusés des fautes que font ceux de leurs enfants qu'ils ont toujours gardés auprès d'eux, à moins qu'ils ne leur aient donné de mauvais exemples. On n'aurait pas dû juger Socrate avec plus de rigueur.

Lui-même a-t-il fait le mal? dites qu'il fut un méchant. Mais si toute sa vie ne mérita que des éloges, quelle injustice de rejeter sur lui des fautes qui lui furent étrangères !

X.

Blâmez-le cependant s'il a loué les vices des autres en pratiquant lui-même la vertu. Mais n'a-t-il pas fortement repris les vices de Critias? Ne l'a-t-il pas fait rougir de ses goûts pervers? Pour récompense, il se fit un mortel ennemi.

Critias, devenu l'un des trente tyrans, et choisi avec Chariclès pour donner des lois, satisfit son ressentiment, et défendit d'enseigner l'art de la parole. C'était Socrate qu'il avait en vue. Comme il n'avait aucun moyen de l'attaquer, il faisait tomber sur lui les reproches dont on charge communément les philosophes, et cherchait à le perdre dans l'esprit de la multitude. Socrate n'avait pas donné lieu à ces imputations, du moins si j'en dois croire ce que j'ai moi-même entendu de sa bouche, et ce que d'autres, qui l'avaient souvent écouté, ont pu m'apprendre de lui.

Enfin Critias leva le masque; car les trente tyrans ayant fait mourir un grand nombre de citoyens, en ayant forcé d'autres à seconder leurs injustices : Je serais étonné, dit Socrate, que le gardien d'un troupeau qui égorgerait une partie du bétail qui lui est confié, et rendrait le reste plus maigre, prétendît passer pour un bon berger : mais un homme qui, se trouvant à la tête de ses concitoyens, en détruirait une partie et corromprait le reste, m'étonnerait encore bien davantage, s'il ne rougissait pas de sa conduite et qu'il prétendît à la gloire d'un bon magistrat. On ne tarda pas à rapporter ces paroles aux trente tyrans. Critias et Chariclès firent venir Socrate, lui montrèrent leur loi, et lui défendirent d'avoir des entretiens avec la jeunesse.

Socrate leur demanda s'il lui était permis du moins de leur faire certaines questions sur les choses qui lui étaient interdites et qu'il ne comprenait pas : ils le lui permirent. Je suis prêt, leur dit-il, à me soumettre aux lois : mais je crains de pécher par ignorance, et je voudrais savoir bien clairement de vous-mêmes ce que vous entendez en défendant de professer l'art de la parole. Avez-vous en vue ce qui se dit de bien ou ce qui se dit de mal? Si votre défense porte sur ce qui se dit de bien, il est clair qu'il faut s'abstenir de bien dire : défendez-vous seulement ce qui se dit de mal? je vois qu'il faut travailler à bien parler. Alors Chariclès s'emportant : — Puisque tu ne nous entends pas, Socrate, nous allons t'ordonner quelque chose de plus clair : c'est de n'avoir aucun entretien avec les jeunes gens de quelque façon que ce soit.

— Pour qu'il ne reste plus aucune équivoque, dit Socrate, et que je ne m'écarte pas de ce qui m'est prescrit, indiquez-moi bien à quel âge vous fixez le terme de la jeunesse.— A l'âge, dit Chariclès, où les hommes ont acquis toute leur prudence, à l'âge enfin où il est permis d'entrer au sénat : ainsi ne parle pas aux jeunes gens au-dessous de trente ans.

— Mais, reprit Socrate, si je veux acheter quelque chose, et que le marchand n'ait pas encore trente ans accomplis, pourrai-je lui dire au moins : Combien cela? — On te permet, dit Chariclès, de faire cette question : mais tu as coutume d'en faire sur quantité de choses que tu sais fort bien, et voilà les conversations qui te sont interdites — Ainsi je n'oserai pas répondre à un jeune homme qui m'interrogera sur des choses que je saurai fort bien. S'il me demande, par exemple: Où demeure Chariclès? où demeure Critias? —Tu peux répondre à cela, lui dit Chariclès. —Oui, reprit Critias; mais souviens-toi bien, Socrate, de renoncer à faire entrer dans tous tes discours les cor-

donniers, les maçons, les chaudronniers : aussi bien je
crois qu'ils sont fort las d'être toujours mêlés dans tes
propos. — Il faudra sans doute aussi, répondit Socrate,
que je renonce aux conséquences que je tirais de
leurs professions, et qui m'aidaient à faire mieux sentir ce que c'est que la justice, la piété, toutes les vertus? Précisément, répliqua Critias ; et renonce même
à parler des gardiens de troupeaux, sans quoi tu pourrais bien trouver du déchet dans ton bétail.

Ces dernières paroles faisaient assez connaître qu'on
leur avait rapporté la comparaison du berger, et que
c'était là le principe de leur haine contre Socrate.

XI.

On vient de voir quelle avait été la liaison de Socrate et de Critias, et quels sentiments ils conservèrent
l'un pour l'autre. Je dirais volontiers que nous ne
pouvons être bien élevés que par un homme qui nous
plaise. Critias et Alcibiade se mirent sous la discipline
de Socrate ; mais il ne leur plaisait pas : déjà leurs
vues se portaient vers le gouvernement de la république ; et, dans le temps même qu'ils fréquentaient
Socrate, ils ne s'entretenaient volontiers qu'avec
ceux qui tenaient les rênes de l'état.

On dit qu'Alcibiade, avant l'âge de vingt ans, eut
avec Périclès, son tuteur, la conversation suivante
sur les lois :

Dites-moi, Périclès, ne pourriez-vous pas m'apprendre ce que c'est que la loi ? — Assurément, répondit Périclès. — Au nom des dieux, ne refusez pas
de me le dire. J'entends louer certaines personnes

parcequ'elles observent religieusement les lois, et je crois qu'on ne saurait mériter cet éloge sans savoir ce que c'est que la loi. — Il n'est pas fort difficile, mon cher Alcibiade, de satisfaire ta curiosité. La loi est tout ce que le peuple rassemblé a revêtu de sa sanction, tout ce qu'il a ordonné de faire ou de ne pas faire. — Et qu'ordonne-t-il de faire? le bien ou le mal?—Le bien, sans doute, jeune homme : veux-tu qu'il ordonne de mál faire?— Mais si ce n'est pas le peuple ; si, comme dans l'oligarchie , c'est un petit nombre de citoyens qui se sont rassemblés et qui ont prescrit ce qu'on doit faire, comment cela s'appelle-t-il? — Dès que la portion de citoyens qui gouverne a ordonné quelque chose, cet ordre s'appelle une loi. —Mais si un tyran usurpe la puissance et qu'il prescrive au peuple ce qu'il doit faire, est-ce encore une loi?— Oui, c'est une loi, puisqu'elle émane de celui qui commande. — Eh ! qu'est-ce donc que la violence? qu'est-ce que le renversement des lois? N'est-ce pas lorsque le puissant, négligeant de persuader et n'employant que la force, oblige le faible à faire ce qui lui plaît?— Il me semble que c'est cela même. —Ainsi quand un tyran force les citoyens à suivre ses caprices sans chercher à les persuader, c'est donc un renversement de la loi? — Je le crois : j'ai eu tort de dire que les ordres d'un tyran étaient des lois, quand il n'a pas obtenu l'aveu des citoyens. — Mais quand un petit nombre de citoyens se trouve revêtu de la puissance souveraine, et prescrit ses volontés à la multitude sans obtenir son aveu, appellerons-nous

cela de la violence ou non? — De quelque part que
l'ordre soit émané, qu'il soit écrit ou qu'il ne le soit
pas, dès qu'il n'est appuyé que sur la force, et qu'il
n'a pas l'aveu de ceux qui doivent s'y soumettre, il
me paraît tenir bien plus de la violence que de la loi.
— Et ce que la multitude qui commande prescrit aux
riches, sans prendre la peine d'obtenir leur aveu,
tiendra donc moins aussi de la loi que de la violence?
— C'en est assez, mon cher Alcibiade. Quand nous
étions à ton âge, nous étions forts sur ces difficultés;
nous aimions à les subtiliser, à les sophistiquer comme il me semble que tu fais à présent. — Je suis fâché, mon cher tuteur, de n'avoir pu vous entretenir
dans l'âge heureux où vous étiez si subtil, et où vous
vous surpassiez vous-même en finesse d'esprit.

XII.

Dès qu'Alcibiade et Critias crurent avoir l'avantage
sur les citoyens qui tenaient alors les rênes de l'état,
on ne les vit plus dans la compagnie de Socrate. La
vérité est que jamais ils ne l'avaient aimé; et d'ailleurs ils ne pouvaient se trouver avec lui sans essuyer
sur leur conduite des reproches qu'ils n'écoutaient
pas volontiers. Ils se livrèrent aux affaires de la république, et n'avaient pas eu d'autre motif de se lier
quelque temps avec Socrate. Mais que l'on considère
ses autres disciples, Chéréphon, Simmias, Phédon,
Chérécrate, Cébès, et tant d'autres qui le fréquentaient, non pour apprendre à séduire le peuple dans
les assemblées par les charmes de la parole, non pour
s'élever aux emplois de la judicature, mais pour de-

venir honnêtes et vertueux, et pour apprendre leurs devoirs envers leurs parents, leurs domestiques, leurs amis, leur patrie, leurs concitoyens : jamais aucun d'eux, ni dans sa jeunesse, ni dans un âge plus avancé, n'eut à se reprocher d'avoir fait le mal, ne put même en être soupçonné.

Mais Socrate, dit son accusateur, persuadait à ses disciples qu'il les rendait plus sages que leurs pères, et c'était détruire en eux le respect filial. Il leur disait que la loi permet aux fils de lier leur père quand ils peuvent le convaincre de folie, et se servait de cet argument pour prouver que les lois accordent à l'homme instruit le droit de mettre l'ignorant à la chaîne.

Ce n'est pas ainsi que pensait Socrate : il croyait au contraire que le savant présomptueux qui voudrait charger l'ignorant de chaînes mériterait d'être enchaîné lui-même par le premier qui en saurait plus que lui. Il examinait souvent la différence qui se trouve entre l'ignorance et la folie : Il faut, disait-il, enchaîner les insensés furieux pour leur propre intérêt et pour celui de leurs amis : quant à ceux qui ne savent pas ce qu'il est nécessaire de savoir, les gens plus éclairés ont sur eux un beau droit : celui de les instruire.

XIII.

. Socrate ne s'est pas contenté, poursuit l'accusateur, de détruire dans ses disciples le respect pour leurs pères ; il les a rendus indifférents pour toute leur famille. Êtes-vous malades? leur disait-il : avez-vous un

procès? vous ne vous adressez pas à vos parents, mais
à un médecin ou à un avocat. Il ajoutait même que
les amis n'étaient bons à rien s'ils n'étaient utiles, et
que personne enfin ne méritait nos honneurs que
ceux qui savent ce qu'il nous importe de savoir et qui
peuvent nous l'enseigner. Et comme il avait l'art de
persuader à cette jeunesse que lui-même était fort
sage et que personne n'avait plus que lui le talent de
rendre sages les autres, elle croyait que tous les
hommes n'étaient rien en comparaison de Socrate.

Je sais qu'il se servait des expressions que lui reproche l'accusateur. On se hâte, disait-il aussi, d'emporter les corps des personnes mêmes qui nous furent
les plus chères dès qu'ils sont abandonnés de l'ame
en qui seule réside l'intelligence. Tant que nous
vivons, ajoutait-il, nous n'avons rien de plus cher
que notre corps : nous coupons cependant, nous re-
jetons de toutes ses parties ce qui n'est d'aucun usage,
comme les ongles, les cheveux, les callosités. Nous
nous soumettons aux plus vives douleurs pour nous
défaire de certaines portions inutiles de nous-mêmes;
nous les faisons extirper ou brûler par un médecin,
et nous croyons que ce service mérite des récompenses. Voilà bien ce qu'il disait : mais il n'enseignait
pas pour cela qu'il fallût enterrer son père tout vivant
ni se faire couper soi-même en morceaux; il prouvait seulement que ce qui est sans utilité doit rester
sans honneur. C'est ainsi qu'il engageait ses amis à
se rendre utiles par leurs talents et leurs connaissances. Vous voulez, leur disait-il, être estimé de votre

père, de votre frère, de vos parents : ne restez pas dans l'indolence, vous reposant sur les liens de la parenté ; mais soyez utile à ceux dont vous voulez obtenir la tendresse.

XIV.

L'accusateur le chargeait encore d'avoir choisi dans les plus célèbres des poëtes les morceaux les plus dangereux; de s'en être fait des autorités pour détruire dans ses disciples l'horreur du crime, et pour leur inspirer des sentiments tyranniques. Hésiode a dit :

> Ce n'est pas l'action qui nous couvre de honte,
> Mais l'inactivité.

Il prétendait que Socrate expliquait ce vers comme si le poëte eût ordonné de ne s'abstenir d'aucune action injuste ou malhonnête, et de faire le mal quand on y trouvait son profit. Ce n'était pas là le sentiment de Socrate. Après avoir rétabli qu'il est utile et honnête de s'occuper, nuisible et honteux de languir dans la paresse : Ceux qui font le bien, ajoutait-il, travaillent en effet et méritent des éloges ; mais jouer aux dés, mais ne se livrer qu'à des occupations condamnables et dangereuses, c'est croupir dans la plus coupable inaction : et, dans ce sens, il est bien vrai que

> Ce n'est pas l'action qui nous couvre de honte,
> Mais l'inactivité.

On lui reprochait encore d'avoir abusé de ces vers d'Homère :

> Eh quoi ! disait Ulysse aux monarques, aux grands,
> Mortels chéris des dieux, vous connaissez la crainte ?

Je vais écrire, autant que ma mémoire pourra me le permettre, tout le bien qu'il a fait à ses disciples, soit en leur donnant des leçons, soit en leur montrant en lui-même l'exemple qu'ils devaient suivre.

XVI.

Comment se comportait-il envers les dieux? comment en parlait-il? Comme la Pythie elle-même répond à ceux qui viennent l'interroger sur les sacrifices qu'ils veulent offrir, sur tous les actes religieux. Conformez-vous aux lois de votre pays, répond la prêtresse; c'est remplir les devoirs qu'exige la piété.

C'est ce que Socrate observait, et ce qu'il recommandait aux autres. Il traitait d'insensés et de superstitieux ceux que la vanité faisait tendre à une plus grande perfection. Ses prières étaient simples; il demandait aux dieux de lui accorder ce qu'il lui était utile d'obtenir, persuadé qu'ils connaissent bien mieux que nous nos véritables avantages. Demander aux dieux de l'or, de l'argent, la puissance suprême, c'était, suivant lui, comme si on leur demandait de jouer aux dés, de combattre, ou d'autres choses semblables dont le succès est toujours incertain.

Les faibles offrandes du pauvre ne lui semblaient pas plus méprisables que les nombreuses victimes offertes par des hommes puissants et fortunés. Il serait, disait-il, indigne des dieux de donner la préférence aux plus pompeuses offrandes; car il leur arriverait souvent de recevoir avec plus de clémence les vœux des méchants que ceux des hommes vertueux. Daignerions-nous regarder la vie comme un présent

fort estimable, s'il fallait que les offrandes du crime
fussent préférées à celles de la vertu? Persuadé que
les hommages rendus par la piété sont toujours les
plus agréables aux dieux, il aimait à citer ce vers :

Consultez vos moyens, même dans vos offrandes.

Il ajoutait que le précepte qui nous ordonne de consulter nos moyens devait être la règle de notre conduite avec nos amis, avec nos hôtes, et qu'il ne fallait
même s'en écarter dans aucune action de la vie.

Quand il croyait que les dieux lui avaient eux-
même signifié leurs volontés, aucune force humaine
n'aurait pu le faire résister à cette inspiration : on lui
aurait fait plutôt préférer pour guide d'un voyage un
aveugle ou quelqu'un qui n'aurait pas su le chemin,
à un homme clairvoyant et qui aurait bien connu la
route. Il accusait de folie ceux qui agissaient contre
l'inspiration divine dans la crainte de s'attirer la rail-
lerie des hommes ; car toute la prudence humaine lui
paraissait bien méprisable, comparée aux avis de la
divinité.

XVII.

A la manière dont il avait réglé son corps et son esprit, il eût fallu que le ciel même eût pris plaisir à
l'accabler pour l'arracher à sa sécurité et l'empêcher
de suffire aux faibles dépenses qu'exigeaient ses besoins. Telle était sa sobriété, qu'il paraît impossible de
travailler assez peu pour ne pas gagner ce dont il se
contentait : il ne prenait de nourriture qu'autant qu'il
en pouvait prendre avec plaisir, et attendait, pour se

mettre à manger, que l'appétit lui servît d'assaisonnement; toute boisson lui était agréable, parcequ'il ne buvait jamais sans avoir soif.

S'il était invité à quelque festin, et qu'il ne refusât pas de s'y rendre, il trouvait aisé ce qui paraît si difficile aux autres, de ne se livrer à aucun excès. Il exhortait ceux qui ne pouvaient suivre son exemple à ne pas toucher aux mets qui excitent encore à manger lorsqu'on n'a plus faim, et aux liqueurs qui engagent à boire quand la soif est passée : il disait que rien n'était plus funeste que ces excès à l'estomac, à la tête et à l'esprit. Circé, ajoutait-il en riant, n'employait pas d'autre enchantement pour changer les hommes en pourceaux ; et si Ulysse a pu se soustraire à cette funeste métamorphose, c'est qu'il était éclairé par les conseils de Mercure, et que sa sobriété naturelle ne lui permettait pas de prolonger les plaisirs de la table quand il n'y était plus invité par le besoin. C'est ainsi que Socrate savait mêler le badinage à ses plus graves leçons.

XVIII.

Il connaissait les suites funestes de l'amour, et il exhortait ses disciples à fuir les traits dangereux de la beauté. Il n'est pas aisé, disait-il, de s'y exposer et de conserver la sagesse.

S'étant aperçu que Critobule, fils de Criton, avait eu l'imprudence de dérober un baiser à la fille d'Alcibiade, qui se distinguait par sa beauté, il ne lui dit rien à lui-même ; mais s'adressant en sa présence à Xénophon : Répondez-moi, lui dit-il ; n'avez-vous pas pris jusqu'ici Critobule plutôt pour un jeune homme prudent que pour un téméraire? Auriez-vous cru qu'avec son air réservé ce fût un étourdi prêt à se plonger tête baissée dans le péril? — J'étais loin de le croire. — Eh bien! regardez-le à présent comme le plus audacieux, le plus bouillant des hommes, capable de se précipiter sur le fer, de se jeter dans les flammes. — Et qu'a-t-il donc fait, Socrate, pour que vous preniez de lui cette idée? — Comment! n'a-t-il pas eu l'audace d'embrasser la fille d'Alcibiade, cette jeune personne qui réunit tant de charmes! — Oh! si c'est là sa témérité, je crois que je serais capable de la même audace. — Ah! malheureux! tu ne prévois pas combien tu paierais cher ce baiser cueilli sur une si belle bouche. Tu es libre : veux-tu donc en un instant devenir esclave? veux-tu te perdre dans le sein des plus dangereuses voluptés? veux-tu détruire dans ton cœur l'amour de l'honnêteté, de la décence, et te livrer à des soins honteux, indignes même d'un insensé? — Par Hercule! mon cher Socrate, voilà une terrible puissance que vous donnez à un baiser. — En es-tu donc étonné? Ne sais-tu pas que l'araignée qu'on appelle phalange n'est pas plus grande qu'une demi-obole, et qu'appliquée seulement sur les lèvres elle cause des douleurs mortelles et prive les hommes de la raison? — Je le sais : mais c'est qu'en pinçant les chairs elle y insinue je ne sais quel venin. — Insensé! tu ne sais donc pas qu'une belle bouche, en donnant un baiser, insinue dans notre sang un invisible poison? tu ne sais donc pas que la beauté est

5.

bien plus redoutable encore que la phalange ? Celle-ci blesse quand elle touche ; mais l'autre, sans toucher, et par le seul aspect, répand en nous je ne sais quoi qui nous tourne la tête. Si l'on donne le nom d'archers aux Amours, c'est parceque la beauté blesse de loin. Ainsi, mon cher Xénophon, je n'ai qu'un conseil à te donner. Quand tu verras des attraits capables de te charmer, détourne les yeux et prends la fuite. Et vous, Critobule, je vous exhorte à voyager une année entière : ce temps suffit à peine pour guérir votre blessure.

C'est ainsi qu'il ne connaissait, pour les cœurs trop faibles contre l'amour, d'autre remède que la fuite : elle empêche l'imagination de former des desirs que n'inspire pas le besoin, et même de s'abandonner à ceux qu'il inspire.

XIX.

Il ne s'était pas moins fortement armé lui-même contre la beauté que les autres ne le sont contre la laideur, et ne combattait pas la passion du vin et de la bonne chère avec moins de puissance que celle de l'amour. Persuadé qu'il ne goûtait pas moins de plaisirs que ceux qui s'abandonnent à tous leurs mouvements déréglés, il était sûr d'éprouver bien moins de peines.

On a dit, on a même écrit, qu'il avait bien le talent d'appeler les hommes à la vertu, mais qu'il n'avait pas celui de les en pénétrer. Cependant qu'on veuille bien réfléchir sur les raisonnements qu'il employait pour combattre les présomptueux qui se flattaient de tout savoir ; qu'on se rappelle ce qu'il disait journellement à ceux qui le fréquentaient, et l'on ne pourra s'empêcher de croire qu'il était bien capable de rendre ses disciples plus vertueux.

Je vais d'abord raconter l'entretien qu'il eut en ma présence avec Aristodème, surnommé le Petit, un jour que la conversation vint à tomber sur la divinité. Il savait qu'Aristodème n'offrait pas de sacrifices aux dieux, qu'il méprisait la divination, et qu'il n'épargnait pas, dans ses railleries, ceux qui observaient ces pratiques religieuses.

Daignez me répondre, mon cher Aristodème, lui dit-il : Y a-t-il quelques personnes dont vous admiriez les talents ? — Sans doute, répondit Aristodème. — Voudriez-vous bien me les nommer ? — J'admire surtout Homère dans la poésie épique, Mélanippe dans le dithyrambe, Sophocle dans la tragédie, Polyclète dans la statuaire, et Zeuxis dans la peinture. — Mais quels artistes trouvez-vous les plus admirables, de ceux qui font des figures dénuées de mouvement et de raison, ou de ceux qui produisent des êtres animés et qui leur donnent la faculté de penser et d'agir ? — Ceux qui créent des êtres animés, si cependant ces êtres sont l'ouvrage d'une intelligence, et non pas du hasard. — Mais supposons des ouvrages dont on ne puisse reconnaître la destination, et d'autres dont on aperçoive manifestement l'utilité : lesquels regarderez-vous comme la création d'une intelligence, ou comme le produit du hasard ? — Il faudra bien attribuer à l'intelligence les ouvrages dont on sentira l'utilité. — Ne vous semble-t-il donc pas que celui qui a fait les hommes dès le commencement, leur a donné les organes des sens parceque ces organes leur sont utiles; des yeux, pour qu'ils eussent la perception des objets visibles; des oreilles, pour qu'ils pussent entendre les sons? A quoi nous serviraient les odeurs si nous n'avions pas de narines? et sans un palais capable de recevoir les sensations qu'excitent en nous les saveurs, comment aurions-nous quelque idée de leur douceur ou de leur âcreté?

Notre vue est délicate : ne reconnaissez-vous pas l'œuvre de la Providence dans ces paupières qui lui servent de portes? elles s'ouvrent quand il nous plaît de faire usage de nos yeux; elles se baissent quand nous nous abandonnons au sommeil. Les vents auraient pu offenser nos prunelles : mais les cils sont comme des cribles qui les défendent; et les sourcils s'avançant en forme de toit au-dessus de nos yeux, ne permettent pas que la sueur les incommode en découlant de notre front.

Parlerai-je de l'ouïe, qui reçoit tous les sons et ne se remplit jamais? Chez tous les animaux les dents antérieures sont tranchantes, et les molaires achèvent de broyer les aliments qu'elles reçoivent déja tout coupés des incisives. La bouche est destinée à recevoir ce qui excite l'appétit de l'animal : c'est la Providence qui l'a placée près des yeux et des narines. Comme nos déjections inspirent le dégoût, elle en a éloigné les canaux et les a placés aussi loin qu'il est possible des plus délicats de nos sens.

Eh quoi! lorsque ces ouvrages sont faits avec tant d'intelligence, vous doutez qu'ils soient le fruit d'une intelligence! — Je sens bien qu'en les considérant sous ce point de vue, il faut reconnaître l'œuvre d'un sage ouvrier, animé d'un tendre amour pour ses ouvrages. — Ajoutons qu'il a imprimé dans les pères l'amour de se reproduire dans leurs enfants; dans les mères, le besoin de les nourrir; dans tous les animaux, le plus grand desir de vivre, la plus grande crainte de mourir. Pouvez-vous méconnaître les soins d'un ouvrier qui voulait que les animaux existassent? Ne croyez-vous pas avoir vous-même une intelligence? Et vous ne croirez pas qu'il existe de l'intelligence hors de vous. Embrassez en imagination l'étendue de la terre; votre corps n'en est qu'une bien faible partie : j'en dis autant de l'humidité et des autres éléments dont vous êtes formé. Tous sont immenses; mais une portion presque insensible de ces éléments compose votre corps : et vous croyez avoir eu le bonheur d'enlever pour vous seul toute l'intelligence! et tant d'œuvres magnifiques, innombrables, cet ordre si sublime, tout cela vous semble l'ouvrage d'un aveugle hasard! — Il faut bien que j'en convienne, car enfin je ne vois pas les ouvriers qui ont produit ces chefs-d'œuvre, et je connais les artisans qui ont fait les ouvrages que je vois sur la terre. — Vous ne voyez pas non plus votre esprit qui gouverne votre corps : dites donc aussi que vous faites tout par hasard, et rien avec intelligence.

—Mais je ne méprise pas la divinité, mon cher Socrate; je lui crois seulement trop de grandeur pour qu'elle ait besoin de mon culte. — Cependant plus elle met de grandeur dans les bienfaits qu'elle vous accorde, plus il vous convient de la révérer. —Soyez persuadé que je ne négligerais pas les dieux, si je croyais qu'ils prissent quelque intérêt à ce qui regarde les hommes. —Ils n'en prennent donc pas, eux qui nous ont accordé, comme aux autres animaux, le goût, la vue, l'ouïe, mais qui n'ont permis qu'à nous seuls de lever la face vers le ciel! Par ce bienfait, nous voyons plus loin, nous regardons plus facilement au-dessus de nos têtes, nous prévenons plus sûrement les dangers. Ils ont attaché les autres animaux à la terre, et ne leur ont donné que des pieds pour changer de place : c'est à nous seuls qu'ils ont accordé des mains, et elles nous rendent bien supérieurs à tous les autres animaux. Tous ont une langue ; mais la nôtre seule, par ses divers mouvements combinés avec ceux des lèvres, articule tous les sons et fait connaître aux autres toutes nos volontés. Parlerai-je des plaisirs de l'amour ? il n'est permis aux animaux de s'y livrer que dans une saison de l'année : l'homme seul peut les goûter en tout temps jusque dans la vieillesse.

Peu contents de nous avoir témoigné leur bonté dans la conformation de nos corps, les dieux ont voulu nous donner l'ame la plus parfaite. Quel est l'animal dont l'ame connaisse l'existence des dieux, auteurs de toutes les beautés, de toutes les merveilles

que nous admirons? Quel autre animal adore les
dieux? Quel autre, par la force de son esprit, sait
prévenir la faim, la soif, les rigueurs opposées des
saisons, guérir les maladies, augmenter ses forces par
l'exercice, ajouter à ses connaissances par le travail,
se rappeler au besoin ce qu'il a entendu, ce qu'il a
vu, ce qu'il a appris? Ne voyez-vous donc pas clairement que les hommes sont comme des dieux entre
les autres animaux, qu'ils sont faits pour leur commander par la conformation de leur corps et par la
supériorité de leur ame?

L'animal qui aurait les pieds du bœuf et l'intelligence de l'homme, aurait les mêmes volontés que
nous sans pouvoir les remplir. Accordez-lui les mains
de l'homme et privez-le de l'intelligence; il ne sera
pas moins borné. Vous réunissez ces deux avantages
dignes de tant de reconnaissance, et vous vous croyez
négligé par les dieux! Que faut-il donc qu'ils fassent
pour vous persuader qu'ils s'occupent de vous? —
Qu'ils m'envoient, comme vous dites qu'ils le font,
des conseillers pour m'apprendre ce que je dois
faire, ce que je dois éviter. — Eh quoi! quand ils
répondent aux Athéniens qui consultent leurs oracles, ne vous parlent-ils pas à vous-même? Ne vous
parlent-ils pas quand, par des prodiges, ils témoignent leurs volontés aux Grecs, quand ils les manifestent à tous les hommes? Ils n'exceptent donc que
vous? vous seul n'êtes donc pas l'objet de leurs soins?

Quoi! nous pensons que les dieux peuvent récompenser et punir; eux-mêmes nous ont inspiré cette

pensée : et vous croyez qu'ils n'en ont pas le pouvoir ! vous croyez que les hommes, toujours trompés, n'ont jamais éprouvé ni ces peines ni ces récompenses ! Ne voyez-vous pas que ce qu'il y a de plus ancien et de plus sage sur la terre, les villes, les nations, se distinguent par la piété ? ne voyez-vous pas que l'âge qui a le plus de sagesse est aussi le plus religieux ?

O bon et honnête homme ! sachez que votre esprit, tant qu'il est uni à votre corps, le gouverne à son gré. Il faut donc croire aussi que la sagesse qui vit dans tout ce qui existe gouverne ce grand tout comme il lui plaît. Quoi ! votre vue peut s'étendre jusqu'à plusieurs stades, et l'œil de Dieu même ne pourra tout embrasser ! Votre pensée peut en même temps s'occuper des événements dont vous êtes témoin et des affaires de l'Égypte et de la Sicile, et l'esprit de Dieu ne pourra s'occuper à la fois de tout l'univers !

C'est en rendant des services aux hommes que vous reconnaissez s'ils veulent bien eux-mêmes vous en rendre ; c'est en les obligeant que vous voyez s'ils sont disposés à vous obliger à leur tour ; c'est en les consultant que vous apprenez s'ils ont de la prudence : révérez donc les dieux ; c'est à ce prix qu'ils daigneront vous éclairer sur ce qu'ils n'ont pas soumis à notre faible raison. Vous reconnaîtrez alors que la divinité voit tout d'un seul regard, qu'elle entend tout, qu'elle est partout, et qu'elle prend soin de tout ce qui existe.

Ainsi parlait Socrate ; et je ne crois pas qu'il pût

engager plus puissamment ceux qui le fréquentaient à ne rien faire d'impie, d'injuste, de honteux, non-seulement en présence des hommes, mais même dans la plus profonde solitude, puisqu'ils étaient persuadés qu'aucune de leurs actions ne pouvait échapper à la connaissance des dieux.

Passons à la tempérance. S'il est utile aux hommes d'observer cette vertu, voyons si Socrate ne parlait pas de manière à la faire aimer.

Mes amis, disait-il, supposons que nous ayons la guerre et que nous voulions choisir un homme capable de nous défendre contre nos ennemis et de les soumettre à notre domination. Nous connaissons un citoyen esclave de son ventre, abandonné au vin, livré au libertinage, incapable de commander au sommeil : est-ce lui que nous choisirons? Et comment pourrions-nous attendre de lui notre salut et la défaite de nos ennemis?

Supposons encore que nous touchions à notre dernière heure : nous voulons trouver un homme sûr, qui prenne soin de l'éducation de nos fils, qui veille sur la vertu de nos filles, qui ménage notre fortune à nos enfants : est-ce un homme intempérant que nous croirons digne de notre confiance?

Remettrons-nous à un esclave débauché l'inspection de nos troupeaux, de nos celliers, de nos travaux? Qu'on voulût même nous en faire présent, daignerions-nous l'accepter pour le mettre à la tête de notre maison, pour le charger de notre dépense? Quoi! nous

4

ne voulons pas d'un esclave intempérant, et nous ne craindrons pas de lui ressembler!

L'avare tâche d'enlever aux autres leur fortune; mais c'est qu'il espère s'enrichir : il leur nuit, mais pour son intérêt. Le débauché est bien moins excusable : il nuit, sans tirer aucun parti de ses vices; il fait du mal aux autres, mais il s'en fait bien plus à lui-même. N'est-ce pas en effet la plus dangereuse de toutes les fureurs de ruiner à la fois sa maison, son corps et son esprit?

Qui pourrait se plaire à la familiarité d'un homme qui préfère le vin, la bonne chère, à ses meilleurs amis, et la compagnie des filles perdues à la société la plus estimable? On sait que la tempérance est le fondement de toutes les vertus; et l'on ne tâchera pas d'en orner son ame! Comment, sans elle, connaître le bien? comment s'en occuper? Le malheureux asservi à ses plaisirs n'aura-t-il pas le corps et l'esprit également corrompus? En vérité, je crois que tout homme honnête doit faire des vœux pour n'avoir pas un semblable esclave, et que l'esclave des voluptés doit prier le ciel de lui donner des maîtres vertueux : c'est le seul moyen qui puisse le sauver de lui-même.

Si Socrate célébrait la tempérance dans ses discours, il ne l'observait pas moins dans sa conduite. Non-seulement il s'était mis au-dessus de toutes les jouissances qui flattent le corps, mais aussi de toutes les commodités que procure la fortune. Recevoir de quelqu'un, c'était, suivant lui, se donner un maître, c'était se soumettre à la servitude la plus honteuse de toutes. Je me reprocherais de passer sous silence l'entretien qu'il eut avec le sophiste Antiphon. Cet Antiphon tâchait d'enlever à Socrate ses disciples. Il vint un jour le voir, et lui parla ainsi en leur présence :

XXI.

Je croyais, Socrate, que ceux qui professent la philosophie devaient être les plus heureux des hommes ; mais il me semble que vous avez tiré un parti tout contraire de la sagesse. A la manière dont vous vivez, un valet, nourri comme vous, ne resterait pas chez son maître. Vous vous contentez des mets les plus grossiers et des plus viles boissons. C'est peu d'être couvert d'un méchant manteau, il vous sert pour toutes les saisons ; et vous n'avez ni chaussure ni tunique. L'argent plaît quand on le reçoit ; il donne, quand on le possède, le moyen de vivre avec plus d'agrément et de décence : vous refusez d'en recevoir. Les autres maîtres tâchent que leurs élèves suivent leur exemple ; si vous faites de même, vous pouvez vous vanter d'être le premier maître du monde pour enseigner l'art de se rendre malheureux.

Je le vois bien, mon cher Antiphon, lui répondit Socrate ; ma vie vous paraît bien triste, et je gage que vous aimeriez mieux mourir que vivre comme moi. Voyons donc ce que vous trouvez de si dur dans ma façon de vivre. D'abord ceux qui reçoivent de l'argent sont obligés de remplir leurs engagements ;

car c'est à cette condition qu'on leur donne un sa-
laire. Pour moi qui ne reçois rien, je ne suis pas
forcé de m'entretenir avec des gens qui me déplaisent.

Vous méprisez la manière dont je me nourris; est-ce
que mes aliments sont moins sains que les vôtres? est-
ce qu'ils me donnent moins de force? ou bien sont-ils
plus difficiles à trouver, plus rares, plus chers? Serait-
ce enfin que les mets qui vous nourrissent sont plus
agréables à votre palais que les aliments dont je vis
ne flattent le mien? Ignorez-vous qu'avec un bon appétit on n'a pas besoin d'assaisonnement, et que celui qui boit avec plaisir ne songe pas même aux boissons qu'il n'a pas?

On change d'habits pour se garantir successivement
du chaud et du froid; on porte des chaussures pour
ne pas craindre de se blesser les pieds. Avez-vous
jamais vu que je fusse retenu à la maison par le
froid? M'avez-vous vu, pour éviter la chaleur, disputer un ombrage à quelqu'un? Avez-vous vu que
mes pieds fussent blessés et ne me permissent pas
d'aller où je voulais? Ne savez-vous donc pas que
ceux qui ont reçu de la nature un corps faible deviennent cependant bien plus forts dans les travaux
auxquels ils se sont exercés que ceux qui n'ont pas
cultivé le même genre d'exercice? Croyez-vous que
j'aurai fait prendre à mon corps l'habitude de supporter les privations et les fatigues, et que je n'y ré-
sisterai pas bien plus aisément que vous qui ne vous
êtes jamais occupé de ce soin?

Si je ne suis pas esclave de la bonne chère, du

sommeil, de la volupté, quelle en est la cause? c'est que je connais d'autres plaisirs qui me flattent bien davantage, qui ne s'échappent pas dans l'instant où l'on en jouit, et qui promettent des douceurs inaltérables.

Vous savez qu'on ne peut embrasser gaiement une entreprise dont on n'espère aucun succès; mais qu'on se livre avec joie à la navigation, à l'agriculture, à quelque travail que ce soit, quand on ne craint pas de perdre le fruit de ses peines. Eh! la volupté la plus pure, à votre avis, n'est-ce donc pas d'espérer qu'on se rendra soi-même plus estimable et qu'on aura des amis plus vertueux? Cette espérance fait mon bonheur.

S'il faut servir ses amis ou sa patrie, qui sera plus en état de le faire? sera-ce celui qui vit comme moi ou celui qui mène cette vie dans laquelle vous placez le bonheur? Qui supportera mieux les fatigues de la guerre? qui défendra plus constamment une ville assiégée? sera-ce celui qui se contente de tout ce qu'il trouve, ou celui qui ne peut vivre que des mets les plus recherchés?

Les délices, la magnificence, voilà ce que vous appelez le bonheur; et moi je crois que n'avoir besoin de rien, c'est la félicité des dieux, et qu'avoir besoin de peu de chose, c'est approcher de ce bonheur suprême. Si rien n'est plus parfait que l'essence divine, ce qui en approche le plus touche aussi de plus près à la perfection.

XXII.

Antiphon lui dit une autre fois : « Je veux croire, Socrate, que vous êtes un homme juste ; mais je ne vous crois pas fort sage, et il me semble que vous en convenez vous-même. En effet, vous ne recevez d'argent d'aucun de vos disciples ; cependant vous ne donneriez pas pour rien, vous ne vendriez pas même au-dessous de leur valeur, votre manteau, votre maison, ni rien de ce que vous possédez. Si donc vous attachiez quelque valeur à vos leçons, il est clair que vous les mettriez à leur juste prix. En un mot, soyez un homme de bien, je ne vous conteste pas ce titre, puisqu'enfin vous ne trompez personne par cupidité ; mais ne prétendez pas être sage, puisque vous ne savez rien qui mérite d'être payé. »

Socrate ne laissa pas ce reproche sans réponse. « Il est reçu parmi nous, dit-il, qu'on peut faire un usage honnête ou honteux de la sagesse comme de la beauté. Qu'une femme mette ses charmes à prix d'argent et les vende au premier qui veut les payer, on lui donne le nom outrageux de courtisane ; mais nous ne croyons pas indigne d'une femme honnête de se faire un ami qui ne chérit en elle que son mérite et sa vertu. Il en est de même de la sagesse : nous méprisons comme de viles courtisanes, nous appelons sophistes ceux qui la vendent argent comptant ; mais si le sage découvre un jeune homme d'un caractère heureux, s'il se plaît à l'instruire, s'il en fait un ami, il remplit les devoirs d'un honnête et respectable citoyen.

« D'autres aiment à se procurer de bons chiens, de beaux chevaux, des oiseaux de proie : mon plaisir, à moi, c'est de me procurer des amis estimables. Si je sais quelque chose d'utile, je leur en fais part; je les recommande à tous ceux qui pourront les aider dans le chemin de la vertu. Je recherche, je leur communique les trésors de sagesse que les anciens nous ont laissés dans leurs écrits; si nous trouvons quelque chose de bon, nous ne manquons pas de le recueillir : nous faisons surtout ensemble le plus grand de tous les profits, celui de nous aimer les uns les autres. »

En entendant ainsi parler Socrate, pouvais-je ne le pas regarder comme le plus heureux des hommes? pouvais-je douter qu'il conduisît à la vertu ceux qui l'écoutaient?

Vous croyez, lui disait un jour le même Antiphon, faire de vos amis des hommes d'état; et comment ne vous êtes-vous jamais mêlé des affaires, puisque vous vous flattez de les entendre si bien?

Et de quelle manière, reprit Socrate, puis-je le mieux servir l'état? est-ce en ne lui consacrant que mes talents et ma personne, ou en instruisant un grand nombre de sujets capables de traiter les affaires avec autant de probité que d'intelligence?

XXIII.

Voyons à présent si Socrate, en détournant ses disciples de la vanité, ne les amenait pas à cultiver la vertu. Être homme de bien, disait-il toujours, ne pas chercher à le paraître, c'est le vrai chemin de la gloire. Voici comme il prouvait cette vérité.

Supposons, disait-il, un homme qui sache à peine jouer de la flûte et qui veuille passer pour avoir un grand talent; imaginons un peu ce qu'il aura de mieux à faire pour usurper cette réputation. D'abord il faudra qu'il imite les grands musiciens dans tout ce qui fait l'extérieur de leur art. Ils ont d'excellents instruments, ils traînent à leur suite une foule de valets; il ne manquera pas de les imiter en cela : de nombreux admirateurs célèbrent leurs talents; il se procurera donc un grand nombre de prôneurs. Ce n'est pas tout encore; s'il ne veut pas se rendre ridicule, être convaincu d'imposture, il faudra qu'il ne joue jamais de la flûte. Voilà donc un homme qui dépense beaucoup, qui ne gagne rien, et qui va se perdre de réputation. Ne faut-il pas convenir qu'il vit misérablement et qu'il n'est digne que de risée?

Figurons-nous encore un homme qui veuille passer pour un bon général, pour un habile pilote, et qui ne connaisse ni la mer ni le métier des armes : imaginons ce qui lui arrivera. S'il ne peut persuader les autres du talent qu'il n'a pas, il est malheureux; s'il les persuade, il est plus malheureux encore. Avec toute son ignorance, il se verra chargé du commandement d'une armée, de la conduite d'un vaisseau : il ne manquera pas de perdre des gens qu'il aurait bien voulu sauver, et sera forcé lui-même de renoncer honteusement à son emploi.

Socrate montrait par ces exemples combien il est

dangereux de faire une fausse parade de richesses, de force, de courage. On obtient par ce moyen des places qu'on ne peut remplir, on montre au grand jour toute son incapacité, et l'on se rend indigne de toute indulgence.

Il n'appelait pas imposteur le petit fripon qui fait des dupes, en tire un peu d'argent ou quelques effets ; mais l'important sans mérite, qui en impose à ses concitoyens et leur persuade qu'il est capable de gouverner l'état. Il me semblait que de tels discours étaient bien propres à guérir ses disciples de la vanité.

LIVRE II.

I.

Je crois aussi que, par ses leçons, il encourageait puissamment ses disciples à fuir les excès du vin et de la bonne chère, à ne se laisser vaincre ni par l'amour ni par le sommeil, à résister aux rigueurs de l'hiver et aux chaleurs de l'été, et à supporter le travail et la peine.

Il savait que l'un d'eux s'abandonnait à la mollesse. Mon cher Aristippe, lui dit-il, je suppose qu'on vous présente deux jeunes gens à élever, l'un destiné à commander un jour, et l'autre à rester dans la vie privée : comment vous y prendriez-vous avec chacun d'eux? Voulez-vous que nous commencions par les premiers éléments, c'est-à-dire par la nourriture? —

Volontiers ; car, sans la nourriture, il serait impossible de vivre. — Il est donc certain qu'ils demanderont tous deux à manger aux heures des repas. — Ce point n'est pas douteux. — Eh bien ! lequel accoutumerons-nous à se livrer plutôt à quelque occupation pressante que de satisfaire son appétit? — Celui que nous élèverons pour commander, afin que les affaires de l'état ne souffrent pas un jour entre ses mains. — Il faudra sans doute aussi qu'il sache résister au besoin de la soif? — Cela est essentiel. — Mais auquel des deux apprendrons-nous à vaincre le sommeil, afin qu'il s'accoutume à se coucher tard, à se lever de bonne heure, à veiller s'il le faut? — C'est encore au même. — Et lequel formerons-nous à combattre l'amour, de peur que ses plaisirs ne le détournent des affaires dont il sera chargé? — Toujours le même. — Auquel des deux imposerons-nous de ne pas craindre le travail et de s'y livrer avec une allégresse toujours nouvelle? — A celui qui doit commander. — Et s'il est un art qui puisse apprendre à l'emporter sur ses adversaires, à qui conviendra-t-il de l'enseigner? — Oh ! sans difficulté, à celui qu'on destine au gouvernement. Si cet art lui manque, tous ses autres talents lui deviendront inutiles.

Vous sentez, reprit Socrate, qu'avec une semblable éducation il lui sera bien plus aisé d'éviter les embûches de ses ennemis qu'il ne l'est aux plus rusés des animaux. Les uns, quoique timides, mais trompés par leur gourmandise, se laissent attirer par l'espoir de la pâture, se jettent sur l'appât et sont pris : on trompe les autres en cachant le piége dans la liqueur qui devrait étancher leur soif ; d'autres, comme les cailles et les perdrix, se perdent par l'attrait du plaisir ; à la voix d'une femelle, ils cessent de craindre le danger, et, séduits par le desir et l'espérance, ils volent et tombent dans les filets de l'oiseleur.

Mais ne trouvez-vous pas honteux que des hommes donnent dans les mêmes piéges que les plus stupides des animaux? C'est pourtant ainsi que nous voyons les amants adultères courir d'eux-mêmes se renfermer dans la chambre nuptiale de l'époux qu'ils offensent, quoiqu'ils sachent tous les dangers qui les menacent et la peine que les lois leur préparent; quoiqu'ils n'ignorent pas qu'on leur dresse des embûches, et qu'ils ne peuvent être surpris sans se voir livrés à l'opprobre. Malgré les peines et la honté qui les attendent, malgré tout ce qui pourrait les arracher à leur passion criminelle, ils se jettent aveuglément dans le péril, et l'on dirait qu'ils y sont poussés par un mauvais génie. — Cela n'est que trop vrai.

II.

Vous savez, continua Socrate, que bien des professions obligent de rester en plein air : tel est le métier des armes, tels sont les travaux de l'agriculture, telles enfin mille circonstances où l'on peut se trouver. Ne regardez-vous donc pas comme une négligence condamnable de ne pas s'exercer à supporter le froid et le chaud? — Je ne saurais le nier. — Il vous semble donc qu'on ne peut se destiner à commander aux autres, sans avoir pris l'habitude de souffrir toutes ces incommodités? — C'est absolument mon avis. — Mais en accordant les premiers emplois de l'état à ces hommes exercés à la tempérance, endurcis à la fatigue, nous condamnerons les autres à ne pas songer même à se mêler du gouvernement. — J'en suis d'accord avec vous. — Eh bien! puisque vous connaissez la place que chacun mérite, examinez donc un peu quelle doit être la vôtre.

La mienne! dit Aristippe; je n'ai garde d'en prendre une parmi les ambitieux qui brûlent de gouverner l'état. Le plus fou des hommes, selon moi, c'est celui qui, non content du nécessaire, car voilà l'essentiel, a la fureur de pourvoir aux besoins de ses concitoyens; qui se prive de tous les objets de ses désirs pour goûter la satisfaction de se voir à la tête de sa patrie, et qui, s'il n'a pas l'adresse de contenter tous les caprices du peuple, finira par être appelé en jugement. Mais, je vous le demande à vous-même, n'est-ce pas là le comble de la démence? Car enfin le peuple prétend se servir de ses magistrats, comme moi de mes esclaves. Je veux que mes valets me fournissent en abondance tout ce qui m'est nécessaire et qu'ils n'y touchent pas; et le peuple entend que ses magistrats lui procurent une affluence de toutes sortes de biens, sans qu'ils osent eux-mêmes en profiter. Trouvez-moi de ces gens qui aiment à se voir surchargés d'affaires et à en donner aux autres; voilà ceux que je crois propres aux grands emplois et que j'élèverai pour le commandement. Pour moi, je me

range volontiers dans la classe qui n'a d'autre ambition que de passer doucement et agréablement
la vie.

III.

Voulez-vous que nous examinions, dit Socrate, qui
vit le plus agréablement de ceux qui gouvernent ou
de ceux qui sont gouvernés? — Volontiers. — Par-
courons d'abord les peuples que nous connaissons.
En Asie, les Perses commandent; les Syriens, les
Phrygiens, les Lydiens leur sont soumis ; en Europe,
les Scythes ont la puissance et tiennent les Méotes
sous le joug ; en Libye, les Carthaginois exercent
l'empire et forcent les Libyens à reconnaître leur domination. Quels de ces peuples vous semblent les
plus heureux? Ou plutôt restons dans la Grèce, votre
patrie : plusieurs nations y commandent, plusieurs
y sont soumises ; desquelles la situation vous paraît-
elle la plus douce? — Mais je ne me mets pas au
rang des esclaves : je crois qu'il existe une route
moyenne, et c'est celle que je tâche de suivre, sans
commander, sans obéir, et conservant toujours la liberté qui conduit au bonheur.

Mais, répliqua Socrate, si votre route moyenne,
qui ne conduit ni au commandement ni à l'esclavage,
ne mène pas même à vivre avec les hommes, qu'au-
rez-vous à me dire? Votre projet est de vivre dans
la société sans commander, sans être soumis, sans
rendre même une déférence volontaire à ceux qui
commandent : vous ne savez donc pas que les puissants savent arracher des larmes aux faibles, les sub-

juguer, en faire leurs esclaves, tantôt les opprimant
tous à la fois, tantôt les accablant en détail? Le malheureux a semé ; ils coupent sa moisson. Plante-t-il
un arbre? ils l'arrachent. En un mot, ils assiégent de
toutes parts le faible qui veut se soustraire à leur
puissance, et l'obligent à préférer des chaînes à la
nécessité toujours renaissante de combattre contre
la force. Sachez, mon cher Aristippe, que les petits ne respirent que pour le service et le profit des
grands.

IV.

J'ai trouvé le moyen de ne vivre au service de personne, reprit Aristippe; c'est de ne m'attacher à aucun pays et d'être étranger partout: — Voilà, je
vous jure, une adresse admirable! car, sans doute,
depuis la mort de Sinnis, de Sciron et de Procruste,
personne ne s'avise plus de maltraiter les étrangers.
Nous voyons cependant que ceux qui, même dans
leur patrie, sont à la tête du gouvernement, portent
des lois pour se mettre à l'abri de l'injustice; que,
non contents d'avoir des parents, des amis attachés
à leurs intérêts, ils se font encore un parti capable
de les défendre; qu'ils entourent les villes de murailles; qu'ils rassemblent des armes pour repousser
l'insulte; et que, trop peu rassurés par toutes ces pré-
cautions, ils se ménagent des alliances au dehors : encore, malgré tant de soins, ne sont-ils pas à l'abri de
tous les attentats.

Et vous qui n'avez rien de tout cela, qui passez une
bonne partie de votre vie dans les chemins; et c'est là

qu'il se commet le plus de crimes ; vous qui êtes toujours le dernier dans toutes les villes que vous traversez ; vous enfin qui, par cette situation même, serez toujours le premier qu'attaquera l'injustice, vous vous croyez à l'abri de l'insulte parceque vous êtes étranger ! Et d'où vient votre confiance ? Est-ce de ce que les villes vous donnent des passe-ports pour entrer et pour sortir en sûreté ? ou n'est-ce pas plutôt parceque vous savez bien qu'aucun maître ne peut tirer parti d'un esclave qui vous ressemble ? Vous avez raison ; car qui voudrait d'un valet qui refuse absolument de se donner aucune peine et qui prétend vivre somptueusement ?

Mais examinons ensemble comment les maîtres traitent de semblables domestiques. Ne savent-ils pas réprimer en eux par la faim leur goût pour la vie délicate ? Ne les empêchent-ils pas de voler, en cachant tout ce qu'ils pourraient prendre ; de fuir, en les chargeant de fers ? Ne savent-ils pas dompter la paresse à coups de fouet ? Et vous-même, que faites-vous, quand vous avez un esclave comme celui que je dépeins ? — J'épuise sur lui tous les genres de punitions, jusqu'à ce qu'il prenne le parti de me bien servir.

V.

Mais, dites-moi, Socrate, l'homme privilégié qu'on élève pour commander aux autres et qu'on prépare à cette grandeur que vous regardez, ce me semble, comme la félicité suprême, en quoi diffère-t-il des infortunés que la nécessité même a condamnés au mal-

heur? Comme eux, il endurera la soif et la faim ;
comme eux, il éprouvera la rigueur du froid ; il sera
comme eux privé du sommeil : je le vois enfin soumis à mille maux. Mais, dites-vous, ces maux sont
volontaires. Fort bien ; mais que je veuille bien tourmenter mon corps, ou qu'on le tourmente malgré
moi ; que je me présente de moi-même pour être
déchiré de verges, ou qu'on me fouette sans me demander mon avis, je n'en vois pas bien la différence :
je vois seulement que c'est une folie de se condamner soi-même à souffrir.— Comment, Aristippe, vous
ne sentez pas la différence des souffrances forcées et
des sacrifices volontaires ? Si c'est moi qui consens à
endurer la faim ou la soif, je puis boire ou manger
quand il me plaira ; mais puis-je mettre fin, quand
je le veux, aux souffrances que m'impose la nécessité ? Celui qui souffre volontairement est consolé par
l'espérance, comme le chasseur supporte gaiement la
fatigue par l'espoir d'une bonne proie. Le chasseur
ne reçoit qu'une bien faible récompense de ses
peines ; mais ne voyez-vous pas que les sages qui se
condamnent à des privations pour mériter d'avoir
des amis vertueux, pour l'emporter sur leurs ennemis, pour fortifier leur esprit et leur corps, pour
se rendre capables de bien conduire leur maison, de
rendre leurs amis heureux, de bien servir leur patrie,
doivent supporter avec joie les peines qu'ils s'imposent, et sont bien loin de mener une vie misérable ?

D'ailleurs les travaux faciles, et le plaisir qu'ils procurent sans le faire acheter, ne peuvent, comme disent les maîtres de gymnastique, rendre le corps plus robuste, et peuvent encore moins orner l'esprit d'aucune connaissance estimable : mais ceux qui exigent une grande patience nous conduisent à de grandes choses. C'est ce qu'ont remarqué des hommes célèbres, et ce que nous apprennent ces vers d'Hésiode :

Doux, riant, et paré des plus riches couleurs,
Le Vice nous conduit par des chemins de fleurs :
De roses sur ses pas les Plaisirs nous enchaînent.
Mais des sentiers aigus à la Vertu nous mènent,
Et son temple est fondé sur un roc sourcilleux.
Sa main semble écarter ses amants malheureux :
Quand on est dans ses bras, que la déesse est belle !

Épicharme rend le même témoignage :

Le ciel nous vend les biens au prix de nos travaux.

Il dit aussi dans un autre endroit :

Tu cherches les plaisirs au sein de la mollesse,
Et tu n'y trouveras que les soucis rongeurs.

VI.

Le sage Prodicus, dans son ouvrage sur Hercule, dont tant de personnes lui ont entendu faire des lectures, ne parle pas autrement de la vertu. Voici à peu près ce qu'il dit, autant que ma mémoire peut me le rappeler :

Hercule, sorti depuis peu de l'enfance, entrait dans cet âge où les jeunes gens, commençant à se conduire par eux-mêmes, montrent s'ils suivront dans le cours de leur vie les sentiers du vice ou ceux de la vertu. Retiré dans une tranquille solitude, il se reposait, in-

certain de la route qu'il devait prendre. Deux femmes d'une taille au-dessus de l'humaine se montrèrent à ses yeux. L'une n'avait pas dans la physionomie moins de noblesse que de beauté : sa robe était
d'une blancheur éclatante, et la nature seule avait
pris soin de sa parure aussi propre que modeste, la
pudeur régnait dans ses yeux, la sagesse dans tout
son maintien.

L'autre avait cet embonpoint que donne l'intempérance et n'en était que plus faible. Ne devant qu'à
des couleurs empruntées la blancheur et l'incarnat de
son teint, elle n'avait ni l'éclat ni le coloris que donne
la nature. Elle tâchait d'ajouter à la hauteur de sa
taille par un maintien affecté ; ses yeux s'ouvraient
avec effronterie, et toute sa parure était étudiée pour
assurer la victoire à ses charmes. Elle ne semblait occupée qu'à se contempler avec complaisance, qu'à se
mirer dans son ombre ; mais elle ne manquait pas en
même temps d'observer si on la regardait.

La première, en approchant d'Hercule, conserva la
majesté de sa démarche ; l'autre, empressée de prévenir sa rivale, se mit à courir avec indécence au-devant de l'adolescent.

Je te vois incertain, mon cher Hercule, lui dit-elle,
sur le chemin que tu dois choisir dans le voyage de la
vie. Veux-tu me donner ton cœur ? je te conduirai
par une route agréable et facile, te faisant goûter
tous les plaisirs sans que tu éprouves jamais aucune
peine. Évite les combats, méprise les affaires : une
seule te doit occuper ; c'est de chercher, de découvrir

les mets les plus délicieux, les boissons les plus ex-
quises, ce qui flattera le plus tes oreilles et tes yeux,
ce qui chatouillera tous tes sens avec plus de douceur, quelles beautés mériteront le plus de partager
tes plaisirs, comment tu pourras dormir avec plus de
mollesse, et surtout comment tu pourras unir tant de
jouissances sans prendre aucune fatigue pour les rassembler.

Voilà les délices que je te promets. Crains-tu qu'elles
puissent te manquer? Rassure-toi, et ne pense pas
qu'elles te coûtent jamais aucune fatigue de corps ou
d'esprit. Tu profiteras des peines des autres, tu ne re-
fuseras aucun moyen d'en tirer avantage. Je donne à
ceux qui me suivent le pouvoir de faire tout contribuer à leurs intérêts.

Comment t'appelle-t-on? lui dit Hercule après l'a-
voir écoutée. Mes amis, répondit-elle, m'appellent la
Félicité ; mes ennemis, pour me faire insulte, me
donnent le nom outrageux de Volupté.

VII.

Alors l'autre femme s'avançant : Tu vois, Hercule,
lui dit-elle, la démarche que je daigne faire auprès de
toi. Tes parents ne me sont pas inconnus ; dès ton enfance, j'ai pénétré ton caractère et j'en ai conçu d'heureuses espérances. Si tu veux suivre la route qui conduit à moi, tu feras de grandes choses ; je partagerai
l'éclat de ta gloire et tu me rendras plus respectable
encore aux mortels vertueux.

Je ne veux pas te tromper en étalant à tes yeux les
charmes de la mollesse ; tu n'entendras de ma bouche

que la vérité, et je te montrerai les choses telles que les dieux mêmes ont voulu les établir. Tout ce qu'il y a de beau, d'honnête, c'est au prix d'un travail assidu qu'ils l'accordent aux mortels. Tu veux qu'ils te soient propices, commence par les révérer ; que tes amis te chérissent, enchaîne-les par des bienfaits ; qu'un pays t'honore, commence par lui être utile ; que la Grèce entière célèbre ta vertu, fais que toute la Grèce te doive de la reconnaissance. Veux-tu que la terre te prodigue ses fruits? il faut que tu l'arroses de tes sueurs. Aimes-tu mieux devoir ta richesse à tes nombreux troupeaux? il faut que tes troupeaux partagent tous tes soins. Si tu recherches la gloire que procurent les combats, si tu veux rendre à tes amis la liberté, la ravir à tes ennemis ; prends les maîtres les plus expérimentés, étudie sous eux l'art de la guerre, exerce-toi pour apprendre à le mettre en pratique. Veux-tu posséder la force du corps? soumets ton corps à la raison, fatigue-le par les travaux et les sueurs de la gymnastique.

Ici, dit Prodicus, la Volupté l'interrompit. Tu vois, Hercule, par quel chemin long et difficile cette femme prétend te mener au bonheur : je m'offre à t'y conduire par un sentier agréable et fort court !

Malheureuse ! dit la Vertu, quels biens peux-tu connaître, de quels plaisirs peux-tu jouir, toi qui ne fais rien pour eux, qui n'attends jamais qu'ils t'avertissent de les goûter, qui éprouves les dégoûts de la satiété avant de sentir l'aiguillon du besoin, buvant toujours avant d'avoir soif, et mangeant sans éprouver jamais l'appétit? Tu ne saurais faire un bon repas, sans avoir rassemblé d'habiles cuisiniers; tu ne peux boire avec plaisir, sans t'être procuré à grands frais les vins les plus exquis, sans avoir couru en été pour trouver la neige qui doit les rafraîchir. Pour toi le sommeil n'aurait pas de douceur, si tu n'étais étendue sur un lit de duvet, si tu n'étais entourée de riches rideaux, et si le travail le plus recherché n'ajoutait à ta couche un nouveau prix; car tu ne cherches pas le sommeil pour te remettre de tes fatigues, mais parceque tu n'as rien à faire. Rejetée par les dieux, méprisée des hommes honnêtes, tu te vantes d'être immortelle! Tes oreilles ont été privées des sons les plus flatteurs; car elles n'ont jamais entendu prononcer tes louanges: tes yeux n'ont jamais joui du plus agréable de tous les spectacles; car ils n'ont jamais pu voir une bonne action que tu aies faite. Tu parles, et tu ne peux persuader: tu éprouves le besoin, personne ne daigne te secourir. Quel mortel dans son bon sens voudrait grossir·ton cortége? Ceux qui te suivent, débiles dans leur jeunesse, finissent par traîner une vieillesse insensée. Bien nourris dans leurs belles années et brillants d'embonpoint, ils ne connaissent pas la fatigue; pâles et maigres dans leur vieillesse, ils la consomment dans les travaux. Rougissant sur ce qu'ils ont fait, pliant sous le poids de ce qui leur reste à faire, ils ont couru de plaisirs en plaisirs dans la fleur de l'âge et se sont réservé les peines pour le dernier temps de leur vie.

Mais moi, admise dans le cercle des immortels, je suis recherchée des mortels vertueux. Rien de beau ne se fait sans moi dans l'assemblée des dieux, ni parmi les humains ; et je reçois dans l'Olympe et sur la terre les hommages qui me sont dus. L'artiste laborieux me voit partager ses travaux ; en moi, le bon père de famille trouve une aide fidèle, et l'esclave qui m'implore me voit prête à le secourir. Je prête mes conseils à ceux qui traitent la paix, je combats constamment avec ceux qui font la guerre, et je partage les liens des cœurs unis par l'amitié.

Ceux que j'aime, ne prévenant jamais l'appétit, n'ont pas besoin d'apprêts pour faire des repas agréables. Le sommeil a pour eux des charmes étrangers à ces hommes lâches qui ne connaissent pas la fatigue : ils se réveillent sans chagrin, et ne se livrent pas au repos quand le devoir leur impose de veiller encore. Jeunes, ils ont le plaisir d'être loués par les vieillards ; vieux, ils jouissent des respects de la jeunesse. Ils se ressouviennent alors avec joie de ce qu'ils ont fait ; ils s'acquittent avec joie de ce qui leur reste à faire. Par moi seule, ils sont aimés des dieux, chers à leurs amis, respectables à leurs concitoyens. Ont-ils atteint le terme qui leur fut marqué? ils ne restent point condamnés à l'oubli ; leur mémoire vit après eux, et leurs noms sont célébrés d'âge en âge. O toi, mon cher Hercule! réponds à ton illustre origine ; tu vois quelle gloire et quelle félicité seront le prix de tes travaux.

C'est à peu près ainsi que Prodicus racontait com-

ment la Vertu prit soin de l'éducation d'Hercule. Je
vous rends ses pensées, et non les beautés et la noblesse de sa diction. C'est pour vous un sujet de méditation, mon cher Aristippe ; car il est bon que vous
vous occupiez de votre conduite pour l'avenir.

VIII.

Socrate ayant un jour remarqué que Lamproclès,
l'aîné de ses fils, conservait du ressentiment contre sa
mère : Répondez-moi, mon fils, lui dit-il ; savez-vous
qu'il y a des hommes qu'on appelle ingrats? — Je le
sais, répondit le jeune homme. — Et savez-vous
quelles sont les actions qui leur ont fait mériter ce
titre? — Puis-je l'ignorer? On appelle ingrats ceux
qui ont reçu des bienfaits, qui peuvent en marquer
leur reconnaissance et qui ne le font pas. — Mais ne
croyez-vous pas qu'on puisse ranger les ingrats parmi
les hommes injustes? — Je le crois. — Vous avez pu
remarquer qu'il est injuste de réduire ses amis en
servitude, et juste d'y réduire ses ennemis : est-il de
même injuste de manquer de reconnaissance envers
ses amis, et juste d'en manquer envers ses ennemis?
— C'est, je crois, une injustice de ne pas répondre,
quand on le peut, aux bienfaits d'un ami, et même
d'un ennemi. — Il n'est donc pas d'injustice plus
odieuse que l'ingratitude? — Qui n'en conviendrait-
pas? — Mais plus sont grands les services que l'ingrat a reçus, plus son injustice est criante. — Je ne
puis le nier.

Eh! reprit Socrate, les bienfaits que nous avons reçus de nos parents ne sont-ils pas les plus grands de

tous? Nous n'étions pas, et c'est à nos parents que nous devons l'existence; c'est à eux que nous devons le spectacle des merveilles de la nature ; c'est par eux que nous participons à tous les biens que les dieux ont départis aux mortels. Ces biens sont d'un si grand prix à nos yeux, que notre plus grande crainte est de les perdre. Aussi les sociétés humaines ont-elles établi la peine de mort contre les crimes les plus atroces, parcequ'elles n'ont pas vu d'autres peines capables d'inspirer plus d'effroi.

L'époux nourrit son épouse qui doit le rendre père. Il amasse pour ses enfants, même avant leur naissance, ce qui sera nécessaire à soutenir leur vie; il fait en leur faveur le plus d'épargnes qu'il lui est possible ; mais la mère fait encore plus pour eux; elle porte avec peine le fardeau qui la met en danger de sa vie ; elle nourrit de sa propre substance l'enfant qui est encore dans son sein; elle le met au jour enfin avec de cruelles douleurs ; elle l'allaite et lui donne tous ses soins, sans qu'aucun bienfait reçu puisse déjà l'attacher à lui. Il ne connaît pas même encore celle qui lui prodigue tant de témoignages de sa tendresse, il ne peut même faire connaître ses propres besoins; mais elle cherche à deviner ce qui lui convient, ce qui peut lui plaire ; elle ne cesse de se tourmenter nuit et jour, sans prévoir quelle reconnaissance elle recevra de tant de peines.

Il ne suffit pas de nourrir les enfants : dès que l'âge semble leur permettre de recevoir quelque instruction, leurs parents s'empressent de leur enseigner ce qu'ils savent et ce qui pourra leur être utile un jour. Connaissent-ils quelqu'un plus capable qu'eux de les instruire? ils les envoient recevoir ses leçons et ne regrettent aucune dépense pour leur donner la meilleure éducation qu'ils puissent leur procurer.

Je veux, répondit le jeune homme, que ma mère ait fait tout ce que vous dites, et même beaucoup plus encore; mais elle est d'un caractère si difficile, qu'on ne peut supporter son humeur. Elle dit, en vérité, des choses si dures, qu'au prix de la vie on ne se résoudrait pas à les entendre. — Et combien, depuis ton enfance, ne lui as-tu pas causé de désagréments plus insupportables encore! combien tes cris ne lui ont-ils pas fait passer de mauvaises nuits! combien tes actions, tes paroles, ne l'ont-elles pas tourmentée pendant le jour! et elle l'a supporté. Ne parlons que de tes maladies : que de chagrins ne lui ont-elles pas causés! — Mais du moins je ne lui ai jamais rien dit, jamais rien fait, dont elle ait dû rougir. — Eh! dois-tu trouver plus difficile d'entendre ce qu'elle te dit, qu'il ne l'est aux comédiens de s'écouter réciproquement de sang-froid, lorsque, dans les rôles tragiques, ils s'accablent mutuellement des plus cruelles injures? Pourquoi montrent-ils tant de patience? c'est qu'ils ne pensent pas que leurs camarades, en les chargeant d'outrages, aient dessein de les insulter, ni qu'en les menaçant ils aient le projet de leur faire du mal. Et ne sais-tu pas bien aussi que ta mère, quoi qu'elle puisse te dire, est bien loin de te vouloir du mal? Ne sais-tu pas qu'elle ne veut à personne autant de

grands secours dans la tendresse de nos frères ? D'ailleurs, il y a bien des richesses dans le monde, et vous n'avez qu'un frère. Si l'on se trouve lésé parcequ'on ne jouit pas des biens de son frère, chaque particulier aura la même raison de se plaindre parcequ'il ne réunit pas sur sa tête la fortune de tous ses concitoyens. Comment ! on comprendra fort bien tous les avantages de la vie sociale ; on sentira qu'il vaut bien mieux jouir sans danger d'une propriété suffisante, que de posséder seul, toujours agité de nouvelles craintes, toujours tremblant de se voir dépouillé, toutes les fortunes réunies de ses concitoyens : et l'on ne comprendra pas les avantages de l'union fraternelle !

Dès qu'on a le moyen d'acheter des esclaves, on en fait l'acquisition pour rejeter sur eux une partie de ses travaux ; on cherche des amis pour profiter de leurs secours, et l'on néglige ses frères ! On dirait qu'il est aisé de trouver des amis parmi des citoyens que l'on connaît à peine, et que des frères ne puissent être liés entre eux par les nœuds de l'amitié. Cependant l'union la plus étroite est préparée par la nature entre des personnes nées du même sang, nourries, élevées ensemble. Nous voyons même naître la tendresse entre les animaux nourris du même lait.

L'intérêt seul devrait suffire pour inspirer l'union fraternelle. Qu'un citoyen ait pour appui l'amitié de ses frères, on lui marque bien plus d'égards que s'il en était privé, et l'on ne se hasarde pas si légèrement à lui faire une injustice. — Je pense comme vous, Socrate. Je suis persuadé qu'on doit supporter les défauts de son frère, qu'on ne doit pas s'éloigner de lui légèrement, et que les sujets les plus graves peuvent seuls autoriser une telle rupture. C'est un grand bien qu'un frère qui se montre tel qu'il doit être ; mais quand il manque à tous ses devoirs, quand on trouve en lui tout le contraire de ce qu'on avait droit d'en attendre, que voulez-vous que l'on fasse? Ira-t-on lutter contre l'impossible? — Mais, mon cher Chérécrate, votre frère déplaît-il à tout le monde comme je vois qu'il vous déplaît? N'y a-t-il pas même des personnes qui célèbrent, qui chérissent ses bonnes qualités? — Et voilà, Socrate, ce qui me le rend encore plus odieux. Il a bien l'art de plaire aux autres; mais, dès que nous sommes ensemble, il n'oublie aucune parole capable de me piquer, il a l'adresse de trouver tout ce qui peut me faire de la peine.

Vous savez, dit Socrate, qu'un bon cheval renverse le cavalier maladroit qui essaye de le monter : si l'on a souvent à se plaindre d'un frère, n'est-ce pas par la raison qu'on ne sait pas saisir son humeur? — Et comment pourrais-je mériter ce reproche, si je sais répondre avec tout le monde aux honnêtetés qu'on me fait, aux services qu'on me rend? Mais voulez-vous que j'aille prévenir de soins et d'honnêtetés un homme qui fait toute son étude de me chagriner? Je ne suis pas même tenté d'en faire l'essai. — Ce que vous dites là m'étonne, mon cher Chérécrate, Je suppose que vous ayez un chien qui garde vos trou-

peaux avec vigilance ; je suppose encore qu'il caresse
les bergers et qu'il aboie dès que vous l'approchez :
vous fâcherez-vous contre lui ? Non, vous le flatterez
pour tâcher de l'adoucir. Et vous qui savez si bien
répondre aux honnêtetés qu'on vous fait, aux moindres services qu'on vous rend ; vous qui convenez
qu'un frère est un grand bien quand il se comporte
comme il le doit, vous ne ferez aucune démarche
pour vous concilier la tendresse du vôtre !

Je ne me flatte pas, répondit Chérécrate, d'être assez
habile pour le ramener à son devoir. — Mais il me
semble que vous n'avez pas besoin pour cela d'une
adresse si merveilleuse. Employez seulement pour
vous faire aimer de votre frère un certain art qui ne
vous est pas du tout inconnu. — Apprenez-moi donc
si je sais la composition de quelque philtre amoureux, car je vous avouerai que je ne me connais pas
cette science-là. — Apprenez-moi vous-même ce que
vous feriez si vous saviez qu'un homme de votre connaissance dût offrir un sacrifice, et si vous aviez envie d'être prié de son repas. — Il est clair qu'au premier sacrifice que j'offrirais, je commencerais par
l'inviter lui-même. — Je suppose encore que vous
entrepreniez un voyage et que vous vouliez engager
un de vos amis à prendre soin de vos affaires en votre
absence ; comment vous y prendriez-vous ? — S'il
s'absentait lui-même, je serais le premier à me charger des siennes. — Et si vous vouliez qu'un étranger
vous accordât l'hospitalité quand vous voyageriez dans
son pays ? — Je ne manquerais pas de lui offrir ma

maison quand il viendrait à Athènes ; et même, pour qu'il prît avec zèle mes intérêts lorsque je serais dans sa patrie, j'embrasserais les siens avec chaleur pendant qu'il serait dans la mienne.

Eh ! ne voila-t-il pas, reprit Socrate, que vous connaissez tous les philtres qui peuvent nous attacher les hommes ; et vous m'en faisiez un mystère ! Commencez donc à n'avoir pas une mauvaise honte d'être le premier à prévenir votre frère. Je crois qu'il est également glorieux d'être le premier à attaquer les ennemis de l'état, et à prévenir ses amis par des bienfaits. Si j'avais cru votre frère plus propre que vous à entamer la négociation, c'est à lui que je me serais adressé ; mais j'ai plus de confiance en vous pour conduire heureusement cette affaire.

En vérité, Socrate, je ne reconnais pas ici votre sagesse accoutumée. Quoi ! c'est moi qui suis le plus jeune, et vous voulez me charger du premier rôle ! c'est à l'aîné que cet honneur appartient chez toutes les nations. — Comment ! n'est-ce pas partout au plus jeune à céder le pas à l'aîné, à se lever pour le recevoir, à lui présenter le meilleur siége, à lui céder la parole ? Ne différez pas, honnête jeune homme : essayez d'adoucir votre frère, vous trouverez peu de résistance. Son cœur est noble, son ame grande ; vous le savez. Il n'est qu'un moyen de s'attacher les petites ames : c'est de leur faire des présents ; mais on se soumet les ames généreuses en les prévenant d'amitié.

— Et si, malgré toutes mes démarches, il restait

toujours le même? — Que risquez-vous? On reconnaîtra que vous êtes un bon, un tendre frère, et que
lui-même n'est qu'un mauvais cœur, indigne de votre
tendresse. Mais cela n'arrivera pas. A peine verra-t-il
que vous le provoquez à ce combat d'amitié, qu'il
vous fera connaître par ses paroles et par ses actions
le plus vif empressement à vous obliger. A la manière
dont vous êtes ensemble à présent, je crois voir les
deux mains, que les dieux ont faites pour s'entr'aider, oublier leur destination et ne chercher qu'à se
gêner l'une l'autre; ou les deux pieds, que la providence a formés pour se donner des secours, ne faire
que s'embarrasser réciproquement. N'est-ce pas le
comble de la démence et du malheur de tourner
contre nous-mêmes ce qui était formé pour notre avantage? Il me semble que le ciel, en formant deux frères,
a bien plus consulté leurs intérêts mutuels que celui
des pieds, des mains et des yeux, en les créant dou-
bles. Car les mains ne peuvent saisir à la fois deux
choses qui sont éloignées l'une de l'autre de plus d'une
toise; les pieds ne peuvent s'écarter d'une toise à
l'autre : la vue s'étend bien plus loin ; mais il n'en est
pas moins impossible aux yeux de voir à la fois par
devant et par derrière les objets même les plus voisins. Mais placez aux plus grandes distances l'un
de l'autre deux frères qui s'aiment : ils sauront encore se rendre des services mutuels.

X.

J'ai aussi entendu Socrate s'entretenir de l'amitié,
et je crois qu'on peut tirer un grand profit de ce qu'il

disait pour apprendre la manière de se faire des amis et de vivre avec eux.

J'entends toujours répéter, disait-il, que le plus grand des biens est un ami fidèle et vertueux ; et je vois qu'on pense à tout autre chose qu'à se faire des amis. On s'occupe beaucoup d'acquérir des maisons, des terres, des esclaves, des troupeaux, des meubles ; on a grand soin de les conserver ; mais, tout en disant qu'un ami est le plus grand des biens, on ne cherche ni à se procurer ce bien, ni à s'en ménager la possession.

Considérez la plupart des hommes quand leurs amis ou quand leurs esclaves sont malades. Ils courent chercher un médecin pour secourir leurs esclaves, ils se donnent mille soins pour leur procurer des remèdes ; mais leurs amis sont délaissés sur le lit de douleur. Un de leurs esclaves meurt ; ils gémissent, ils s'écrient qu'ils ont fait une grande perte ; un de leurs amis expire, ils semblent n'avoir rien perdu. Ils ont toujours les yeux sur tout ce qu'ils possèdent; aucune peine ne peut les rebuter : leur ami aurait besoin de leurs soins, ils n'y prennent pas garde. Ils connaissent fort bien toutes les autres richesses, quelque nombreuses qu'elles soient ; à peine se ressouviennent-ils du petit nombre de leurs amis ; et si on leur demande combien ils en ont, on les voit s'embrouiller dans ce calcul, tant ils font peu de cas de l'amitié !

Est-il cependant quelque bien qu'on puisse comparer à un ami ? Un bon ami est toujours prêt à se

substituer à son ami, à le seconder dans les soins de
sa maison, dans les affaires de l'état. Vous voulez
obliger quelqu'un ; il va vous aider dans cette bonne
œuvre : quelque crainte vous agite, comptez sur ses
secours. Faut-il faire des dépenses, des démarches,
employer la force ou la persuasion? vous trouverez
en lui un autre vous-même. Dans le bonheur, il
ajoute à votre joie : dans les revers, il relève votre
ame prête à succomber. Les services que nous tirons
de nos pieds, de nos mains, de nos yeux, de nos
oreilles, il n'en est aucun que ne puisse nous rendre
le zèle d'un ami. Ce que vous n'avez pas fait vous-
même, ce que vous n'avez pas vu, pas entendu,
votre ami l'a entendu, l'a vu, l'a fait à votre place.
Vous cultivez des arbres pour en recueillir les fruits :
vous négligez un verger bien plus fertile, et qui rapporte toutes les espèces de fruits : celui de l'amitié.

XI.

Je me rappelle encore un de ses entretiens qui me
semblait bien capable d'engager ses auditeurs à faire
un retour sur eux-mêmes, pour savoir à quel point
ils méritaient l'estime de leurs amis.

Ayant su qu'un homme de sa connaissance négligeait son ami accablé par l'infortune, il adressa la
parole à Antisthène en présence de cet indigne ami et
de plusieurs autres personnes. Croyez-vous, dit-il,
mon cher Antisthène, qu'on puisse mettre un prix à
des amis comme on en met un à des esclaves? car,
parmi les esclaves, l'un vaut deux mines, l'autre n'en
vaut pas la moitié d'une, un autre en vaut cinq ; on

en paye quelques-uns jusqu'à dix : on dit même que Nicias, fils de Nicérate, a donné jusqu'à un talent d'un esclave capable de diriger les travaux de ses mines d'argent. Examinons donc s'il est possible d'établir un tarif des amis, comme on pourrait en faire un des esclaves. — Cela ne me paraît pas impossible, dit Antisthène; car il est tel ami que j'aimerais mieux avoir que deux mines, tel autre pour qui je ne voudrais pas sacrifier une demi-mine, tel dont je donnerais volontiers cinq mines, et tel enfin que je préférerais à toutes les fortunes du monde.

Cela étant ainsi, reprit Socrate, je crois qu'on ferait bien de s'examiner soi-même, de chercher combien on pourrait être évalué par un ami, et de travailler à devenir d'un assez grand prix pour ne pas craindre d'être négligé. J'entends tous les jours des gens qui se plaignent de ce que leurs amis les abandonnent; d'autres qui disent que leurs prétendus amis les sacrifieraient pour une mine. Je crois en voir la raison : comme on vend, à quelque prix que ce soit, un méchant esclave, il me paraît très conséquent de se défaire d'un méchant ami au prix qu'on en peut trouver. Mais je ne vois pas qu'on se détermine volontiers à vendre un bon esclave, ni qu'on abandonne sans peine un ami vraiment estimable.

XII.

Je trouve qu'il donnait aussi de grandes lumières sur le choix qu'on doit faire de ses amis.

Que croyez-vous qu'on doive considérer, mon cher Critobule, disait-il un jour, quand on veut se procurer un digne ami? Ne faut-il pas d'abord qu'il sache commander à la sensualité, à l'amour, à la volupté, au sommeil, à la paresse? car s'il se laisse dominer par ces vices, il est incapable de rien faire d'utile pour lui-même. Quel avantage pourrait donc en espérer un ami? — Aucun, sans doute. — Mais s'il aime la dépense, s'il n'a jamais assez, s'il emprunte sans cesse à ses voisins sans pouvoir jamais rendre, s'il se pique quand on refuse de lui prêter, ne trouvez-vous pas que ce sera un ami fort à charge? — Assurément. — Ce ne sera donc pas lui que vous choisirez? — Dieu m'en garde! — Cherchons-en donc un qui soit meilleur ménager. Mais il ne pense qu'à l'argent, est peu sûr en affaires, aime beaucoup à recevoir et point du tout à donner. — Je crois que cet ami-là serait encore pire que l'autre.

Et celui qui, toujours animé du desir d'augmenter sa fortune, ne fera jamais rien qu'il ne voie quelque chose à gagner? — Je n'en ferai pas mon ami, car à quoi me serait-il bon? — Et que dirons-nous du brouillon toujours prêt à faire à son meilleur ami une foule d'ennemis? — Que c'est un monstre qu'on doit fuir. — Et de l'homme qui n'a aucun de ces défauts, mais qui aime beaucoup à recevoir des services, et n'en sait jamais témoigner sa reconnaissance? — Que ce serait encore un ami fort inutile. Mais comment donc nous y prendre pour nous faire un ami?

— Il faut qu'il soit tout le contraire des gens que nous venons de dépeindre : ennemi de la mollesse et de la sensualité, sûr en affaires, fidèle à sa parole, incapable de recevoir un service sans en marquer sa reconnaissance ; un tel homme ne peut manquer d'être utile à ses amis. — Mais comment le connaître avant de l'avoir éprouvé ? — Et comment s'y prend-on, quand on a besoin d'un bon statuaire ? On ne le choisit pas sur sa parole ; mais, quand on en voit un qui a déja fait de belles- statues, on a tout lieu de croire qu'il aura le talent d'en faire encore d'autres aussi belles. — J'entends : vous voulez dire qu'un homme qui s'est bien comporté avec ses premiers amis donne aux nouveaux une juste espérance qu'ils n'en seront pas moins satisfaits.

XIII.

Nous avons donc trouvé l'ami qu'il nous faut, continua Critobule ; comment faire à présent pour nous l'attacher ? — Voilà la difficulté , répondit Socrate ; car il n'est pas aisé de prendre un ami malgré lui, ni de le retenir à la chaîne comme un prisonnier.— Mais dites donc enfin comment on se fait des amis. — On dit qu'il y a des paroles enchanteresses qui font aimer ceux qui les savent, des philtres capables de gagner les cœurs que l'on veut conquérir. — Où trouverons-nous ces secrets ? — Vous avez lu dans Homère les paroles que les Sirènes chantèrent à Ulysse. En voici le commencement :

C'est à toi que les Grecs doivent toute leur gloire.

— Mais dites-moi, Socrate, est-ce par les mêmes paroles qu'elles enchantaient et savaient retenir tous les autres navigateurs ? — Non, vraiment ; elles ne les adressaient qu'aux cœurs amoureux de la gloire.

— Je commence à comprendre quel est l'enchantement dont vous parlez : ce n'est autre chose que la
louange. Mais il ne faut pas qu'elle soit maladroite,
et que celui qu'on loue puisse croire qu'on se moque
de lui. Tel homme n'ignore pas qu'il est laid, petit,
faible : si je m'avise de le louer sur la majesté de sa
taille, sur la beauté de ses traits, sur sa force invincible, c'est le moyen d'en être rebuté et de m'en faire un
ennemi. Mais ne connaissez-vous pas encore d'autres
enchantements?— Non ; j'ai seulement entendu dire
que Périclès en connaissait de toutes les espèces, et il
en a bien fait usage pour se faire aimer de toute la
ville. — Et comment Thémistocle avait-il gagné les
cœurs de tous les citoyens? — Oh! celui-là ne savait
pas d'enchantements, mais il savait rendre de grands
services.

— C'est comme si vous disiez que, pour se faire
de vrais amis, il faut être homme de bien et faire de
bonnes actions. — Croiriez-vous donc que, sans vertu,
on pût se faire des amis vertueux? — Pourquoi non?
J'ai vu de méchants rhéteurs liés avec les orateurs
les plus célèbres, et des gens qui n'entendaient rien
au métier de la guerre vivre dans la familiarité de nos
meilleurs généraux. — Il ne s'agit pas de cela. Avez-
vous jamais vu des gens qui ne fussent bons à rien
se faire des amis utiles? — Jamais, et je vous accorde
volontiers qu'il est impossible au méchant de gagner
le cœur des gens de bien.

XIV.

Mais dites-moi, continua-t-il, est-ce assez d'être

honnête et vertueux pour devenir l'ami des hommes estimables? — Je conçois d'où naît votre doute, reprit Socrate. Vous voyez tous les jours des gens qui font le bien, qui ont horreur de toute bassesse, et qui, loin de s'aimer, s'élèvent les uns contre les autres, et se traitent plus indignement que ne feraient les derniers des hommes. — Et ce n'est pas seulement entre les particuliers que je vois régner ces dissensions ; les peuples même qui ont le plus d'estime pour la vertu, d'horreur pour la honte, se font tous les jours entre eux les guerres les plus cruelles. Plus j'y pense, plus je désespère de trouver des amis. Les méchants ne peuvent s'aimer entre eux. Des ingrats, des cœurs froids, indifférents, des avares, des traîtres, des débauchés, seraient-ils dignes de connaître l'amitié ? La nature les a faits pour se haïr réciproquement. Vous avez fort bien remarqué qu'ils peuvent encore moins prétendre à l'amitié des gens de bien. Ils font le mal : comment plairaient-ils à ceux qui le détestent ? Mais si ceux mêmes qui cultivent la vertu se portent mutuellement envie ; si, pour s'élever aux premières places, ils sont toujours prêts à s'attaquer les uns les autres, où trouvera-t-on des amis ? où trouvera-t-on de la bienveillance et de la fidélité ?

— Notre question, mon cher Critobule, peut s'envisager sous plusieurs faces. La nature semble avoir fait les hommes pour s'aimer : ils ont besoin les uns des autres, ils sont sensibles à la pitié, ils trouvent leur avantage à s'entr'aider ; les secours qu'ils reçoi-

vent excitent leur sensibilité. Mais, d'un autre côté,
ils ne semblent pas moins faits pour se haïr. Tous ont
les mêmes idées sur les biens et les plaisirs : ils se
combattent pour se les procurer. La diversité des opinions les arme les uns contre les autres : la colère, les
querelles, ne leur laissent point de paix ; la fureur
de s'enrichir les divise, la jalousie attise leur haine.

Cependant l'amitié se fait place au milieu de toutes
ces passions : elle unit les cœurs honnêtes et la vertu
reçoit des sacrifices. On aime mieux posséder en paix
une fortune bornée, que de combattre pour tout
avoir : on supporte les besoins pressants pour ne pas
les satisfaire aux dépens des autres ; on commande
même à la plus impérieuse des passions, et l'on n'arrache pas la beauté qu'on aime au lit nuptial ; on se
contente de ce qu'on possède légitimement, et, loin
d'attenter aux propriétés des autres, on leur fait
part de ses richesses. Les dissensions particulières
s'apaisent en faveur de l'intérêt commun : la haine
reçoit un frein et ne s'emporte pas à des excès qui
laisseraient un long repentir. Il est même un moyen
d'éteindre l'envie ; le riche partage ses richesses avec
son ami pauvre, et le pauvre regarde comme sa propre
fortune celle de son bienfaiteur.

Pourquoi donc penser que les hommes honnêtes
qui veulent s'élever aux honneurs et remplir les
grandes charges ne sont jamais occupés qu'à se
nuire ? Ils peuvent, au contraire, se servir mutuellement. N'aspirer aux honneurs et aux magistratures
que pour nager dans la volupté, pour opprimer les

citoyens, pour s'enrichir aux dépens de l'état, c'est
être injuste, méchant, incapable de contracter avec
personne une liaison estimable. Mais celui qui ne
veut s'élever que pour se mettre au-dessus de l'injustice, que pour secourir ses amis, que pour bien
servir l'état, est-il donc incapable de s'unir avec
d'autres citoyens honnêtes comme lui? Lié avec eux,
en sera-t-il moins utile à ses amis? En se donnant
de vertueux coopérateurs, en servira-t-il moins bien
son pays? Il est certain que si, dans les jeux gymniques, il était permis aux meilleurs combattants de se
ranger du même parti, ils seraient aisément vainqueurs et remporteraient les prix de tous les combats.
Ces ligues leur sont interdites; mais elles ne le sont
pas dans les affaires d'état. Les hommes vertueux,
élevés aux grands emplois, sont maîtres de s'accorder avec des citoyens qui leur ressemblent et de faire
d'un commun accord le bien de la patrie. Pourquoi
donc ne chercheraient-ils pas à s'associer des amis
honnêtes? Pourquoi ne leur communiqueraient-ils
pas leurs desseins? Comment aimeraient-ils mieux
les avoir pour adversaires que de recevoir leurs secours?

XV.

Prenez donc courage, mon cher Critobule; travaillez
à vous rendre vertueux, et cherchez ensuite des amis
dignes de vous. Peut-être ne vous serai-je pas inutile,
car je suis fait pour l'amitié. Quand j'aime quelqu'un,
je suis tout de feu pour m'en faire aimer. Il faut qu'il
me recherche comme je le recherche lui-même, qu'il

7.

desire ma société comme je desire la sienne. Mon
adresse ne vous sera pas inutile pour vous faire des
amis : ne me cachez donc point alors vos penchants.
Accoutumé à chercher à plaire à ceux qui me plaisent,
je ne dois pas être tout à fait novice dans l'art de gagner les hommes.

— Un sage tel que vous, répondit Critobule, ne peut
m'aider à trouver des amis qu'autant qu'il me croira
digne d'en avoir, et je sais que vous ne voudriez pas
mentir pour mes intérêts.

— Vos intérêts, repartit Socrate ; eh ! serait-ce donc
les prendre que de vous donner des louanges que
vous n'auriez pas méritées? Non ; je vous sers bien
mieux en vous exhortant à la vertu, en vous persua-
dant de l'embrasser. Je vais vous rendre cette vérité
encore plus sensible. Si vous vouliez gagner l'amitié
d'un habile pilote, que je pusse lui faire accroire que
vous entendez bien son métier, et qu'il vous confiât
la conduite d'un vaisseau, qu'arriverait-il? Ne sentez-
vous pas que, ne connaissant rien aux manœuvres
d'un navire, vous ne manqueriez pas de perdre le
bâtiment et de vous perdre vous-même? Si j'étais
assez bon menteur pour persuader à la république
de se remettre entre vos mains et de vous confier le
commandement de ses armées, l'administration de la
justice, la gestion des affaires, ne vous représentez-
vous pas tous les maux que vous lui feriez et les
malheurs que vous éprouveriez vous-même? Si je
me contentais de vous recommander à quelque riche
particulier, l'assurant qu'il n'y a pas d'homme plus

capable que vous de bien conduire une maison, et
que, sur ma parole, il se reposât sur vous de l'administration de ses biens, que gagneriez-vous à
l'épreuve? d'être à la fois regardé comme la ruine
d'une maison et couvert de ridicules.

Croyez-moi, mon cher Critobule, le moyen le plus
court, le plus sûr, le plus glorieux, de passer pour
homme de bien, c'est de travailler à l'être. Considérez tout ce qu'on appelle des vertus, et vous verrez
que toutes s'augmentent par l'étude et l'exercice.
Notre devoir est de les rechercher. Si vous pensez
autrement, vous pouvez me l'apprendre. — Je rou-
girais d'opposer quelque chose à vos sentiments : ce
serait contredire à la fois l'honneur et la vérité.

XVI.

Quand les amis de Socrate se trouvaient dans l'embarras par ignorance, il tâchait de les en tirer par
ses avis ; si l'infortune était la cause de leur détresse,
il leur apprenait à se donner des secours mutuels. Je
vais raconter ce que je sais à cet égard.

Il voyait la tristesse peinte sur le visage d'Aristarque. Vous me paraissez, lui dit-il, avoir quelque
chagrin : c'est un fardeau pesant qu'il faut partager
avec ses amis, et je vous soulagerai peut-être en
partie du poids qui vous accable. — Je suis dans un
grand embarras, Socrate, répondit Aristarque. La
sédition a forcé la plupart des citoyens à chercher un
asile au Pirée ; mes sœurs, mes nièces, mes cousines,
se trouvant dans l'abandon, se sont toutes retirées
chez moi. Il n'y a pas à présent dans ma maison

moins de quatorze personnes libres. Nous ne retirons rien de nos terres, puisque la campagne est au pouvoir des ennemis. Nous ne recevons rien de nos maisons, puisque la ville est presque déserte. Vendrai-je mes meubles? Personne n'en veut acheter. Emprunterai-je de l'argent? On n'en prête plus. Je crois qu'il serait plus aisé d'en trouver dans les rues que d'en emprunter. Il est bien triste, Socrate, de voir sa famille périr de misère; et vous sentez qu'on ne peut nourrir tant de monde dans les circonstances actuelles.

— Mais comment se fait-il donc, reprit Socrate, que Céramon puisse nourrir un grand nombre d'hommes, qu'il suffise à ses besoins et aux leurs, et qu'il parvienne même à s'enrichir, tandis que vous êtes menacé de périr de besoin parceque vous avez plusieurs personnes à nourrir? —Cela est bien différent: ce sont des esclaves qu'il nourrit, et mes parentes sont des personnes libres. — Et qui estimez-vous le plus des personnes libres qui sont chez vous, ou des esclaves de Céramon? — Mais ce sont apparemment les personnes libres qui sont chez moi. — N'est-il donc pas honteux que Céramon fasse fortune parcequ'il a chez lui des hommes dont vous faites peu de cas, et que vous soyez dans la misère pour avoir chez vous des personnes qui méritent de la considération? —Mais ses esclaves sont des ouvriers, et mes parentes ont reçu une éducation conforme à leur naissance.

— Expliquons-nous. Qu'appelez-vous des ouvriers? ne sont-ce pas des hommes qui savent faire des choses

utiles? — Sans doute. — La farine n'est-elle pas utile?
Assurément. — Et le pain? — Rien ne l'est davantage.
— Et les robes d'hommes et de femmes, les tuniques,
les camisoles? — Tout cela est d'une grande utilité.
— Et vos parentes ne savent rien faire de tout cela?
— Je crois qu'il n'y a rien de tout cela qu'elles ne
sachent faire. — Eh bien! ne parlons que d'une seule
de ces industries. Vous ignorez peut-être que Nausy-
cidès, qui ne fait que de la farine, se nourrit très bien
lui et ses esclaves, qu'il entretient des troupeaux de
toutes les espèces, et qu'il fait même d'assez grandes
épargnes pour subvenir souvent aux besoins de l'état :
Ciribe, qui fait du pain, entretient toute sa famille et
vit fort à son aise : Déméas, du bourg de Collyte, se
soutient en faisant des tuniques; et la plupart des
habitants de Mégare vivent fort bien, quoiqu'ils ne
sachent faire que des camisoles. — J'en conviens; c'est
qu'ils achètent des esclaves étrangers, et qu'ils les font
travailler. Puis-je employer de même des personnes
libres, mes parentes? — Oh! j'entends : parcequ'elles
sont libres, parcequ'elles sont vos parentes, il faut
qu'elles ne fassent autre chose que manger et dormir.

Mais, dites-moi, parmi les personnes libres, lesquelles vous paraissent les plus heureuses de celles
qui mènent une vie oisive, ou de celles qui s'occupent
des choses utiles qu'elles savent? Trouvez-vous que
la mollesse et l'oisiveté aident beaucoup les hommes
à apprendre ce qu'il leur convient de savoir, à se ressouvenir de ce qu'ils ont appris, à donner une nouvelle force à leur santé, une nouvelle vigueur à leur

corps, à se procurer de l'aisance et à la conserver; et
qu'au contraire le travail ne soit bon à rien? Vos parentes ont-elles appris tout ce que vous dites qu'elles
savent, comme des choses inutiles à la vie, et dont
elles ne voulaient faire aucun usage, ou comme des
choses auxquelles elles devaient s'appliquer, et dont
elles espéraient tirer un bon parti? Quels hommes
vous paraissent avoir la meilleure conduite? Sont-ce
les paresseux, ou les hommes occupés d'objets utiles?
Quels sont les plus justes? Sont-ce ceux qui travaillent, ou ceux qui rêvent, les bras croisés, aux
expédients qu'ils trouveront pour vivre? Je suis sûr
qu'en ce moment vous n'aimez pas vos parentes, et
que vous n'en êtes pas aimé. Vous sentez qu'elles vous
ruinent, et elles sentent qu'elles vous sont à charge.
Il est à craindre que bientôt la froideur ne se tourne
en haine, et que vous ne perdiez pour toujours les
sentiments qui vous unissaient. Mais qu'elles travaillent sous vos yeux, vous les aimerez, parceque
vous verrez qu'elles vous sont utiles : vous leur serez
cher, parcequ'elles reconnaîtront qu'elles vous plaisent davantage. Vous vous rappellerez tous avec joie
vos services mutuels; ce souvenir ajoutera à votre
tendresse, et vous vous sentirez chaque jour plus
fortement attachés les uns aux autres par les liens du
sang et de l'amitié.

S'il s'agissait de faire quelque chose de honteux, il
faudrait préférer la mort : mais ce que vos parentes
savent faire est ce qui convient le mieux à leur sexe;
et ce qu'on sait, on le fait bien, on le fait avec aisance,

avec promptitude, avec plaisir. Ne tardez pas à leur faire une proposition qui ne leur sera pas moins utile qu'à vous-même, et j'espère qu'elles la recevront avec joie. — Vous me donnez un excellent conseil, mon cher Socrate. Tantôt je n'osais emprunter de l'argent, parceque je savais qu'après l'avoir dépensé je ne serais pas en état de le rendre. Je crois pouvoir emprunter à présent pour commencer notre travail.

En effet, il trouva de l'argent, il acheta de la laine. Les femmes quittaient à peine l'ouvrage pour prendre leurs repas. La tristesse fit place à la gaieté, le soupçon à la confiance. Elles aimèrent Aristarque comme leur protecteur; il les aimait comme des personnes qui lui étaient utiles.

Enfin il revint voir Socrate, et lui conta gaiement cette révolution. Il n'y a plus que moi, disait-il, qui sois grondé dans la maison, parceque je mange et que je ne fais rien.— Eh! que ne leur contez-vous la fable du chien? répondit Socrate.

Du temps que les bêtes parlaient, on dit qu'une brebis fit des reproches à son maître. Je vous trouve admirable, lui dit-elle. Nous vous rapportons de la laine, des agneaux, des fromages, et jamais vous ne nous donnez rien : il faut que nous arrachions notre nourriture à la terre. Votre chien vous rapporte-t-il quelque chose? et c'est pourtant à ce bel animal que vous prodiguez les mets de votre table. Le chien écoutait ces plaintes. A vous en croire, dit-il, je ne suis donc bon à rien. Et qui vous garde, si ce n'est moi? Sans moi, vous seriez la proie des voleurs ou le repas des loups; et si je ne veillais pas pour votre sûreté, la peur vous empêcherait même de prendre votre nourriture. Les brebis entendirent raison, et ne trouvèrent plus mauvais que le chien leur fût préféré.

Faites aussi comprendre à vos dames que vous êtes pour elles comme le chien de la fable, que c'est vous qui les protégez, qui veillez sur elles, et que c'est par vous seul qu'elles peuvent travailler gaiement et sans craindre aucune insulte.

XVII.

Socrate rencontra par hasard un de ses amis qu'il n'avait pas vu depuis longtemps. Eh! d'où venez-vous donc, mon cher Euthère? lui dit-il. — Je suis revenu à la fin de la guerre d'un voyage que j'ai fait dans les pays étrangers, et je suis ici depuis ce temps-là. On m'a pris tous les biens que j'avais au delà des frontières; mon père ne m'a rien laissé dans l'Attique: il faut à présent que je reste dans mon pays et que je travaille pour vivre. Je crois que cela vaut mieux que de rien demander à personne. D'ailleurs qui voudrait me prêter? je n'ai rien à mettre en gages. — Eh! combien de temps croyez-vous avoir assez de force pour gagner votre vie?—Ah! fort peu de temps, mon cher Socrate. — Cependant, quand vous serez vieux, vous aurez des dépenses à faire, vous ne serez plus en état de travailler, et personne ne voudra se servir de vous.— Vous avez bien raison. — Ce que vous pourriez donc faire de mieux, ce serait de vous livrer dès à présent à des occupations qui puissent mettre votre vieillesse au-dessus de la misère. Que ne tâchezvous de trouver un homme qui ait de grands biens, et qui soit bien aise d'avoir quelqu'un pour les régir? Vous auriez l'œil sur ses ouvriers, vous ménageriez ses revenus, vous auriez une inspection sur toute sa maison; en un mot, vous feriez ses affaires, et les vôtres ne s'en trouveraient pas plus mal.

— Mais c'est une servitude, et j'aurais bien de la peine à la supporter.— Comment! ceux qui sont à la tête de l'état, qui en conduisent les affaires, sont-ils donc regardés comme des esclaves? Il me semble au contraire qu'ils passent pour les plus libres des hommes.—Cela est vrai; mais je ne pourrais me soumettre à recevoir des reproches. — Il n'est pas aisé, mon cher Euthère, de rien faire sans être exposé au reproche. Quoi qu'on entreprenne, on ne peut guère éviter de faire des fautes; et, quand on n'en ferait aucune, ne trouve-t-on pas des juges ineptes et malins, toujours prêts à condamner? Enfin, vous faites quelque chose à présent, et je serais bien étonné si vous pouviez vous mettre au-dessus de la critique. Tout ce que je vous conseille, c'est d'éviter les gens qui aiment à condamner, et de vous attacher à des personnes qui jugent sainement; c'est de vous en tenir à ce que vous êtes en état de faire, et de vous défier de ce qui est au-dessus de vos forces; c'est enfin de mettre tous vos soins, toute votre intelligence, à bien remplir ce que vous aurez entrepris. En un mot, suivez mes avis; c'est, je crois, le moyen d'essuyer peu de reproches, de vous mettre au-dessus de la misère, de vivre dans une certaine aisance sans crain-

dre un fâcheux avenir, et de vous ménager des ressources pour la vieillesse.

XVIII.

Criton disait un jour à Socrate qu'il était bien difficile de vivre à Athènes et de veiller sur sa fortune.
On m'intente tous les jours des procès, ajoutait-il :
ce n'est pas que personne ait à se plaindre de moi ;
mais on sait fort bien que j'aime mieux donner de
l'argent que de suivre des procédures. — Dites-moi,
Criton, lui répondit Socrate, ne nourrissez-vous pas
des chiens pour qu'ils éloignent les loups de vos troupeaux ? — Sans doute, et je me trouve fort bien de
cette dépense. — Eh ! qui vous empêcherait de nourrir aussi un homme qui eût le pouvoir et la volonté
d'éloigner de vous la foule des chicaneurs ? — Je le
ferais volontiers ; mais je crains qu'il ne se tourne lui-
même contre moi. Eh quoi ! ne voyez-vous pas qu'on
trouverait à la fois plus d'agrément et de profit à
obliger un homme tel que vous qu'à s'en faire un ennemi ? Sachez qu'il ne manque pas ici de gens qui se
feraient un grand honneur d'obtenir votre amitié.

Ils firent quelque temps après la découverte d'Archédème : il était pauvre, mais il entendait bien les
affaires, et ne manquait pas d'éloquence. Ce n'était
pas de ces gens qui trouvent tout le monde digne de
les obliger. Il aimait la justice, et disait qu'il est fort
aisé de s'enrichir avec ceux qui ne la respectent pas :
mais il était incapable de faire fortune à ce prix.

Criton résolut de se l'attacher. Il ne recevait pas de
ses maisons de campagne du blé, de l'huile, du vin,

de la laine, ou d'autres semblables provisions, sans
lui en envoyer une partie. Toutes les fois qu'il faisait
des sacrifices, il l'invitait au repas, et ne négligeait
aucune occasion de lui faire plaisir.

Archédème, voyant que la maison de Criton lui
était offerte, se dévoua tout entier à son bienfaiteur.
Il se mit à étudier la conduite des ennemis de Criton,
et découvrit que c'étaient des gens couverts d'infamie
et chargés de la haine publique. Il en appela un en
justice. Ce misérable, à qui sa conscience faisait plus
d'un reproche, sentit bien qu'il ne pourrait se tirer
d'affaire sans éprouver le supplice qu'il méritait, ou
sans payer du moins une forte amende ; il mit tout
en œuvre pour faire désister Archédème de son accusation : mais celui-ci ne se laissa pas fléchir que le
scélérat n'eût abandonné toutes ses poursuites contre
Criton, et ne lui eût encore donné de l'argent. Ce ne
fut pas le seul service de ce genre qu'il rendit à son
bienfaiteur.

Quand un berger a un bon chien, les autres pasteurs
ne s'éloignent pas de lui, afin que leurs troupeaux
soient en sûreté sous la même garde : c'est ainsi que
les amis de Criton cherchaient à se mettre sous la
garde d'Archédème. Celui-ci saisissait toutes les occasions d'obliger Criton, qui vivait ainsi dans la sécurité, et la procurait à tous ses amis.

Les ennemis d'Archédème ne manquèrent pas de
lui reprocher qu'il s'était rendu par intérêt le flatteur
de Criton. Est-ce donc une honte, répondit-il, de recevoir les bienfaits des hommes qu'on estime, et de

chercher à les obliger à son tour ; de s'en faire des amis, et de fuir le commerce des méchants ? Non, sans doute. Mais nuire aux hommes vertueux, mais provoquer leur haine, mais partager les complots des méchants, rechercher leur amitié, se lier avec eux plutôt qu'avec les gens de bien ; voilà ce que j'appelle le comble de l'infamie.

Archédème fut toujours depuis considéré des amis de Criton, qui le mettait lui-même au nombre de ses meilleurs amis.

XIX.

Socrate se trouvant avec son ami Diodore : Si un de vos esclaves, lui dit-il, prenait la fuite, ne tâcheriez-vous pas de le retrouver ?—Je ferais plus encore : je promettrais une récompense à ceux qui me le ramèneraient. — Et n'auriez-vous pas soin d'un de vos esclaves qui tomberait malade ? n'appelleriez-vous pas des médecins pour lui conserver la vie ?—Assurément.

— Et si un homme de votre connaissance, qui pourrait vous être bien plus utile que vos esclaves, tombait dans la misère, ne feriez-vous pas bien de penser à lui et de ne pas le laisser périr ? Vous savez qu'Hermogène n'est pas un ingrat : il rougirait de recevoir de vous aucun service sans vous en rendre à son tour. Quoi donc ! un homme qui se porterait de lui-même à vous servir, qui serait plein de bonne volonté, qui vous resterait attaché constamment ; un homme que vous trouveriez toujours prêt à seconder vos desirs, à les prévoir, à les prévenir, à remplir vos volontés avant même que vous eussiez eu le temps de les former ; un tel homme ne vaudrait-il pas mieux que tous vos esclaves? Les bons économes nous prescrivent d'acheter quand nous trouvons à bas prix une marchandise précieuse : nous sommes dans un temps où les amis sont peu recherchés : c'est une belle occasion de se les procurer à peu de frais.

— Vous parlez à merveille, reprit Diodore. Faites-moi un plaisir ; dites à Hermogène de passer chez moi.

— Je n'en ferai rien, dit Socrate. Je crois que c'est à vous d'aller le trouver, et il me semble que la chose vous intéresse encore plus particulièrement que lui.

Diodore rechercha donc Hermogène. Il lui en coûta peu, et il eut un ami qui n'agissait que pour lui être utile, qui ne parlait que pour lui plaire, et dont l'esprit agréable répandait chaque jour un nouveau charme dans sa société.

LIVRE III.

I.

Je vais raconter les avantages que les jeunes gens qui se portaient au bien trouvaient dans la société de Socrate, et combien il savait ajouter encore à l'ardeur de leur zèle.

Un certain Dionysidore, qui venait d'arriver à Athènes, s'annonçait pour donner des leçons dans l'art de commander les armées. Socrate n'ignorait pas qu'un des jeunes gens qui s'étaient attachés à lui aspirait à se distinguer par la gloire des armes.—Jeune

homme, lui dit-il, il serait honteux de prétendre à
commander un jour les troupes de la république,
sans apprendre l'art du commandement, surtout
quand il se présente une si belle occasion de s'en
instruire. Ce serait mériter d'être puni plus sévèrement encore qu'un impudent qui demanderait à faire
des statues sans avoir reçu les principes de l'art.
Dans les dangers de la guerre, toute la fortune de
l'état est confiée au général : par sa bonne conduite,
il rend à sa patrie les plus grands services ; il lui fait
le plus grand mal par ses fautes. Comment ne serait-
il pas justement puni pour avoir osé briguer un emploi si délicat, sans avoir daigné se rendre capable de
le remplir ?

Ce discours engagea le jeune homme à se mettre
sous la conduite de Dionysidore. Après avoir pris ses
leçons, il vint revoir Socrate. — Mes amis, dit le
sage en plaisantant, vous savez qu'Homère, en par-
lant d'Agamemnon, lui donne le titre de respectable :
ne trouvez-vous pas que ce jeune homme est plus
respectable encore maintenant qu'il a appris l'art de
commander les armées? Car enfin celui qui sait jouer
du luth est un joueur de luth même lorsqu'il n'en
joue pas ; et quand on connaît l'art de la médecine,
on n'en est pas moins médecin pour n'avoir pas actuellement de malades à guérir. Ainsi ce jeune homme
a, dès à présent, le caractère ineffaçable de général,
quand on ne lui donnerait jamais d'armées à commander. Mais un homme qui ne saurait ni guérir les
maladies, ni conduire les troupes, ne serait ni général

ni médecin, quand toutes les voix du monde entier se réuniraient en sa faveur.

Puis, adressant la parole au jeune homme : — Comme il pourrait, lui dit-il, arriver à quelqu'un de nous d'avoir sous vos ordres un commandement subalterne, il serait bon de ne nous pas laisser dans toute notre ignorance. Faites-nous donc le plaisir de nous rendre les premières leçons que vous avez reçues. — Les premières, répondit le jeune homme, ont été les mêmes que les dernières : on m'a enseigné la tactique, c'est-à-dire l'art de ranger les troupes en ordre de bataille, et l'on ne m'a rien appris de plus. — Ce n'est là qu'une faible partie de l'art militaire : il faut encore qu'un général sache pourvoir à tous les besoins de l'armée ; qu'il ne laisse rien manquer au soldat ; qu'il soit riche en expédients, soigneux, patient, laborieux ; qu'avec une grande présence d'esprit, il ait à la fois de l'indulgence et de la sévérité ; qu'il soit franc et rusé, habile à surprendre et à se tenir sur ses gardes, prodigue et rapace, aimant à donner, n'aimant pas moins à prendre, retenu tout ensemble et déterminé. Je pourrais détailler ici mille autres qualités naturelles et acquises, toutes également nécessaires à un général.

Je ne dis pas que ce soit une faible gloire de savoir bien ranger les troupes ; car il y a bien de la différence entre une armée bien rangée et des troupes en désordre. Jetez confusément des pierres, des briques, du bois, des tuiles ; vous ne ferez qu'un monceau bizarre et inutile. Mais si l'on emploie dans les fonde-

ments et sur les combles les matériaux qui ne peuvent
ni pourrir ni se dissoudre par l'humidité, comme les
pierres et les tuiles, et qu'on place au milieu les briques et les bois, suivant la méthode des architectes,
on fait une chose précieuse qu'on appelle un édifice.
— Ce que vous dites là, interrompit le jeune homme,
a le plus grand rapport à l'art militaire ; car on doit
placer aux premiers et aux derniers rangs les meilleures troupes, et mettre au milieu le rebut de l'armée, qui se trouve ainsi conduit et poussé par les soldats d'élite.

— A merveille, reprit Socrate. Mais votre maître
vous a-t-il appris à discerner les bons et les mauvais
soldats? car, sans cela, quel usage ferez-vous de ses
leçons? Supposons qu'il vous eût dit d'arranger de
l'argent, de mettre aux premiers et aux derniers rou-
leaux les pièces de bon aloi, et au milieu celles de
billon, comment vous en tireriez-vous si vous ne saviez pas distinguer la bonne et la fausse monnaie?—
Il ne m'a rien appris de cela ; c'est à nous de distinguer par nous-mêmes les bons et les mauvais soldats. — Eh bien! que n'examinons-nous ce qu'il
faudra faire pour n'y être pas trompés ? — J'y consens.
— S'il s'agissait d'enlever des trésors, ne ferions-nous
pas bien de placer à la tête les soldats qui auraient
le plus d'amour pour l'argent? — Je le crois. — Où
le danger est le plus grand, n'est-ce pas là qu'il faut
placer ceux qui aiment la gloire? — Sans doute, car
ils ne demandent qu'à braver le péril sans autre récompense que l'honneur. Ceux-là ne sont pas dif-

ficiles à découvrir; ils cherchent toujours à se montrer.

— Enfin vous avez appris de votre maître à mettre une armée en ordre de bataille; mais il y a plusieurs manières de la ranger : ne vous a-t-il pas appris sur quel terrain, dans quelle occasion, l'on doit préférer l'une à l'autre? — Point du tout. — Cependant les circonstances différentes exigent un ordre différent. — Il ne m'a pas dit un mot de tout cela. — Retournez donc le trouver; faites-lui les questions nécessaires. S'il sait l'art qu'il se mêle de professer, et que ce ne soit pas un impudent, il rougira de s'être fait payer et de ne vous avoir pas mieux instruit.

II.

Il rencontra un jour un citoyen qui venait d'être nommé général : Savez-vous bien, lui dit-il, pourquoi Homère appelle Agamemnon le pasteur des peuples? Je crois en voir la raison. Comme il est du devoir d'un pasteur de ménager la vie de ses troupeaux et de les mener sur de gras pâturages, c'est celui du général de ménager la vie de ses soldats, de leur procurer des munitions suffisantes et de remplir l'objet qui a fait entreprendre la guerre. On ne renonce aux douceurs de la paix que pour vaincre ses ennemis et pour être plus heureux soi-même.

Pourquoi Homère fait-il cet éloge d'Agamemnon :

Il était à la fois vaillant guerrier, bon prince?

Pour mériter le titre de vaillant guerrier, c'était trop peu de montrer son courage dans les combats :

il était obligé par son rang d'en inspirer à toute l'armée. Pour être bon roi, c'était peu de se procurer à lui-même les agréments de la vie; il fallait encore qu'il fît le bonheur de ses sujets. Un roi n'est pas élu par ses peuples pour ne s'occuper que de sa prospérité personnelle, mais pour faire la félicité de ceux qui l'ont choisi. Les peuples combattent pour ajouter à leur bonheur : c'est pour obtenir cet objet de leurs vœux qu'ils nomment des généraux. Le devoir du général est de répondre à la confiance de ceux qui l'ont proclamé. Remplit-il leurs vues ? Rien n'est plus glorieux; rien n'est plus honteux que de tromper leur espérance.

C'est ainsi qu'en recherchant quelle devait être la vertu du chef d'une nation, Socrate faisait abstraction de toutes les autres bonnes qualités et bornait tous ses devoirs à rendre heureux le peuple qu'il commande.

III.

Je n'ai pas oublié l'entretien qu'il eut avec un homme qui venait de recevoir le commandement de la cavalerie.

Pourriez-vous m'apprendre, jeune homme, lui dit-il, pourquoi vous avez recherché ce commandement? Ce n'était pas, sans doute, pour marcher à la tête des cavaliers : c'est un honneur dont jouissent les archers à cheval; ils précèdent même le commandant. — Vous avez raison. — Ce n'était pas non plus pour vous faire connaître ; car personne n'est plus connu que les fous. — Sans doute. — C'est donc que

vous espériez faire des réformes utiles dans la cavalerie, et rendre, à la tête de ce corps, de grands services à l'état? — Voilà tout mon objet. — Il est bien
glorieux si vous pouvez le remplir. Enfin, on vous a
donc élu pour commander les chevaux et les cavaliers? — Précisément. — Fort bien. Dites-nous donc
d'abord quelles sont vos idées pour rendre les chevaux d'un meilleur service. — Cela ne me regarde
pas : c'est à chaque cavalier à prendre soin de son
cheval. — Et si les uns vous amènent des chevaux
qui n'aient ni jambes ni vigueur ; si les autres ont des
chevaux si mal nourris qu'ils n'aient pas la force de
suivre le corps, ou si fougueux qu'ils ne demeurent
pas où vous les aurez placés, ou si rétifs que vous ne
puissiez même les mettre en rang ; comment, à la
tête d'une cavalerie si mal montée, rendrez-vous de
grands services à la république? — Vous avez raison,
il faudra que je tâche d'avoir l'œil sur les chevaux.

Mais n'établirez-vous pas aussi des réformes avantageuses parmi les cavaliers? — N'en doutez pas. —
D'abord il faudra les habituer à sauter plus lestement
à cheval. — Cela est important ; car, s'il leur arrive
de tomber, ils se remettront plus vite en selle, et ris-
queront moins de périr. — Et quand il s'agira d'en
venir aux mains, prierez-vous les ennemis de vouloir bien se rendre sur la place où vous avez coutume
d'exercer vos troupes, ou n'essaierez-vous pas d'exercer vos cavaliers dans toutes les positions, sur toutes
les espèces de terrain où il peut arriver de combattre? — Voilà bien ce qu'il faudra faire. — Ne les ac-

coutumerez-vous pas aussi à lancer adroitement des javelots pour éclaircir les rangs des ennemis ? — Cela n'est pas à négliger. — Il faudra piquer le courage des cavaliers, les animer contre l'ennemi : c'est le moyen d'augmenter leur force. — Si j'ai manqué à cela jusqu'ici, je l'observerai à l'avenir.

— Avez-vous aussi pensé aux moyens de vous faire obéir? Ayez la troupe la plus courageuse, la mieux montée; vous n'en ferez rien sans discipline. — Votre observation est bien juste : mais quel est le meilleur moyen de plier mes cavaliers à l'obéissance? — Vous avez pu remarquer qu'en toute occasion, pour se soumettre les hommes, il faut leur montrer de la supériorité. Est-on malade, par qui se laisse-t-on conduire? par ceux qui passent pour avoir le plus de connaissance en médecine. Doit-on s'embarquer? on cherche le meilleur pilote. A-t-on des terres à faire valoir? on se pourvoit du plus habile laboureur. — Cela est vrai. — A qui donc les cavaliers obéiront-ils de meilleur cœur, si ce n'est à celui qui réunira le plus de connaissances nécessaires à la cavalerie?— Il suffira donc, pour m'en faire obéir, de leur prouver que je l'emporte sur eux en connaissance? — Oui, pourvu que vous leur ayez aussi prouvé qu'il est de leur honneur et de leur intérêt de vous obéir. — Eh! comment leur apprendrai-je cela? — Vous seriez bien plus embarrassé s'il fallait leur apprendre que le mal est préférable au bien, et procure plus d'avantages.

—Mais il résulte de vos observations qu'un commandant de cavalerie doit avoir le talent de la parole. — Espériez-vous donc commander la cavalerie sans parler? N'avez-vous donc pas remarqué que les plus belles connaissances, celles que nous prescrivent les lois, celles qui nous donnent les principes qui doivent régler notre vie, nous ont été communiquées par la parole? S'il est quelque autre science digne de notre estime, c'est par la parole que nous la recevons : c'est la parole que sont obligés d'employer ceux qui nous instruisent; et les sages qui possèdent le mieux les connaissances les plus utiles sont en même temps ceux qui savent le mieux en parler. — J'en conviens.

— Quand on envoie d'Athènes à Délos un chœur de musiciens, ne vous êtes-vous pas aperçu qu'il n'est aucun pays où l'on pût rassembler autant de belles voix? N'avez-vous pas aussi remarqué qu'aucune ville ne fournit autant de beaux hommes? — Cela est vrai. — Mais ne croyez pas que nos Athéniens ne l'emportent sur les autres nations que par la beauté de la voix, ou par la force et les belles proportions du corps : ils ne s'en distinguent pas moins par l'amour de la gloire qui les excite aux grandes choses. — C'est encore une vérité dont il faut convenir. — Et ne croyez-vous pas aussi que notre cavalerie l'emporterait sur toutes les autres par le choix et l'entretien des armes et des chevaux, par la justesse des évolutions, par l'ardeur de se précipiter dans le danger, si l'on prenait la peine de lui persuader qu'elle obtiendrait des éloges et se couvrirait de gloire? — Cela est vraisemblable. — Eh bien! que tardez-vous?

Engagez votre troupe à vous faire honneur en servant bien la patrie. — Du moins n'épargnerai-je pas mes efforts.

IV.

Il vit un jour Nicomachide qui sortait de l'assemblée du peuple. Eh bien! mon cher Nicomachide, lui dit-il, quels sont les généraux qu'on vient de nous donner?— Ah! Socrate, les Athéniens n'ont garde de m'élire, moi qui ai si bien servi pendant tant d'années, qui ai commandé tantôt des compagnies, tantôt des cohortes; moi qui ai reçu tant de blessures! Tout en disant cela il ôtait son habit et montrait les cicatrices dont il était couvert. Devinez, continua-t-il, le beau choix qu'ils ont fait. Ils ont élu Antisthène, lui qui n'a jamais servi dans l'infanterie, qui ne s'est jamais distingué dans la cavalerie, qui n'a d'autre habileté que d'amasser de l'argent.

— Mais vraiment cette habileté-là n'est pas méprisable. Il saura mieux qu'un autre trouver des fonds, et son armée ne manquera de rien. — Des marchands sont capables d'en faire autant : en est-ce donc assez pour qu'on les mette à la tête des armées? — Mais Antisthène aime à remporter la victoire, et c'est une qualité nécessaire à un général. Ne savez-vous pas qu'il n'a jamais été chargé par sa tribu de diriger les chœurs des musiciens sans leur avoir fait gagner le prix?—Eh! quel rapport y a-t-il entre une armée et des chœurs de musique? — Ne voyez-vous pas qu'Antisthène ne sait pas chanter, qu'Antisthène ignore absolument la science des chœurs, et qu'il a eu l'art de

choisir les meilleurs musiciens? — Il trouvera donc
aussi à l'armée des gens qui mettront pour lui les
troupes en ordre de bataille, des gens qui combat-
tront pour lui? — Il est certain que s'il a le talent de
trouver, de choisir les meilleurs guerriers, comme il
a eu celui de choisir les meilleurs musiciens, il l'em-
portera, du moins dans cette partie, sur les autres
généraux. Il n'a pas épargné la dépense pour triom-
pher avec sa tribu dans les combats de musique; il
faut croire qu'il la regrettera moins encore pour remporter sur les ennemis une victoire dont il partagera
les honneurs avec toute sa nation.

— Il résulte de votre discours que le même homme
qui dirige bien les chœurs de musique, saura tout
aussi bien commander les armées. — Il en résulte du
moins qu'un homme qui, dans tout ce qu'il entreprend, connaît ce qu'il faut, et qui a l'art de se le
procurer, saura diriger des chœurs de musique, régler une maison, commander une armée, gouverner
un état.

— En vérité, Socrate, je ne m'attendais pas à vous
voir établir qu'un bon maître de maison fût aussi un
bon général. — Eh bien! recherchons quels sont les
devoirs de l'un et de l'autre : nous verrons s'ils sont
les mêmes, ou s'il se trouve entre eux des différences
essentielles. — Fort bien. — N'est-il pas d'abord du
devoir de tous deux de tenir dans l'obéissance, dans
le bon ordre, ceux qui leur sont soumis? — Assurément. — Ne doivent-ils pas imposer à chacun ses
fonctions?— Sans doute. — Je crois qu'ils sont éga-

lement obligés de punir les méchants, de récompenser ceux qui remplissent leurs devoirs. — Oui. — Ne
feront-ils pas bien l'un et l'autre de gagner les cœurs
de ceux qui leur sont subordonnés? — Sans difficulté. — N'ont-ils pas intérêt de se faire des amis
dont ils puissent employer les secours? — Rien ne
peut leur être plus avantageux. — Tous deux ne
doivent-ils pas être en garde contre les événements?
— Qui pourrait en douter?— Enfin, dans leurs fonctions différentes, ne doivent-ils pas être également
attentifs et infatigables? — J'avoue que, dans tout
cela, les rapports sont frappants : mais il faut qu'un
général combatte, et voilà la différence.

Eh quoi! reprit Socrate, tous deux ne peuvent-ils
pas avoir des ennemis? — Sans doute. — Ils ont
donc le même intérêt à l'emporter sur eux. — Certainement : mais, sans parler de cela, de quelle utilité
sera la science économique lorsqu'il s'agira de combattre?— De la plus grande utilité. Un bon économe
sait que rien n'est plus utile, plus profitable, que
de remporter la victoire sur ses ennemis; rien de
plus nuisible, de plus ruineux, que d'être vaincu. Il
mettra donc toute son intelligence à chercher, à rassembler les moyens de vaincre. Il n'examinera pas
avec moins d'attention ce qui pourrait occasionner sa
défaite; il aura soin de s'en garantir. Verra-t-il qu'il
a tout ce qu'il faut pour s'assurer la victoire? il ne
craindra pas de combattre. Quelque chose lui manque-t-il encore? il ne risquera pas l'action. Mon cher
Nicomachide, ne méprisez pas les bons économes.

Les affaires d'un particulier sont moins nombreuses que les affaires publiques : voilà toute la différence. L'essentiel, c'est que les unes et les autres ne peuvent se traiter que par des hommes : ce sont les mêmes hommes qui régissent les affaires de l'état et celles des particuliers; et celui qui a montré ses talents dans les affaires privées est souvent choisi pour gouverner celles de la république.

En un mot, quand on sait bien employer les hommes, on est capable de bien régir les affaires d'un particulier et celles de toute une nation : mais, dans les unes et les autres, ce talent manque-t-il? on ne fait que des fautes.

V.

Socrate eut un entretien avec Périclès, fils du célèbre Périclès. J'espère, lui dit-il, que, si vous commandez un jour nos armées, la république fera la guerre avec plus de succès et plus de gloire, et que nous la verrons victorieuse de ses ennemis. — Je voudrais bien, répondit le jeune Périclès, confirmer vos espérances : mais je ne vois pas même par quel moyen je pourrais les remplir. — Eh bien! raisonnons là-dessus, et voyons comment vous pourriez ne les pas tromper. — Rien ne peut m'être plus agréable.

— Vous savez que le peuple d'Athènes n'est pas moins nombreux que celui de la Béotie? — Je le sais. — Où croyez-vous qu'on puisse lever de plus belles troupes? est-ce dans l'Attique ou dans la Béotie? — Notre patrie ne paraît pas le céder non plus en ce point. — Chez lequel des deux peuples voyez-

9.

vous mieux régner la concorde? — Chez les Athéniens:
car les Béotiens sont mal disposés envers ceux de
Thèbes qui ne cherchent qu'à les opprimer. Je ne vois
rien de semblable dans notre république. Mais on ne
connaît pas de peuple ni plus ambitieux, ni plus obligeant que les Béotiens : et ce caractère porte les hommes à braver les périls pour acquérir de la gloire et
servir leurs concitoyens et leur patrie. — Aussi ne
dira-t-on pas que ces qualités manquent aux Athéniens. D'ailleurs , est-il un peuple qui puisse se rappeler un plus grand nombre de belles actions qui
aient illustré ses ancêtres? Ce souvenir élève les citoyens au-dessus d'eux-mêmes, enflamme leur courage, et les excite à la vertu.

— Cela est vrai, Socrate. Mais vous voyez que depuis la malheureuse affaire de Lébadie, où mille
hommes périrent avec Tolmide , et depuis la défaite
d'Hippocrate, qui reçut la mort en combattant devant Délium, notre gloire s'est humiliée devant celle
des Béotiens, qui ont commencé dès lors à nous braver. Autrefois les Béotiens n'osaient nous résister,
même sur leurs frontières, sans le secours des Lacédémoniens et des autres peuples du Péloponèse :
contents aujourd'hui de leurs propres forces, ils menacent de se jeter sur l'Attique. Autrefois, quand
nous n'avions que les Béotiens pour ennemis, nous
portions la désolation jusque dans le sein de leurs
foyers : et nous craignons aujourd'hui de leur voir
ravager nos campagnes. — Je sais tout cela, et c'est
cela même qui me persuade que notre république

obéira plus volontiers à un général digne de la conduire. La confiance engendre la langueur, l'indolence et l'indiscipline : la crainte rend les hommes plus vigilants, plus soumis, plus fidèles au bon ordre. Nous en voyons la preuve dans les matelots : tant qu'ils ne craignent aucun danger, ils s'abandonnent au désordre ; quand ils aperçoivent la tempête, quand ils sont en présence de l'ennemi, ils obéissent à la voix de celui qui les commande, ils attendent ses ordres dans le plus profond silence, comme des chanteurs se règlent sur la voix du maître de musique.

VI.

Si l'on peut espérer que les Athéniens se soumettent à la discipline, reprit le jeune Périclès, voyons donc comment on pourrait leur rendre l'énergie qu'ils ont perdue, les rappeler à la vertu de leurs ancêtres, à leur première gloire, à leur ancienne prospérité. — Quel moyen trouveriez-vous le plus capable de leur faire revendiquer des richesses qui seraient en d'autres mains ? Ne serait-ce pas de leur montrer qu'elles ont appartenu à leurs pères, et qu'ils doivent les regarder comme leur patrimoine ? Nous voulons les élever au-dessus de tous les autres peuples par la vertu : il faut donc leur montrer que cette première place leur appartenait dès l'antiquité la plus reculée, et qu'en cherchant à la reprendre, ils se mettront au-dessus de toutes les autres nations. — Et comment leur donner une instruction si utile ? — En rappelant à leur mémoire les belles actions de leurs ancêtres dont ils ont entendu célébrer la vertu.

— Voulez-vous parler, dit Périclès, de ce fameux différend qui s'éleva parmi les dieux sous le règne de Cécrops, lorsqu'ils reconnurent les Athéniens pour juges de leur querelle? — Sans doute : je veux parler aussi de la naissance et de l'éducation d'Erechthée, et des guerres que, du temps de ce prince, ils soutinrent contre tous leurs voisins ; de celles qu'ils eurent avec les peuples du Péloponnèse du temps des Héraclides, et de toutes celles qu'ils firent sous la conduite de Thésée. Dans toutes, ils se montrèrent les plus valeureux des hommes.

— Aux grandes actions de ces héros, vous pouvez encore ajouter les exploits de leurs neveux, qui se rapprochent bien plus de nos jours. Représentez-les tantôt combattant avec leurs seules forces ces fiers dominateurs de l'Asie entière qui étendaient leur puissance en Europe jusqu'à la Macédoine, et reculant les limites de leur empire bien au delà des bornes qu'avaient connues leurs ancêtres ; tantôt se couvrant de gloire sur terre et sur mer avec le secours des peuples du Péloponnèse, qui jouissaient alors euxmêmes d'une si haute réputation de valeur. Il faut aussi raconter qu'il s'est fait un grand nombre d'émigrations dans la Grèce, sans que les peuples de l'Attique aient jamais abandonné leur pays ; que plusieurs nations, qui disputaient ensemble de leurs droits, se sont soumises au jugement des Athéniens ; et que d'autres, opprimées par la force, ont eu recours à leur protection.

— Je ne puis concevoir, reprit Périclès, comment

notre république, brillante alors d'un tel éclat, est
tombée dans une telle décadence. — Ne voyez-vous
pas, répondit Socrate, que les hommes qui l'emportent trop aisément sur les autres par la supériorité de
leurs forces s'abandonnent à une folle confiance,
tombent dans l'engourdissement, et finissent par ne
pouvoir résister à leurs adversaires? C'est parceque
les Athéniens se sont enorgueillis de leur puissance,
qu'ils sont tombés dans la langueur, et qu'ils ont dégénéré de leur première vertu. — Et comment pour-
ront-ils la recouvrer? — Par un moyen qui se présente de lui-même. Qu'ils étudient, qu'ils reprennent
les mœurs de leurs ancêtres, qu'ils n'y soient pas
moins fortement attachés que ne l'étaient leurs pères;
ils ne leur céderont pas en vertu. Sont-ils incapables
d'un si généreux effort? qu'ils imitent du moins les
peuples dont ils éprouvent aujourd'hui la puissance;
qu'ils empruntent leurs institutions, qu'ils ne les suivent pas avec moins de zèle, ils cesseront bientôt de
leur être inférieurs; qu'ils redoublent de soins, ils
les auront bientôt surpassés.

— C'est dire assez, repartit Périclès, que notre république sera longtemps encore bien éloignée de la
vertu. Quand verrons-nous nos citoyens, à l'imitation des Spartiates, respecter les vieillards, eux qui,
pour mieux s'affermir dans le mépris pour l'âge
avancé, commencent par mépriser leurs pères?
Quand chercheront-ils à se fortifier par l'exercice,
eux qui, non contents de négliger leurs forces, tournent en ridicule ceux qui cherchent à en acquérir?

Quand obéiront-ils à leurs magistrats, eux qui se font gloire de les mépriser? Quand agiront-ils d'un commun accord, eux qui, loin de se réunir pour leurs propres intérêts, ne cherchent qu'à se nuire, et portent plus d'envie à leurs propres concitoyens qu'aux étrangers et aux ennemis; eux qu'on ne voit pas moins divisés dans les assemblées de famille que dans celles de la nation, qui s'intentent chaque jour de nouveaux procès, et qui aiment mieux les profits qu'ils peuvent faire en se nuisant les uns aux autres, que s'ils les devaient à leurs secours mutuels? La république leur devient étrangère; ils se combattent pour en obtenir les emplois : mais les premières places leur sembleraient indignes de leurs vœux, s'ils ne les devaient pas à la violence. De là l'ignorance, la malignité, les cabales, les haines : et je crains bien de voir l'état plongé dans une source de maux qu'il n'aura pas la vigueur de supporter.

VII.

Ah! mon cher Périclès, n'exagérez pas la corruption de nos chers Athéniens, et ne croyez pas que leurs maux soient incurables. Ne voyez-vous pas le bon ordre qui règne parmi nos rameurs? N'avez-vous pas remarqué combien, dans les jeux gymniques, les combattants sont soumis à leurs chefs, et comme, dans les chœurs de chant, les musiciens obéissent au maître qui les conduit? — On peut, sans doute, être surpris que de telles gens se fassent remarquer par leur subordination, et que les guerriers, qui doivent tenir les premiers rangs entre les citoyens,

ne se distinguent que par leur indiscipline. — Mais
ce sont aussi des hommes d'un rang supérieur qui
composent l'aréopage : connaissez-vous un tribunal
qui se comporte, à tous égards, avec plus de dignité,
qui mette plus d'honneur, plus d'équité dans tous ses
jugements, qui observe plus religieusement les lois,
qui discute avec plus de scrupule les causes qui lui
sont confiées, qui remplisse enfin avec plus d'éloge
toutes ses fonctions? — J'avoue que je ne trouve rien
à lui reprocher. — Il ne faut donc pas désespérer des
Athéniens comme s'ils étaient tout à fait incapables
de conduite et de bon ordre. — Mais c'est précisément à la guerre que la tempérance, l'ordre et la
discipline sont le plus nécessaires, et c'est là qu'ils se
piquent de ne connaître aucune de ces vertus.

— Il faut peut-être, mon cher Périclès, en rejeter
la faute sur l'ignorance des généraux. Vous voyez
que personne ne se présente pour commander aux
joueurs de luth, aux chanteurs, aux danseurs, aux
athlètes, sans avoir acquis le talent nécessaire pour
les diriger ; tous peuvent nommer le maître dont ils
ont pris les leçons : mais la plupart des généraux le
deviennent subitement et sans maîtres. Je ne crois
pas que vous méritiez ce reproche ; et vous diriez
aussi bien le temps où vous avez commencé à vous
instruire dans l'art de la guerre, que celui où vous
avez commencé à vous exercer à la lutte. Non content
de conserver les principes que vous a donnés votre
père, vous avez rassemblé de toutes parts des lumières
qui ne manqueront pas de vous être utiles. Je suis per-

suadé que vous réfléchissez souvent sur votre métier,
curieux de ne laisser échapper aucune des connaissances qui peuvent y être nécessaires. Si vous vous
apercevez qu'il vous en manque quelques-unes,
vous interrogez les personnes les plus instruites ; vous
n'épargnez ni présents ni bienfaits pour apprendre
d'elles ce que vous ignorez, et pour vous attacher des
hommes capables de vous seconder.— Je vous entends, Socrate. Vous ne me ferez pas accroire que
vous me jugiez digne de tant d'éloges ; vous savez
trop bien que je ne me suis pas donné toutes les peines
dont vous parlez : mais, par ce tour adroit, vous
m'apprenez qu'on ne doit prétendre au commandement qu'après se les être données.

— J'en veux bien convenir avec vous, reprit Socrate.
Mais continuons. Avez-vous remarqué que, sur nos
frontières, s'étendent de hautes montagnes qui dépendent de la Béotie, et qui ne permettent d'entrer
dans nos plaines que par des défilés étroits et difficiles,
entourés de roches inaccessibles ?— Assurément.—
N'avez-vous pas entendu dire que les Mysiens et les
Pisidiens occupent dans la Perse des contrées défendues par la nature, et qu'armés à la légère, ils font
par leurs incursions beaucoup de mal au pays du
grand roi, et conservent eux-mêmes la liberté ?—
J'en ai entendu parler. — Ne pensez-vous donc pas
que si les Athéniens s'emparaient des montagnes qui
les séparent de la Béotie, et qu'ils y envoyassent
une jeunesse agile et légèrement armée, ils feraient
beaucoup de mal à leurs ennemis, et formeraient un

puissant rempart en faveur de leurs concitoyens?—
Je n'en doute pas, et il serait très avantageux de suivre
vos projets. — Puisqu'ils vous plaisent, jeune homme,
travaillez à les mettre un jour en exécution. Quand
un seul réussirait, vous en tireriez de la gloire, vous
rendriez service à l'état : si la fortune refuse de vous
seconder, vous ne serez pas du moins la honte de
votre pays, vous n'aurez pas à rougir de vous-même.

VIII.

Il prit en fantaisie à Glaucon, fils d'Ariston, de parler dans l'assemblée du peuple, quoiqu'il n'eût pas
encore vingt ans : il ne visait pas à moins qu'au gouvernement de l'état. Les railleries ne lui étaient pas
épargnées ; on lui faisait même quelquefois l'affront
de l'arracher de la tribune. Tout cela était inutile :
ses amis, ses parents, ne pouvaient le guérir de sa
folie. Socrate, qui lui voulait du bien par amitié pour
Charmide et pour Platon, parvint seul à le rendre
plus sage. Se trouvant un jour avec lui, il prit le
moyen le plus adroit de s'en faire écouter.

Vous avez donc envie, mon cher Glaucon, lui dit-
il, de prendre en main les rênes de notre république?
— Il est vrai, répondit Glaucon. — De tous les projets
qu'un homme puisse former, c'est le plus beau, sans
doute : car, si vous parvenez à le remplir, vous n'aurez pas de desirs que vous ne puissiez satisfaire ; il
vous sera facile d'obliger vos amis, d'élever votre
propre maison, et d'augmenter la puissance de votre
patrie. D'abord vous vous ferez le plus grand nom
dans l'état ; bientôt votre gloire s'étendra dans toute

la Grèce, et peut-être même, comme celle de Thémistocle, parviendra-t-elle jusque chez les barbares. En
quelque endroit que vous vous trouviez, tous les regards se porteront sur vous.

Ces paroles chatouillaient la vanité de Glaucon, et
le plaisir de les entendre l'arrêtait auprès de Socrate.
Pendant qu'il en savourait la douceur, celui-ci continua en ces termes : — Vous voulez que la république
vous accorde des honneurs, mon cher Glaucon ; il est
un moyen sûr d'en obtenir : c'est de lui être utile. —
Je le sais. — Au nom des dieux, n'ayez pas pour moi
de secret : quel est le premier service que vous comptez lui rendre?

Glaucon gardait le silence, cherchant en lui-même
quelle réponse il pourrait faire : mais Socrate voulut
bien ne pas faire durer son embarras. — Si vous vouliez, lui dit-il, rendre plus florissante la maison d'un
de vos amis, vous chercheriez les moyens d'augmenter
sa fortune : ne tâcherez-vous pas aussi d'augmenter
les richesses de la république? — C'est à quoi je n'ai
garde de manquer. — Le moyen de la rendre plus
riche, n'est-ce pas de lui procurer de plus grands revenus? — Cela est clair. — Eh! quels sont les objets
d'où se tirent à présent les revenus de l'état? à combien peuvent-ils monter? Je suis bien sûr que vous
en avez fait une étude : car, sans cela, comment sup-
pléer aux produits qui se trouveraient trop faibles, et
remplacer ceux qui viendraient à manquer? — Voilà,
certes, une chose à laquelle je n'avais pas même
que cela vous est échappé, dites-nous

au moins quelles sont les dépenses de l'état : il faut bien que vous en ayez pris connaissance, pour supprimer celles qui sont inutiles. — Je ne me suis pas plus occupé des dépenses que des revenus. — Remettons donc à un autre temps notre magnifique projet d'enrichir la patrie : nous ne pouvons y parvenir, si nous ne connaissons ni ses revenus ni ses dépenses.

— Mais, Socrate, vous ne parlez pas d'un autre moyen d'enrichir la république ; c'est de lui procurer les dépouilles de ses ennemis. — Oh ! cela est bien vrai : il ne faut même pour cela que se rendre plus puissant qu'eux ; car, si l'on était plus faible, on ne ferait que se ruiner. — J'en conviens. — Celui qui forme le dessein d'entreprendre une guerre est donc obligé de bien connaître la force de sa nation et celle des ennemis. S'il voit que sa patrie est la plus forte, il lui conseille de prendre les armes : s'il reconnaît qu'elle est la plus faible, il lui persuade de ne rien hasarder. — On ne peut mieux parler. — Dites-nous donc d'abord quelles sont nos forces de terre et de mer ; quelles sont celles de nos ennemis. — C'est une question à laquelle je ne saurais répondre sur-le-champ. — Mais vous avez du moins là-dessus quelques mémoires : faites-moi le plaisir de me les communiquer. Je serai fort aise de m'instruire sur cet objet. — Non, en vérité, je n'ai rien écrit. — Nous ne nous presserons donc pas de délibérer sur la guerre. J'avoue que c'est un article dont les détails sont immenses : c'est ce qui vous a empêché d'en faire votre étude dès les premiers temps de votre administration.

—Mais je vois bien, ajouta-t-il, que vous avez pris des mesures pour la défense du pays : vous savez quelles garnisons sont nécessaires, quelles autres ne le sont pas ; les unes sont trop nombreuses, les autres trop faibles ; rien de cela n'a pu vous échapper. Vous augmenterez celles qui ne sont pas assez fortes, vous retirerez celles qui ne sont pas nécessaires.—Pour moi, je suis d'avis de les retirer toutes : car, à la manière dont elles gardent le pays, on peut dire que l'ennemi n'y ferait pas plus de ravage. — Mais si le pays n'est plus gardé, vous sentez bien qu'il va devenir la proie du premier qui voudra s'en saisir. D'ailleurs, avez-vous visité vous-même les garnisons? ou comment savez-vous qu'elles font si mal leur devoir? — Je le soupçonne. — Des soupçons ne suffisent pas : quand nous aurons quelque chose de plus que des conjectures, nous proposerons au peuple de supprimer les garnisons. — Ce sera peut-être ce qu'on pourra faire de mieux.

—Je sais, ajouta Socrate, que vous n'avez pas visité les mines d'argent. Il serait bon cependant que vous pussiez dire pourquoi elles rapportent moins qu'elles ne faisaient autrefois.— Il est vrai que je n'y ai pas encore été.— On dit que l'air en est malsain : c'est une fort bonne excuse que vous pourrez donner quand il s'agira de délibérer sur cette partie. Mais je suis sûr du moins que vous avez soigneusement examiné combien de temps le blé qu'on recueille dans le pays peut nourrir la ville, et combien on en consomme de plus chaque année. Si vous n'étiez pas instruit là-dessus, nous risquerions fort d'éprouver la disette : mais, avec les connaissances que vous avez acquises, vous saurez prévenir nos besoins, et nous vous devrons notre conservation.

—Mais, Socrate, on ne finirait jamais, s'il fallait entrer dans tous ces détails.—Cependant on n'est pas même capable de gouverner sa maison, si l'on n'en connaît pas les besoins, si l'on ne sait pas les moyens d'y subvenir. Notre ville contient plus de dix mille maisons, et ce n'est pas une chose aisée que de vouloir les gouverner toutes. Que n'avez-vous essayé d'abord de relever la maison de votre oncle? elle en a bon besoin. Après avoir rétabli ses affaires, vous vous seriez élevé à de plus grandes choses. Si vous ne pouvez rendre service à un seul homme, comment pourrez-vous être utile à tout un peuple? Quand on ne peut soulever un fardeau de cent livres, il ne faut pas essayer de porter une charge encore plus pesante. — Je n'aurais pas manqué non plus de rendre de grands services à mon oncle; mais il n'a pas voulu m'écouter.

—Comment! reprit Socrate, vous n'aurez pu vous faire écouter de votre oncle, et vous serez capable de soumettre à votre volonté tous les Athéniens, et votre oncle lui-même qui en fait partie! Prenez-y garde, mon cher Glaucon : vous recherchez la gloire; craignez de vous attirer tout le contraire. Ne voyez-vous pas combien il est dangereux de parler de ce qu'on ne sait pas, d'entreprendre des choses dont on n'a pas même les principes? Voyez ceux qui parlent, qui agissent sans savoir : vous paraissent-ils obter

Quels sont en effet ces juges redoutables qui vous en imposent ? des foulons, des cordonniers, des maçons, des chaudronniers, des laboureurs, de petits marchands, des colporteurs, des brocanteurs : car voilà les graves personnages qui composent l'assemblée du peuple. Je crois voir un savant maître d'escrime qui craindrait de se mesurer avec un ignorant. Vous parlez avec facilité devant les plus illustres citoyens ; plusieurs d'entre eux affectent pour vous peu d'estime sans pouvoir vous intimider ; vous l'emportez sur ceux qui font leur état de parler en public : et vous craignez de vous faire entendre devant une multitude qui ne s'est jamais occupée des affaires d'état, et qui est bien loin d'avoir pour vous du mépris ! Vous craignez peut-être qu'elle ne vous tourne en ridicule ?

—Eh ! ne voyez-vous pas en effet, Socrate, que, dans les assemblées du peuple, on se moque souvent de ceux qui parlent le mieux ? — Et ces hommes importants que vous fréquentez ne raillent donc jamais ? En vérité, je vous admire ! Vous qui savez si bien repousser leurs railleries, vous croyez n'avoir aucun moyen de vous mesurer avec la populace ! O mon estimable ami ! apprenez à vous rendre justice. Garantissez-vous d'un défaut qui est celui de la plupart des hommes : ils scrutent d'un œil curieux les actions des autres, et ne s'avisent jamais de s'examiner. Cette indolence est indigne de vous. Employez toute votre énergie à vous considérer, à vous connaître ; et si vous pouvez rendre quelque service à votre patrie, ne l'abandonnez pas. Le bien qu'elle recevra de vous se répandra sur tous les citoyens, sur vos amis et sur vous-même.

X.

Aristippe, que Socrate avait quelquefois réduit au silence, avait bien envie de l'embarrasser à son tour par des questions captieuses. Socrate ne répondit pas en homme qui se tient sur ses gardes et qui craint que ses paroles ne soient interverties. Il avait un plus grand objet, celui de rendre cet entretien utile à ses auditeurs, et il parla de manière à les éclairer sur leurs devoirs.

Aristippe lui demanda s'il connaissait quelque chose de bon. Si Socrate avait répondu que c'est une bonne chose que la boisson, la nourriture, la richesse, la santé, la force, le courage, il se préparait à lui démontrer que c'est quelquefois un mal. Mais Socrate, considérant que nous cherchons surtout à nous délivrer de nos incommodités, lui fit la réponse la plus convenable. — Me demandez-vous, lui dit-il, si je connais quelque chose de bon pour la fièvre? — Non. — Pour les maux d'yeux? — Pas davantage. — Pour la faim? — Pas encore. — Si vous entendez quelque chose de bon qui ne soit bon à rien, je ne le connais ni n'ai besoin de le connaître.

Aristippe changea de batterie et lui demanda s'il connaissait quelque belle chose. — J'en connais; et beaucoup, répondit Socrate. — Et toutes ces belles choses sont-elles semblables entre elles? — Il y en a qui diffèrent des autres autant qu'il est possible.—

Et comment ce qui diffère du beau peut-il être beau ?
— Rien n'est plus simple. Un bouclier est fait pour défendre le corps : il a sa beauté ; mais cette beauté est bien différente de celle d'un javelot dont la belle proportion doit le rendre propre à être lancé avec autant de force que de vitesse. — Mais vous me répondez comme si je vous demandais s'il y a quelque chose de bon. — Eh ! croyez-vous que le bon et le beau soient deux choses différentes ? Ignorez-vous que tout ce qui est beau, relativement à un objet, est bon par rapport à cet objet même ? La vertu n'est pas bonne dans une occasion, et belle dans une autre. L'homme qu'on appelle beau à certain égard est bon à ce même égard, et les proportions qui constituent la beauté de son corps en font aussi la bonté. Tout ce qui peut être destiné à quelque usage est bon et beau relativement à l'usage auquel il est destiné.

— Vous trouvez donc, reprit Aristippe, qu'un panier à mettre des ordures est une belle chose ? — Assurément, s'il est fait comme il doit l'être pour y mettre des ordures ; et un bouclier d'or est fort loin d'être beau, s'il n'est pas propre à garantir le corps. — D'où il faudra conclure que les belles choses peuvent en même temps ne l'être pas. — Sans doute, et que le bon peut aussi être mauvais. Ce qui est bon pour apaiser la faim est souvent mauvais pour guérir la fièvre, et ce qui est bon pour la fièvre est très peu convenable pour soulager l'appétit. Un genre de beauté est nécessaire pour la course, et ne conviendrait pas du tout pour la lutte : ce qui est beau à la lutte serait fort laid à la course. Les choses sont belles et bonnes pour l'usage auquel elles conviennent ; elles sont laides et mauvaises pour l'usage auquel elles ne conviennent pas.

XI.

Socrate soutenait que la commodité d'un édifice en constitue la véritable beauté, et c'était donner le meilleur principe de construction.

Quand on fait bâtir une maison, disait-il, ne veut-on pas qu'elle soit en même temps fort agréable et très commode? On ne pouvait en disconvenir. Il est bien agréable, ajoutait-il, qu'elle soit fraîche pendant l'été, et chaude pendant l'hiver. C'est encore un point qu'on n'avait garde de lui nier. Eh bien, continuait-il, quand les maisons regardent le midi, le soleil pénètre en hiver dans les appartements; et, en été, se trouvant élevé perpendiculairement au-dessus de nos têtes, il passe par-dessus les toits, et procure de l'ombre. Il faut par conséquent donner de l'élévation aux édifices qui regardent le midi, pour que les appartements puissent recevoir le soleil en hiver, et tenir fort bas ceux qui sont exposés au nord, afin qu'ils soient moins battus des vents les plus froids. En un mot, le plus beau, le plus agréable des édifices est celui qui fournit la plus agréable retraite en toute saison, et dans lequel on renferme avec le plus de sûreté ce qu'on possède. Les peintures, les ornements variés ôtent bien plus de plaisirs qu'ils n'en procurent.

Les chapelles et les temples, disait–il, doivent être élevés dans des endroits peu fréquentés et très apparents : car il est agréable à ceux qui veulent faire leur prière de voir le lieu saint ; il leur est agréable d'en approcher sans se souiller.

XII.

On lui demandait si le courage est une qualité naturelle ou acquise.

Comme on voit, répondit-il, des corps qui sont naturellement plus robustes que d'autres, et qui résistent bien mieux aux fatigues, je crois que la nature forme aussi des âmes plus fermes que les autres et plus capables d'affronter les dangers : car je vois des hommes nés sous les mêmes lois, élevés dans les mêmes mœurs, différer beaucoup entre eux par le courage. Mais je crois que la valeur naturelle peut être augmentée par l'instruction et l'exercice. Il est clair que les Scythes et les Thraces n'oseraient attaquer les Lacédémoniens avec la pique et le bouclier, et que les Lacédémoniens ne tenteraient pas de résister aux Thraces en s'armant comme eux d'écus échancrés et de javelots, ni de se présenter devant les Scythes en adoptant les flèches, que ce peuple sait lancer avec tant d'adresse. Je vois qu'en tout les hommes diffèrent naturellement les uns des autres ; je vois qu'en tout ils font des progrès par l'exercice : et je conclus que les hommes les plus favorisés et les plus maltraités de la nature doivent prendre des leçons s'ils veulent exceller dans quelque partie que ce soit.

XIII.

Il ne séparait pas le savoir de la bonne conduite, et regardait comme savant et comme bien réglé dans ses mœurs celui qui connaît le bon et l'honnête, qui sait le pratiquer, et fuir tout ce qui est honteux. On lui demanda s'il regardait comme des gens instruits ceux qui savent bien ce qu'on doit pratiquer, et qui font tout le contraire. Ils ne sont pas moins ignorants que déréglés, répondit-il. Si nous savons discerner entre toutes les actions que nous pouvons faire, celles qui nous sont les plus avantageuses, nous ne manquerons pas de les choisir : quand on fait le mal, on n'est donc pas moins ignorant que coupable.

Il assurait que la justice n'était qu'une science ; il en disait autant de toutes les vertus. Toutes les actions justes et vertueuses, disait-il, réunissent une bonté parfaite aux charmes de la beauté. A-t-on la science nécessaire pour les connaître? il n'est plus possible de leur rien préférer. Cette science manque-t-elle? on veut en vain les pratiquer : on cherche à faire des essais ; on ne fait que des fautes. Puisqu'on ne peut rien faire de beau, de bon, d'honnête, que par la vertu, il est certain que la vertu elle-même est une science qu'il faut posséder.

XIV.

Il regardait bien la folie comme contraire à la sagesse, cependant il ne traitait pas l'ignorance de folie. Mais ne se pas connaître soi-même, et croire que l'on sait ce qu'on ignore, c'est, disait-il, toucher de près à la démence. Le vulgaire, ajoutait-il, ne regarde pas comme des insensés ceux qui se trompent sur des objets inconnus au commun des hommes : mais il traite de fous ceux qui se trompent dans des

choses qui sont connues de tout le monde. On appelle
insensé celui qui se croit trop grand pour passer
sous la porte d'une ville sans se baisser, qui présume
assez de sa force pour essayer d'enlever des maisons,
qui entreprend enfin des choses dont tout le monde
reconnaît l'impossibilité : mais ne fait-on que de
petites fautes, on n'est pas traité de fou par le vulgaire. Comme il ne donne le nom d'amour qu'à la
plus violente affection, il ne donne le nom de folie
qu'à la plus forte démence.

L'envie, disait-il en réfléchissant sur cette passion,
est un sentiment douloureux qui n'est causé ni par
les malheurs d'un ami, ni par la prospérité d'un ennemi. Il ne traitait d'envieux que ceux pour qui le
bonheur de leurs amis est un sujet de douleur. Comment, lui dirent quelques personnes, peut-on sentir l'amitié et souffrir du bonheur de celui qu'on
aime? Remarquez, leur répondit-il, que bien des
gens ont une singulière conduite en amitié : ils sont
incapables d'abandonner leurs amis dans le malheur :
ils leur donnent des secours dans leurs afflictions,
et se désolent quand ils les voient heureux. Il ajouta
qu'un sentiment si bizarre ne pouvait entrer dans le
cœur du sage, et n'était fait que pour l'ame d'un
sot.

XV.

Qu'est-ce que l'oisiveté? disait-il. Je vois que la
plupart des hommes sont toujours en action : car
enfin les joueurs de dés, les bouffons, ne restent pas à
ne rien faire; mais ils n'en sont pas moins des fai-

néants, car ils pourraient faire quelque chose de mieux. Quand on fait le mieux, on ne trouve pas le loisir de le quitter pour s'adonner au pire ; et, si on le fait, on est bien coupable, puisqu'on ne manquait pas d'occupation.

A quoi, lui demandait-on, l'homme doit-il surtout s'appliquer? — A bien faire. — Y a-t-il des principes pour faire fortune? — Non ; car faire fortune n'est autre chose que ne rien faire du tout. Trouver son bien-être sans le chercher, voilà ce que j'appelle faire fortune : devoir son bonheur à ses soins, à son travail, c'est ce que j'appelle une bonne conduite : avoir une bonne conduite, c'est faire le bien. Je regarde comme des hommes estimables et chéris des dieux, le laboureur qui travaille bien la terre, le médecin qui pratique bien l'art de guérir, l'homme d'état qui doit à ses études de bons principes du gouvernement. Ne rien faire, ou ne faire rien d'utile, c'est être indigne de plaire aux dieux.

XVI.

Pour être roi, disait-il, il ne suffit pas de porter un sceptre, d'avoir réuni les suffrages d'une nation, d'avoir été favorisé par le sort, d'être monté sur le trône par la force ou par la ruse : c'est la science de régner qui fait seule les rois.

On convient que le devoir d'un souverain est d'ordonner ce qu'il est utile de faire ; celui des sujets, d'obéir : mais il n'en faut pas conclure que les rois n'aient pas besoin de conseils. S'il se trouve dans un vaisseau un homme plus habile que les autres, il donne des ordres ; les matelots et le pilote lui-même ne refusent pas de le suivre. Le maître d'un champ suit les lumières de son laboureur qui en sait plus que lui ; les malades obéissent au médecin ; ceux qui veulent s'exercer, aux maîtres d'exercices. Pour oser même prendre sur soi de diriger ses propres affaires, il faut se sentir les connaissances qu'elles exigent. Manquent-elles ? on obéit aux habiles gens qu'on peut rencontrer : on les mande souvent de fort loin pour se mettre à leurs ordres, pour faire ce qu'ils prescrivent. Les femmes elles-mêmes commandent aux hommes dans les travaux qui conviennent à leur sexe, parcequ'elles s'y connaissent, et que les hommes n'y entendent rien.

Si on lui objectait qu'un tyran est maître de ne pas suivre les bons avis qu'on lui donne : A quel prix, répondait-il, lui est-il permis de ne les pas suivre ? Ne voyez-vous pas que la punition est toute prête, quand il refuse de les écouter ? Rejette-t-il un sage conseil ? il fait des fautes : et il n'en peut faire aucune sans en être puni.

Il peut ôter la vie au plus sage de ses conseillers : cela est vrai ; mais en donnant la mort à ceux qui lui prêtent le plus ferme appui, croyez-vous qu'il ne soit pas puni ? croyez-vous même qu'il le soit légèrement ? Trouvera-t-il sa sûreté dans une telle conduite ? Non : elle ne peut qu'entraîner sa ruine.

XVII.

Il ne négligeait pas de converser avec les artistes, et ses entretiens ne leur étaient pas inutiles.

Il alla voir un jour le peintre Parrhasius. — La peinture, lui dit-il, n'est-elle pas une représentation des objets visibles? Vous imitez avez des couleurs les enfoncements et les saillies, le clair et l'obscur, la mollesse, la dureté, le poli; il n'y a pas jusqu'à la fraîcheur de l'âge et sa décrépitude qui ne soient exprimées dans vos ouvrages. — Cela est vrai. — Et si vous voulez représenter une beauté parfaite, comme il est difficile de trouver des hommes qui n'aient dans les formes aucune imperfection, vous rassemblez les beautés de plusieurs modèles pour en faire un tout accompli. — Tel est notre procédé. — Mais quoi! ce qu'il y a de plus aimable dans le modèle, ce qui lui gagne la confiance et les cœurs, ce qui le fait desirer, le caractère de l'ame enfin, parvenez-vous à l'imiter, ou faut-il le regarder comme inimitable [1]? — Eh! comment le représenter, puisqu'il ne dépend ni de la proportion, ni de la couleur, ni d'aucune des choses que vous avez détaillées; puisqu'enfin il ne tombe pas sous le sens de la vue? — Mais ne remarque-t-on pas dans les regards tantôt la douceur de l'amitié, tantôt l'indignation de la haine? — Cela est vrai. — Il n'est donc pas impossible de rendre ces expressions dans les yeux. — J'en conviens. — Trouvez-vous le

[1] Socrate, qui avait été sculpteur dans sa jeunesse, ne peut être soupçonné d'avoir parlé des arts sans s'y connaître. On doit donc inférer de sa conversation avec Parrhasius que, de son temps, les peintres et les sculpteurs ne s'étaient pas encore appliqués à exprimer dans leurs ouvrages les passions de l'ame; et l'on peut soupçonner que les Grecs furent redevables de cette belle partie de l'art aux entretiens de notre sage avec les artistes.

même caractère de physionomie dans ceux qui prennent part au bonheur ou au malheur de leurs amis,
et dans ceux qui n'en sont pas touchés ? — Non, assurément. Dans le bonheur de nos amis, la joie se
peint sur notre visage ; et la tristesse, dans leur infortune. — Voilà donc encore des passions qu'on peut
représenter. La noble fierté, l'orgueil, l'humilité, la
modestie, la prudence, la rusticité, la pétulance, la
bassesse, tout cela se fait remarquer sur le visage et
dans le geste ; tout cela se reconnaît dans l'action et
même dans le repos. — Vous avez raison. — Nouveaux caractères que l'art peut exprimer.—Je l'avoue.
— Et qui croyez-vous qu'on aime le plus à voir ?
Sont-ce les hommes qui se font remarquer par un caractère doux, heureux, aimable, ou ceux qui n'offrent
que des inclinations haïssables, méchantes et honteuses ? — Il y a bien de la différence.

XVIII.

Il allait quelquefois à l'atelier de Cliton le statuaire,
et s'entretenait avec cet artiste. — Je vois bien, lui
dit-il un jour, que vous ne représentez pas de la
même manière l'athlète qui dispute le prix à la course,
et celui qui s'exerce à la lutte, au pancrace, ou au
pugilat. Mais le caractère de vie que j'admire dans
vos statues, ce caractère qui charme surtout les spectateurs, comment parvenez-vous à l'exprimer ?

Comme Cliton hésitait et tardait à répondre : —
Je vois ce que c'est, continua Socrate ; vous conformez
votre ouvrage à ce que vous offrent vos modèles vivants, et c'est par cette justesse d'imitation qu'il pa-

raît vivre comme eux. — Voilà tout mon secret. —
Nos mouvements font élever certaines parties, tandis
que d'autres s'abaissent; ils forcent certains muscles
à fléchir, à se gonfler, tandis que leurs antagonistes
s'étendent : c'est en exprimant ces effets que vous
donnez à l'ouvrage de l'art la ressemblance de la vérité. — C'est cela même. — Cette imitation si précise
de l'action des corps et de leurs divers mouvements
ne fait pas peu de plaisir aux spectateurs. — C'est la
source des effets de l'art. — Il faut donc exprimer la
menace dans les yeux des combattants, et la joie dans
le regard des vainqueurs? — C'est le devoir du statuaire. — Il est donc aussi de son devoir d'exprimer
par les formes tous les mouvements de l'ame.

XIX.

Un jour il entra dans la boutique de l'armurier Pis-
tias, qui lui montra des cuirasses très bien faites. —
Voilà, dit-il, une excellente invention, mon cher Pis-
tias : avec cette armure, les parties qui ont besoin
d'être défendues se trouvent couvertes, et les bras
conservent toute leur liberté. Mais, dites-moi, pourquoi vendez-vous vos cuirasses plus cher que les autres armuriers, quoiqu'elles ne soient ni plus fortes ni
plus magnifiques? — C'est que les miennes sont mieux
proportionnées. — Est-ce par le poids, est-ce par la
mesure que vous jugez de cette proportion? Si vous
voulez que vos cuirasses puissent servir, je pense que
vous ne les faites pas toutes semblables. — Non, assurément. Si elles étaient toutes dans les mêmes proportions, elles ne pourraient servir à tout le monde

—Mais il y a des corps bien proportionnés, et d'autres qui le sont fort mal. — Cela est vrai. — Comment donc faites-vous pour que vos cuirasses aillent bien à des corps mal proportionnés et qu'elles soient d'une belle proportion ? — Elles ont la meilleure proportion qu'elles doivent avoir, précisément parcequ'elles leur vont bien.

— Je vous entends : vous ne considérez pas ici la beauté de la proportion en elle-même, mais par rapport à son utilité. Ainsi vous direz qu'un bouclier est bien proportionné, s'il est commode à celui qui doit s'en servir : on en peut dire autant d'un manteau ou d'autres choses semblables. Il y a peut-être dans cette convenance un autre avantage qui n'est pas à mépriser. — Ne refusez pas de me l'apprendre. — C'est qu'une armure qui va bien à celui qui la porte le fatigue moins de son poids, sans être en effet plus légère que celle qui ne lui va pas bien. Celle-ci est incommode et difficile à porter, ou parcequ'elle ne s'ajuste pas bien à la forme des épaules, ou parcequ'elle presse fortement quelque partie du corps. L'autre se partage avec un juste équilibre sur les clavicules, sur les épaules, sur le dos, sur la poitrine, sur l'estomac ; on dirait que ce n'est pas un fardeau étranger, mais un appendice du corps. — Et voilà pourquoi je mets un grand prix à mes ouvrages. Je sais que bien des gens aiment mieux acheter des cuirasses bien peintes, bien dorées. — Si elles ne s'ajustent pas à leur corps, je trouve que c'est acheter une incommodité couverte d'ornements et de dorure.

— Mais comme on n'est pas toujours immobile, que tantôt on se courbe, tantôt on se redresse, comment des cuirasses trop justes peuvent-elles se prêter aux mouvements? — Elles ne le peuvent pas. — Vous dites donc que des cuirasses qui vont bien au corps ne sont pas celles qui le pressent pour en montrer toutes les formes, mais celles qui ne font de mal dans aucune attitude du corps? — C'est vous-même qui le dites, et vous savez à présent tout le fin de mon métier.

XX[1].

Il y avait à Athènes une fort belle femme nommée Théodote, qui n'était pas de l'humeur la plus sévère. Quelqu'un parlait d'elle chez Socrate, et soutenait qu'il n'y avait pas de paroles capables d'exprimer sa

[1] En lisant cet entretien de Socrate avec une courtisane, il faut se rappeler que sa méthode était de tirer des exemples des premières conditions et des professions les plus méprisées, pour prouver qu'on ne peut se faire aimer des autres que par le bien qu'on leur fait. D'ailleurs, dans le temps de Socrate, dans ce siècle de corruption où les courtisanes tenaient un rang dans l'état, il n'était pas indigne du moraliste de leur apprendre les vertus qui leur restaient encore à pratiquer après avoir abjuré celle de leur sexe. Ainsi Socrate, en feignant de louer Théodote, lui fait entendre ce qu'elle doit faire ; partager le malheur et la joie de ses amants, les visiter, les soulager dans leurs maladies, payer, dans l'occasion, leurs bienfaits de retour, n'exiger d'eux que ce qu'ils peuvent donner aisément. Lors même qu'il semble lui donner des leçons de coquetterie, il prouve qu'il n'y a point de plaisirs sans la modération. Tout cet entretien semble n'être qu'un badinage, on y trouve même ce ton de plaisanterie railleuse que les Français de notre siècle se sont avisés d'appeler du persiflage : mais sous cette écorce légère sont cachées des vérités morales.

beauté. Il ajouta que les peintres la prenaient pour modèle, et qu'elle ne leur faisait pas un secret de ses charmes.

Il faut aller la voir, dit Socrate : car s'il n'y a pas de paroles qui puissent exprimer sa beauté, vous ne nous en donnerez qu'une idée fort imparfaite, et nous perdrons notre temps à vous entendre. — Allons-y dans l'instant, dit celui qui avait parlé le premier, nous vous suivrons.

Ils y allèrent en effet, et purent admirer à leur gré tous ses charmes; car, en ce même moment, un peintre en faisait son étude. Quand il eut cessé de travailler : Est-ce à nous, dit Socrate à ceux qui l'accompagnaient, d'avoir obligation à Théodote qui a déployé devant nous les trésors de sa beauté? Est-ce elle qui nous doit de la reconnaissance, parceque nous avons senti tout le prix de ses charmes? Si elle a gagné le plus à se soumettre à notre admiration, c'est à elle d'avoir de la reconnaissance : c'est à nous, si nous avons gagné plus qu'elle à ce charmant spectacle. Quelqu'un ayant remarqué qu'il parlait juste : Je conviens, ajouta-t-il, qu'elle ne gagne avec nous que des éloges; mais ces éloges, nous les répandrons, et ils ne lui seront pas inutiles. Pour nous, à qui tant d'appas secrets ont été dévoilés, nous n'emporterons que des desirs et des tourments; et désormais esclaves de Théodote, c'est à nous de reconnaître son empire. — A ce compte, repartit la belle courtisane, je vois bien que c'est à moi de vous avoir obligation.

Quand Socrate la vit ensuite superbement parée, quand il vit auprès d'elle sa mère vêtue d'une manière peu commune, de nombreuses esclaves toutes proprement habillées, et toutes se disputant de beauté, des appartements ornés avec autant de richesse que de goût : Faites-moi une confidence, belle Théodote, lui dit-il ; auriez-vous des terres ?—Je n'en ai aucune. — Vous avec donc quelque maison d'un bon revenu ? — Pas davantage. — Ah ! j'entends ; vous avez des esclaves habiles dont le travail vous rapporte beaucoup. —Je n'en ai pas un. — Mais comment donc pouvez-vous suffire à vos dépenses ? — Si je me fais un ami, il trouve son plaisir à m'obliger, et je n'ai pas d'autre revenu. — Vos amis font vos richesses ! c'est la plus belle de toutes, et bien préférable aux plus riches troupeaux. Mais vous abandonnez-vous à la fortune ? Attendez-vous que les amis volent autour de vous comme des essaims d'abeilles, ou n'employez-vous pas quelque artifice pour les attirer ? — Eh ! comment voulez-vous que j'invente des artifices ? — Bien plus aisément qu'une faible araignée. Vous voyez comme elle se procure une subsistance assurée : elle tisse une toile subtile ; les mouches y tombent et deviennent sa proie. — Vous me conseillez donc aussi de tendre des filets pour prendre des amis ?

— Il ne faut pas croire, répondit Socrate, qu'on doive aller sans art à la chasse des amis, la plus précieuse de toutes les proies. Voyez combien d'adresse on emploie pour chasser aux lièvres : cependant les chasseurs ne se promettent qu'une proie de peu de

valeur. Ils savent que les lièvres paissent pendant la
nuit ; ils se procurent des chiens capables de chasser
dans les ténèbres. Les lièvres prennent la fuite pendant le jour : on a d'autres chiens qui les sentent au
fumet, et les arrêtent quand ils retournent au gîte.
Le lièvre court avec une telle rapidité, que l'œil peut
à peine le suivre : on a des chiens légers qui le gagnent
à la course. Quelquefois encore il échappe : mais on
tend des filets dans les sentiers ; il y tombe et se trouve
pris.

— Voila bien des moyens pour prendre des lièvres,
dit Théodote ; mais je ne vois pas lequel pourrait me
servir à prendre des amis. — Je sais bien que vous
ne les poursuivrez pas avec des chiens : mais il faudrait trouver quelqu'un d'assez adroit pour suivre
à la piste et pousser dans vos filets les richards sensibles aux charmes de la beauté. — Eh! j'ai donc
des filets? — Si vous en avez! vos attraits, qui ont tant
de force pour envelopper votre proie ; votre esprit,
qui vous inspire des paroles capables de plaire ; des
regards faits pour enchanter ; cet esprit, qui vous
apprend à recevoir avec tant de douceur ceux qui
vous aiment, à repousser les téméraires trop peu
dignes de sentir le prix de vos beautés, à ne pas
ressentir le bonheur de vos amis moins vivement
qu'ils ne l'éprouvent eux-mêmes, à marquer une
bienveillance sans bornes à ceux qui se sont livrés à
vous tout entiers, à leur accorder de si aimables
soins dans leurs maladies, à leur rendre visite, à
leur montrer une sensibilité qui leur fait oublier

leurs maux pour ne sentir que leur amour. Je sais qu'auprès de vous on n'éprouve pas moins de tendresse que de douceur; et si vous avez des amants illustres, ce ne sont pas seulement des paroles enchanteresses, c'est la bonté de votre cœur qui les retient dans vos chaînes. — Mais je n'emploie aucun des artifices dont vous parlez.

— Il n'est cependant pas indifférent, belle Théodote, de saisir le caractère de celui qu'on veut attaquer. Vous ne vous ferez pas un ami, vous ne le retiendrez pas par la force : c'est une proie qu'on prend et qu'on arrête par les bienfaits et le plaisir. — Ce que vous dites est bien vrai. — Il faut d'abord vous contenter de ne demander à ceux qui vous aiment que ce qu'ils peuvent aisément vous accorder : il ne faut pas négliger de les payer de retour. C'est ainsi qu'ils vous aimeront plus tendrement encore; c'est ainsi qu'ils vous resteront plus constamment attachés, et qu'ils se plairont davantage à vous faire éprouver de nouveaux bienfaits. Vous savez quel est le plus grand prix qu'ils attendent de leurs soins, et vous n'aurez pas la rigueur de le leur refuser : mais vous voyez que les mets les plus délicieux n'ont aucune saveur quand ils ne la reçoivent pas de l'appétit, et qu'ils inspirent le dégoût quand on est rassasié : est-on pressé de la faim, les mets les plus simples prennent une saveur exquise. N'offrez donc pas les aliments de l'amour à vos amants rassasiés : laissez à leurs desirs le temps de renaître. Ne vous hâtez pas même de satisfaire leurs desirs naissants : entretenez-les par les

charmes de l'espérance ; toujours disposée en apparence à répondre à leurs vœux, sachant éluder toujours, jusqu'à ce que leur passion ait acquis la plus
grande force. Les faveurs reçoivent un nouveau prix,
quand elles ont été vivement desirées.

— Vous ne refuserez donc pas, Socrate, de m'aider
à me faire des amis? — Non, si vous parvenez à me
persuader. — Et comment y parvenir? — C'est à vous
d'en chercher les moyens, et vous les trouverez si vous
avez besoin de moi. — Eh bien, faites-moi donc le
plaisir de venir souvent me voir.

Socrate se contenta de plaisanter sur ses occupations. Il ne m'est pas aisé, lui dit-il, d'en trouver le
temps : mes propres affaires et les affaires publiques
ne me laissent pas de loisir. J'ai d'ailleurs des maîtresses qui ne me permettent de les quitter ni le jour ni
la nuit, et qui savent bien faire usage des philtres et
des enchantements que je leur ai montrés. — Quoi !
Socrate sait composer des philtres ! — Eh ! comment
croyez-vous qu'Apollodore et Antisthène ne me quittent jamais? Comment croyez-vous que Cébès et Cim-
mias viennent de Thèbes pour me voir? Sachez que
cela ne peut se faire sans philtres et sans enchantements. — Prêtez-moi donc un philtre dont je puisse
me servir pour vous attirer. — Mais je ne veux vraiment pas être attiré près de vous; je prétends bien
que vous veniez me chercher vous-même. — J'irai
volontiers si vous voulez bien me recevoir. — Je vous
recevrai, s'il n'y a personne auprès de moi que j'aime
plus que vous.

XXI.

Il voyait qu'Épigène, l'un des jeunes gens qui le fréquentaient, avait fort mauvaise grâce. Que vous avez
l'air commun, lui dit-il, mon cher Épigène!—Un simple
particulier comme moi n'a pas besoin de mieux payer
de sa personne. — Pas moins que ceux qui combattent dans les jeux olympiques. Si les Athéniens font
la guerre, croirez-vous combattre pour peu de chose,
quand vous aurez à disputer dans votre vie contre
les ennemis de l'état? Dans le danger des armes, les
gens qui se négligent comme vous ne sauvent leur
vie qu'en se déshonorant, ou la perdent souvent
parcequ'ils n'ont pas la force de la défendre. Plusieurs
sont faits prisonniers : ils passent misérablement le
reste de leurs jours dans la plus dure captivité ; ou,
après avoir payé une rançon supérieure à leur fortune, ils finissent par traîner leur vie dans la douleur
et dans la plus profonde misère. D'autres, parcequ'ils manquent de vigueur, paraissent lâches et timides, et se perdent de réputation.

Telles sont les punitions attachées à la faiblesse : vous
semblent-elles donc méprisables, et croyez-vous pouvoir aisément les supporter? N'est-il donc pas plus
facile et plus doux de se soumettre aux fatigues qu'il
faut s'imposer à soi-même pour acquérir de la force?
Pensez-vous qu'une constitution délicate soit meilleure
pour la santé qu'une constitution robuste, qu'elle soit
plus utile dans tous les événements que l'on peut
éprouver? Méprisez-vous les avantages que procure

un bon tempérament? L'homme bien constitué conserve sa santé, jouit de toute sa force, défend sa vie
avec honneur dans les combats, se tire heureusement
des périls, prête des secours à ses amis, et rend à
l'état des services signalés : on l'aime, il acquiert de la
gloire et parvient aux plus grands honneurs : le reste
de sa vie s'écoule avec plus de douceur ; et la considération qu'il s'est acquise est un héritage qui ne
sera pas inutile à ses enfants.

Si l'état n'ordonne pas de faire publiquement les
exercices militaires, ce n'est pas une raison pour les
particuliers de les négliger, et ils ne doivent pas s'y
appliquer moins assidument. Ne parlons plus de la
guerre : sachez que, dans aucune circonstance de la
vie, vous n'aurez à vous repentir d'avoir exercé vos
forces et votre adresse. Nous ne faisons rien qu'à
l'aide de notre corps ; il est toujours de la plus grande
importance qu'il soit bien constitué. Vous croyez
peut-être qu'il a peu de part aux fonctions de l'intelligence? Eh ! comment se dissimuler que la pensée
pèche souvent parceque le corps n'est pas bien affecté? Le défaut de mémoire, la lenteur d'esprit, la
paresse, la folie même, sont des suites d'une disposition vicieuse de nos organes, et nous font perdre
quelquefois toutes les connaissances que nous avions
acquises. Le corps est-il sain? les organes conservent-ils
toute leur vigueur? on n'a pas à craindre de semblables
infirmités. Si tels sont les effets d'un mauvais tempérament, il est certain qu'une santé vigoureuse produit les effets contraires : et que ne fera pas un

homme de bon sens pour éviter tant de maux et se procurer de si grands avantages?

D'ailleurs n'est-il pas honteux que, par les suites de l'indolence, on arrive à la vieillesse sans savoir jusqu'où l'on aurait pu porter sa force et son adresse? C'est ce qu'on ne peut connaître sans travail, car il ne faut pas croire que ces qualités se développent entièrement d'elles-mêmes.

XXII.

Quelqu'un venait de faire une politesse sans qu'on lui eût rendu le salut. Socrate le vit fort en colère : Hé quoi! lui dit-il, si vous aviez rencontré un homme infirme, vous ne vous seriez sûrement pas fâché : vous avez rencontré un homme d'un esprit rustique, et cela vous tourmente! rien n'est plus ridicule.

Un autre se plaignait d'être dégoûté. Je sais, lui dit-il, un bon remède à votre mal. — Eh! quel est-il? — C'est de manger moins : les mets vous paraîtront plus agréables, vous dépenserez moins pour votre cuisine, et vous vous porterez mieux.

Je n'ai chez moi que de l'eau chaude, lui disait un troisième. — Tant mieux; elle sera toute prête quand vous voudrez vous baigner. — Mais elle est trop fraîche pour le bain. —Est-ce que vos domestiques refusent de s'en servir pour se baigner et pour boire? — Non vraiment, et je m'en suis souvent étonné. — Quelle est l'eau la plus chaude de la vôtre ou celle du temple d'Esculape? — Oh! c'est celle du temple d'Esculape. —Vous êtes donc plus difficile à contenter que vos gens et que les malades mêm

Un certain maître avait rudement maltraité son valet. Socrate lui en demanda la raison. — Comment! c'est un gourmand, un paresseux : il n'aime que deux choses, gagner de l'argent et ne rien faire. — Avez-vous examiné quelquefois qui méritait le plus d'être châtié de vous ou de votre valet?

XXIII.

Quelqu'un était effrayé d'avoir à faire le voyage d'Olympie. Eh ! qu'a donc ce chemin qui puisse vous épouvanter? Ne passez-vous pas le jour presque entier à vous promener dans votre maison? Que vous arrivera-t-il de plus? Vous vous promènerez, et vous vous arrêterez pour dîner : vous vous promènerez encore, et vous vous arrêterez pour souper et pour vous reposer. Ne savez-vous pas qu'en mettant ensemble les promenades que vous faites en cinq ou six jours, on peut aller aisément d'Athènes à Olympie? Au reste, vous ferez mieux de partir un jour plus tôt que de différer; car il est désagréable d'avoir de trop longues journées à faire, et c'est un plaisir de pouvoir perdre un jour en route. Il vaut mieux se hâter de partir, que d'être trop pressé d'arriver.

Je suis fatigué, disait un autre, d'une longue route que je viens de faire. — Est-ce que vous aviez un paquet à porter? — Je ne portais que mon manteau. — Étiez-vous seul, ou aviez-vous un valet avec vous? — J'en avais un. — Portait-il quelque chose? — Il portait mes hardes et mon bagage. — Et comment s'est-il tiré d'affaire? — Je crois qu'il s'en est tiré mieux que moi. — Et si vous aviez eu son fardeau à

porter, comment vous seriez-vous trouvé? — Fort
mal assurément, ou plutôt je n'aurais pu le porter.
— Comment donc! votre valet résiste mieux à la fatigue que vous qui devriez être un homme exercé!

XXIV.

Quand ses amis venaient souper chez lui, les uns
apportaient peu et les autres beaucoup. Il ordonna
au valet de mettre le plus petit plat en commun, et
d'en distribuer une part à chaque convive. Ceux qui
avaient apporté un mets plus considérable auraient
eu honte de goûter au petit plat et de ne pas faire
part du leur : ils se trouvaient donc obligés de le
mettre aussi en commun. De cette manière, ils n'avaient rien de plus que ceux qui avaient apporté
moins qu'eux et se dispensèrent de faire tant de dépense.

Il remarqua que l'un des convives ne mangeait pas
de pain et ne prenait que de la viande. La conversation étant tombée par hasard sur l'application des mots
aux objets qu'ils représentent : Pourrions-nous trouver, dit-il, ce qui fait donner à un homme le nom
de carnassier? On mange de la viande avec son pain ;
mais il me semble que ce n'est pas là ce qu'on appelle être carnassier. — Je ne le crois pas non plus,
dit quelqu'un de la compagnie. — N'est-ce pas celui
qui mange sa viande sans pain qui mérite ce nom? —
Personne ne mérite mieux de le porter. — Mais,
dit un autre, celui qui mange beaucoup de viande
avec peu de pain? — Je trouve, reprit Socrate, que
ce titre lui convient très bien ; et quand les autre

demandent aux dieux abondance de fruits, il doit demander abondance de viande.

Pendant que Socrate parlait, le jeune homme qu'on avait en vue sentit bien qu'il était l'objet de la conversation. Il prit du pain, mais sans cesser de manger beaucoup de viande. Cela ne put échapper à Socrate. Regardez ce jeune homme, dit-il, vous qui êtes auprès de lui ; se sert-il de son pain pour manger sa viande, ou de sa viande pour manger son pain ?

Il remarqua aussi qu'un des convives, à chaque bouchée de pain, prenait un morceau des différents plats. Y a-t-il un mets plus cher, dit-il alors, et en même temps plus mauvais, que celui d'un homme qui met à la fois dans sa bouche de tous les mets, et qui ne fait, de tant de sauces si différentes, qu'un seul assaisonnement ? Il compose un plat beaucoup plus cher que ne feraient les cuisiniers, puisqu'il mêle plus de choses ensemble. Les cuisiniers ne se permettent pas cette confusion, parcequ'ils ne croient pas que ces différentes substances s'accordent entre elles ; et, s'ils ont raison, un semblable mélange n'est-il pas une faute qui tend à renverser leur art ? N'est-il pas ridicule de chercher des cuisiniers qui sachent bien leur métier, de n'y entendre rien soi-même, et de détruire ce qu'ils ont fait ? Une telle habitude, d'ailleurs, n'est pas sans inconvénient. Vient-on à manquer d'une multiplicité de mets ? on se croit dans la disette ; on regrette cette abondance dont on s'est fait une habitude. Quand on s'est accoutumé à un seul plat, on ne re-

grette pas les bonnes tables, et l'on se voit sans peine
réduit à son petit ordinaire.

Il disait que les Athéniens exprimaient l'action de
manger par un mot qui signifie à peu près faire
bonne chère. Pour que la chère soit bonne, ajoutait-
il, il faut qu'elle ne nuise ni au corps ni à l'esprit, et
qu'on puisse se la procurer sans trop de peine : en
un mot, pour faire véritablement bonne chère, il
faut se nourrir avec modération.

LIVRE IV.

I.

En toute occasion Socrate se rendait utile ; aucune
manière de l'être ne lui était étrangère. Rien n'était
plus avantageux que d'être admis à sa société : partout on se trouvait bien de l'avoir avec soi ; toujours
on gagnait à l'entendre. Il ne faut que la plus faible
attention, que l'intelligence la plus commune, pour
reconnaître cette vérité. On peut même assurer qu'il
n'était pas inutile, quand on avait été jugé digne de
sa familiarité, quand on en sentait tout le prix, de
penser à lui dans son absence.

Il n'instruisait pas moins par son badinage que par
les plus sérieuses de ses leçons : par exemple, il lui
arrivait souvent de dire qu'il était amoureux ; mais
il faisait sentir assez clairement qu'incapable d'être
follement séduit par les vains avantages de la beauté,

il ne se laissait entraîner que vers une ame née pour
la vertu.

Il regardait dans les jeunes gens comme un indice
des plus heureuses dispositions de l'esprit, une conception facile, une mémoire sûre, une application
constante à toutes les connaissances nécessaires pour
bien régler une maison, pour bien gouverner un
état, pour tirer un bon parti des hommes et des
circonstances. Par une semblable éducation, disait-il, on ne prépare pas seulement son bonheur
et la splendeur de sa maison; on peut contribuer
encore à la prospérité de ses concitoyens et de sa
patrie.

II.

Il avait une manière différente de traiter avec les
différents caractères. Rencontrait-il de ces jeunes
gens qui, fiers des avantages qu'ils croient avoir reçus
de la nature, méprisent toute instruction; il leur prouvait que les naturels qui semblent les plus heureux
ont le plus besoin d'être cultivés. Les chevaux généreux, disait-il, nés vifs, impétueux, deviennent
excellents, et rendent de grands services, s'ils ont
été dressés dans leur jeunesse : a-t-on négligé de les
dompter? ce sont les plus rétifs et les plus méchants
de tous. Un chien de bonne race, qui aime la fatigue,
qui s'élance à la poursuite des animaux, deviendra
sans doute un excellent chien de chasse si l'on a soin
de l'instruire : qu'on l'abandonne à la nature, c'est
un animal stupide, obstiné, furieux.

Ainsi les hommes nés avec l'ame la plus fière, la

plus énergique, avec le plus d'ardeur pour tout ce qu'ils entreprennent, se distingueront par leurs vertus, par leurs belles actions, par les services qu'ils rendront à l'humanité, s'ils ont reçu de l'éducation la connaissance de leurs devoirs : mais s'ils ont été négligés, s'ils sont restés dans l'ignorance, ils seront les plus méchants, les plus nuisibles de tous les hommes. N'ayant pas appris à distinguer ce qu'ils doivent faire, ils se jetteront dans de coupables projets : violents, impérieux, on ne pourra ni les arrêter, ni les contenir; et bientôt ils auront accumulé les maux et les crimes.

Quand il voyait de ces gens qui mettent toute leur confiance dans leurs richesses, qui pensent que l'éducation serait inutile à des hommes comme eux, et que leur fortune leur suffit pour se faire respecter et pour satisfaire tous leurs desirs, il savait les ramener à la raison. — C'est une folie, leur disait-il, de croire que, sans instruction, on puisse distinguer les actions utiles de celles qui sont funestes : ce n'en est pas une moins grande de ne savoir pas même faire cette distinction, et de se croire capable de quelque chose d'utile parcequ'on est assez riche pour acheter tout ce qu'on veut : c'est une sottise d'être incapable de rien d'utile, et de croire qu'on est heureux, quand on a tout ce qu'il faut pour bien vivre, pour vivre avec honneur; c'est encore une sottise de penser qu'avec des richesses et une honteuse ignorance on passera pour un homme de mérite; c'en est une enfin de supposer que, sans mérite, on se fera considérer.

III.

Il est temps de raconter .comment il se compor-
tait avec ceux qui croyaient avoir reçu une excellente éducation, qui se flattaient d'être bien avancés
dans le chemin de la vertu, et qui tiraient vanité de
leurs vastes connaissances.

Il savait que le bel Euthydème, pour avoir rassemblé un grand nombre d'ouvrages des poëtes et des
sophistes les plus renommés, croyait l'avoir emporté
déja par ses lumières sur tous ses égaux, et n'avoir
de rivaux à craindre ni dans l'éloquence, ni dans la
science du gouvernement. Comme son âge ne lui permettait pas de se trouver à l'assemblée du peuple, il
s'asseyait, pour s'instruire des affaires, dans la boutique d'un éperonnier qui était voisine de la place.
Socrate s'y rendit avec plusieurs de ses amis.

On sait que, du temps de Thémistocle, tous les
vœux et tous les suffrages se réunissaient en sa faveur, quand les conjonctures exigeaient un homme
du mérite le plus rare. Quelqu'un s'avisa précisément
de demander si ce grand homme avait reçu les instructions de quelque sage, ou s'il n'avait eu besoin que
de ses talents naturels pour s'élever au-dessus de tous
ses concitoyens.

Socrate voulait piquer Euthydème : — Il faudrait,
répondit-il, être bien simple pour croire qu'on ne
peut apprendre les métiers les plus vils sans avoir
reçu les leçons d'un bon maître, et qu'on peut de
soi-même se rendre habile dans le plus important de
tous les métiers, l'art de commander aux hommes.

IV.

Une autre fois Euthydème, craignant d'être regardé comme un admirateur des connaissances de Socrate, évitait de prendre place auprès de lui. Socrate s'en aperçut : On sait, dit-il, les études que fait Euthydème, et l'on peut bien juger que, dès qu'il sera en âge, il ne manquera pas de donner son avis sur les affaires qui seront proposées à l'assemblée du peuple. Au soin qu'il prend de ne paraître rien apprendre de personne, je présume qu'il a déja un bon exorde tout prêt pour les discours qu'il compte adresser alors au public. Voici sûrement quelle sera la première phrase de sa harangue : Personne, ô Athéniens, ne peut se vanter de m'avoir rien appris. Si j'ai par hasard entendu parler de quelques hommes qui se distinguassent par le talent de la parole ou par leurs connaissances dans les affaires d'état, je n'ai jamais recherché leur société, et je ne crains pas qu'on me reproche d'avoir pris aucun maître parmi les citoyens les plus éclairés. C'est peu d'avoir évité de recevoir des leçons ; je n'ai pas voulu qu'on pût me soupçonner d'en avoir pris. Je vais cependant vous donner un avis, tel que le hasard pourra me le suggérer.

Un semblable exorde ne conviendrait pas mal non plus à un homme qui se présenterait pour exercer la médecine. Je me figure lui entendre commencer ainsi son discours : Athéniens, je n'ai jamais appris la médecine de personne ; jamais je n'ai cherché à trouver un médecin qui m'en donnât les principes. J'ai non-seulement évité de rien apprendre des médecins ; je

n'ai pas voulu même qu'on pût croire que j'eusse
appris la médecine. Je vous prie cependant de vouloir
bien m'accorder votre confiance ; car je tâcherai de
m'instruire en faisant sur vous des essais.

Tout le monde rit beaucoup de cet exorde.

V.

Enfin Euthydème parut prêter quelque attention
aux entretiens de Socrate ; mais il évitait de parler
lui-même, persuadé que son silence passerait pour de
la modestie. Socrate voulait lui ôter cette idée : — Il
est étonnant, dit-il, que ceux qui cherchent à se rendre
capables de jouer du luth ou de la flûte, ou de monter
à cheval, ou d'exercer quelque autre talent, ne tâchent pas de se procurer uniquement par leur travail
toute l'habileté qu'ils veulent acquérir : on les voit
chercher les meilleurs maîtres, faire tout ce que ces
maîtres leur prescrivent, s'armer de patience pour ne
s'écarter en rien de leurs principes, comme s'ils
n'avaient pas d'autres moyens de se rendre habiles ;
tandis que ceux qui se proposent de devenir de grands
orateurs, de grands hommes d'état, croient pouvoir
d'eux-mêmes, sans préparation, sans étude, acquérir tout à coup un grand talent. Il semble cependant
que cette carrière est bien plus difficile que l'autre ;
qu'elle exige des études d'autant plus profondes, des
travaux d'autant plus opiniâtres, qu'on y rencontre
bien plus de rivaux, et que les succès y sont bien plus
rares.

VI.

Tels étaient d'abord les discours que Socrate tenait devant Euthydème. Quand il s'aperçut que ce jeune homme était plus disposé à l'entendre et plus attentif à l'écouter, il retourna seul à la même boutique, et Euthydème prit place auprès de lui[1].

Est-il vrai, lui dit Socrate, que vous ayez rassemblé un grand nombre d'ouvrages des écrivains qui se sont fait une réputation de sagesse? — Cela est vrai, Socrate; j'en rassemble encore tous les jours, et j'ai dessein d'en réunir le plus grand nombre qu'il me sera possible. — Je vois avec plaisir que vous préférez à des trésors d'or et d'argent les trésors de la sagesse. C'est que vous savez bien que l'argent et l'or ne peuvent rendre les hommes meilleurs, et que les pensées des sages procurent à ceux qui les possèdent les richesses de la vertu.

La joie coulait avec ces paroles dans le cœur d'Euthydème, persuadé qu'aux yeux de Socrate il avait pris le meilleur moyen de parvenir à la sagesse.

Socrate vit bien que le jeune homme prenait plaisir à la louange. Dites-moi, reprit-il, quelles sont les vues que vous vous êtes proposées en rassemblant tant de livres? Comme Euthydème se taisait, rêvant à la réponse qu'il devait faire, Socrate reprit la parole.

[1] Tout l'entretien suivant est pointilleux, sophistique, insidieux, parcequ'en ce moment Socrate ne cherchait qu'à guérir Euthydème de sa vanité, et à lui faire sentir qu'il n'avait pas même les premiers principes des connaissances les plus simples et les plus nécessaires : mais quand il eut dompté l'orgueil de ce jeune homme, il mit, dit Xénophon, la plus grande simplicité dans les leçons qu'il lui donnait.

Voulez-vous, lui dit-il, devenir médecin? car les médecins ont beaucoup écrit. — Non, en vérité. — Quoi donc? architecte? car cet art exige un esprit cultivé. — Ce n'est pas là mon dessein. — Ah! j'entends; vous voulez devenir un grand géomètre comme Théodore? — Non, mes vues ne se tournent pas du côté de la géométrie. — C'est donc du côté de l'astronomie? — Pas davantage. — Est-ce que vous voudriez faire votre état de déclamer des vers? car on dit que vous avez toutes les œuvres d'Homère. — Je n'ai garde. Je sais trop que les gens de cette profession savent à merveille les vers qu'ils récitent, et n'en sont pas moins les plus stupides des hommes. — Vous recherchez peut-être cette science qui rend les hommes capables de gouverner les maisons et les états, de commander aux autres, de leur être utiles, de l'être à eux-mêmes? — Oui, Socrate, c'est cette science que je recherche avec ardeur; c'est elle qui m'est nécessaire.

Par Jupiter! s'écria Socrate, vous recherchez la plus belle des sciences, le premier des talents : on l'appelle l'art des rois, parcequ'il leur est en effet nécessaire. Mais avez-vous bien examiné s'il est possible de n'être pas juste et d'exercer ce grand art? — Cela est impossible : sans la justice, il n'est pas de bons citoyens. — Vous avez donc travaillé à être juste. — Je ne crois pas, Socrate, que personne passe pour plus juste que moi. — Et les hommes justes n'ont-ils pas leurs fonctions comme les ouvriers ont les leurs? — Ils en ont sans doute. — Et comme les ouvriers peuvent montrer leur chef-d'œuvre, les

hommes justes peuvent-ils exposer aussi leurs ouvrages? — Comment! je ne pourrais pas indiquer les
œuvres de la justice! Hélas! je n'indiquerais que trop
bien aussi celles de l'iniquité. Elles se montrent
chaque jour en grand nombre à nos yeux; chaque
jour elles frappent nos oreilles. — Eh bien, voulez-
vous que nous écrivions ici un D, et là un A¹? Ce
qui nous paraîtra l'œuvre de la justice nous le placerons sous le D, et nous mettrons sous l'A ce qui
nous paraîtra l'œuvre de l'iniquité.—Je le veux bien,
si cela vous semble nécessaire.

Socrate écrivit ces deux marques. Ne trouve-t-on
pas, reprit-il, le mensonge parmi les hommes? — On
ne le trouve que trop. — Où le placerons-nous?—Sous
la marque de l'injustice apparemment.—Les hommes
ne trompent-ils pas? — Trop souvent. — Où placerons-nous la tromperie? — Encore sous l'injustice.
— Et l'action de nuire aux autres? — De même. —
Celle de réduire quelqu'un en servitude? — Toujours
de même. — Nous ne placerons donc rien de tout
cela du côté de la justice?—Cela serait assez étrange.

— Supposons donc à présent qu'un général ré-
duise en servitude une nation injuste et ennemie:
dirons-nous qu'il fait une injustice? — Non vraiment.
— Nous dirons donc que ce qu'il fait est juste?—
Sans doute. — Et s'il trompe les ennemis? — Cela
est encore juste. — Mais s'il les pille, s'il enlève leurs
biens?—Il ne fait rien que de juste. Je croyais que

¹ Le D est la première lettre du mot grec *dicaïosyné*, la justice; et
l'A la première lettre du mot *adikia*, l'iniquité,

les questions que vous me faisiez ne regardaient que
nos amis. — Ainsi tout ce que nous avions attribué
à l'iniquité, il faudra donc à présent l'attribuer à la justice? — Je le pense. — Mettons donc toutes ces actions à la place que vous leur marquez. Voulez-vous
à présent que nous posions pour principe qu'elles deviennent justes contre des ennemis, mais qu'il serait
injuste de se les permettre avec des amis ; qu'on ne
peut, avec ceux-ci, mettre trop de droiture, trop de
simplicité dans sa conduite? — Nous sommes d'accord.

Et si un général, reprit Socrate, voit le courage de
ses soldats abattu ; s'il leur fait accroire qu'il lui arrive du secours, et qu'il rassure par ce mensonge leurs
esprits intimidés ; sous quelle marque placerons-nous
cette tromperie? — Sous celle de la justice, à ce que
je crois. — Un enfant a besoin d'une médecine et ne
veut pas la prendre ; son père la lui mêle avec ses
aliments, et, par cette ruse, il lui rend la santé : où
mettrons nous cette supercherie? — A la même place
que la première. — Mon ami est plongé dans une
noire mélancolie ; je crains qu'il n'attente sur ses jours,
je lui dérobe son épée, toutes ses armes ; où ce vol
doit-il être placé? — Il n'y a pas à hésiter, sous la ligne
de la justice. — Vous ne prétendez donc plus à présent qu'on soit obligé à la plus grande simplicité, à
la plus grande droiture avec ses amis? — Non vraiment, je cesse de le prétendre, et je rétracte, s'il le
faut, tout ce que j'ai dit. — Cela vaut beaucoup mieux
que de persévérer dans l'erreur.

Mais, continua Socrate, il est encore un point qu'il faut examiner. Je suppose deux hommes qui emploient avec leurs amis des supercheries nuisibles ; mais l'un a dessein de tromper, l'autre ne sait ce qu'il fait : lequel des deux est le plus injuste ? — Je l'avouerai, Socrate ; j'ai perdu toute confiance dans les réponses que je puis faire. Les choses que nous avons examinées me paraissent toutes différentes de ce que je les croyais d'abord. Il me semble cependant que le plus injuste est celui qui a la volonté de tromper. — Pensez-vous que la justice soit une science qui ait ses principes, et qu'on puisse l'apprendre comme on apprend à écrire ? — Je le pense. — Et quel est celui qui sait le mieux écrire, à votre avis ? est-ce celui qui écrit mal de dessein prémédité, ou celui qui n'écrit pas bien parcequ'il ne sait pas écrire mieux ? — C'est celui qui écrit mal à dessein ; car il pourra bien écrire quand il le voudra. — Ainsi celui qui écrit mal parcequ'il le veut bien, sait écrire ; celui qui n'écrit pas bien malgré lui ne le sait pas ? — Assurément. — Quel est donc celui qui connaît la justice ? est-ce celui qui ment et trompe parcequ'il le veut bien, ou celui qui trompe et ment sans le vouloir ? — C'est le premier. — Vous dites donc que celui qui sait écrire est plus savant dans les lettres que celui qui ne le sait pas ? — Il est vrai. — Et que celui qui connaît mieux les devoirs de la justice est plus juste que celui qui ne les connaît pas ? — Je le crois ; ou plutôt je n'entends plus rien aux réponses que je fais.

—Mais, mon cher Euthydème, si quelqu'un vou

lait dire la vérité et qu'il ne parlât jamais de la même manière sur les mêmes choses; s'il disait du même chemin tantôt qu'il conduit à l'orient et tantôt à l'occident, et qu'en rendant le même compte, il trouvât tantôt plus et tantôt moins; que diriez-vous d'un tel homme?— Je serais bien obligé de dire qu'il ne sait pas ce qu'il prétendait savoir.

—Ne connaissez-vous pas, lui demanda Socrate, une espèce de gens qu'on appelle esprits serviles?— Assurément. — Et c'est à cause de leur ignorance qu'on leur donne ce nom : mais est-ce parcequ'ils ignorent l'art de travailler le cuivre? — Non, sans doute.— Est-ce parcequ'ils ne savent pas le métier de maçons? — Pas davantage. — Serait-ce parcequ'ils ne savent pas faire de souliers? — Non vraiment, c'est bien tout le contraire; car ordinairement ceux qui savent le mieux ces métiers sont d'une condition servile. —On donne donc ce nom injurieux à ceux qui ignorent ce que c'est que le beau, le juste, l'honnête?— C'est ce que je crois.—Jeune homme, faites donc vos efforts pour n'être pas compté parmi les esprits serviles.

VII.

—En vérité, Socrate, dit tristement Euthydème, je me croyais bien avancé dans la philosophie, et je ne doutais pas qu'elle ne dût m'apprendre tout ce qui convient à un homme qui tend à la vertu. Figurez-vous quelle est à présent ma douleur en voyant que, pour fruit de tant de peines, je ne puis pas même répondre aux questions qu'on me fait sur ce qu'il est le plus important de savoir, et que je ne connais plus aucune route qui puisse me conduire à devenir meilleur.

— Dites-moi, mon cher Euthydème, avez-vous été quelquefois à Delphes? — J'y ai été deux fois. — Avez-vous pris garde à cette inscription qui se lit sur la façade du temple : CONNAIS-TOI TOI-MÊME? — J'y ai fait attention. — Avez-vous méprisé cet avis, ou vous êtes-vous bien examiné vous-même pour chercher à vous connaître? — Non, en vérité. C'est une connaissance que je croyais posséder parfaitement, puisque sans elle on n'en peut acquérir aucune autre.

— Eh! reprit Socrate, qu'appelez-vous se connaître? Croyez-vous qu'il suffise pour cela de savoir son nom? ou ne faut-il pas imiter celui qui se connaît en chevaux? Il ne se flatte pas de bien connaître un cheval, sans avoir examiné s'il est docile ou rétif, faible ou vigoureux, lent ou vif à la course ; sans être en un mot bien assuré de toutes les qualités qui peuvent en faire un bon ou un mauvais cheval. De même celui qui veut se connaître ne doit-il pas s'examiner sur toutes les facultés nécessaires à l'homme pour remplir ses devoirs? — Il me semble que ne pas connaître ses facultés, c'est en effet ne se pas connaître.

— Il est certain aussi qu'on trouve dans cette connaissance bien des avantages dont on ne peut jouir quand on se ment à soi-même.

Celui qui se connaît sait ce qui lui est utile, ce que ses forces peuvent supporter, ce qu'elles refusent. En ne faisant que ce qu'il est capable d'entreprendre, ¹¹ remplit ses besoins et vit heureux : en s'abstenant de ce qu'il ne sait pas faire, il évite les fautes, et n'a pas la honte d'avoir mal fait : il est en état de mettre les autres hommes à leur juste valeur, et de les employer utilement pour son propre avantage : par leur secours il se procure de grands biens, il s'épargne de grands maux. Mais celui qui ne se connaît pas et qui s'abuse sur ses facultés, ne sait pas mieux juger les autres hommes qu'il ne se juge lui-même ; il ne s'entend pas mieux aux affaires ; il ne sait ni ce qu'il lui faut, ni ce qu'il fait, ni ce qui peut lui être utile : il se trompe en tout, perd de grands avantages, et tombe dans de funestes inconvénients.

Celui qui sait bien ce qu'il fait réussit dans toutes ses entreprises, parvient aux honneurs, s'élève à la gloire. Les hommes qui lui ressemblent aiment à l'employer. Dans les revers, on s'empresse à recevoir ses conseils, on se livre sans réserve entre ses mains, on ne fonde que sur lui l'espérance de toute sa félicité, on le récompense par un attachement sans bornes.

Examinez à présent celui qui ne sait ce qu'il fait. Il est incapable de prendre un parti, il voit échouer tous ses projets ; il est puni par les malheurs qu'il s'est attirés : on le méprise, on en fait son jouet, il traîne ses jours dans l'opprobre.

On peut en dire autant des états qui ne connaissent pas leurs forces : ils osent attaquer des voisins plus puissants, et finissent par être renversés ou par tomber dans la servitude.

VIII.

— Soyez persuadé, dit Euthydème, que je sens bien tout le prix de la connaissance de soi-même. Mais daignez m'apprendre par où l'on doit commencer à s'examiner. Je vous donne toute mon attention.

— Connaissez-vous parfaitement, lui demanda Socrate, quels sont les véritables biens, les véritables maux? — Par Jupiter! si j'ignorais cela, je me croirais au-dessous du dernier esclave. — Puisque vous le savez si bien, faites-moi le plaisir de me l'apprendre. —Cela n'est pas bien difficile. D'abord je crois que c'est un bien d'être en bonne santé, que c'est un mal d'être malade. Je crois aussi que les boissons, les aliments, les travaux, sont autant de biens quand ils procurent la bonne santé, que ce sont des maux quand ils causent des maladies. — Par conséquent la santé, la maladie, sont elles-mêmes des biens quand elles procurent du bien, sont des maux quand elles font du mal. — Est-ce que la santé produit quelque chose de mal, est-ce que la maladie peut faire quelque bien? — Sans doute. Parcequ'on est en bonne santé, on va à la guerre, on y trouve la mort : on s'embarque, et l'on périt. On est malade, on reste chez soi, et l'on est sauvé. — Vous avez raison : mais vous voyez d'un autre côté que ceux qui jouissent de toute leur vigueur se trouvent aux bonnes occasions; que ceux qui sont dans un état de faiblesse les manquent. — Si la santé, la maladie, sont quelquefois utiles et quelquefois nuisibles, elles ne sont donc en elles-mêmes ni des biens ni des maux.—A les considérer ainsi, vous avez raison

— Mais du moins, poursuivit Euthydème, on ne peut douter que la science ne soit un bien : car de quelle affaire l'homme instruit ne se retirera-t-il pas mieux que l'ignorant? — Comment donc! n'avez-vous pas entendu parler de Dédale? ne savez-vous pas que ses talents furent la cause de ses malheurs; qu'il fut pris par le roi Minos, forcé de le servir, privé à la fois de sa patrie et de la liberté; que, voulant prendre la fuite, il perdit son fils qui l'accompagnait; que lui-même ne put se sauver; et que, transporté chez des peuples barbares, il fut encore une fois réduit en esclavage? — Je sais bien qu'on raconte cette histoire. — Et n'avez-vous pas appris les infortunes de Palamède? Ne croit-on pas généralement qu'Ulysse, jaloux de sa sagesse, lui fit donner la mort? — Je sais encore cela. — Combien de gens le roi de Perse n'a-t-il pas fait enlever, ne retient-il pas dans les fers par la seule raison qu'ils ont des talents!

Vous avouerez du moins, Socrate, que le bonheur est un bien. — Oh! assurément; pourvu qu'on ne le fasse pas consister dans des biens équivoques. — Eh! qu'y a-t-il d'équivoque dans ce qui fait le bonheur? — Rien du tout, à moins qu'on ne joigne à l'idée du bonheur la beauté, la force, la richesse, la gloire, et mille autres choses semblables. — Et comment faire autrement? Est-il possible d'être heureux sans quelques-unes de ces choses-là? — Eh bien, confondez, j'y consens, avec le bonheur tous ces avantages si souvent funestes. Combien de fois la beauté n'a-t-elle

pas été la cause de la corruption! Que de gens sont
tombés dans le malheur pour avoir formé de grands
desseins parcequ'ils avaient une grande force ! Combien d'autres, amollis par les richesses, sont tombés
dans les embûches qu'elles leur avaient fait dresser!
Que d'hommes illustres ont trouvé leur perte dans
l'éclat de leur gloire et dans la puissance qu'elle
leur avait procurée! — Si j'ai tort de louer même le
bonheur, j'avoue que je ne sais plus ce qu'il faut
demander aux dieux.

—C'est peut-être, mon cher Euthydème, que vous
n'avez pas assez bien considéré les choses parceque
vous vous croyiez trop savant. Enfin, puisque vous
vous disposez à entrer dans l'administration d'un
état démocratique, vous savez sans doute ce que
c'est que le gouvernement populaire que nous appelons démocratie. — Je le sais fort bien.—Croyez-
vous qu'il soit possible de connaître la démocratie
sans connaître le peuple? — Je suis loin de le croire.
— Eh bien, qu'est-ce que vous appelez le peuple? —
Les plus pauvres citoyens. — Vous savez donc ce que
c'est que les pauvres? — Comment l'ignorer? — Et ce
que c'est que les riches?—Tout aussi bien.—Qui sont
ceux que vous appelez pauvres et ceux que vous appelez riches? — J'appelle pauvres ceux qui n'ont pas le
nécessaire ; et riches, ceux qui ont plus que le nécessaire. — N'avez-vous pas remarqué que certaines
gens, avec peu de chose, font encore des épargnes ; et
que d'autres, avec de grands biens, n'ont pas même
le nécessaire? — Cela est certain, et vous avez raison

14

de me le rappeler. Je sais même des souverains qui
vivent dans la plus grande détresse, et que la misère
force à commettre des injustices. — Voilà donc des
souverains qu'il faudra placer, suivant vous, dans la
classe du peuple ; et les gens qui ont peu de fortune
et qui la savent bien économiser seront comptés
parmi les riches. — Il vaut autant que j'en convienne,
car je ne trouve rien à vous répondre, et je m'aperçois que je ferai mieux de me taire. Je crains bien
d'être forcé d'avouer que je ne sais rien.

Il se retira tout hors de lui, se méprisant lui-
même, et ne se regardant plus que comme un esclave.
La plupart des jeunes gens dont Socrate confondait
ainsi l'orgueil ne revenaient plus le voir, et il trouvait que cette mauvaise honte mettait le comble à
leur sottise. Euthydème ne suivit pas leur exemple.
Il comprit qu'il ne pourrait acquérir des talents que
dans la fréquentation de Socrate. Il ne le quittait pas
qu'il n'y fût forcé par des affaires indispensables ; il l'i-
mitait même à quelques égards. Socrate remarquait
avec plaisir les bonnes dispositions de ce jeune homme,
et ne se permettait plus de lui tenir des discours capables de le rebuter : il se contentait de lui donner,
dans la forme la plus simple et avec beaucoup de
clarté, les connaissances qu'il lui croyait nécessaires,
et de lui indiquer les études auxquelles il devait
s'appliquer.

IX.

Il ne cherchait pas à rendre les jeunes gens qui le
fréquentaient éloquents, habiles, déliés : il regar-

dait comme son principal objet de leur donner un esprit juste et sain, persuadé que, sans cette qualité, tous les grands talents ne faisaient que rendre les hommes plus injustes, que leur donner plus de moyens de faire le mal. Mais surtout il s'appliquait à leur inspirer pour les dieux des sentiments de respect et de reconnaissance. D'autres qui ont assisté à quelques-uns de ses entretiens sur ce sujet les ont déjà publiés : pour moi, je vais rapporter une conversation qu'il eut avec Euthydème, et dont j'ai moi-même été témoin.

Dites-moi, mon cher Euthydème, avez-vous bien réfléchi sur les bienfaits de la providence, qui veille à nous procurer tous nos besoins? — C'est une pensée dont je ne me suis point assez occupé. — D'abord vous savez que nous avons besoin de la lumière, et les dieux nous la donnent. — Sans elle nous aurions des yeux, et nous serions comme les aveugles. — Nous avons besoin de repos, et ils nous donnent la nuit, dont le silence et l'obscurité nous engagent si doucement à nous livrer au sommeil. — Ce présent est bien digne encore de notre reconnaissance. — Le soleil est lumineux ; il nous indique les heures, il éclaire à nos yeux tous les objets. La nuit est obscure ; elle ne peut rien nous découvrir : mais les dieux l'ont fait briller de la lumière des astres, qui nous indique les heures de la nuit, et nous permet de ne point la passer tout entière dans l'inaction. La lune, par sa clarté, nous donne la mesure des nuits et des mois.

Nous avons besoin de nourriture : les dieux ordonnent à la terre de nous la prodiguer ; ils ont marqué les saisons convenables à ses productions ; ils ont voulu qu'en satisfaisant le besoin, elles nous fissent encore éprouver le plaisir. — C'est donner aux hommes une marque bien sensible de leur amour. — L'eau doit être regardée comme un de leurs dons les plus précieux. C'est par elle que la terre et les saisons enfantent toutes les substances qui nous sont nécessaires, et fournissent à leur accroissement : elle contribue à notre nourriture ; mêlée avec nos aliments, elle en rend l'apprêt et l'usage plus faciles, elle leur prête plus de délicatesse et de salubrité. Comme elle nous sert à un grand nombre d'usages, les dieux nous l'ont accordée avec profusion. — Nouveau témoignage de leur providence.

— Ils nous ont donné le feu, par qui nous bravons les rigueurs du froid : il nous éclaire dans l'obscurité, nous l'employons dans tous nos arts, nous le faisons servir à tous nos besoins. Sans nous égarer dans de longs détails, le feu n'entre-t-il pas dans les plus belles et les plus utiles inventions des hommes ? — C'est encore un bienfait des dieux.

— Eh ! reconnaîtrons-nous moins leur bonté dans le soleil ? Cet astre retourne vers nous à la fin de l'hiver, mûrit sur son passage les productions de la terre, dessèche celles dont la saison est écoulée : et, après nous avoir rendu ce service, il ne nous approche pas de trop près ; mais il retourne sur ses pas, comme s'il craignait de nous offenser par l'excès de sa chaleur. Parvenu à cette distance où nous sentons nous-mêmes qu'un froid plus rigoureux nous ferait périr, il cesse de s'éloigner davantage, et recommence sa carrière jusqu'à ce qu'il ait atteint cette région du ciel où sa chaleur vivifiante rend plus sensibles ses bienfaits. — Il semble que tant de merveilles ne soient opérées qu'en faveur de l'homme. — Il est encore certain que si les grandes chaleurs et les froids rigoureux se succédaient avec rapidité, nous n'aurions pas la force d'en supporter les excès : mais le soleil s'avance vers nous si lentement, il s'en éloigne avec tant de lenteur, que nous passons, sans même le sentir, par les extrémités opposées de la chaleur et du froid.

— Tant de merveilles me font douter si les dieux ont d'autre objet que de répandre sur nous leurs faveurs. Une seule difficulté m'arrête; c'est que les autres animaux partagent leurs bienfaits avec nous. — Eh! n'est-il pas manifeste qu'ils naissent, qu'ils sont nourris pour les hommes? Quelle autre créature tire une aussi grande utilité que l'homme, des chèvres, des brebis, des chevaux, des bœufs et des autres animaux? Il me semble que nous en faisons même un plus grand usage que des végétaux : ils ne servent pas moins à notre nourriture; ils ne servent pas moins à mille usages différents. On trouve même bien des hommes qui ne se nourrissent pas des productions de la terre, mais de lait, de fromage et de chair. Nous apprivoisons, nous domptons les animaux les plus utiles; nous les forçons à nous prêter leu·

cours dans les combats, nous en faisons enfin nos esclaves. — J'en conviens avec vous; car je vois que les
animaux qui ont bien plus de force que l'homme se
soumettent à son empire, et lui rendent les services
qu'il lui plaît d'exiger d'eux.

— Mais comment pourrions-nous jouir des ouvrages
des dieux, de ces ouvrages à la fois si utiles, si beaux,
si variés, s'ils ne vous avaient pas accordé des sens
capables de recevoir les différentes perceptions que
ces merveilles excitent en nous? Sans le secours de
nos sens, comment pourrions-nous profiter des biens
que le ciel nous a départis?

Les dieux ont imprimé en nous l'intelligence : c'est
par elle que nous raisonnons sur les objets soumis à
nos sens, que nous en conservons l'image dans notre
mémoire, que nous jugeons de leur utilité, que nous
trouvons l'art de les appliquer à notre usage et d'éviter les maux qu'ils pourraient nous faire éprouver.

Entre tant de bienfaits, oublierai-je le don de la
parole? Par elle nous nous communiquons des avantages réciproques, nous nous donnons des instructions mutuelles, nous établissons des lois, nous gou-
vernons les empires. — Non, il n'est pas possible de
méconnaître les tendres soins que les dieux ont pris de
l'espèce humaine.

— S'ils ne nous ont pas accordé de prévoir par
nous-mêmes ce qui peut nous être utile dans l'avenir, ils nous dévoilent les événements futurs par la
divination ; ils daignent répondre à nos demandes, et
nous apprendre comment nous devons nous conduire.

— Il me semble, Socrate, que vous avez été traité plus favorablement que les autres hommes : vous n'avez pas besoin d'interroger les dieux; ils vous indiquent d'avance ce que vous devez faire, ce que vous devez éviter.

X.

— Vous reconnaîtrez, mon cher Euthydème, que je ne vous ai pas trompé, si, content d'admirer les dieux dans leurs ouvrages, de les adorer, de les révérer, vous n'attendez pas qu'ils se manifestent visiblement à vos regards. C'est par leurs œuvres que les dieux se montrent aux mortels. Toutes les divinités nous prodiguent les biens dont nous jouissons, mais elles ne paraissent pas à nos yeux pour nous les prodiguer. Le Dieu suprême, celui qui a fait et qui dirige le monde, ce monde en qui se réunissent tous les biens et toute la beauté; le Dieu qui, pour notre usage, maintient les œuvres de la création dans la fleur de la jeunesse et dans une vigueur toujours nouvelle, qui les force d'obéir à ses ordres avec plus de promptitude que la pensée, et qui leur défend de s'égarer jamais; ce Dieu se manifeste à nous par sa puissance, mais il ne se montre pas lui-même à nos yeux.

Les ministres même de la divinité se dérobent à nos regards. Le soleil répand sa clarté sur toute la nature; mais il ne nous permet pas d'arrêter curieusement sur son disque nos regards téméraires, et l'on ne peut, sans être privé de la vue, avoir l'audace de le fixer. La foudre est lancée du haut des cieux; elle brise tout ce qu'elle rencontre : mais on ne la voit ni quand ell-

se précipite, ni quand elle frappe , ni quand elle se
retire. Nous sentons la présence des vents, nous
voyons leurs effets ; nous ne pouvons les voir eux-
mêmes. Si dans notre faible nature quelque chose
approche de celle des dieux, c'est notre ame, sans
doute : nous sentons qu'elle règne en nous ; mais
nous ne pouvons la voir. Gardez-vous bien de mépriser les substances invisibles, reconnaissez leur puissance par leurs effets, et révérez la divinité.

—Non, jamais je ne manquerai, Socrate, à respecter les dieux : mais ce qui m'afflige, c'est que je ne vois
personne leur rendre assez de graces pour de si grands
bienfaits. — Ne vous livrez pas à ce chagrin, mon cher
Euthydème. Vous savez ce que le dieu dont on consulte l'oracle dans le temple de Delphes répond à ceux
qui l'interrogent sur la manière dont il faut honorer
les dieux. Suivez, dit-il, les lois de votre pays. Et que
dit la loi dans tous les pays de la terre? Que les dieux
n'exigent rien de nous au delà de nos facultés. La manière la plus convenable d'honorer les dieux, n'est-
ce pas celle qu'ils nous prescrivent eux-mêmes? Mais
n'omettons rien de ce qui est en notre pouvoir ; car ce
ne serait plus les révérer. Avons-nous fait tout ce qui
est en notre puissance, nous avons rendu aux dieux
l'hommage que prescrivent les lois du monde entier.
Ne négligeons rien , employons toutes nos facultés
pour leur plaire, ne craignons pas d'espérer les plus
grands de leurs bienfaits. N'est-ce pas de ceux qui ont
le plus de pouvoir qu'on a raisonnablement le droit
d'attendre les plus grands avantages? Mais comment

espérer leur faveur, si ce n'est en cherchant à leur
plaire? Et comment peut-on mieux leur plaire, qu'en
leur accordant une entière obéissance.

C'était par de semblables discours, et surtout par
sa conduite, que Socrate rendait ses disciples plus religieux.

XI.

Il était loin de leur cacher ses sentiments sur la justice, et il les faisait d'ailleurs connaître assez par ses
actions. En public, en particulier, sa conduite envers
les citoyens était toujours conforme aux lois; il cherchait à leur être utile à tous. Soumis aux chefs de la
république en tout ce que la loi commande, il leur
obéissait également à la ville et dans les armées, et
personne ne respectait plus le bon ordre. Lorsqu'il
présida aux assemblées en qualité d'épistate, il ne
permit pas au peuple de consacrer par son suffrage
un décret injuste; et, toujours d'accord avec la loi,
il osa résister à la multitude effrénée dont tout autre
aurait craint de combattre la fureur. Quand les trente
lui donnèrent des ordres contraires à la loi, il cessa
d'obéir. Ils lui prescrivirent de ne pas avoir d'entretien avec la jeunesse; ils le chargèrent, avec quelques
autres citoyens, d'amener un homme qu'ils voulaient
condamner à la mort: seul il osa résister à leurs ordres, parcequ'ils offensaient la loi.

Il fut accusé par Mélitus. C'est la coutume des accusés de se défendre devant les juges, de chercher
à se les rendre favorables, de les flatter, de leur faire
les supplications les plus basses et les plus contrair

aux lois; plusieurs se sont fait absoudre par ce manége : mais il en eut horreur, et ne se permit rien
dont la loi pût être offensée. Cependant s'il eût fait
quelques faibles démarches, il ne lui aurait pas été
difficile d'obtenir sa grace : mais il aima mieux mourir en observant la loi, que de l'enfreindre pour conserver sa vie. C'est ce qu'il répéta plusieurs fois à différentes personnes.

Je n'ai pas oublié la conversation qu'il eut sur la
justice avec Hippias d'Élée. Il y avait longtemps
qu'Hippias n'était venu à Athènes ; il rencontra Socrate précisément lorsque celui-ci disait devant plusieurs personnes : Veut-on faire apprendre à un jeune
homme le métier de cordonnier, de chaudronnier, de
maçon, a-t-on envie d'en faire un écuyer? on est sûr
de lui trouver partout des maîtres ; on assure même
qu'on trouve des gens tout prêts à se charger de
l'instruction d'un bœuf ou d'un cheval : mais si vous
voulez apprendre à être juste, si vous voulez que votre fils, votre valet, soient instruits de cette grande
science, vous ne pourrez trouver nulle part personne
qui se charge de l'enseigner. En vérité, je trouve cela
bien étonnant.

XII.

Hippias, qui l'avait écouté, lui dit d'un ton railleur : Comment! Socrate, vous répétez donc encore
les mêmes choses que je vous ai déja entendu dire il
y a si longtemps? — Oui, toujours les mêmes choses,
et toujours sur les mêmes sujets. Pour vous, qui êtes
un homme plein de science, peut-être sur les mêmes

sujets dites-vous toujours des choses nouvelles? — Assurément; je tâche de ne me pas répéter, et de ne jamais rien dire que de nouveau. — Toujours du nouveau, même sur les choses que vous savez! Si donc on vous demande combien de lettres composent le nom de Socrate et quelles sont ces lettres, vous tâcherez de répondre tantôt d'une manière et tantôt d'une autre? Ou si l'on vous demande si deux fois cinq font dix, vous ne ferez pas à présent la même réponse que vous auriez faite autrefois? — Oh! sur ces questions-là, Socrate, je suis comme vous; je dis toujours la même chose: mais, sur la justice, je crois avoir à dire à présent des choses à quoi ni vous ni personne ne saurait rien objecter.

— Par Junon! voilà une excellente découverte que vous avez faite! Les juges, désormais toujours d'accord, rendront des arrêts toujours équitables; les citoyens n'auront plus de divisions d'intérêts, de procès, de querelles; on ne verra plus de sentiments opposés, plus de séditions; les nations elles-mêmes, parfaitement d'accord sur leurs droits réciproques, ne se feront plus la guerre : et c'est vous qui serez l'auteur d'un si grand bien! Oh! je ne vous quitterai pas que vous ne m'ayez appris cet admirable secret.
— Et moi, je ne vous dirai rien que vous ne m'ayez donné votre définition de la justice : car vous croyez qu'il suffit de vous moquer des autres, de les interroger, de les embarrasser par des objections; mais vous ne découvrez jamais votre sentiment sur aucun sujet. Cette méthode-là est très commode, en vérité; elle vous ôte

l'embarras de rendre raison de votre façon de penser.

Comment! vous ne savez donc pas, mon cher Hippias, que je ne cesse jamais de montrer ce que je pense sur la justice? — Dites-moi donc en quels termes vous la définissez. — Ce n'est pas par des paroles que je découvre mes sentiments à ce sujet, mais par des actions. Trouvez-vous qu'elles ne vaillent pas des paroles? — Beaucoup mieux assurément; car bien des gens disent des choses fort justes, et font de grandes injustices : mais en conformant à la justice toutes ses actions, il est impossible d'être injuste. — Eh bien! avez-vous jamais appris que j'aie rendu un faux témoignage, que j'aie calomnié, que j'aie brouillé des amis, que j'aie introduit la discorde dans l'état, que j'aie fait enfin quelque autre injustice?—Non, jamais. — Et s'abstenir de l'injustice, n'est-ce donc pas être juste?

— Oh! je vous vois venir, Socrate. Vous cherchez à m'échapper pour ne me pas dire ce que vous pensez sur la justice; car vous ne dites pas ce que font les hommes justes, mais ce qu'ils ne font pas. — Je croyais que le caractère de la justice était de se refuser à l'iniquité. Si vous ne pensez pas de même, je vous dirai que la justice est l'observation de la loi. Êtes-vous plus content à présent? — Vous prétendez donc, Socrate, que ce qui est conforme à la loi, est en même temps ce qui est juste? — Oui, voilà ce que je pense. — Je ne sens pas bien ce que vous appelez conforme à la loi, et ce que vous appelez juste. — Vous connaissez cependant les lois de l'é-

tat? — Oui, je les connais. — Quelles sont-elles?
— C'est ce que les citoyens, d'un commun accord,
ont prescrit de faire, ont ordonné de s'interdire. —
Eh bien! le citoyen qui, dans l'état, observe ces
ordres, s'accorde avec les lois : celui qui ne s'y conforme pas les enfreint. — Cela est incontestable. —
Ainsi celui qui leur est soumis observe la justice, celui qui leur résiste se rend coupable d'iniquité. —
Passons. — Celui qui observe la justice est juste, celui qui ne l'observe pas est injuste. — On vous accorde
cela. — Donc celui qui se soumet aux lois est juste,
et celui qui les enfreint est injuste.

— Eh! comment regarderais-je les lois comme
quelque chose de si important, et me ferais-je une affaire sérieuse de leur obéir, lorsqu'il arrive souvent à
ceux mêmes qui les ont portées de les condamner
ensuite et de les abroger? — Eh quoi! n'arrive-t-il
pas souvent que les états entreprennent la guerre, et
qu'ils font ensuite la paix? — Sans doute. — Eh bien!
si vous blâmez ceux qui observent les lois, par la
raison qu'elles peuvent être abrogées, condamnez
donc aussi les soldats qui se comportent bien à la
guerre, puisque la paix pourra bien se faire un jour.
Méprisez-vous les citoyens qui, dans les combats,
cherchent à secourir leur patrie? — Non, en vérité.
— N'avez-vous pas remarqué que Lycurgue n'a rendu
la république de Lacédémone si différente de toutes
les autres, qu'en y introduisant le plus grand respect
pour les lois? Ne regarde-t-on pas comme les plus
habiles magistrats ceux qui savent le mieux inspirer

aux citoyens la soumission aux lois? et la république où les lois sont le plus révérées ne jouit-elle pas de la meilleure constitution pendant la paix, n'est-elle pas la plus invincible à la guerre?

Rien n'est si beau que la concorde dans les états. Les magistrats et les premiers de la nation ne cessent d'exhorter les citoyens à vivre entre eux dans une parfaite union : on leur fait même jurer de la maintenir, et la loi qui oblige à prêter ce serment est reçue dans toute la Grèce. Mais quel est l'esprit de cette loi? Est-ce que les citoyens portent tous un même jugement sur les chœurs de musique? qu'ils applaudissent tous aux mêmes joueurs de flûte? que tous donnent la préférence aux mêmes poëtes? que tous enfin s'accordent entre eux dans leurs goûts et dans leurs plaisirs? Non, sans doute. En quoi doivent-ils donc s'accorder? Dans l'obéissance aux lois. Tant qu'ils leur restent soumis, les états conservent toute leur vigueur et la plus brillante prospérité : dès que la discorde règne dans la nation, l'état cesse d'être bien gouverné, le désordre se met dans les familles.

Considérons les particuliers : quel est le citoyen qui craint le moins de voir sa conduite recherchée, qui est le plus assuré de parvenir aux honneurs? n'est-ce pas celui qui obéit aux lois? Quel est celui qui, dans les tribunaux, est plus certain de gagner sa cause? A qui confiera-t-on plus volontiers sa fortune, l'éducation de ses fils, la pudeur de ses filles? A qui l'état lui-même accordera-t-il toute sa confiance? Tous ces avantages sont réservés à l'observateur des lois.

De qui la femme, les parents, les domestiques, les
étrangers, les amis, les citoyens attendent-ils le plus
d'équité? Avec qui les ennemis aimeront-ils mieux
convenir d'une trêve, dresser les conditions d'un
traité, régler les conventions de la paix? Avec qui les
alliés préféreront-ils d'avoir affaire? A qui remettront-
ils plus volontiers leurs troupes, leurs garnisons,
leurs villes? De qui le bienfaiteur attendra-t-il le plus
de reconnaissance? Tant d'estime n'est due qu'au citoyen ami des lois. Eh! qui aime-t-on mieux obliger
que celui qu'on croit incapable d'ingratitude? n'est-
ce pas lui dont on desire le plus être l'ami, dont
on voudrait le moins devenir l'ennemi? Quel est
encore celui qu'on craindra le plus d'attaquer, dont
on recherchera le plus vivement l'amitié, dont on
craindra le plus de s'attirer la haine? n'est-ce pas celui
qui réunit un grand nombre d'amis prêts à lui offrir
leurs secours, et qui n'a pas un ennemi? Je crois donc
avoir assez clairement prouvé, mon cher Hippias, que
ce qui est conforme aux lois s'accorde en même temps
avec la justice. Si vous pensez autrement, je vous prie
de m'instruire. — Il me semble que, sur cet article,
je pense absolument comme vous.

XIII.

Ne connaissez-vous pas aussi, mon cher Hippias,
des lois non écrites? — Sans doute, et ce sont celles
qui règnent dans tous les pays. — Direz-vous que ce
sont les hommes qui ont porté ces lois? — Et comment le dirais-je? Ils n'ont pu se rassembler pour les
dresser; ils n'auraient même pu s'entendre, puisqu'ils

parlent tant de langues différentes. — Qui croyez-vous
donc qui ait porté ces lois? — Ce sont les dieux qui
les ont prescrites aux hommes; et la première de toutes, reconnue dans le monde entier, est celle qui ordonne de révérer les dieux. — N'est-il pas aussi partout ordonné d'honorer ses parents? — Sans doute.
— Et les mêmes lois ne défendent-elles pas aux pères
et aux mères d'épouser leurs enfants? — Oh! pour
cette loi-ci, je ne crois pas qu'elle vienne de Dieu. —
Pourquoi?—C'est qu'elle est quelquefois transgressée.

— On en transgresse bien d'autres : mais les hommes qui transgressent les lois divines ne peuvent éviter la punition de leur crime, tandis qu'il est des
moyens d'éviter les peines infligées aux infracteurs
des lois humaines. On peut s'y soustraire en se cachant, et la force ose les braver. — Et quelle est donc
cette punition que ne peut esquiver le père qui épouse
sa fille, le fils qui épouse sa mère? — La plus grande
de toutes : que peut-il en effet arriver de plus funeste
que de donner le jour à une mauvaise postérité? —
Et pourquoi leur postérité serait-elle mauvaise? S'ils
sont bons eux-mêmes, qui empêche que leur postérité ne leur ressemble?—Ici la bonté de caractère
ne suffit pas : il faut encore une qualité qui accompagne la fleur de l'âge. Croyez-vous donc que la faculté génératrice soit la même dans l'âge de la force,
la même dans celui qui tient encore à l'enfance, et la
même vers le déclin de la vie? — Cela n'est pas vraisemblable. — Et quel âge croyez-vous le plus favorable à la propagation de l'espèce? — Celui de la

pleine vigueur, sans doute. — En deçà et au delà cet
âge, on ne peut donc se promettre une postérité saine
et vigoureuse? — Je ne le crois pas. — Ce n'est donc
pas engendrer comme la nature le prescrit? — Nòn,
sans doute. — Qu'appellerons-nous donc une mauvaise postérité, si ce n'est celle qui provient de ces
unions condamnables? — Je suis encore de votre avis
sur ce point.

— Dites-moi, n'est-ce pas partout une loi que ceux
qui font du bien méritent de la reconnaissance? —
C'en est une : cependant on la transgresse.—Oui; mais
les transgresseurs sont punis. Abandonnés par les
amis qui les ont obligés, ils se voient réduits à rechercher des hommes qui les haïssent. L'amitié consiste à
faire du bien à ses amis ; mais les ingrats savent que
leurs bienfaiteurs n'ont plus pour eux que de la haine,
et ils continuent de faire bassement la cour pour en
arracher de nouveaux bienfaits. — Ainsi la peine suit
toujours la transgression. On reconnaît en cela l'ordre divin, mon cher Socrate ; on voit que c'est l'ouvrage d'un législateur bien supérieur aux hommes.
— Et croyez-vous que les dieux ordonnent des choses
justes, ou qu'ils prescrivent des lois étrangères à la
justice? — Et comment leurs lois lui seraient-elles
étrangères? Qui pourrait même ordonner ce qui est
juste, si ce n'est les dieux?—Ce qui plaît aux dieux,
mon cher Hippias, est donc en même temps et juste
et conforme aux lois.

C'est ainsi que, par sa conduite et ses discours,
Socrate imprimait de plus en plus l'amour de la

justice dans le cœur de ceux qui le fréquentaient.

XIV.

Il ne s'appliquait pas moins à former ses disciples à la pratique de la vertu, qu'à leur en donner les principes. Persuadé que la tempérance est la première qualité d'un homme qui veut se bien conduire, il en montrait en lui-même le plus parfait modèle, il en faisait le sujet le plus ordinaire de ses entretiens; et comme son esprit était sans cesse occupé des moyens qui mènent à la vertu, il les rappelait sans cesse à tous ceux qui l'écoutaient. Je sais qu'il eut un jour avec Euthydème, sur la tempérance, l'entretien que je vais rapporter.

Ne regardez-vous pas, mon cher Euthydème, la liberté comme le plus beau, le plus grand de tous les biens pour l'état et pour les particuliers? — Je n'en connais pas de plus estimable.—Celui qui se laisse dominer par la volupté, et qu'elle empêche de faire de belles actions, vous paraît-il être libre? — Je ne crois pas qu'on puisse l'être moins. — Le pouvoir de bien faire est peut-être ce que vous appelez la liberté : et vous regardez comme une servitude d'entretenir en nous-mêmes des maîtres qui nous ravissent ce pouvoir? —Voilà précisément ma pensée. — Ainsi les hommes intempérants ne sont à vos yeux que des esclaves? — Je les regarde absolument comme tels, et à bien juste titre. — Croyez-vous que les intempérants en soient quittes pour ne pouvoir faire le bien? Ne pensez-vous pas qu'ils sont forcés de commettre bien des choses honteuses? — Je ne les crois pas moins forte-

ment poussés vers la honte que détournés du bien.
— Que pensez-vous des maîtres qui défendent le
bien, qui ordonnent le mal? — Que ce sont les plus
méchants de tous les maîtres. — Et quelle est la pire
de toutes les servitudes? — Celle qui nous soumet
aux plus méchants maîtres.

— Les intempérants sont donc enchaînés à la plus
cruelle servitude? — C'est ce qu'il me semble. — Ne
vous semble-t-il pas aussi que l'intempérance arrache
les hommes à la sagesse, le plus grand des biens, pour
les précipiter dans les désordres les plus contraires
à la sagesse; que toujours excitant au plaisir, elle
défend de se livrer à rien d'utile, d'en occuper même
sa pensée; qu'elle ôte enfin aux malheureux dont
elle s'empare toutes les facultés de l'esprit? Souvent
ils connaissent le bien et le mal; et c'est le mal
qu'elle les force à choisir! — Cela est vrai. — Où
trouvera-t-on plus difficilement de la prudence que
dans les intempérants? car rien n'est plus opposé que
les actions de la prudence et celles de la débauche.
— C'est une vérité dont il faut convenir. — Est-il rien
qui, plus que la débauche, nous détourne de la décence et du devoir? — Rien, assurément rien. — Et le
vice qui nous fait préférer ce qui nuit à ce qui est utile,
qui nous force à nous occuper tout entiers de ce qui doit
nous perdre, à négliger ce qui doit nous servir, qui nous
contraint à ne faire que les actions les plus contraires à
la prudence; un tel vice n'est-il pas le plus funeste de
tous les maux? — Il n'en est point de plus pernicieux.
— N'est-il pas évident que la tempérance produit des

effets absolument contraires à ceux de la débauche ?
— Cela doit être. — Et le contraire de tant de maux
n'est-il pas un bien ? — Certainement. — Il faut
donc que la tempérance soit pour les hommes le plus
grand des biens ? — Cela est manifeste.

— N'avez-vous jamais pensé une chose ? — Laquelle ?
— C'est qu'on dirait que l'intempérance peut seule
nous conduire au plaisir, et qu'elle est absolument
incapable de nous le procurer ; c'est que la tempérance
nous y mène bien plus sûrement, et qu'elle est même
la vraie source de la pure volupté. — Comment cela ?
— C'est que l'intempérance qui ne nous permet pas
d'endurer patiemment la faim, la soif, les veilles, la
privation des plaisirs de l'amour, nous empêche, par
cela même, de trouver une véritable douceur à satisfaire les besoins que la nécessité nous impose. Pourquoi trouve-t-on du plaisir à contenter la soif ou l'appétit, à se livrer au repos, au sommeil, aux caresses
de l'amour ? c'est qu'on a eu le courage d'en supporter le besoin : c'est qu'on a été préparé par les rigueurs
de la privation à goûter tous les charmes de la jouissance. La tempérance seule nous apprend à supporter
le besoin : seule elle peut nous faire connaître de véritables plaisirs. — Tout ce que vous venez de dire est
d'une vérité sensible.

— C'est elle aussi, c'est la tempérance, qui nous fait
connaître le vrai bien, la véritable beauté ; qui nous
apprend à perfectionner notre corps, à bien conduire
notre maison ; c'est par elle que nous devenons capables de servir nos amis, notre patrie ; c'est elle qui

nous soumet nos ennemis ; elle enfin à qui nous devons nos plus grands avantages et la plus inaltérable volupté. Voilà les fruits que nous offre la tempérance, et qui sont refusés à la débauche. Eh ! n'est-il pas bien juste d'en être privé, quand on n'a rien fait pour mériter de les recueillir, quand on ne s'est occupé qu'à saisir de trompeuses délices qui viennent se présenter d'elles-mêmes.

Vous ne croyez donc pas, Socrate, qu'un homme qui se laisse maîtriser par les plaisirs des sens soit capable d'aucune vertu ? — Et quelle différence mettez-vous, mon cher Euthydème, entre le débauché et l'animal stupide ? Comment distinguer de la brute celui qui, ne portant jamais ses regards vers le bien, ne cherche que la volupté, ne vit et n'agit que pour elle ? Il n'est donné qu'à l'homme tempérant de discerner ce qu'il y a de bien dans toutes les choses, de les distinguer entre elles par le secours du raisonnement et de l'expérience, de faire toujours le meilleur choix, et de s'abstenir constamment du mal. C'est ainsi que se forment les hommes honnêtes, les hommes vraiment heureux, les seuls dignes de vivre avec leurs semblables.

XV.

Nous devons rapporter aussi comment il formait ses amis à l'art de raisonner. Persuadé qu'en voyant soi-même les choses comme elles sont en effet, on pouvait aisément les faire connaître aux autres, il n'était pas surpris qu'avec des notions vagues et imparfaites on commençât par se tromper le premier, et qu'on entraînât les autres dans l'erreur. Aussi ne cessait-il jamais de s'occuper avec ses amis de la recherche du vrai. Ce serait un grand ouvrage de rapporter toutes ses définitions. Je me contenterai d'en insérer ici quelques-unes : elles suffiront pour faire connaître sa manière de considérer les choses.

Voici d'abord comme il envisageait la piété. Dites-moi, mon cher Euthydème, que pensez-vous de la piété ? — Que c'est la plus belle des vertus. — Pourriez-vous me dire quel est l'homme pieux ? — C'est, je crois, celui qui honore les dieux. — Est-il permis à chacun d'honorer les dieux à sa fantaisie ? — Je ne le pense pas : il existe des lois qui doivent régler notre culte. — Celui qui observe ces lois sait donc comment il faut honorer les dieux ? — C'est ce que je crois. — Et celui qui sait comment on doit honorer les dieux ne croit pas qu'on doive leur rendre un culte différent ? — Non, sans doute. — Il ne les honorera donc pas autrement lui-même ? — Je ne le crois pas. — Observer les lois qui doivent régler le culte, c'est donc rendre aux dieux un culte légitime ? — Assurément. — Et celui qui leur rend un culte légitime les honore comme ils doivent être honorés ? — Je n'en doute pas. — Et celui qui les honore comme il le doit est un homme pieux ? — Sans doute. — Ainsi nous définirons l'homme pieux celui qui connaît et pratique le culte légitime que l'on doit rendre aux dieux. — Cette définition me paraît juste.

XVI.

Est-il permis de se comporter avec les hommes suivant ses caprices? — Non vraiment; mais celui qui connaît les lois que les hommes doivent réciproquement observer entre eux, a seul avec eux la conduite qu'il doit avoir. — Ce n'est donc qu'en observant ces lois qu'on pratique les devoirs de la société? — Comment les pratiquer autrement? — Et ce n'est qu'en les pratiquant qu'on se conduit bien avec les hommes? — Sans doute. — En se conduisant bien avec les hommes, on remplit bien toutes les fonctions de la société? — Cela est clair. — Et en suivant ces lois on observe la justice? — En doutez-vous? — Vous savez donc ce que c'est qu'on appelle la justice? — Ce que prescrivent les lois. — Ceux qui font ce que les lois ordonnent remplissent donc en même temps et les lois et leur devoir? — Cela est incontestable. — En observant la justice on est juste? — Je le crois. — Pensez-vous qu'on puisse observer les lois sans savoir ce que les lois ordonnent? — Je ne le pense pas. — Et ceux qui savent ce qu'il faut faire, croyez-vous qu'ils pensent ne le devoir pas faire? — Ce serait une absurdité. — Connaissez-vous des gens qui fassent ce qu'ils croient ne devoir pas faire à aucun égard? — Je n'en connais pas. — Ainsi quand on sait les lois qui doivent régler notre conduite envers les hommes, on observe la justice? — Pourrait-on s'en écarter? — Et en observant la justice on est juste? — Pourrait-on l'être autrement? — Nous définirons donc le juste celui qui connaît les lois qu'il doit observer dans sa conduite avec les hommes? — Il me semble que c'est ainsi qu'on doit le définir.

XVII.

— Mais que dirons-nous de la sagesse, qu'est-elle?
Les sages, dites-moi, le sont-ils seulement dans les
choses qu'ils savent, ou peuvent-ils l'être même dans
les choses qu'ils ne savent pas? — Ils ne peuvent l'être
que dans ce qu'ils savent. Comment serait-on sage
dans les choses qu'on ignore? — Ce sont donc les lumières qui constituent les sages? — Eh! qui pourrait
les rendre sages si ce n'étaient leurs lumières? — La
sagesse est-elle autre chose que ce qui rend sage? —
Je ne le crois pas. — C'est donc la même chose que la
science? — Il me le semble. — Et croyez-vous qu'un
homme puisse tout savoir? — Bien loin de là; je crois
qu'il ne peut savoir que bien peu de chose. — Le
même homme ne peut donc être sage en tout? — Il
s'en faut bien. — Chacun ne peut donc être sage que
dans ce qu'il sait? — C'est ce que je crois.

XVIII.

— Voulez-vous que nous recherchions de même la
nature du bien? — Comment nous y prendrons-nous?
— Croyez-vous que le même bien soit utile à tous? —
Je ne le pense pas. — C'est apparemment parcequ'un
bien qui vous paraît utile à l'un vous semble nuisible
à l'autre? — Précisément. — Le bien n'est-il pas, à
votre avis, ce qui est utile? — C'est cela même. — Ce
qui est utile est donc un bien pour celui à qui il est
avantageux.

— N'en est-il pas de même du beau? Quand vous
parlez de la beauté d'un corps, d'un vase, ou de
quelque autre objet, entendez-vous que cet objet,

soit beau pour quelque usage que ce soit?—Non, sans doute. — Il est donc beau seulement pour l'usage auquel il doit servir? — Assurément. — Ce qui est beau sous un certain rapport d'utilité, le sera-t-il encore sous d'autres rapports? — Ce n'est pas une conséquence. — Ainsi ce qui est utile est beau relativement à l'usage auquel il est utile.

XIX.

Ne placez-vous pas le courage au rang des belles choses?— Je le mets au nombre des plus belles. — Ce n'est donc pas à de petites choses que vous le croyez utile? — Je le crois du moins utile à tout ce qu'il y a de plus grand.— Il s'exerce au milieu des dangers et sur les choses les plus terribles; mais est-il bon de ne les pas connaître, ces choses terribles? — Au contraire, il faut les connaître. — Ceux qui bravent les dangers parcequ'ils ne les connaissent pas ne sont donc pas en effet courageux?—Ils ne méritent pas ce titre; car il faudrait le donner à bien des fous, à bien des poltrons. — Et ceux qui craignent des choses qui n'ont rien de terrible? — Ils le méritent encore moins.— Vous appelez donc courageux ceux qui se comportent bien dans les occasions périlleuses, et lâches ceux qui s'y conduisent mal?— Pourrais-je les appeler autrement? — Mais se conduirait-on bien dans ces occasions, sans être capable d'en tirer parti? — Cela est impossible. — Quand on s'y conduit mal, c'est qu'on ignore le parti qu'on en pourrait tirer?— C'est une conséquence. — Chacun se conduit donc comme il croit devoir le faire? —Comment se condu[i]

16

rait-on autrement?—Ceux qui se comportent mal ne
savent donc pas comment ils pourraient faire pour se
bien comporter?— Ils ne le savent pas. — Ceux qui
le savent le peuvent donc?—Ils sont les seuls qui le
puissent.—Ils ne peuvent donc se mal conduire qu'en
s'égarant de leurs principes?—C'est ce que je pense.
—Ce n'est donc qu'en s'égarant qu'on se conduit mal?
—Cela est vraisemblable. — Ainsi ceux qui savent
tirer un bon parti des occasions dangereuses et terribles sont les hommes courageux ; les lâches sont ceux
qui l'ignorent.— Je le pense comme vous.

XX.

Socrate mettait une grande différence entre le gouvernement monarchique et la puissance tyrannique.
Il pensait que, dans la monarchie, les peuples obéissent de leur propre consentement à une autorité toujours conforme aux lois ; mais que, sous la tyrannie,
ils se courbent malgré eux sous le joug d'un homme
qui gouverne suivant son caprice et sans consulter les
lois. Il appelait aristocratie la république gouvernée
par des citoyens qui ne veillent qu'à l'observation des
lois ; plutocratie, celle où dominent les citoyens qui ne
doivent leur élévation qu'à leurs richesses ; et démocratie, celle où tout le peuple se partage la puissance.

XXI.

Si quelqu'un se mettait à le contredire, sans avoir
de bonnes raisons à lui donner ; si, par exemple, on
lui soutenait, sans aucune preuve, qu'un homme était

plus sage, plus savant dans l'administration de l'état, plus courageux que celui dont il venait de faire l'éloge, il ne permettait pas à son adversaire de s'égarer, et ramenait la question aux premiers principes. Vous dites donc que l'homme que vous nous vantez est bien meilleur citoyen que celui dont je parle?—C'est ce que je soutiens. —·Voyons donc; ne faut-il pas examiner d'abord quel est le devoir d'un citoyen?—J'y consens. —S'il s'agit de l'administration des finances, celui qui enrichira le plus la république ne l'emportera-t-il par sur ses concitoyens?— Cela est certain. —Et, dans la guerre, celui qui la rendra plus souvent victorieuse de ses ennemis?—Sans doute.— Et, dans les négociations, celui qui lui ménagera plus habilement l'alliance des peuples qui combattaient contre elle?—Je ne vous conteste pas cela.— Et, dans l'assemblée du peuple, celui qui saura le mieux apaiser les dissensions, qui ramènera le plus aisément la concorde?—C'est ce que je crois.

C'est ainsi qu'en réduisant les questions à leur plus grande simplicité, il rendait la vérité sensible à ses adversaires.

Quand il voulait établir un sentiment, il procédait par les principes les plus généralement avoués, persuadé que c'était la méthode de porter la démonstration jusqu'à l'évidence. Aussi n'ai-je connu personne qui sût mieux amener ses auditeurs à convenir de ce qu'il voulait leur prouver. — C'est, disait-il, parcequ'Ulysse savait déduire ses preuves des idées reçues

par ceux qui l'écoutaient, qu'Homère a dit de lui que
c'était un orateur sûr de sa cause.

XXII.

Je crois en avoir dit assez pour prouver que Socrate
exposait ses principes avec la plus grande simplicité.
Je vais rapporter maintenant combien il s'appliquait
à rendre ses disciples capables de bien remplir les
fonctions qui leur convenaient. Je ne connais personne
qui se soit donné tant de peine pour bien juger les
talents de ceux qu'il s'était chargé de conduire, pour
savoir à quoi chacun d'eux était propre. Il leur enseignait, avec un zèle infatigable, tout ce qu'il savait de
convenable à un homme bien né, et les adressait à des
gens instruits, pour qu'ils apprissent d'eux ce qu'il
ignorait lui-même.

Il ne négligeait pas de leur montrer que, dans chaque science, il est un point où il faut s'arrêter et
qu'on ne doit pas franchir dans une éducation bien
dirigée.

—Qu'on apprenne, disait-il, assez de géométrie
pour savoir, au besoin, mesurer exactement une terre
qu'on veut vendre ou acheter, pour diviser en portions un héritage, ou pour distribuer le travail aux
ouvriers. Cela est si facile, ajoutait-il, que, pour peu
qu'on s'y applique, on ne se trouvera jamais embarrassé sur aucune mesure, et qu'on pourrait prendre
les dimensions de la terre entière. Mais il n'approuvait
pas qu'on s'élevât jusqu'aux difficultés de cette
science; et, quoiqu'il ne les ignorât pas lui-même, il

disait qu'elles pouvaient occuper toute la vie d'un homme, le détourner des autres études utiles, et qu'il n'en voyait pas l'utilité [1].

Il voulait qu'on sût assez d'astronomie pour connaître, à l'inspection des signes célestes, les heures de la nuit, les jours du mois et les saisons de l'année; pour ne pas s'égarer en route, pour se conduire sur mer, et pour relever les sentinelles : science si aisée, ajoutait-il, qu'elle est à la portée de tous les chasseurs de nuit, de tous les navigateurs, de tous ceux, en un mot, qui veulent bien y donner quelque attention. Mais pousser cette étude jusqu'au point de connaître les différentes orbites que décrivent les corps célestes, se consumer à chercher la grandeur des planètes et des étoiles, leur distance de la terre, leur marche et les causes de leurs révolutions; c'est ce qu'il désapprouvait fortement, parcequ'il ne voyait à toutes ces spéculations aucune utilité. Et ce n'était pas par ignorance qu'il les méprisait; il en avait même fait une étude assez approfondie : mais il ne voulait pas qu'on perdît à des travaux superflus un temps qui pouvait être utilement employé.

En général il condamnait que l'on eût l'orgueil de se livrer à l'étude du ciel, et de vouloir pénétrer les œuvres des dieux. Il ne pensait pas que les hommes pussent découvrir ses secrets, et il croyait même qu'on ne pouvait, sans déplaire aux dieux, sonder les mys-

---

[1] Socrate méprisait les difficultés de la géométrie, des mathématiques, de l'astronomie, parceque de son temps on ne les avait pas encore assez approfondies pour en reconnaître l'utilité.

tères qu'ils n'ont pas daigné nous manifester. S'abandonner à ces sublimes spéculations, c'est risquer, disait-il, de se perdre dans toutes les folies d'Anaxagore, qui fit sa principale étude d'expliquer les opérations des dieux sur la nature. Quand Anaxagore disait que le soleil est la même chose que le feu, il ne connaissait donc pas même le feu, que les hommes peuvent regarder impunément, tandis qu'ils ne sauraient fixer l'éclat du soleil ; il ignorait donc que le soleil noircit la peau, et que le feu ne produit pas cet effet; il ne savait donc pas que les productions de la terre ne reçoivent la vie et l'accroissement que des rayons du soleil, et qu'au contraire la chaleur du feu les détruit. En disant que le soleil était une pierre enflammée, il n'avait donc pas remarqué que les pierres exposées au feu ne donnent pas de lumière, et sont bientôt calcinées, tandis que le soleil, toujours inaltérable, brille toujours d'un nouvel éclat.

Il conseillait l'étude de la science des nombres ; mais il recommandait, comme pour les autres sciences, de ne point s'engager dans la solution de vains problèmes qui ne satisfont que la curiosité. Il examinait lui-même jusqu'à quel point toutes les connaissances pouvaient être utiles, et c'était souvent le sujet de ses entretiens avec ses amis.

Il les exhortait fortement à ne pas négliger leur santé, et à consulter là-dessus des gens instruits : il les engageait surtout à bien observer, dans tout le cours de leur vie, quels aliments, quelles boissons, quels genres d'exercice leur étaient les plus convenables, et quel emploi ils en devaient faire pour conserver la santé la plus parfaite. Il assurait qu'en se conduisant avec cette prudence, on trouverait difficilement un médecin qui sût mieux que soi-même ce qui convient à sa propre santé.

Si quelqu'un voulait s'élever au-dessus des connaissances humaines, il lui conseillait de s'appliquer à la divination. Quand on connaît, disait-il, les signes que les dieux nous donnent de leur volonté, on ne manque jamais de recevoir leurs avis.

XXIII.

Mais il disait qu'un génie lui montrait, par des signes certains, ce qu'il devait faire, ce qu'il devait éviter ; et cependant il a été condamné à la mort ! Osera-t-on pour cela le soupçonner de mensonge ? Observons d'abord que son âge ne lui promettait plus que bien peu de temps à vivre, et que sa condamnation n'a guère devancé le terme naturel de ses jours ; qu'il n'a perdu que la portion la plus pénible de la vie, que celle où l'esprit éprouve toujours quelque affaiblissement. Il a donc peu perdu : mais il s'est couvert de gloire en déployant toute la vigueur de son ame, en défendant sa cause avec toute la force de la vérité, de la justice et de la liberté, en recevant l'arrêt de sa mort avec autant de douceur que de courage. On convient qu'aucun homme dont on ait conservé la mémoire n'a mieux soutenu les approches de la mort.

En effet, il fut obligé de vivre encore trente jours après sa condamnation : les fêtes de Délos tombaient précisément dans ce mois, et personne ne peut être puni de mort que le vaisseau sacré ne soit revenu de cette île. Tous ceux qui le virent pendant ce délai reconnurent qu'il n'avait rien changé à sa manière ordinaire de vivre. On admirait son inaltérable sérénité, la gaieté même de son humeur, et on le mettait au-dessus de tous les hommes des siècles passés. En effet peut-on mourir avec plus de constance? peut-on avoir une plus belle fin? et la fin la plus belle n'est-elle pas en même temps la plus heureuse et la plus agréable aux dieux?

XXIV.

Je vais placer ici ce que je tiens d'Hermogène, fils d'Hipponique. Mélitus avait déjà porté l'accusation contre Socrate, et ce sage s'entretenait de tout autre chose que de son procès. Vous devriez bien vous occuper de votre défense, lui dit Hermogène.—Eh quoi! répondit Socrate, ne voyez-vous pas que je m'en suis occupé toute ma vie? — Comment cela? — En ne faisant autre chose que considérer ce qui est juste ou injuste; en observant toujours la justice, en fuyant toujours l'iniquité. Aurais-je donc pu méditer une plus belle défense? — Mais ne voyez-vous pas, mon cher Socrate, que les juges d'Athènes ont déjà fait périr bien des innocents, et qu'ils ont absous bien des coupables?—Que vous dirai-je? j'ai déjà voulu, mon cher Hermogène, m'occuper d'une apologie que je prononcerais devant mes juges; mon génie m'en a toujours détourné. — Ce que vous dites m'étonne. — Pourquoi s'étonner, si les dieux jugent qu'il est avantageux pour moi que je finisse? Ne savez-vous pas que, jusqu'au moment de mon accusation, aucun homme n'a mieux vécu, n'a vécu plus agréablement que moi? car je crois qu'on ne peut mieux vivre qu'en cherchant à devenir meilleur ; ni plus agréablement, qu'en sentant qu'on le devient en effet. C'est un bonheur que je n'ai cessé d'éprouver jusqu'à présent, et dont je me suis rendu témoignage en interrogeant ma conscience, en fréquentant les autres, en me comparant avec eux. Mes amis m'ont jugé comme moi ; et je ne puis croire que ce soit par un aveuglement de tendresse, car tous les amis porteraient le même jugement sur ceux qu'ils aiment : non, mes amis ne se sont pas aveuglés, mais ils ont cru qu'ils devenaient eux-mêmes meilleurs dans mon commerce. Que gagnerais-je à vivre plus longtemps? J'éprouverais peut-être tous les maux qui accompagnent la vieillesse : mes oreilles s'affaibliraient aussi bien que mes yeux ; mon intelligence perdrait chaque jour de sa force ; chaque jour je deviendrais plus incapable d'apprendre et de retenir ; et les facultés dont j'ai le mieux joui seraient les premières dont on me verrait privé. Si je n'avais pas alors le sentiment de toutes ces pertes, ce serait avoir déja cessé de vivre ; et, si je pouvais les sentir, je traînerais la vie la plus triste et la plus malheureuse.

Mais je mourrai injustement! Eh bien! la honte en retombera sur les auteurs de ma mort. Y aura-t-il donc quelque honte à moi d'avoir été mal connu, d'avoir souffert une injustice! Je porte mes regards sur l'antiquité, et je ne vois pas que la même renommé se partage entre les auteurs et les victimes de l'injustice. Non, sans doute, les hommes, après ma mort, n'auront pas les mêmes sentiments pour Socrate et pour ses bourreaux. Ils rendront toujours témoignage que je n'ai jamais fait injure à personne, que je n'ai rendu jamais aucun homme plus méchant, et que j'ai travaillé constamment à rendre meilleurs ceux qui m'ont fréquenté.

Voilà ce qu'Hermogène et plusieurs autres ont entendu de sa bouche.

XXV.

Tous ceux que leurs penchants entraînent au bien et qui ont connu Socrate le regrettent encore, parcequ'ils trouvaient auprès de lui les plus grands secours dans la recherche de la vertu. Je l'ai bien connu; je l'ai vu tel que je l'ai dépeint; si religieux, qu'il n'osait rien entreprendre sans un avis du ciel; si juste, qu'il ne s'est jamais permis de faire le moindre tort à personne, et qu'il faisait le plus grand bien à tous ceux qui recherchaient son amitié; si tempérant, qu'il ne préféra jamais ce qui paraissait le plus agréable à ce qu'il croyait le plus honnête; si prudent, qu'il ne se trompait jamais entre le bon et le mauvais parti : il n'avait pas besoin pour cela de consulter les autres ; il n'avait qu'à suivre le sentiment exquis auquel il se laissait conduire. Enfin capable d'éclaircir les plus grandes difficultés, de donner, des choses les plus abstruses, les définitions les plus claires ; habile à connaître les hommes ; toujours prêt à les reprendre de leurs fautes, à les porter à l'honneur et à la vertu :

tel m'a paru Socrate, et c'est dire assez qu'il était le meilleur et le plus heureux des humains. Que ceux qui ne seront pas de mon sentiment comparent les mœurs des autres hommes à celles de Socrate, et qu'ils le jugent.

PENSÉES

DE L'EMPÉREUR.

MARC-AURÈLE-ANTONIN,

TRADUITES DU GREC

PAR DE JOLY.

17

ABRÉGÉ DE LA VIE

DE

MARC-AURÈLE-ANTONIN.

Marc-Aurèle-Antonin naquit en l'année 121 de notre ère.

Descendu par son père du roi Numa Pompilius, et, par sa mère, d'un roi de Salente [1], élevé dans le palais de l'empereur Adrien, il se proposa, dès l'âge de douze ans, de se remplir l'esprit de connaissances en tout genre, de se fortifier le corps, et de se rendre adroit à toutes sortes d'exercices.

Pendant que, sous l'habit de philosophe, couchant à terre sur une peau à la manière des anciens, il étudiait Zénon et Aristote, le droit public et le civil, l'art oratoire, le grec, la déclamation, la musique et la géométrie, il s'exerçait journellement à la chasse, à la paume, à la course, tant à pied qu'à cheval et en chariot, à la lutte, et même au pugilat, qui était l'exercice le plus violent, où, avec la main couverte d'un gantelet garni de plomb, on se battait à coups de poing contre des athlètes.

Il devint en effet robuste; mais dans la suite, un excès d'application lui affaiblit beaucoup l'estomac. Il usait de thériaque.

Devenu César à l'âge de dix-huit ans, avec participation à toutes les affaires, il en avait quarante lorsqu'il

---

[1] Capitolin assure que cette descendance était prouvée. Il renvoie, sur ce sujet, à un ouvrage connu de son temps. Eutrope l'avait dit avant Capitolin. Entr., l. VIII, c. 9.

parvint à l'empire. Il s'associa Lucius Vérus, par respect pour les premières volontés de Tite-Antonin, son prédécesseur et son père d'adoption.

Les Parthes, espérant profiter de ce changement de règne, surprirent l'armée romaine qui était en Arménie, la taillèrent en pièces, et entrèrent dans la Syrie, dont ils chassèrent le gouverneur. Les Cattes portèrent, dans la Germanie et dans la Rhétie, le fer et le feu, et les Bretons commencèrent à se révolter.

Marc-Aurèle, ne jugeant pas à propos de quitter Rome dans ces circonstances, laissa aller Vérus contre les Parthes, envoya Calpurnius Agricola contre les Bretons, et Aufidius Victorinus contre les Cattes. Ces guerres durèrent plusieurs années, et furent terminées avec succès, pendant que Marc-Aurèle, attentif à toutes les parties du gouvernement, en réformait les abus [1].

En l'année 166 de notre ère, les deux empereurs triomphèrent suivant la coutume; mais le retour des Romains dans l'empire y porta une peste générale, qui fut accompagnée de famine, de tremblements de terre, d'inondations; et pour comble de maux, les Germains, les Sarmates, les Quades et les Marcomans pénétrèrent jusqu'en Italie.

Marc-Aurèle marcha contre eux et les repoussa.

L'année suivante, les mêmes nations recommencèrent leurs hostilités. Marc-Aurèle, accompagné de son collègue, alla contre ces opiniâtres ennemis; il entra même dans leur pays, et ce fut dans son camp, au pays des

---

[1] Xyphilin dit : « Lorsque l'empereur n'était point occupé à la guerre, « il s'employait à rendre la justice.... Il passait quelquefois onze ou « douze jours sur la même affaire, pour l'examiner exactement. Il ai- « mait le travail, s'appliquait au moindre de ses devoirs, ne disant, ne « faisant et n'écrivant jamais rien avec négligence, ni par manière d'acquit. « Il donnait des jours entiers à des affaires assez légères, dans la créance « qu'un empereur ne doit rien faire avec précipitation. » Traduction du président Cousin, page 584, édition in-4.

Quades, auprès de la rivière de Gran en Hongrie, qu'il commença d'écrire ses réflexions, comme il le dit lui-même à la fin de son premier livre. Les deux empereurs donnèrent plusieurs batailles, et firent de si grands efforts, qu'ils obligèrent enfin les nations liguées à demander la paix.

Vérus, prince plus porté à ses plaisirs qu'aux fatigues de la guerre, était d'avis de leur accorder leur demande. Marc-Aurèle s'y opposa, connaissant mieux que son frère le génie des barbares. Il les poursuivit malgré la rigueur de l'hiver, les battit en plusieurs rencontres, et les dissipa entièrement.

Vérus mourut en revenant à Rome, et laissa Marc-Aurèle seul maître de l'empire en l'année 169.

Avant que l'année du deuil de Vérus fût finie, Marc-Aurèle retourna contre les Marcomans, les Quades, et autres peuples ligués qui revenaient en plus grand nombre, et plus formidables qu'auparavant. L'empereur eut du désavantage dans les premiers combats; mais il défit enfin ces barbares de telle manière, qu'ils furent obligés de quitter la Pannonie.

Pendant qu'il était occupé à cette guerre, les Maures ravageaient l'Espagne, et les bergers d'Égypte (espèce de bandits attroupés) avaient battu plusieurs fois les Romains. L'empereur y donna ordre sans quitter le nord, où il affaiblit si considérablement ses ennemis par une continuelle suite de victoires, qu'il les réduisit à recevoir toutes les conditions qu'il voulut leur imposer.

Ensuite il revint à Rome où il continua de faire plusieurs lois très sages pour les bonnes mœurs, l'ordre public, la sûreté et le bonheur des peuples.

Cependant les Marcomans, qui ne s'étaient soumis que pour écarter le vainqueur, attirèrent à leur parti tous les peuples qui habitaient depuis l'Illyrie jusqu'au fond des Gaules. Ils reprirent les armes. L'armée romaine était affaiblie par tant de campagnes; la peste continuait à dépeupler l'empire, et le trésor était épuisé. Dans cette extrémité, l'empereur fut obligé de faire enrôler les gladiateurs, les bandits de Dalmatie et de Dardanie, et les esclaves : ce qui n'avait point été pratiqué depuis la seconde guerre punique. Il vendit les meubles et les pierreries de l'empire, qui lui produisirent un fonds considérable [1]. Il se rendit à Carnunte et passa le Danube à la tête de ses troupes sur un pont de bateaux. C'est à Carnunte qu'il écrivit le deuxième recueil de ses pensées.

Cette expédition de l'année 170 et des suivantes fut plus longue et plus difficile que les autres. L'empereur cherchant lui-même un gué le long d'une rivière, les frondeurs des ennemis lui lancèrent une si grande quantité de pierres, que sa vie fut en très grand danger. Il passa cependant la rivière, fondit sur les ennemis, et en fit un grand carnage.

Ces barbares étaient des gens de cœur qui se battaient de pied ferme, et ne fuyaient que pour faire tomber les Romains dans quelque embuscade. Une de ces fuites apparentes mit un jour dans un grand péril l'armée romaine, trop ardente à les suivre. Toutes les victoires étaient disputées et sanglantes. Marc-Aurèle en remporta plusieurs, en avançant toujours dans le pays. Il passa plusieurs rivières, défit les Sarmates et les Jazygiens ; et cependant ce ne fut point encore assez pour finir une si cruelle guerre.

Malgré la rigueur de la saison, Marc-Aurèle s'avança jusqu'à un canton où les barbares avaient assemblé leurs plus grandes forces, et retiré tous leurs effets. La bataille se donna auprès du Danube, et en partie sur ce fleuve même qui était gelé. Marc-Aurèle, après des efforts incroyables, demeura vainqueur. Il mit ses troupes en quartier d'hiver, et se retira à Sirmium.

Le printemps ne fut pas plutôt revenu, que l'empereur

[1] Voir chap. I, note du § 5.

se remit en campagne, repassa le Danube, battit plusieurs
fois les ennemis, et les obligea enfin à se remettre à sa
discrétion. Il retira des mains des Sarmates un très-grand
nombre de prisonniers qu'ils avaient faits sur les Romains. Il reçut leurs otages, et leur imposa des conditions proportionnées à la supériorité qu'il avait acquise
sur eux. Mais un événement imprévu, et plus terrible
que toutes ces guerres, l'obligea d'adoucir les conditions
de la paix.

En l'année 175, Cassius, qui commandait en Orient,
ayant profité du faux bruit de la mort de Marc-Aurèle,
ou l'ayant fait courir, s'était fait proclamer empereur. Il
avait soumis toute la Syrie, et travaillait à débaucher la
Grèce. Mais son armée ayant appris que Marc-Aurèle était
vivant, Cassius fut tué après trois mois et six jours de
révolte. On porta sa tête à l'empereur dans le temps qu'il
était à Formies, en Italie, prêt à s'embarquer pour passer
dans la Grèce.

Il ne laissa pas de partir, jugeant sa présence nécessaire pour achever d'apaiser la révolte. Il commença par
l'Égypte; il vint en Syrie, où il fit brûler toutes les lettres et les papiers de Cassius, sans vouloir les lire. Ensuite il vint en Grèce.

Après avoir rétabli le calme dans toutes ces grandes
provinces, et ordonné qu'à l'avenir nul n'aurait le commandement du pays où il serait né, il revint enfin à
Rome dont il était absent depuis près de huit ans. Il dis-
tribua à tout le peuple six ou huit pièces d'or par tête,
et leur fit remise de tout ce qu'ils devaient au trésor
public; il donna de magnifiques spectacles, et fit élever
des statues aux vaillants hommes qui l'avaient le mieux
servi dans la dernière guerre; mais la paix ne dura que
deux ans.

Les Scythes ayant repris les armes avec d'autres peuples du Nord, Marc-Aurèle marcha contre eux avec so
fils Commode. Xyphilin dit à cette occasion : « Marc-

« rèle demanda au sénat, avant que de partir, l'argent
« qui était dans le trésor public. Ce n'est pas qu'ayant
« l'autorité absolue entre les mains, il ne lui eût été aisé
« de le prendre, au lieu de le demander : mais c'est qu'il
« avait accoutumé de dire que tout le bien appartenait
« au sénat et au peuple. Haranguant un jour dans cette
« compagnie, il dit : Je n'ai rien à moi, et le palais où
« je demeure est à vous [1]. »

Le premier combat fut si opiniâtre, qu'il dura depuis
le matin jusqu'au soir. Les autres combats furent encore
sanglants. Les victoires des Romains ne furent dues qu'à
la prudence de leur empereur, et à l'exemple qu'il donnait à ses troupes, en marchant toujours à leur tête dans
les lieux les plus exposés.

Pendant l'hiver, il fit construire des forteresses pour
tenir le pays en bride. Mais dans le temps qu'il se dispo-
sait à ouvrir la campagne, il fut attaqué à Vienne en Autriche d'une fièvre maligne qui l'emporta en peu de jours
à l'âge de près de cinquante-neuf ans.

« Personne, dit Capitolin, ne jugea qu'il fallût gémir
« sur son sort, tout le monde étant persuadé que ce
« prince était avec les dieux qui n'avaient fait que le
« prêter. Le sénat et le peuple romain le déclarèrent una-
« nimement dieu propice, avant même que la cérémonie
« de ses funérailles fût achevée ; ce qui ne s'était jamais
« fait, et n'est point arrivé depuis. Les personnes de tout
« âge, de tout sexe, de toutes conditions ne se conten-
« tèrent pas de lui rendre les honneurs divins ; on alla
« jusqu'à regarder comme des sacriléges ceux qui, pou-
« vant et devant avoir chez eux son image, ne l'avaient
« pas ; aussi voit-on encore en beaucoup de maisons les
« statues de Marc-Aurèle parmi celles des dieux pénates.
« Bien des gens publièrent qu'il leur était apparu en
« songe et leur avait fait des prédictions qui s'étaient

[1] Traduction du président Cousin, page 396, édition in-4.

« accomplies ; ce qui fit qu'on éleva un temple en son
« honneur, et qu'on lui assigna un collége de prêtres
« nommés Antoniniens, et des flamines, avec tout l'ap-
« pareil anciennement établi pour les cultes publics, etc.»

Tout nous prouve que ce fut un prince grand homme.
Nous en sommes plus assurés que d'aucun autre prince
qui ait jamais régné, parceque l'on découvre le fond de
son ame dans ce qu'il avait écrit pour lui seul sur ses
tablettes [1].

OUVRAGE DE MARC-AURÈLE-ANTONIN.

Cet ouvrage est écrit en grec, langue très-commune à
Rome parmi tous ceux qui avaient eu de l'éducation.
D'ailleurs, la doctrine stoïcienne, dont Marc-Aurèle avait
été imbu dès l'enfance, contient un fort grand nombre
d'expressions particulières à la langue grecque, et qu'on
ne pouvait rendre qu'imparfaitement en latin, comme
Cicéron l'a reconnu. Ce fut sans doute par ces raisons
que Marc-Aurèle, quoique né à Rome, préféra d'écrire
en grec.

On ne peut douter que l'ouvrage qui porte son nom ne
soit véritablement de lui. Il s'y nomme deux fois lui-
même : « Comme Antonin, j'ai pour patrie Rome, et,
« comme homme, le monde. » C. IV, § 5. Il y nomme son
aïeul, son père d'adoption, ses instituteurs, les lieux de
campement où il écrivait, et où il est constant qu'il avait
fait la guerre. « Ceci, dit-il, chez les Quades, auprès du
Gran, ceci à Carnunte. »

On y découvre le secret de ses plus intimes pensées,
ses principes de gouvernement, ses règles de conduite,

---

[1] Ceux qui voudront plus de détail sur les actions de Marc-Aurèle, feront bien de lire sa vie donnée par M. Gautier de Sibert, de l'Académie
des belles-lettres.

jusqu'à ses défauts, et aux reproches qu'il s'en faisait.
« Il ne dépend plus de toi, se disait-il, d'avoir pratiqué
« dès ta première jeunesse les maximes de la philoso-
« phie; car plusieurs personnes savent, et tu sais bien
« toi-même que tu en as été fort éloigné; ainsi te voilà
« confondu... » Chap. xviii, § 9. On peut voir aussi le
chap. xxiii.

Ces passages réunis présentent des réflexions person-
nelles et secrètes écrites par un guerrier philosophe,
non dans le cabinet, sur des feuilles ordinaires, mais sur
des tablettes portatives dont on sait que les Romains se
servaient communément.

Il avait mis à part la suite de ses tablettes. « Tu n'au-
« ras pas le temps, se dit-il (chap. xxvii, § 2), de relire
« tes mémoires... ni les recueils que tu avais mis à part
« pour [ta vieillesse. » Hérodien, qui avait vécu sous ce
prince, parle de ces écrits.

Un tel recueil de tablettes, rempli de pensées décou-
sues, disparates, sans ordre ni suite, n'était pas destiné
à former un livre; c'est pourquoi on a dû le trouver
sans titre ni divisions. Le manuscrit 1950 de la biblio-
thèque du Vatican est ainsi. Feu M. Winckelmann, par
ordre de M. le cardinal Alexandre Albani, m'en fit la
description en 1765. L'ouvrage de Marc-Aurèle, me disait-il, fait partie d'un volume de papier de coton, où
se trouvent d'autres ouvrages de Xénophon, de Maxime
de Tyr, d'Aristote. Il remplit cinquante feuillets, sans
aucun titre au commencement ni à la fin, et sans aucune
division en livres, comme dans nos textes imprimés.

Ce manuscrit nous représente une des premières co-
pies que l'on fit aussitôt après la mort de Marc-Aurèle
du recueil de ses tablettes.

PENSÉES

DE L'EMPEREUR

MARC-AURÈLE-ANTONIN.

CHAPITRE PREMIER.

EXEMPLES OU LEÇONS DE VERTU DE MES PARENTS ET DE MES MAITRES.

I.

De mon aïeul Vérus : mœurs honnêtes, jamais de colère.

II.

De mon père, tant par sa réputation que par l'idée qui me reste de lui : modestie et vigueur mâle.

III.

De ma mère : piété, bienfaisance. Non-seulement ne jamais faire le mal, mais n'en avoir pas même la pensée. Me nourrir d'une façon simple. Fuir en tout le luxe des riches.

IV.

De Tite-Antonin, mon père d'adoption :

Être doux, et cependant inflexible sur les jugements arrêtés après un mûr examen.

Être insensible au vain éclat de tout ce qu'on appelle honneur.

Aimer le travail et être assidu.

Être toujours prêt à écouter ceux qui viennent donner des avis utiles à la société.

Rendre invariablement au mérite personnel tout ce qui lui est dû.

Savoir en quel cas il faut se roidir ou se relâcher.

Renoncer aux folles passions des jeunes gens. Ne penser qu'à procurer le bien général.

Il n'exigeait pas que ses amis se gênassent pour venir souper avec lui, ni pour le suivre dans ses voyages. Ceux qui n'avaient pu venir le retrouvaient toujours le même.

Dans ses conseils il recherchait, avec une attention profonde et soutenue, ce qu'il y avait de mieux à faire. Il délibérait longtemps, et ne s'arrêtait point aux premières idées.

Il ne perdait point d'amis : jamais de dégoûts, ni d'attachement outré.

Dans tous les accidents de la vie, il se suffisait à lui-même : l'esprit toujours serein.

Il prévoyait de loin ce qui pouvait arriver, et mettait ordre aux plus légères semences de trouble, sans faire d'éclat.

Il réprimait les acclamations et toute basse flatterie.

Il veillait sans cesse à la conservation de ce qui est nécessaire à l'état. Il se ménageait sur la dépense des fêtes publiques, et ne trouvait nullement mauvais que l'on murmurât de cette rigoureuse économie.

Il se conduisait à l'égard des dieux sans superstition ; et quant aux hommes, point de manières caressantes, ni de flatterie, ni d'affectation de saluer tout le monde. Il était modéré en tout. Contenance ferme ; rien d'indécent ni de singulier.

Il usait sans faste et sans façon des commodités qu'une grande fortune offre toujours abondamment, et d'un air à faire connaître qu'il s'en servait uniquement parcequ'elles se présentaient, et qu'il ne regrettait pas celles qui pouvaient lui manquer.

Il ne fit jamais dire de soi qu'il s'amusât à faire le bel esprit, à bouffonner, à mener une vie oisive. On disait au contraire qu'il était homme mûr, consommé, inaccessible à la flatterie, maître de soi, fait pour commander aux autres.

Il honorait les vrais philosophes, sans rien reprocher à ceux qui ne l'étaient qu'en apparence. On ne lui en imposait pas facilement.

Sa conversation était aisée, agréable ; on ne s'en lassait point.

Il prenait soin de sa personne avec mesure, et non en homme attaché à la vie, ou qui cherche à plaire ; et, sans se négliger, il bornait son attention à l'objet de la santé, pour n'avoir recours à la médecine ou à la chirurgie que le moins qu'il fût possible.

Il reconnaissait sans jalousie la supériorité des talents des autres, soit en éloquence ou science des lois, soit en philosophie morale, ou en tout autre genre. Il contribuait même à les faire renommer comme excellents, chacun dans sa partie [1].

---

[1] Allusion à l'empereur Adrien, fort envieux des gens de lettres. (Voir son Histoire.)

Il imitait en tout la vie de nos pères, mais sans l'affecter.

Il n'aimait point à changer continuellement de place et d'objet : il n'était jamais las de s'arrêter en un même lieu et sur une même affaire. Après ses violents accès de mal de tête, il revenait frais et dispos à son travail ordinaire.

Il avait très peu de secrets, et seulement pour le bien de la société.

Dans les spectacles à donner, dans les ouvrages publics, dans ses largesses au peuple, et autres cas semblables, il était sage et mesuré, comme ayant en vue de faire tout ce qui convenait, et non de s'attirer des applaudissements.

Il ne se baignait jamais à des heures extraordinaires. Point de passion pour les bâtiments. Rien de recherché dans les mets de sa table, dans la qualité et la couleur de ses habits, dans le choix de beaux esclaves. A Lorium une robe achetée au village voisin, et ordinairement de l'étoffe qu'on fait à Lanuvium. Jamais de manteau, sinon pour aller à Tusculum, et même il en faisait des excuses.

En général point de manières dures, indécentes, ni d'une fougue à se faire appliquer ce mot, il en suera. Il faisait au contraire toutes choses l'une après l'autre, comme à loisir, sans se troubler, avec ordre, avec vigueur, en mettant un juste accord dans la suite de ses actions.

Il mérita qu'on lui appliquât ce qu'on a dit de Socrate, qu'il avait la force de se passer et de jouir, in-

différemment, des choses dont la plupart des hommes
ne peuvent ni manquer sans tristesse, ni jouir sans
excès. Savoir être fort et modéré dans ces deux cas,
c'est le propre d'un homme parfait et supérieur; et tel
fut le caractère qu'il nous fit voir pendant et après la
maladie de Maximus.

V.

De mon cousin Sévérus :
Aimer mes proches, la vérité, la justice.

Il me fit connaître quels hommes avaient été Thra-
séas, Caton, Dion, Brutus.

Il me fit prendre l'idée de gouverner par des lois
générales, ayant égard à l'égalité naturelle, laissant à
tous mes sujets la liberté de me parler, et surtout en
respectant la libre disposition que chacun doit avoir
de soi et de ses biens.

Il m'exhortait à ne m'inquiéter de rien, à rester
constamment attaché au culte de la philosophie, à
faire le bien, à être libéral, à ne jamais perdre l'espérance, à ne point douter de l'affection de mes amis.
S'il était mécontent de quelqu'un des siens, il ne le
cachait point; il ne leur donnait pas la peine de deviner
ce qui lui était agréable ou désagréable ; son ame ne
leur était jamais voilée.

VI.

De mon gouverneur : Ne jamais prendre parti, dans
les courses du cirque, pour les uniformes verts ou
pour les bleus, ni, dans les combats de gladiateurs,
pour les grands ou les petits boucliers[1].

[1] L'empereur Vitellius était si passionné pour la troupe bleue, qu'il f'

Être patient dans les travaux: me contenter de peu : savoir me servir moi-même.

Ne point me charger de trop d'affaires.

Me défier des délateurs.

VII.

De Diognétus :

Point de vaine curiosité ; ne rien croire de ce que les charlatans et les imposteurs racontent sur les enchantements, les conjurations des mauvais génies, et autres prestiges. Ne point nourrir des cailles augurales [1], ne point m'entêter de ces folies.

Souffrir qu'on parle de moi en toute liberté.

Rester intimement uni à la philosophie.

Ce fut lui qui me donna pour maîtres, premièrement Bacchus, ensuite Tendasis et Marcien. Il m'apprit, dans mon enfance, à composer des dialogues. Il me mit dans le goût d'avoir un petit lit couvert d'une simple peau, et me fit suivre tous les autres usages de l'éducation grecque.

VIII.

De Rusticus :

Me bien mettre dans l'esprit que j'ai besoin de redresser mes mœurs et de les cultiver.

Ne pas quitter le droit chemin pour vouloir imiter les sophistes.

Ne point écrire sur les sciences abstraites.

---

mourir plusieurs personnes qui en avaient parlé avec mépris. Caligula tenait pour la troupe verte. Ces troupes bleues et vertes causèrent depuis de grands troubles dans l'empire.

[1] Pour tirer des augures de leurs combats.

Ne point m'amuser à déclamer des harangues faites à plaisir.

N'avoir pas la vanité de faire des exercices publics ou des largesses extraordinaires.

Laisser là l'étude de la rhétorique, de la poétique, du beau style.

N'être jamais chez moi en robe de cérémonie. Éviter tout autre faste.

Écrire mes lettres en style simple, comme celle qu'il écrivit, de Sinuesse, à ma mère.

Pardonner les injures et les fautes au premier signe de repentir.

Lire avec attention, sans me contenter d'entendre à peu près.

Ne pas croire légèrement les grands parleurs.

Ce fut lui qui le premier me procura les discours mémorables d'Épictète, qu'il fit venir de sa maison [1].

IX.

D'Apollonius :

Être libre et ferme, sans irrésolution, sans regarder un seul moment autre chose que la droite raison. Être toujours le même dans les douleurs aiguës, la perte des enfants, les longues maladies.

Il fut pour moi un exemple vivant que le même homme peut être très vif et cependant être modéré au point de n'avoir jamais eu d'humeur en donnant ses leçons, et d'avoir regardé toute sa science et le talent qu'il avait de la communiquer comme le plus mince ornement de son être.

[1] Ce recueil d'Épictète est celui d'Arrien.

J'appris de lui comment il faut recevoir les services que nos amis paraissent nous rendre : n'en être ni accablé, ni ingrat.

X.

De Sextus [1] :

Humanité ; exemple de gouvernement paternel dans son domestique.

Attention à vivre conformément à la nature d'un homme.

Gravité sans affectation.

Recherche continuelle de tout ce qui pouvait plaire à ses amis.

Patience à supporter les sots et les discours vagues.

Se plier à tous les caractères, au point de rendre sa conversation plus agréable que celle des flatteurs mêmes, et en même temps s'attirer la plus grande vénération.

Habileté à trouver et à disposer avec méthode les préceptes nécessaires pour bien vivre.

Jamais la moindre apparence de colère ni d'autre passion.

Ame imperturbable et cependant remplie des plus doux sentiments pour les autres.

Louant sans battre des mains ; savant sans ostentation.

XI.

D'Alexandre le grammairien :

Ne reprendre personne avec rudesse et ne pas faire

[1] Petit-fils de Plutarque.

de reproche à ceux à qui il échappe un mot hors d'usage, ou irrégulier, ou un mauvais accent ; mais sous prétexte de répondre ou de confirmer ce qui vient d'être dit, ou simplement d'adopter la même idée, placer adroitement le mot convenable, comme si on n'avait pensé qu'au sujet et non à l'expression, ou bien prendre un autre détour également fin et couvert pour faire sentir la faute.

XII.

De Fronton :

Considérer combien il régnerait d'envie, de duplicité, d'hypocrisie, dans la cour d'un prince tyran ; et qu'en général ceux que nous appelons patriciens sont plus éloignés que les autres hommes de rien aimer.

XIII.

D'Alexandre le Platonicien : Ne pas dire ou écrire souvent, ni sans nécessité, à qui que ce soit : « Je n'ai pas le temps. » Ce serait se refuser, sous prétexte d'affaires, aux devoirs assidus qui naissent de nos rapports avec la société.

XIV.

De Catulus :

Ne point mépriser les plaintes d'un ami, fussent-elles injustes ; mais marcher à le ramener et à dissiper toutes ses préventions.

Suivre l'exemple de Domitius et d'Athénodotus, qui faisaient les plus grands éloges de leurs précepteurs.

Aimer ses enfants d'une vraie et solide affection.

XV.

Exhortation de Maximus :

Se rendre maître de soi ; ne se laisser agiter par rien.

S'armer de courage dans les maladies, dans tous les autre accidents.

Avoir des mœurs réglées, douces et graves.

Expédier toutes les affaires sans se plaindre d'en trop avoir.

Il faut qu'un prince donne lieu de croire que tout ce qu'il dit il le pense, et que tout ce qu'il fait est à bonne intention ; qu'il ne soit surpris ni étonné de rien, ni précipité, ni lent, ni irrésolu ; qu'on ne voie sur son visage ni abattement, ni affectation de sérénité, ni air de colère ou de défiance. Que toujours porté à faire du bien et à pardonner, et toujours vrai, ces vertus paraissent être nées avec lui, et non le fruit d'une étude qui ait redressé la nature. Que jamais personne ne se croie méprisé de lui, ni ne puisse se croire plus homme de bien. Que cependant il sache répandre à propos un sel agréable dans sa conversation.

XVI.

J'ai l'obligation à mon bisaïeul maternel de n'être point allé aux écoles publiques, d'avoir eu dans la maison ces excellents maîtres, et d'avoir appris que, pour de tels objets, il ne faut rien épargner.

CHAPITRE II.

BIENFAITS QUE J'AI REÇUS DES DIEUX.

Je leur rends grace d'avoir eu de bons aïeux, un bon père, une bonne mère, une bonne sœur, de bons précepteurs, de bons domestiques, de bons parents, de bons amis, presque tout ce qu'on peut desirer de bon; et de n'avoir manqué à aucun d'eux, quoique je me sois trouvé dans des dispositions à m'échapper si l'occasion s'en fût présentée; mais la bonté des dieux a éloigné de moi les circonstances qui m'auraient fait tomber dans cette faute.

De n'avoir pas été élevé plus longtemps auprès de la concubine de mon aïeul; d'avoir conservé mon innocence dans la fleur de l'âge, de n'avoir point usé de mon sexe prématurément, et d'avoir même différé.

D'avoir été sous la puissance d'un prince tel que mon père, qui a eu soin de me détacher de tout faste, en me faisant sentir qu'on peut vivre dans un palais et cependant se passer de gardes, de riches habits, de torches, de statues et de tout luxe semblable; que même on peut se réduire à une vie fort approchante de celle d'un particulier, sans pour cela montrer ni bassesse ni lâcheté dans les occasions qui exigent de la majesté en la personne d'un empereur.

Qu'on m'ait donné par adoption un frère dont les mœurs sont pour moi un motif de veiller plus particulièrement sur les miennes, mais qui en même temps ne laisse pas de m'être agréable par sa déférence et son attachement; et d'avoir des enfants qui ne sont pas tout à fait dépourvus de talents naturels, ni contrefaits.

De n'avoir pas fait de plus grands progrès dans la rhétorique, la poésie ou d'autres arts dont l'attrait eût pu me captiver, si je me fusse aperçu que j'y devenais habile.

D'avoir donné de bonne heure à ceux qui avaient eu soin de mon éducation, les places qu'ils paraissaient desirer, et de n'avoir pas différé, en me flattant que, comme ils étaient jeunes, je pourrais toujours les leur donner.

De m'avoir fait connaître Apollonius, Rusticus, Maximus.

De m'avoir fait concevoir très clairement et plusieurs fois quelle est la vie conforme à la nature. Il ne tient donc pas aux dieux, à leurs faveurs, à leur assistance, à leurs inspirations, que dès à présent je ne vive conformément à ma nature, ou si je diffère, c'est ma faute; c'est que je néglige les avertissements, ou plutôt les préceptes des dieux.

Que mon corps résiste si longtemps à la sorte de vie que je mène.

Que je n'aie pas touché à Bénédicte ni à Théodote, et que même dans la suite, ayant donné dans les passions de l'amour, je m'en sois guéri.

Qu'ayant souvent été fâché contre Rusticus, je ne me sois pas permis d'autres choses dont je me serais ~penti.

Que ma mère devant mourir jeune, j'aie du moins passé auprès d'elle les dernières années de sa vie.

Que lorsque j'ai voulu assister une personne pauvre ou qui avait besoin de quelque secours, on ne m'ait jamais répondu que je n'avais pas de fonds pour le faire, et qu'à mon tour je ne sois pas tombé dans le cas d'avoir besoin du secours d'autrui.

D'avoir une femme si complaisante, si affectionnée à ses enfants, si amie de la simplicité.

D'avoir trouvé tant de bons sujets pour donner la première éducation à mes enfants.

De m'avoir indiqué en songe différents remèdes, surtout pour mes crachements de sang et mes étourdissements, comme il m'est arrivé à Gaëte et à Chrèse.

Qu'étant né avec une grande passion pour la philosophie, je ne sois pas tombé entre les mains de quelque sophiste, et que je n'aie pas perdu mon temps à lire toutes sortes d'auteurs, ni à étudier la logique ou la physique.

Tous ces heureux événements ne peuvent être arrivés que par la faveur spéciale des dieux et par la fortune (c'est-à-dire par une suite des dispositions de la Providence).

Ceci a été écrit dans le pays des Quades, sur la rivière de Gran, en Hongrie.

Et c'est le premier recueil de mes pensées.

CHAPITRE III.

SUR L'ÊTRE SUPRÊME ET LES DIEUX CRÉÉS.

I.

C'est de son propre mouvement que la nature de l'univers s'est portée à faire le monde. Par conséquent, tout ce qui s'y passe maintenant est une suite nécessaire de ses premières volontés ; sans quoi il faudrait dire que l'Être suprême y aurait mis, sans réflexion et au hasard, les créatures même du premier ordre, quoiqu'il montre pour elles une inclination particulière. Cette pensée, si tu te la rappelles, te rendra plus tranquille que tu ne l'es sur bien des choses.

Toutes choses sont liées entre elles par un enchaînement sacré, et il n'y en a peut-être aucune qui soit étrangère à l'autre ; car tous les êtres ont été combinés pour former un ensemble d'où dépend la beauté de l'univers. Il n'y a qu'un seul monde qui comprend tout ; un seul Dieu qui est partout ; une seule matière élémentaire, une seule loi, qui est la raison commune à tous les êtres intelligents, et une seule vérité, comme aussi un seul état de perfection pour les choses de même genre, et pour les êtres qui participent à la même raison.

Ne te borne pas à respirer en commun l'air qui nous environne, mais commence aussi à ne plus avoir d'autres pensées que celles que nous inspire l'intelligence qui nous porte dans son sein ; car cette souveraine intelligence répandue partout, et qui se communique à tout homme qui sait l'attirer, est pour lui ce que l'air ne cesse d'être pour tout ce qui a la faculté de respirer.

Celui qui vient de déposer dans le sein d'une mère le germe d'un embryon, s'en va; mais une autre cause lui succédant, travaille et achève le corps de l'enfant. Quelle merveilleuse production d'une si vile matière! Cette même cause fournit encore à l'enfant et lui porte dans les viscères un aliment convenable; puis une autre cause, reprenant ce qui reste à faire, produit en lui le sentiment et l'instinct, en un mot, la vie, la force et toutes les autres facultés. Qu'elles sont admirables ces facultés et en grand nombre! Quoique toutes ces choses soient fort cachées, il faut les contempler et y reconnaître la main d'une puissance qui agit en secret, comme nous reconnaissons une force qui attire en bas les corps pesants ou qui porte en haut les corps légers. Ces sortes d'opérations ne se voient point avec les yeux du corps; mais elles n'en sont pas moins évidentes.

Si l'intelligence nous est commune à tous, la raison qui nous constitue des êtres raisonnables nous est également commune; et s'il en est ainsi, une même raison nous prescrit ce qu'il faut faire ou éviter. C'est donc une loi commune qui nous gouverne; nous sommes donc des citoyens qui vivons ensemble sous la même police, et il suit de là que le monde entier ressemble à une grande cité. Hé! en effet, de quelle autre police pourrait-on dire que l'espèce humaine

dépend, sinon de celle de la cité entière? Mais est-ce
de là, est-ce de notre commune cité, que nous sont
venues l'intelligence, la raison, la loi? Car enfin ce que
j'ai de terrestre m'est venu d'une certaine terre; ce
que j'ai d'humide m'est venu d'un autre élément; et
il en est de même des parties d'air et de feu qui sont
en moi : elles me sont venues de sources qui leur sont
particulières, puisque rien ne se fait de rien, ni ne
retourne à rien; il faut donc aussi que mon intelligence me soit venue de quelque autre principe (qui ne
soit ni terre, ni eau, ni air, ni feu).

Pourquoi des ames grossières et ignorantes com-
muniquent-elles leur trouble à une ame cultivée et
instruite? C'est celle qui a une fois connu l'origine
des êtres et leur fin; et cette raison divine, qui, pénétrant tout ce qui existe, fait passer l'univers, dans
le cours des siècles, par les différentes révolutions
dont elle avait réglé l'ordre et la suite.

Il n'y a rien qui n'ait été fait à quelque dessein; par
exemple, le cheval, la vigne. Qu'y a-t-il là de surpre-
nant? Le soleil lui-même te dit : « J'ai été créé[1] pour
faire un tel ouvrage, » et tous les autres dieux t'en
disent autant. Mais toi, pourquoi as-tu été fait? Est-ce
pour te divertir? Vois toi-même s'il y a du bon sens à
le dire.

A ceux qui te demandent où tu vois des dieux, et
ce qui te prouve qu'il y en a, pour les honorer autant que tu le fais, réponds premièrement, qu'ils sont

[1] Créé, dans le sens de Platon, de Timée de Locres, de Cicéron, etc.

visibles. Dis-leur ensuite : Je n'ai jamais vu mon ame, et cependant je la respecte. Il en est de même de ces génies divins : comme j'éprouve continuellement leur pouvoir, je ne doute pas qu'il n'y ait des dieux, et je les révère.

CHAPITRE IV.

PROVIDENCE.

I.

Ou le monde a été bien ordonné, ou ce n'est qu'un mélange confus de matières entassées, qui cependant forment le monde. Mais quoi ! se peut-il que dans ton corps il y ait de l'arrangement, et que dans ce grand tout il n'y ait que désordre ? et cela pendant que toutes ses parties sont distinctes et répandues comme elles le sont, et que tout marche d'accord.

II.

Représente-toi sans cesse le monde comme un seul animal, composé d'une seule matière et d'une seule ame. Vois comment tout ce qui se passe y est rapporté à un seul principe de sentiment ; comment une seule impulsion y fait tout mouvoir ; comment toutes ses productions y sont l'effet d'un concours de causes. Admire leur liaison et leur enchaînement.

III.

Toutes choses s'accomplissent suivant l'ordre de la nature universelle, et non suivant les impressions de quelque autre cause qui l'environne extérieurement, ou qui soit renfermée dans son sein, ou distante d'elle en dehors.

VII.

La matière de tous les êtres est obéissante et souple entre les mains de la raison suprême qui en dispose. Mais cette raison divine n'a dans son essence aucun principe qui la porte à leur faire du mal ; car elle n'a en soi aucune malice. Aussi ne fait-elle aucun mal ; mais, en produisant toutes choses, elle les conduit à leur fin.

VIII.

Ce concombre est-il amer ? laisse-le. Y a-t-il des ronces dans le chemin ? détourne-toi ; c'est assez : et ne dis pas : Pourquoi ces choses-là se trouvent-elles dans le monde ? car tu servirais de risée à un physicien, comme tu en servirais à un menuisier, à un cordonnier, en les blâmant de laisser voir dans leurs boutiques les copeaux et les rognures de leur travail. Cependant ils ont des endroits à mettre ce rebut ; au lieu que la nature de l'univers n'a rien qui soit hors d'elle. Mais c'est cela même qui doit te donner plus d'admiration pour l'art de la nature, qui, ne s'étant donné d'autres bornes qu'elle, change et convertit en soi, pour en faire de nouvelles productions, tout ce qui paraît corrompu, vieilli et inutile. Elle n'a pas besoin de matière du dehors, ni de lieu pour y jeter ce qui se gâte. Elle se suffit et trouve en elle-même tout ce qu'il faut, le lieu, la matière et l'art.

IX.

L'Asie, l'Europe ne sont que de petits coins de l'univers. Toute la mer n'est qu'une goutte d'eau ; le mont Athos, un grain de sable ; le siècle présent, un

point de l'éternité. Toutes choses sont petites, chan-
geantes, périssables ; elles viennent toutes d'en haut ;
elles viennent de la raison universelle, ou immédiate-
ment, ou par suite d'une première volonté. La gueule
même des lions, les poissons, et tout ce qu'il y a de
malfaisant, sont, ainsi que les épines et la boue, des
suites ou des accompagnements de choses grandes et
belles. Ne t'imagine donc pas que rien soit étranger
à celui que tu adores. Pense mieux à l'origine de
tout.

X.

Autres observations à faire : les accidents même des
corps naturels ont une sorte de grace et d'attrait ; par
exemple, ces parties du pain que la chaleur du feu a
fait entr'ouvrir : car quoique ces crevasses se soient
faites, en quelque manière, contre le dessein du bou-
langer, elles ne laissent pas de donner de l'agrément
au pain, et d'exciter à le manger.

Les figues mûres se fendent ; les olives parfaitement
mûres semblent approcher de la pourriture, et tout
cela cependant ajoute un mérite au fruit.

Les épis courbés, les sourcils épais du lion, l'écume
qui sort de la bouche des sangliers, et beaucoup d'autres objets semblables, sont fort éloignés de la beauté,
si on les considère chacun en particulier ; cependant,
parceque ces accidents leur sont naturels, ils contribuent à les orner, et l'on aime à les y voir.

C'est ainsi qu'un homme qui aura l'ame sensible,
et qui sera capable d'une profonde réflexion, neverra,
dans tout ce qui existe en ce monde, rien qui ne soit

agréable à ses yeux, comme tenant, par quelque côté, à l'ensemble des choses.

Dans ce point de vue, il ne regardera pas avec moins de plaisir la gueule béante des bêtes féroces, que les images qu'en font les peintres et les sculpteurs. Sa sagesse trouvera dans les personnes âgées une sorte de vigueur et de beauté aussi touchantes pour lui que les graces de l'enfance. Il envisagera du même œil beaucoup d'autres choses qui ne sont pas sensibles à tout le monde, mais seulement à ceux qui se sont rendu bien familier le spectacle de la nature et de ses différents ouvrages.

CHAPITRE V.
RÉSIGNATION.

I.

Nous travaillons tous à l'accomplissement d'un même ouvrage; quelques uns avec connaissance et intelligence, les autres sans réflexion, comme Héraclite a dit, si je ne me trompe, que ceux même qui dorment sont des ouvriers qui contribuent de quelque chose à ce qui se fait dans le monde. L'un y contribue d'une façon, l'autre d'une autre : mais celui qui murmure contre les accidents de la vie, qui se roidit contre le cours général des choses pour l'arrêter, s'il était possible, y contribue encore plus, car le monde avait besoin d'un tel ouvrier. Vois donc avec quels ouvriers tu veux te ranger. Quelque parti que tu prennes, celui qui gouverne l'univers saura bien se servir de toi. Il te mettra toujours parmi les coopérateurs et au nombre des êtres qui servent utilement à l'ouvrage. Mais prends bien garde de ne pas tenir parmi ces ouvriers le même rang que tient dans une comédie ce vers plat et ridicule que Chrysippe a cité.

II.

La raison, qui gouverne l'univers, connaît parfaitement sa propre nature; elle sait bien tout ce qu'elle fait, et sur quels sujets elle agit.

III.

Tout ce qui arrive dans le monde y arrive justement, comme tu le reconnaîtras si tu es bon observateur; et cela non seulement par rapport à l'ordre arrêté des événements, mais je dis selon les règles de la justice, et comme étant envoyé par quelqu'un qui distribue les choses selon le mérite. Continue donc d'y prendre garde, et tout ce que tu feras, fais-le dans cette pensée, pour te rendre homme de bien : je dis homme de bien dans le vrai sens de ce mot. Que ce soit la règle de toutes les actions de ta vie.

IV.

Ne fais et ne pense rien que comme si tu étais sur le point de sortir de la vie. Ce n'est pas que sortir de la vie soit une chose fâcheuse s'il y a des dieux, car ils ne te feront aucun mal ; et s'il n'y en a point, ou s'ils ne prennent aucun soin des choses d'ici-bas, qu'ai-je affaire de vivre dans un monde sans providence et sans dieux ! Mais il y a des dieux, et ils ont soin des choses humaines ; et ils ont mis dans l'homme tout ce qu'il fallait pour qu'il ne tombât pas dans de véritables maux : car si dans tout le reste il y avait un vrai m

les dieux y auraient pourvu, et nous auraient donné
les moyens de nous en garantir. Mais ce qui ne peut
rendre l'homme pire qu'il n'est, comment pourrait-il
rendre la vie de l'homme plus malheureuse? En effet,
si la nature, qui gouverne le monde, avait souffert ce
désordre, ce serait donc, ou parcequ'elle aurait ignoré
que ce fût un désordre, ou parceque, l'ayant su, elle
n'aurait pu le prévenir ni le rectifier. Or, on ne peut
pas penser qu'elle ait fait par ignorance ou par faiblesse une si étrange bévue que de laisser tomber indifféremment, et sans distinction, les biens et les maux
sur les bons et sur les méchants. Et puisque la mort
et la vie, l'honneur et l'opprobre, la douleur et le
plaisir, les richesses et la pauvreté, que toutes ces
choses, dis-je, qui de leur nature ne sont ni honnêtes
ni honteuses, arrivent également aux méchants et
aux bons, il s'ensuit que ce ne sont ni de véritables
maux ni de véritables biens.

V.

O univers! tout ce qui te convient m'accommode.
Tout ce qui est de saison pour toi ne peut être pour
moi ni prématuré ni tardif. O nature! ce que tes saisons m'apportent est pour moi un fruit toujours mûr.
Tu es la source de tout, l'assemblage de tout, le dernier terme de tout. Quelqu'un a dit : O chère ville de
Cécrops! pourquoi ne dirais-tu pas du monde : O
chère ville du grand Jupiter!!

VI.

Comment se peut-il que les dieux, qui ont arrangé
toutes choses dans un si bel ordre et avec tant d'amour

pour l'espèce humaine, aient négligé un seul point ? C'est que des hommes très vertueux, après avoir vécu dans une espèce de commerce continuel avec la divinité, et s'en être fait aimer par quantité de bonnes actions et de sacrifices, ne soient plus rappelés à la vie lorsqu'une fois ils sont morts, et qu'ils soient éteints pour toujours ?

S'il en est ainsi, tu dois être persuadé que c'est bien, et que les dieux en eussent ordonné autrement s'il l'eût fallu ; car la chose était possible, s'il eût été juste qu'elle fût. Et si un tel événement eût été dans l'ordre de la nature, on l'aurait vu arriver par des causes naturelles. Mais de cela même qu'il n'arrive point (s'il est vrai qu'il n'arrive pas), tu dois conclure qu'il ne l'a pas fallu. Tu vois même que dans cette curieuse recherche tu disputes des droits de l'homme vis-à-vis de Dieu. Or, nous n'en userions pas ainsi avec des dieux, s'ils n'étaient souverainement bons et souverainement justes ; et cela étant, ils n'ont rien oublié de ce qu'il était juste et raisonnable de faire dans l'arrangement du monde.

VII.

Si c'est être étranger dans le monde que d'ignorer ce qu'il y a, ce n'est pas l'être moins que d'ignorer ce qui s'y fait. Nomme déserteur celui qui se dérobe à l'empire des lois ; aveugle, celui qui a les yeux de l'intelligence fermés ; pauvre, celui qui a besoin de quelque chose, et qui n'a pas de son fonds ce qui fait vivre heureux ; abcès dans le corps de l'univers, celui qui se retire et se sépare de la raison de la commune nature, en recevant avec chagrin les accidents, car c'est elle qui te les apporte et qui t'a porté aussi ; coupable de schisme dans la ville, celui qui, dans le cœur, se détache de la société des êtres raisonnables, car il n'y a dans le monde qu'une seule et même raison.

VIII.

Jette-toi volontairement dans les bras de la parque. Laisse-la te filer telle sorte de jours qu'il lui plaira.

IX.

Ils mangent, ils boivent, ils ont recours à la magie pour se détourner du courant qui les mène à la mort. Mais Dieu leur envoie-t-il vent arrière? il faut céder. Leur peine ne mérite pas nos larmes.

X.

Ce que la nature de l'univers apporte à chacun lui est utile, et l'est au moment qu'elle l'apporte.

XI.

Les dieux me négligent-ils moi et mes enfants? Cela même doit avoir sa raison.

XII.

Un homme instruit et modeste dit à la nature qui donne tout et qui retire tout : Donne-moi ce que tu voudras, reprends tout ce qu'il te plaira ; et il ne le dit point par fierté, mais par un sentiment de résignation et d'amour pour elle.

CHAPITRE VI.

SUR LES PRIÈRES.

I.

La prière de chaque Athénien était : « Faites pleu-

« voir, ô bon Jupiter, faites pleuvoir sur nos champs
« et sur tout le terroir d'Athènes. » En effet, il ne faut
point prier du tout, ou prier de cette façon, simplement et noblement.

II.

Ou les dieux ne peuvent rien, ou ils peuvent quelque chose. S'ils ne peuvent rien, pourquoi les prier?
Et s'ils ont quelque pouvoir, pourquoi, au lieu de
les prier de te donner telle chose ou de mettre fin à
telle autre, ne les pries-tu pas de te délivrer de tes
craintes, de tes desirs, de tes peines d'esprit? Car
enfin, si les dieux peuvent venir au secours des hommes, ils peuvent y venir aussi en ce point.

Tu diras peut-être : Les dieux ont mis ces choses en
mon pouvoir. Il vaudrait donc mieux faire usage de
tes forces, et vivre en liberté, que de te laisser tourmenter honteusement et en esclave pour des objets
qui sont hors de toi. Mais qui t'a dit que les dieux ne
viennent point à notre secours dans les choses mêmes
qui dépendent de nous? Commence seulement à leur
demander ces sortes de secours, et tu verras. Celui-ci
prie pour obtenir les faveurs de sa maîtresse; et toi,
prie pour n'avoir jamais de pareils desirs. Celui-là prie
pour être délivré de tel fardeau; et toi, prie d'être
assez fort pour n'avoir pas besoin de cette délivrance.
Un autre prie les dieux de lui conserver son cher enfant; et toi, prie pour ne pas craindre de le perdre.
En général, tourne ainsi tes prières, et attends l'effet.

CHAPITRE VII.

RAISON DIVINE ET HUMAINE.

I.

Honore ce qu'il y a de plus puissant dans le monde;
c'est ce qui se sert de tout et qui gouverne tout. Honore aussi ce qu'il y a de puissant en toi : il est semblable au premier ; car il se sert pareillement des autres choses qui sont en toi, et il gouverne ta vie [1].

II.

Vivre avec les dieux. C'est vivre avec eux que leur
faire voir en toute occasion une ame satisfaite de son
partage, et docile aux inspirations de ce génie émané
de la substance du grand Jupiter, qui l'a donné à
chacun de nous pour gouverneur et pour guide : c'est
notre esprit et notre raison.

III.

La plupart des choses que le bas peuple admire se
réduisent aux objets très communs que l'on distingue
par leur consistance ou par leur nature végétative,
comme la pierre, le bois, les figuiers, les vignes, les
oliviers. Les gens médiocres font cas des choses ani-
mées, par exemple, du bétail, des troupeaux. Ceux
qui ont plus de goût que ces premiers, estiment les

---

[1] Dans le Songe de Scipion, son aïeul lui dit : « Sois certain que ce
« n'est pas toi qui es mortel, mais ce corps; car tu n'es point ce que tu
« parais être par cette forme extérieure. C'est l'esprit de chacun qui
« constitue son être, et non cette figure qu'on peut montrer avec la
« main, etc. » Chap. 8.

êtres raisonnables, non parcequ'ils sont éclairés de la raison universelle, mais autant qu'ils ont du génie pour les arts, ou pour quelque autre sorte d'industrie; ou bien ils cherchent à rassembler chez eux un grand nombre d'esclaves, sans avoir d'autre objet que leur multitude. Mais celui qui honore cette raison universelle qui gouverne le monde et les sociétés ne fait aucun cas de toutes ces choses : il ne s'étudie qu'à régler ses affections et ses mouvements sur ce qu'exigent de lui la raison universelle et l'intérêt de la société, et qu'à aider ses semblables à faire de même.

IV.

Et l'homme, et Dieu, et le monde, portent leur fruit chacun en leur temps; et quoique ce mot FRUIT se dise plus communément de la vigne et autres plantes, ce n'est pas moins une vérité. La raison porte aussi son fruit pour le bonheur propre de l'homme et pour celui de la société; et de là naissent d'autres fruits de même nature que la raison.

V.

La sphère de l'ame est lumineuse, lorsqu'elle ne s'étend et ne s'attache à rien du dehors, lorsqu'elle ne se dissipe pas, et qu'elle n'est point affaissée. Alors elle brille d'une lumière qui lui découvre la vérité de tout, et cela au dedans d'elle-même.

VI.

Voici les propriétés de l'ame raisonnable : elle se contemple elle-même, se plie, se tourne et se fait ce qu'elle veut être; elle recueille les fruits qu'elle porte, au lieu que les productions des plantes et des animaux sont recueillies par d'autres. En quelque moment que la vie se termine, elle a toujours atteint le but où elle visait. Car il n'en est pas de la vie comme d'une danse et d'une pièce de théâtre, ou d'autres représentations, qui restent imparfaites et défectueuses si on les interrompt. A quelque âge, en quelque lieu que la mort la surprenne, elle forme du temps passé un tout achevé et complet, de sorte qu'elle peut dire : J'ai tout ce qui m'appartient. De plus, elle parcourt l'univers entier et le vide qui l'environne ; elle examine sa figure ; elle s'étend jusqu'à l'éternité ; elle embrasse et considère le renouvellement de l'univers fixé à des époques certaines ; elle conçoit que nos neveux ne verront rien de nouveau, comme ceux qui nous ont devancés n'ont rien vu de mieux que ce que nous voyons, et qu'ainsi un homme qui a vécu quarante ans, pour peu qu'il ait d'entendement, a vu, en quelque manière, tout ce qui a été avant lui et qui sera après, puisque tous les siècles se ressemblent. Les autres propriétés de l'ame sont l'amour du prochain, la vérité, la pudeur, et de ne respecter personne plus que soi-même, ce qui est le propre de la loi. C'est ainsi que la droite raison ne diffère en rien des règles de la justice.

VII.

La raison et le raisonnement sont des facultés qui se suffisent à elles-mêmes et aux opérations qui leur sont propres. Elles ne tirent que d'elles-mêmes leur activité, et marchent droit à leur objet sans secours étranger. C'est ce qui a rendu commune cette façon de parler : LA DROITE RAISON [1].

VIII.

L'esprit qui commande dans l'homme est ce principe qui se donne à lui-même le mouvement, qui se tourne et se rend ce qu'il veut être ; il fait que tout ce qui arrive lui paraît être tel qu'il lui plaît. VI, 8.

IX.

Dans un être raisonnable, la même action qui est conforme à sa nature, l'est aussi à sa raison. Sois donc droit ou redressé.

X.

Dès qu'on peut faire une chose sans s'écarter de la raison (flambeau commun des dieux et des hommes), il n'en peut résulter aucun mal ; car, comme une action bien conduite et dirigée suivant la constitution de l'homme, ne peut être sans quelque utilité, il est hors de doute que rien ne peut en être blessé.

XI.

Celui qui en toutes choses suit la raison, sait concilier le repos avec l'activité nécessaire, et l'enjouement avec un air posé.

XII.

As-tu la raison en partage ? Oui, je l'ai. Pourquoi donc ne t'en sers-tu pas ? Car, si elle fait sa fonction, que veux-tu de plus ?

XIII.

Si les matelots refusaient d'obéir au pilote, ou les

---

[1] Le texte dit mot à mot, c'est pourquoi leurs opérations sont appelées catorthoses, pour signifier leur direction droite. J'y ai substitué une idée prise de notre langue.

malades au médecin, à quel autre s'adresseraient-ils ?
Ou comment celui-là pourrait-il sauver les passagers,
et celui-ci les malades ?

XIV.

En moins de dix jours, ceux même qui dans ce
moment te regardent comme une bête farouche, ou
comme un singe, te regarderont comme un dieu, si
tu reprends tes maximes et le sacré culte de ta raison.

XV.

Sur chaque action qui se présente à faire, demande-toi : Me convient-elle ? Ne m'en repentirai-je pas ?
Bientôt je ne serai plus. Tout aura disparu pour moi.
Que me reste-t-il à desirer que de faire présentement
une action qui soit digne d'un être intelligent, uni à
tous les autres et soumis à la même loi que Dieu ?

XVI.

Quoique les parties d'air et de feu, qui entrent dans
la composition de ton corps, soient plus légères et
qu'elles se portent naturellement en haut, cependant
elles y restent. De même, quoique les parties de terre
et d'eau qui sont en toi se portassent naturellement
au bas, cependant elles se tiennent dans ton corps à
une place qui ne leur est pas naturelle. Ainsi les éléments mêmes obéissent à la loi générale, conservant
la place qui leur a été fixée contre leur pente, jusqu'à
ce que cette même loi leur donne le signal de la dissolution. N'est-ce donc pas une chose horrible que la
partie intelligente de ton être soit la seule substance
indocile qui se fâche de garder son poste ? On ne lui
ordonne rien qui soit au-dessus de ses forces ; on ne lui

commande que ce qui convient à sa propre nature, et cependant elle s'impatiente, elle se révolte contre l'ordre. Car tout ce qui la porte à l'injustice, à l'intempérance, à la tristesse, à la crainte, est un mouvement de révolte contre la nature. C'est vouloir quitter son poste que de se fâcher des accidents de la vie. L'ame n'est pas moins faite pour avoir de la fermeté et de la pitié que pour avoir de la justice. La fermeté et la piété sont des vertus nécessaires à un citoyen de l'univers. La loi qui les exige est même plus ancienne que toute action juste.

XVII.

C'est un mot d'Epictète : Il n'y a point de ravisseur, point de tyran du libre arbitre.

XVIII.

Le même Epictète disait : Il faut se faire des règles sur les consentements à donner ; et en matière de désirs avoir soin d'y mettre des conditions. Point de tort à la société, point d'excès. Réprimer tous les appétits, mais ne rien redouter de ce qui ne dépend pas de nous.

XIX.

Il ne s'agit point ici, disait-il, d'une question frivole, mais de savoir si nous avons, ou non, l'usage de la raison.

XX.

Dans la pratique des bons principes, il faut se comporter comme un athlète prêt à tous les genres de combats, et non comme un simple gladiateur ; car aussitôt que celui-ci a laissé tomber son épée, il est tué, au lieu que l'autre a la main toujours prête, et n'a besoin que d'elle pour frapper.

XXI.

Si une chose n'est pas honnête, ne la fais point. Si elle n'est pas vraie, ne la dis point; car tu en es le maître.

XXII.

Commence enfin à sentir qu'il y a quelque chose en toi de plus excellent et de plus divin que les objets de ces passions dont tu es tiraillé, comme les marionnettes le sont par des cordons.

XXIII.

Socrate disait : Que voulez-vous avoir? Voulez-vous des ames raisonnables, ou sans raison? Nous voulons des ames raisonnables. Voulez-vous des ames saines, ou qui ne le soient pas? Nous voulons des ames saines. Pourquoi donc ne cherchez-vous point à les avoir? C'est que nous les avons. Mais si vous les avez, pourquoi vous querellez-vous? Pourquoi vois-je parmi vous des partis contraires?

CHAPITRE VIII.

LOI NATURELLE.

I.

L'esprit de l'univers aime les rapports d'union. Il a donc fait les choses moins parfaites pour de plus excellentes, et il a fait celles-ci les unes pour les autres. Tu vois l'ordre avec lequel il a subordonné et combiné toutes choses. Il a donné des facultés à chacune suivant

sa dignité, et il a inspiré aux meilleures une inclination réciproque.

II.

Pense très souvent à la liaison et à l'intime rapport
que toutes les choses du monde ont entre elles : car elles
sont pour ainsi dire entrelacées, et par ce moyen alliées et confédérées ; et l'une est à la suite de l'autre,
par l'effet du mouvement local, de la correspondance
et de l'union de toutes les parties de la matière.

III.

Les choses qui succèdent à d'autres sont de la famille
de celles qui ont précédé : ce n'est pas comme une
suite de nombres détachés, que la seule nécessité fait
chacun ce qu'il est ; elles ont au contraire une con-
nexité fondée en raison. Comme originairement tous
les êtres ont été combinés pour former un ensemble,
de même ceux qui naissent de nouveau ne présentent
pas une succession simple, mais une sorte de parenté
digne d'admiration.

IV.

Une même sorte d'ame a été distribuée à tous les
animaux sans raison, et un même esprit intelligent à
tous les êtres raisonnables, comme tous les corps terrestres ont une même terre, et comme tout ce qui
voit et qui respire ne voit qu'une même lumière, ne
reçoit et ne rend qu'un même air.

V.

La lumière du soleil est une, quoiqu'on la voie dis-
persée sur des murailles, sur des montagnes, sur mille

autres objets. Il n'y a qu'une matière commune, quoiqu'elle soit divisée en des millions de corps particuliers. Il n'y a qu'une ame, quoiqu'elle se distribue à une infinité de corps organisés qui ont des limites propres. Il n'y a qu'une ame intelligente, quoiqu'elle semble elle-même se partager.

Or, quelques-unes de ces parties dont je viens de parler, comme celles qui tiennent de la nature de l'air et les inférieures, sont insensibles et sans affection les unes pour les autres, quoique retenues ensemble par l'esprit universel, et par une même pesanteur ; au lieu que tout être intelligent se sent né et conformé pour être uni avec son semblable, et que ce penchant social est tout entier dans chacun.

VI.

Tous les êtres qui ont entre eux quelque chose de commun tendent à s'unir à ceux de leur espèce. Les corps terrestres se portent vers la terre ; ce qui est humide cherche à couler avec l'humide, et l'air avec l'air ; en sorte que, pour les tenir séparés, il faut employer quelque barrière et quelque force. Le feu se porte en haut, à cause du feu élémentaire : celui d'ici-bas a tant de disposition à s'y aller joindre par l'embrasement, que toutes nos matières un peu sèches s'enflamment aisément, parcequ'elles ont moins d'obstacles qui les empêchent.

Il en est de même de tous les êtres qui participent de la nature intelligente : ils se portent avec une pareille force, et peut-être avec plus d'impétuosité, vers ce qui est de même nature qu'eux. Plus un être est parfait, plus il est prompt à se joindre et à se confondre avec son semblable.

Parmi les animaux sans raison on a toujours vu des essaims d'abeilles, de grands troupeaux, des familles de poussins, en un mot, des sociétés qu'une sorte d'amour a rassemblées, parceque ces êtres ont une même sorte d'ame. Mais ce penchant à vivre en société est plus vif dans les êtres plus parfaits, et se trouve moins fort dans les plantes, dans les pierres, dans les bois. L'espèce raisonnable est composée de peuples réunis ou confédérés, de familles et d'assemblées. Dans les temps même de guerre, il se fait des capitulations ou des trèves ; et parmi les êtres encore plus parfaits on aperçoit, malgré leur séparation, une sorte de tendance à s'unir, comme dans les astres. Parmi ces êtres plus excellents que l'homme, l'éloignement n'a pu empêcher cette tendance réciproque, effet de leur supériorité même.

Cependant considère ce qui se passe parmi le genre humain : les êtres raisonnables sont actuellement les seuls qui aient oublié cette mutuelle affection, ce penchant et cet attrait commun. On n'en voit plus d'exemple.

Mais les hommes ont beau se fuir, la nature plus forte se saisit d'eux et les arrête. Tu verras la vérité de ce que je dis, si tu y prends bien garde : car tu trouveras plutôt un corps terrestre séparé de la terre, que tu ne trouveras un homme qui ait rompu tout rapport avec ceux de son espèce.

VII.

Tout ce qui arrive de bon à chacun est utile à l'univers. C'est en dire assez. On peut cependant ajouter, et l'expérience le confirme, que tout ce qui arrive de bon à chaque homme est encore utile à la société humaine, en prenant ici l'utile dans le sens du vulgaire qui appelle biens ce qui, dans le vrai, tient simplement un milieu entre les vrais biens et les vrais maux [1].

VIII.

J'ai trois rapports : l'un avec la cause environnante; l'autre avec la cause divine, d'où procède tout ce qui arrive à tous les êtres; et le troisième avec tous ceux qui passent leur vie avec moi.

IX.

On vient de t'offenser. Songe promptement à ton esprit, à celui de l'univers, à celui de l'offenseur : au tien, pour le rendre juste; à celui de l'univers, pour te souvenir de qui tu fais partie; à celui d'un tel, pour voir si ce n'est point ignorance de sa part, plutôt que

---

[1] La fin de l'article en restreint le sens aux seuls biens utiles. Les vrais biens sont la raison et le bon usage qu'on en fait envers Dieu, les hommes, soi-même. Les vrais maux sont le vice, l'erreur, toutes sortes d'égarements. La santé, les richesses, les honneurs et leurs contraires, sont des choses moyennes, qui peuvent également servir au vice et à la vertu, et dont le bonheur ou le malheur de l'homme ne dépend pas nécessairement. Telle est l'admirable morale des stoïciens.

Après cette explication, il est aisé d'entendre l'article. Les richesses, par exemple, d'un citoyen ne peuvent lui être bonnes qu'autant qu'il s'en servira, et il ne peut s'en servir, ni même en abuser, sans faire du bien à la société.

dessein prémédité. Songe en même temps que, comme homme, il est ton parent.

X.

Faire une injustice, c'est être impie ; car la nature universelle ayant créé les êtres raisonnables les uns pour les autres, afin qu'ils se prêtent de mutuels secours (comme il convient à leur dignité) sans jamais se nuire, celui qui désobéit à cette volonté de la nature offense certainement la plus ancienne déesse ; et faire un mensonge est aussi pécher contre cette divinité : car la nature universelle est la mère de tous les êtres, ce qui les rend parents ; et de plus, la nature universelle est nommée avec raison la vérité, puisqu'elle est la source de toute vérité : ainsi celui qui ment avec réflexion, pèche, parcequ'en trompant il fait une injustice ; et celui qui ment sans réflexion fait toujours une action injuste, en ce qu'il rompt l'harmonie établie par la nature universelle, et en ce qu'il trouble l'ordre en contrariant la nature du monde. En effet, c'est la contrarier que de se porter à la fausseté malgré son propre cœur ; car ce cœur avait reçu de la nature un sentiment d'aversion pour le faux ; et c'est pour n'y avoir fait aucune attention, que maintenant il n'est plus en état de sentir la différence du faux d'avec le vrai.

De même, celui qui recherche les voluptés comme des biens et qui fuit les douleurs comme des maux est impie, car il est impossible qu'un tel homme n'accuse souvent la commune nature d'avoir fait un injuste partage aux méchants et aux bons, puisqu'il arrive souvent que les méchants nagent dans les plaisirs et vivent dans l'abondance de tout ce qui peut leur en procurer, pendant que les bons éprouvent la douleur et tous les accidents qui la font naître. D'ailleurs, celui qui redoute les douleurs craindra une chose que l'ordre du monde lui destine un jour : ce qui est déja impie ; et celui qui court sans cesse après le plaisir des sens ne s'en abstiendra pas pour une injustice : ce qui est une impiété manifeste. Or il faut que celui qui veut se conformer à l'ordre de la nature regarde comme indifférentes toutes les choses que la nature a également faites ; car elle ne les aurait pas faites également, si elles n'eussent été à ses yeux tout à fait égales. Tout homme donc qui ne reçoit pas également les plaisirs et les peines, la mort et la vie, la gloire et l'ignominie, choses que la nature envoie sans distinction aux bons et aux méchants, est, sans aucun doute, impie.

Quand je dis que la nature les envoie indifféremment, j'entends qu'elles arrivent indifféremment, selon l'ordre et la suite de tout ce qui devait se faire successivement, en vertu d'un certain mouvement primitif que la Providence imprima, lorsque, dans une certaine époque, elle se fut déterminée à un tel arrangement, après avoir conçu en elle-même les combinaisons de tout ce qui devait être, et avoir semé partout les germes et les principes, tant des divers êtres, que de leurs changements et de leur succession dans l'ordre que nous les voyons.

XI.

Celui qui pèche, pèche contre lui-même. Et l'homme

injuste se fait du mal à lui-même, puisqu'il se rend méchant.

XII.

Souvent on n'est pas moins injuste en ne faisant rien, qu'en faisant certaines choses.

XIII.

La nature est toujours supérieure à l'art, car tous les arts cherchent à imiter les choses naturelles. Par conséquent la nature la plus parfaite, celle qui comprend toutes les choses naturelles, ne cède point en industrie aux arts. Or ceux-ci font ce qu'il y a de moins bien pour ce qu'il y a de mieux. Donc la commune nature en use de même, et c'est ce qui produit la justice, vertu qui suppose toutes les autres. Car nous n'observerons pas la justice, si nous desirons fortement les biens extérieurs, si nous donnons dans les préjugés, si nous sommes faibles, si nous sommes légers.

XIV.

Le bas peuple ne connaît pas toute la portée du sens de ces mots, vivre du bien d'autrui et semer le sien ; gagner sa vie à quelque trafic, et vivre dans l'oisiveté. Il ne voit pas ce qu'il faut faire pour bien vivre. En effet, cela ne se voit point avec les yeux du corps, mais avec d'autres yeux [1].

XV.

Si quelquefois tu as vu une main, un pied, une tête

---

[1] J'ai cru devoir éclaircir un peu l'énigme du texte. Ces mots, voler, semer, trafiquer, regardent le bas peuple, qui en effet ne connaît de la justice que le nom, et semble la regarder comme une vertu inventée par les riches contre les pauvres.

coupés et entièrement séparés du reste du corps, c'est l'image de celui qui se refuse, autant qu'il est en lui, aux accidents de la vie, qui se détache du grand tout, ou qui fait quelque chose au préjudice de la société. Tu viens de te jeter hors du sein de la nature ; car en venant au monde tu en as fait partie, et maintenant tu t'en es retranché ; mais tu as la ressource de pouvoir t'y réunir, ce que Dieu n'a point accordé à ces parties qui, après avoir été une fois coupées, et séparées, ne peuvent plus se rejoindre au tout. Vois quelle est la bonté suprême, d'avoir doué l'homme d'une si excellente prérogative. Elle t'a d'abord accordé le pouvoir de ne te point séparer de la société des êtres, et ensuite le pouvoir de te rejoindre au tronc, d'y repousser et d'y reprendre ton rang de partie.

XVI.

Le bonheur et le malheur d'un être raisonnable et sociable ne dépendent pas des sensations qu'il éprouve, mais de ses actions ; de même que ses vertus et ses vices ne consistent pas dans les sensations qu'il a, mais dans les actions qu'il fait.

XVII.

Comme tu es le chef qui fait de la société un corps entier, toutes tes actions doivent tendre à le maintenir dans une parfaite intégrité. Ne fais donc rien qui ne se rapporte de près ou de loin à ce but. Sans cela ta vie serait séparée du corps. Elle ne ferait plus avec lui un seul tout. Elle serait séditieuse, comme l'est un homme qui, se faisant un parti dans une république, en rompt l'harmonie.

XVIII.

Ce qui n'est point utile à la ruche n'est pas véritablement utile à l'abeille.

XIX.

Il y a tel qui, après avoir fait plaisir à quelqu'un, se hâte de lui porter en compte cette faveur. Un autre ne fait pas cela, mais il a toujours présent à sa pensée le service qu'il a rendu, et il regarde celui qui l'a reçu comme son débiteur. Un troisième ne songe pas même qu'il a fait plaisir; semblable à la vigne qui, après avoir porté du raisin, ne demande rien de plus, contente d'avoir porté le fruit qui lui est propre. Le cheval qui a fait une course, le chien qui a chassé, l'abeille qui a fait du miel, et le bienfaiteur, ne font point de bruit, mais passent à quelque autre action de même nature, comme fait la vigne qui, dans la saison, donne d'autres raisins.

Faut-il donc être de ceux qui, pour ainsi dire, ne pensent jamais à ce qu'ils font? Oui, il le faut. Mais, dira quelqu'un, il faut bien savoir ce que l'on fait; car c'est le propre d'un être social de sentir qu'il fait une action convenable à la société, et de vouloir même, de par Jupiter, que son concitoyen le sente. J'avoue que ce que tu me dis est vrai, mais tu prends trop à la lettre mes paroles; c'est pourquoi tu seras du nombre de ceux dont j'ai parlé d'abord, car ils ont aussi des raisons spécieuses qui les abusent. Si tu veux mieux entendre ce que j'ai dit, ne crains pas que cela te fasse jamais perdre l'occasion de faire quelqu'une des actions qu'exige la société.

XX.

Quoique les êtres raisonnables forment chacun un être à part, cependant, étant faits pour coopérer ensemble à une même œuvre, ils ont, par cette raison, entre eux le même rapport d'union qui se trouve entre les membres d'un seul et même corps. Pour te rendre cette pensée plus touchante, il faut te dire souvent à toi-même : Je suis un membre du corps de la société humaine ; car si tu te dis simplement : Je fais partie de ceux de la société, c'est que tu n'aimes pas encore du fond du cœur les autres hommes, c'est que tu n'aimes pas à leur faire du bien, comme étant de leur espèce ; et si tu leur en fais par pure bienséance, c'est que tu ne t'y portes pas encore comme à ton bien propre.

XXI.

Personne ne se lasse de recevoir du bien. Or, c'est se faire du bien que de faire des actions conformes à la nature. Ne te lasse donc point de faire du bien aux autres, puisque par là tu t'en fais à toi-même.

XXII.

Ai-je fait quelque chose pour la société ? J'ai donc fait mon propre avantage. Que cette vérité soit toujours présente à ton esprit, et travaille sans cesse.

XXIII.

Les Lacédémoniens, dans leurs spectacles, plaçaient les étrangers à l'ombre, et se mettaient eux-mêmes où ils pouvaient.

XXIV.

Perdiccas ayant demandé à Socrate pourquoi il ne venait pas chez lui : C'est, répondit Socrate, pour ne pas mourir désespéré de recevoir du bien sans pouvoir en faire à mon tour.

CHAPITRE IX.

DU RECUEILLEMENT.

I.

La plupart des hommes cherchent la solitude dans les champs, sur des rivages, sur des collines. C'est aussi ce que tu recherches ordinairement avec le plus d'ardeur. Mais c'est un goût très vulgaire; il ne tient qu'à toi de te retirer à toute heure au dedans de toi-même. Il n'y a aucune retraite où un homme puisse être plus en repos et plus libre que dans l'intérieur de son ame; principalement s'il y a mis de ces choses précieuses qu'on ne peut revoir et considérer sans se trouver aussitôt dans un calme parfait, qui est, selon moi, l'état habituel d'une ame où tout a été mis en bon ordre et à sa place.

Jouis donc très souvent de cette solitude, et reprends-y de nouvelles forces. Mais aussi fournis-la de ces maximes courtes et élémentaires, dont le seul ressouvenir puisse dissiper sur-le-champ tes inquiétudes, et te renvoyer en état de soutenir sans trouble tout ce que tu retrouveras.

Car, enfin, qu'est-ce qui te fait de la peine? Est-ce la méchanceté des hommes? Mais rappelle-toi ces vérités-ci : que tous les êtres pensants ont été faits pour se supporter les uns les autres; que cette patience fait partie de la justice qu'ils se doivent réciproquement;

qu'ils ne font pas le mal, parcequ'ils veulent le mal. D'ailleurs à quoi a-t-il servi à tant d'hommes, qui maintenant sont au tombeau, réduits en cendre, d'avoir eu des inimitiés, des soupçons, des haines, des querelles?

Cesse donc enfin de te tourmenter.

Te plains-tu encore du lot d'événements que la cause universelle t'a départi? Rappelle-toi ces alternatives de raisonnement : ou c'est la Providence, ou c'est le mouvement fortuit des atomes qui t'amène tout ; ou enfin il t'a été démontré que le monde est une grande ville... [1].

Mais tu es importuné par les sensations du corps? Songe que notre entendement ne prend point de part aux impressions douces ou rudes que l'ame animale éprouve, sitôt qu'il s'est une fois renfermé chez lui, et qu'il a reconnu ses propres forces. Au surplus, rappelle-toi encore tout ce qu'on t'a enseigné sur la volupté et la douleur, et que tu as reconnu pour vrai.

Mais ce sera un desir de vaine gloire qui viendra t'agiter.

Considère la rapidité avec laquelle toutes choses tombent dans l'oubli ; cet abîme immense de l'éternité qui t'a précédé et qui te suivra ; combien un simple retentissement de bruit est peu de chose ; la diversité et la folie des idées que l'on prend de nous ;

[1] Qu'il y ait des atomes ou d'autres principes naturels, il est d'abord constant que je suis une partie de cet univers gouverné par la nature ; ensuite, qu'il y a une sorte d'alliance entre moi et les parties qui sont de mon espèce, etc. Chap. XXXI, 17.

enfin la petitesse du cercle où ce bruit s'étend : car la
terre entière n'est qu'un point de l'univers ; ce qui en
est habité n'est qu'un coin du monde, et dans ce coin-
là même, combien auras-tu de panégyristes, et de
quelle valeur ?

Souviens-toi donc de te retirer ainsi dans cette petite partie de nous-mêmes. Ne te trouble de rien. Ne
fais point d'efforts violents, mais demeure libre. Regarde toutes choses avec une fermeté mâle, en homme,
en citoyen, en être destiné à mourir. Surtout, lorsque tu feras dans ton ame la revue de tes maximes,
arrête-toi sur ces deux : l'une, que les objets ne touchent point notre ame ; qu'ils se tiennent immobiles
hors d'elle, et que son trouble ne vient jamais que des
opinions qu'elle se fait au dedans : l'autre, que tout
ce que tu vois va changer dans un moment, et ne sera
plus ce qu'il était. N'oublie jamais combien il est
arrivé déja de révolutions, ou en toi, ou sous tes
yeux. Le monde n'est que changement : la vie n'est
qu'opinion.

II.

Il te reste bien peu de temps à vivre. Passe ta vie
comme si tu étais seul retiré sur une montagne ; car
peu importe d'être ici ou là, dès qu'on peut vivre partout suivant les lois de la grande cité du monde.

III.

Tiens toujours pour évident que la campagne n'est
pas différente de ceci, et que les objets sont ici les
mêmes que pour ceux qui vivent retirés sur une
montagne, ou sur le bord de la mer, ou partout ail-

leurs. Tu peux être dans une ville, suivant le mot de Platon, comme un berger dans sa cabane sur le haut d'une colline.

IV.

On n'a guère vu arriver de malheur à quelqu'un pour n'avoir pas étudié ce qui se passait dans l'ame d'un autre : mais quant à ceux qui n'ont jamais étudié les mouvements de leur cœur, c'est une nécessité qu'ils soient malheureux.

V.

Rien n'est plus digne de pitié qu'un homme qui passe sa vie à tourner partout, et qui fouille, comme l'a dit quelqu'un, jusque sous terre, pour découvrir, par conjectures, ce que ses voisins ont dans l'ame. Il ne sent pas qu'il suffisait à son bonheur de se tenir auprès du génie qui réside en lui, et de le servir comme il doit l'être. Ce service consiste à le garantir des passions, de toute légèreté et d'impatience à l'occasion de ce qui vient des dieux et des hommes ; car ce qui vient des dieux est respectable à cause de leur vertu, et ce qui vient des hommes, parcequ'ils sont nos frères.

Quelquefois pourtant nous devons avoir une sorte de pitié de ceux-ci, à cause de l'ignorance où ils sont des vrais biens et des vrais maux. Cette imperfection est aussi pardonnable que celle d'un aveugle, qui ne peut distinguer le blanc d'avoir le noir.

VI.

Quel est enfin l'usage que je fais à présent de mon ame ? C'est ce qu'il faut se demander en chaque occasion, et sur quoi il faut s'examiner. En quel état se trouve actuellement cette partie de moi qu'on appelle avec raison mon guide? Quelle est la sorte d'ame que j'ai? Est-ce l'ame d'un enfant? d'un jeune homme? d'une femmelette? d'un tyran? d'une bête de somme? d'un animal féroce?

VII.

Tiens-toi recueilli en toi-même. Telle est la nature de la raison qui te sert de guide, qu'elle se suffit à elle-même, pourvu qu'elle observe la justice. Alors elle jouit d'une parfaite sérénité.

VIII.

Regarde au dedans de toi. Là tu trouveras la source du vrai bonheur, source intarissable si tu la creuses toujours.

IX.

Quelle est présentement l'ame que j'ai? Est-elle ou crainte, ou soupçon, ou desir effréné, ou quelque autre chose semblable?

X.

Quel bon usage la partie supérieure de ton ame fait-elle de ses forces? C'est là le point essentiel. Tous les autres objets, soit qu'ils dépendent ou non de toi, ne sont que corps morts et que fumée.

CHAPITRE X.

SUR LES SPECTACLES.

I.

On inventa d'abord la tragédie, pour nous faire voir

que la vie est sujette à de grands accidents, qu'il est
de première institution de la nature qu'il en arrive, et
que les mêmes choses qui nous ont amusés au théâtre,
ne doivent pas nous paraître insupportables sur la
grande scène du monde ; car vous voyez que le monde
ne saurait s'en passer, et qu'Œdipe, obligé de les
souffrir, s'écrie en vain : O Cithéron !

Il est vrai que ces poëtes disent quelquefois de bonnes choses ; par exemple : « Si les dieux ne prennent
« aucun soin de mes enfants, cela même ne se fait pas
« sans raison. » Et encore : « Il ne faut point se fâcher
« contre les affaires.... » Et : « Il faut que notre vie
« soit moissonnée comme le sont les épis : » et autres
pensées semblables.

Après la tragédie, on inventa la comédie que nous
appelons ancienne, laquelle usant d'une liberté ma-
gistrale, et disant tout par son nom, servit à rappeler
à la modestie des citoyens orgueilleux. Diogène, dans
les mêmes vues, en emprunta plusieurs traits.

Considère ensuite quel a été le but de la comédie
moyenne, et enfin de la nouvelle, qui bientôt a dégénéré en une représentation ingénieuse des mœurs. On
sait bien qu'il s'y dit aussi de bonnes choses ; mais,
après tout, quel peut être le fruit de toute la peine
qu'on prend à disposer et à embellir ces fictions ?

II.

Le goût des spectacles magnifiques est un goût frivole. Ces grandes représentations où l'on fait voir des
troupes de grands et de petits animaux, et des combats de gladiateurs, valent-elles mieux que la vue d'un

os qu'on jette parmi les chiens? que celle d'un morceau de pain qu'on laisse tomber dans un réservoir de poissons, de fourmis qui travaillent à charrier de petits fardeaux, de souris épouvantées qui courent çà et là, ou de marionnettes?

Lorsque tu ne pourras pas éviter d'assister à ces grands spectacles, portes-y un sentiment de bonté; point de piaffe, mais songe qu'un homme n'est vraiment estimable qu'autant qu'il s'affectionne à des objets qui le méritent.

CHAPITRE XI.

SUR LES PENSÉES ET LES MOUVEMENTS DE L'AME.

I.

Telles que seront ordinairement tes pensées, tel sera ton esprit; car notre ame se nourrit de pensées. Nourris-la donc sans cesse de ces réflexions : partout où l'on peut vivre, on peut y bien vivre. On peut vivre à la cour, on peut donc y bien vivre aussi. De plus, chaque être se porte vers l'objet pour lequel il a été fait. Cet objet est sa fin, et ce n'est que dans sa fin qu'il peut trouver son bien-être et son avantage. Or le bien-être d'un animal raisonnable est dans la société humaine, puisque l'on a démontré il y a longtemps qu'il a été fait pour vivre en société. N'est-il pas, en effet, évident que les êtres moins parfaits ont été construits pour ceux qui le sont davantage, et ceux-ci les uns pour les autres? Ce qui est animé vaut mieux que ce qui ne l'est pas, et parmi les êtres animés, ceux qui ont la raison l'emportent.

II.

Dans le peu qui te reste à vivre ne perds point de temps à penser aux autres, à moins que ce ne soit pour le bien de la société. Car tu ne pourrais, sans manquer à quelque autre devoir, t'occuper, par exemple, de ce qu'un tel fait, et pourquoi il le fait, de ce qu'il dit ou pense, des intrigues qu'il trame, et d'autres objets de cette nature. Ce serait errer hors de toi, et te détourner de l'étude de cette partie de ton ame qui est faite pour te diriger. Il faut exclure de la suite de tes pensées tout ce qui n'a qu'un objet frivole et vain ; surtout ces pensées qui ne peuvent être que l'effet d'une curiosité inquiète et d'une méchanceté habituelle. Accoutume-toi à régler tes pensées à tel point, que si tout à coup on venait te demander à quoi tu penses, tu pusses répondre aussitôt et sans te gêner : Je pensais à cela et cela ; en sorte que par ta réponse on vît à découvert que tu n'as dans l'ame rien que de simple, de bon, de convenable à un être destiné à vivre en société, qui rejette d'ailleurs les plaisirs grossiers, toute imagination voluptueuse, tout sentiment de haine, d'envie, tout soupçon, enfin tout ce qui te couvrirait de honte si tu faisais l'aveu de ce qui se passe dans ton cœur. Un tel homme qui, sans différer à prendre soin de lui-même, s'occupe ainsi à être dès à présent du nombre des plus vertueux, doit être regardé comme un prêtre et un ministre des dieux, puisqu'il se consacre au culte de celui qui a été placé au dedans de lui comme dans un temple. En cet état il ne se laisse plus salir par les voluptés ; aucune douleur ne parvient à l'abattre ; il est supérieur aux atteintes de la calomnie ; il est insensible à toute méchanceté ; c'est un athlète qui, dans le plus noble des combats, demeure vainqueur de toutes les passions. Il est pénétré jusqu'au fond du cœur de l'amour de la justice. Il acquiesce de toute son ame à ce qui lui arrive par la distribution de la Providence. Il pense rarement, et jamais sans une grande nécessité pour le bien public, à ce qu'un autre dit, ou fait, ou médite de faire. Il donne toute son attention à ce qu'il doit faire lui-même, et à l'ordre primitif qui a formé le tissu de ses jours, pour ne jamais faire que ce qui sera honnête, et pour se persuader que tout le reste est bien ; car le sort particulier de chacun marche avec la combinaison générale dont il fait partie. Il se souvient encore que tout être raisonnable est son parent, et que l'inclination qui le porte vers ses semblables vient du fond de sa propre nature. Au surplus, il ne s'attache point à gagner l'estime de tout le monde, mais seulement de ceux qui vivent conformément à leur nature. Quant aux autres qui ne vivent pas de même, il se représente tranquillement de quelle façon ils se comportent chez eux et au dehors, le jour, la nuit, en quel état la débauche les met, et dans quelles compagnies. Il ne fait donc aucun cas de l'approbation de telles gens qui ne sauraient s'approuver eux-mêmes.

III.

Que ton entendement, qui juge de tout, se respecte ;

c'est un point essentiel pour n'admettre aucune opinion qui soit contraire, ou à l'ordre général du monde,
ou à la nature d'un être raisonnable ; celle-ci demande
que tu ne te décides jamais à l'aveugle, que tu aimes
les hommes et que tu obéisses aux dieux. Laissant
donc là tout le reste, ne t'occupe plus que de ce peu
d'objets. Souviens-toi que le seul temps que l'on vit
est le moment présent, qui n'est qu'un point ; le reste
du temps, ou n'est plus, ou est incertain : ainsi la vie
se réduit à bien peu de chose ; le lieu où on la passe
n'est qu'un petit coin de la terre, et la réputation la
plus durable qu'on peut laisser après soi n'est rien ;
elle se conserve parmi des hommes dont la vie est
courte, qui ne se connaissent pas eux-mêmes, et qui
connaissent bien moins celui qui a vécu longtemps
avant eux.

IV.

N'ajoute rien au premier rapport de tes sens. On
vient t'annoncer que quelqu'un parle mal de toi ; voilà
ce qu'on t'annonce, mais on ne te dit pas que tu en sois
blessé. Je vois que mon enfant est malade ; oui : mais
je ne vois pas qu'il y ait du danger. Tiens-toi ainsi,
sur tous les objets sensibles, à la première image
qu'ils te présentent ; n'y ajoute rien toi-même inté-
rieurement, et il n'y aura rien de plus.

Fais encore mieux : ajoutes-y tout ce que doit penser de ces objets un homme instruit de ce qui arrive
ordinairement dans le monde.

V.

Il semble que le soleil se fond en clarté ; mais quoiqu'il répande partout sa lumière, il ne s'épuise pas, car ce ne sont pas des pertes de substances, mais de simples extensions. Il ne fait que pousser des traits lumineux qu'on nomme rayons, d'un mot qui exprime en grec de la matière allongée. On peut juger de son opération, en considérant la lumière qui entre dans un lieu obscur par un passage étroit : toute cette lumière se porte d'abord en droite ligne ; mais, à la rencontre du corps solide qui sépare le lieu fermé d'avec l'air extérieur, elle se divise ; ce qui reste en dehors s'y arrête sans s'écouler ni tomber. Or, c'est ainsi que doivent être les épanchements de ton ame au dehors. Elle doit s'étendre jusqu'aux objets sans se dissiper, sans user de violence lorsqu'elle rencontre des difficultés, et sans s'abattre ; il faut qu'elle s'arrête simplement, et qu'elle continue d'éclairer tout ce qui se rendra susceptible de sa lumière. Ceux qui refuseront de s'en laisser pénétrer auront bien voulu s'en priver eux-mêmes.

VI.

Contemple sans cesse le grand tout. Quel est en lui-même cet objet qui m'affecte? Développe-le. Considère séparément son principe, sa substance, ses rapports, sa durée, son dernier terme.

VII.

Le mouvement de notre esprit est bien différent de celui d'une flèche. Notre esprit, en s'arrêtant sur un objet pour le considérer dans toutes ses faces, n'en va que plus droit à son but.

VIII.

Il y a quatre sortes de pensées, sur lesquelles il faut veiller sans cesse pour les effacer dans le moment de notre esprit, en se disant à soi-même : cette imagination-ci ne sert à rien ; celle-là tend à ruiner la société ; cette autre va te faire parler contre tes vrais sentiments, ce qui serait la plus indigne des actions ; enfin cette dernière est pour toi un juste sujet de te faire ce reproche, que tu assujettis la partie la plus divine de toi-même, et que tu la rends esclave de la moins noble, de celle qui doit mourir[1], en un mot de ton corps, et des grossières sensations qu'il éprouve.

IX.

L'esprit qui nous sert de guide n'éprouve jamais de trouble par son fond. Comment cela ? Il n'a point de passions ; donc il ne peut être agité. Il défie tout agent étranger de lui donner de la crainte ou de la douleur. Il ne s'affectera jamais ainsi par ses propres opinions. Que le corps se garantisse de la douleur, s'il le peut ; ou s'il souffre, qu'il se plaigne. L'ame ne souffrira pas si elle juge bien du siége de la crainte et de la douleur. Rien ne la porte à juger qu'il y ait là du mal pour elle. Tant qu'elle se possède et qu'elle ne se rend pas elle-même misérable, elle se suffit. Elle n'éprouvera jamais de trouble ni d'obstacle, si elle ne s'en procure.

X.

Souviens-toi que les opinions, ces cordons qui te

---

[1] Il croyait donc à l'immortalité de la partie supérieure de son ame.

remuent comme une marionnette, sont au dedans de toi. C'est ce qui te fait vouloir ; c'est ta vie ; et, s'il est permis de le dire, c'est ce qui fait l'homme. Ne t'arrête jamais à considérer autour de toi cette espèce de vase qui te renferme, ni les organes dont il est composé ; car ces organes sont comme une scie, avec cette seule différence qu'ils sont nés avec toi. Mais sans la cause qui les fait mouvoir et qui les modère, ils resteraient aussi inutiles que le seraient (sans le secours de la main) la navette au tisserand, la plume à l'écrivain, le fouet au cocher.

XI.

Ne te lamente avec personne. Point de mouvements violents.

XII.

Ne te laisse point entraîner inconsidérément par l'imagination ; mais viens, autant qu'il se peut et se doit, au secours des affligés, quoiqu'ils n'aient été privés que de biens extérieurs. Garde-toi cependant de croire que cette privation soit un vrai mal. Ce préjugé commun est un abus. Comporte-toi alors comme un homme qui prierait son nourrisson, en le quittant, de lui prêter sa toupie ; il sait bien que ce n'est qu'une toupie.

CHAPITRE XII.

SUR LES TROUBLES INTÉRIEURS.

I.

Sois comme un cap, contre lequel tous les flots de

la mer se brisent. Il reste immobile; autour de lui tous les bouillons de l'eau restent sans force.

Suis-je malheureux parceque telle chose m'est arrivée? Non, bien certainement; je suis même heureux si je reste tranquille malgré cet accident, si je n'en suis ni abattu pour le moment, ni effrayé pour l'avenir : car il pouvait en arriver autant à tel qui y aurait succombé. Pourquoi donc le regarder comme une infortune, et non comme un bonheur? Donneras-tu le nom d'infortune à ce qui ne saurait empêcher l'homme d'atteindre au but de sa nature? Et l'homme peut-il être mis hors d'état d'y atteindre, par un événement qui n'altère point la constitution naturelle de son être? On t'a dit quelle était cette constitution Ce qui vient d'arriver t'empêche-t-il d'être juste, magnanime, tempérant, sage, modeste, libre, d'avoir les autres vertus dont l'exercice constitue essentiellement un être raisonnable? Souviens-toi donc, toutes les fois qu'un événement t'inspirera de la tristesse, de faire usage de cette maxime, que ce n'est point un malheur d'éprouver des accidents, mais un bonheur de les supporter avec fermeté.

II.

Supprime l'opinion, tu supprimes : *j'ai été blessé.* Supprime : *j'ai été blessé,* tu supprimes la blessure.

III.

Si tu parviens à corriger tes opinions sur tout ce qui semble t'incommoder, tu t'établiras sur un terrain ferme. Qu'est-ce à dire toi? C'est dire ta raison. Mais je ne suis pas une pure raison. Eh bien, que ta

raison donc ne te tourmente pas; et si le reste se
trouve en mauvais état, qu'il en juge.

IV.

Qu'il est aisé de repousser, d'anéantir toute imagination qui ne convient pas ou qui trouble l'ame, et
de recouvrer dans le moment une entière sérénité
d'esprit !

V.

Pourquoi me troubler, si ce qui se passe n'est point
un sentiment ou une action de méchanceté qui soit de
moi, ou si l'ordre du monde n'en est pas blessé? Mais
comment le serait-il?

VI.

Lorsque les objets qui t'environnent te font éprouver malgré toi une sorte de trouble, reviens à toi au
plus vite, et ne sors de cadence que le moins qu'il se
pourra. Tu deviendras d'autant plus ferme sur la mesure, que tu y rentreras plus souvent.

VII.

Pour moi, je fais ce qui convient à ma nature. Rien
du dehors ne m'en détournera; car, ou ce sont des
êtres sans ame, ou sans raison, ou égarés, et qui
ignorent le bon chemin.

· VIII.

Reviens de ton ivresse. Reprends tes esprits. Ré-
veille-toi. Fais réflexion que c'est un rêve qui te trou-
blait. Étant bien éveillé, rappelle à ton imagination
l'objet de ce trouble, tel que tu avais cru le voir auparavant.

IX.

Je peux du moins m'empêcher de juger, et par conséquent d'être troublé ; car les objets extérieurs n'ont pas la vertu de produire en nous des jugements.

X.

Comment oublieras-tu tes principes, si les pensées qui les appuient ne s'éteignent pas ? Qu'il est aisé de les faire revivre ! Je suis le maître de penser comme il convient sur l'objet présent ; pourquoi me troubler ? Tout ce qui est au dehors de mon intelligence ne peut rien du tout sur elle. Pense ainsi, et te voilà droit.

XI.

Ne t'inquiète pas sur l'avenir. Tu t'en tireras, s'il le faut, avec le secours de la même raison qui t'éclaire sur le présent.

XII.

C'est une honte que le visage obéisse ; qu'il s'arrange et se compose comme il plaît à l'ame, et que celle-ci ne s'arrange pas, ne se compose pas elle-même.

XIII.

Inutile de se fâcher contre les affaires ; elles n'en tiennent compte.

XIV.

Je suis assez fort, si l'honnêteté et la justice sont avec moi.

XV.

Sur chaque accident de la vie, remets-toi devant les yeux tous ceux qui avant toi ont éprouvé la même fortune, et qui l'ont supportée avec peine, qui ont trouvé ces événements étranges, et en ont murmuré. Où sont-ils maintenant? Ils ne sont plus. Pourquoi voudrais-tu leur ressembler? Ne vaut-il pas mieux laisser les mœurs de telles gens à ceux qui ont roulé, ou qui roulent ensemble dans un même tourbillon, et à ton égard ne songer qu'à faire un bon usage de pareils accidents; car tu t'en serviras bien, et ce sera une matière à t'exercer. Aie seulement pour objet, et prends la résolution d'être honnête à tes propres yeux dans tout ce que tu fais. Souviens-toi de ces deux choses, et ta conduite en ces occasions deviendra différente de celle des autres.

XVI.

L'art de bien vivre a moins de rapport aux exercices de la danse qu'à ceux de la lutte, en ce qu'il faut être toujours prêt à soutenir avec fermeté des coups imprévus.

XVII.

Non, ils n'en feront pas moins les mêmes actions, quand tu te crèverais de peine.

XVIII.

D'abord il ne faut te troubler de rien, car tout arrive suivant les lois générales de ce monde, et dans peu de temps tout ce qui vit disparaîtra de dessus la terre, ainsi qu'en ont disparu Adrien et Auguste.

Fixe ensuite tes regards sur l'objet de ton trouble, considère-le, et souviens-toi qu'il faut absolument que tu sois homme de bien. Rappelle-toi ce que la nature exige d'un être raisonnable; fais-le constamment, et ne dis que ce qui te paraîtra le plus conforme à la justice, mais toujours avec douceur, modestement, et sans dissimulation.

XIX

Si la chose dépend de toi, pourquoi la fais-tu? Si elle dépend d'autrui, à qui t'en prends-tu? Est-ce aux atomes ou aux dieux? L'un et l'autre seraient folie. Ne te plains jamais d'un autre homme; car, ou il faut le corriger si tu le peux; ou si tu ne le peux pas, il faut redresser la chose; et si cela même passe ton pouvoir, pourquoi encore se plaindre? Il ne convient pas de rien faire en vain.

XX.

Efface toutes ces imaginations, en te disant sans cesse : il est tout à l'heure en mon pouvoir de ne laisser dans ce cœur aucune méchanceté, aucune cupidité, en un mot, aucune sorte de passion. Mais pourvu que je voie bien la vraie qualité des objets, il m'est permis d'en user suivant le mérite de chacun.

Souviens-toi de cette faculté conforme à la nature.

XXI.

Ne te trouble point, en te faisant un tableau de tout le reste de la vie. Garde-toi de te représenter à la fois le nombre et la grandeur des peines que tu auras probablement à souffrir. Mais à mesure qu'il t'arrive quelque chose, demande-toi : Qu'est-ce qu'il y a là d'insupportable, d'insoutenable? car tu rougiras de t'en faire l'aveu. Ensuite rappelle-toi cette vérité, que ce n'est ni l'avenir ni le passé qui t'incommodent; c'est toujours le présent. Mais l'objet présent n'est presque rien, quand on ne lui donne que sa juste étendue, et qu'on demande à son ame, avec reproche, si elle ne peut pas porter un si mince fardeau.

XXII.

Je n'ai jamais chagriné personne que malgré moi; pourquoi faut-il que je me chagrine moi-même?

XXIII.

· C'est bien la peine que pour si peu de chose mon ame devienne misérable, qu'elle se dégrade elle-même, qu'elle soit humiliée, hors d'elle, confondue avec le corps, consternée. Hé! que trouveras-tu qui le mérite?

XXIV.

Si quelque objet du dehors te chagrine, ce n'est pas lui qui cause ton chagrin, c'est le jugement que tu en portes, et il ne tient qu'à toi de l'effacer sur-le-champ de ton ame.

Si c'est des dispositions de ton cœur que tu te chagrines, pourquoi ne corriges-tu pas les opinions qui en sont la cause?

De même si tu te chagrines de ne pas faire quelque chose qui te paraît conforme à la saine raison, que ne la fais-tu plutôt que de te chagriner? Mais une force supérieure m'en empêche. Ne te chagrine donc pas, puisqu'il n'y a pas de ta faute.

Mais il est honteux de vivre si je ne fais cette action. Sors donc de la vie avec autant de tranquillité qu'en a en mourant celui qui la fait : mais pardonne à ceux qui t'auront fait violence.

XXV.

Il faut laisser les fautes d'autrui où elles sont.

XXVI.

Tu as souffert des peines d'esprit sans nombre, pour n'avoir pas fait consister ton bonheur à faire tout ce qu'exige la constitution d'un être raisonnable. C'en est assez.

XXVII.

Il te sera facile d'écarter loin de toi beaucoup d'inutilités qui te troublent, quoiqu'elles dépendent entièrement de l'idée que tu t'en formes. Mets-toi sur-le-champ bien au large. Représente-toi le monde entier. Représente-toi ton propre siècle. Vois quel rapide changement dans chaque ordre d'êtres! Quel petit espace il y a de leur naissance à leur dissolution! Quel espace immense les a précédés! Quel espace immense les suit!

XXVIII.

Si tu vis dans ta maison, tu y es accoutumé; si tu en sors, tu l'as voulu; si tu meurs, ta tâche est faite; et voilà toute la vie. Sois donc tranquille.

XXIX.

Celui qui s'enfuit de chez son maître est un déserteur. La loi est notre maître; donc celui qui la viole est un déserteur. Il en est de même de celui qui s'afflige, qui se fâche, qui craint, qui se refuse à ce qui a été fait, ou se fera par une suite des arrangements de celui qui gouverne toutes choses. Il est la loi; c'est lui qui distribue à chacun son lot. Donc celui qui craint, qui s'afflige, qui se fâche, est un déserteur.

XXX.

Puisqu'il est vrai que les choses dont le desir ou la

crainte te troublent ne s'approchent pas de ton ame, et que c'est au contraire ton ame qui, en quelque sorte, s'approche d'elles par l'opinion qu'elle s'en forme, arrête donc cette opinion. Les objets resteront immobiles ; on ne te verra plus les desirer ni les craindre.

XXXI.

Tout n'est qu'opinion, et l'opinion dépend de toi : chasse-la, il t'est libre ; et comme le navigateur qui a doublé un cap, tu trouveras un temps serein, de la stabilité, un golfe uni et calme.

XXXII.

Rejette ces préjugés, te voilà sauvé. Qui donc t'empêche de les rejeter ?

XXXIII.

Quand tu es fâché de quelque chose, c'est que tu as oublié que tout arrive selon l'ordre de la nature universelle ; et que les fautes des autres ne sont un mal que pour eux ; et encore que tout ce qui se fait dans le monde s'est toujours fait et se fera, et qu'il se fait partout.

Tu as oublié quel est le lien de parenté qui unit chaque homme à tout le reste du genre humain, non par le sang et la naissance, mais par une participation commune à la même intelligence.

Tu as oublié que l'esprit de chacun de nous est un dieu émané de l'Être suprême. De plus, que nous ne possédons rien en propre de notre fonds, puisque même nos enfants, notre corps et notre ame nous sont venus de cet Être suprême. Que d'ailleurs tout est opinion. Et qu'enfin la vie de chacun se réduit à la jouissance du moment présent, et qu'on ne peut perdre que ce moment.

XXXIV.

Aujourd'hui je me suis échappé de tous les embarras qui m'entouraient, ou, pour mieux dire, je les ai mis dehors; car ils n'étaient pas autour de moi, ils étaient dans mes opinions.

CHAPITRE XIII.

ÊTRE CONTENT DE TOUT CE QUI ARRIVE.

I.

Songe que, comme il serait ridicule de trouver étrange qu'un figuier porte des figues, il ne l'est pas moins de trouver étranges les événements que le monde porte en abondance. C'est comme si un médecin et un pilote trouvaient étranges les accidents de la fièvre et des vents contraires.

II.

Tout ce qui arrive est aussi ordinaire et aussi commun que les roses le sont au printemps, et les fruits des arbres en été. Telles sont la maladie, la mort, la calomnie, les conjurations; tel est en un mot tout ce qui réjouit ou afflige les sots.

III.

Songe combien en un instant il se passe de mouvements divers dans le corps et dans l'ame de chacun de nous, et tu ne seras plus étonné du concours des événements qui se passent en beaucoup plus grand nombre dans cet être unique et périssable et universel que nous appelons le monde.

IV.

Ou la nature t'a donné assez de force pour supporter tout ce qui arrive, ou elle ne t'en a pas donné assez. Si tu as reçu assez de force, uses-en, et ne te fâche point. Et si l'accident est au-dessus de tes forces, prends encore patience, car en te consumant il se consumera aussi. Mais souviens-toi que, par ta nature, tu peux supporter tout ce qu'il est en ton pouvoir de rendre supportable et soutenable, en considérant ton vrai intérêt ou ton honneur.

V.

La nature de l'univers a reçu pour sa tâche de transporter là ce qui est ici, de le changer de forme, de l'ôter encore de sa place pour le mettre en une autre. Ce n'est que révolutions. Ne crains donc rien. Il n'y a rien de nouveau, rien qui ne soit ordinaire; mais de plus, tout est dispensé avec égalité.

VI.

Il ne peut arriver aucun accident à l'homme qui ne soit pour un homme, ni au bœuf qui ne soit pour un bœuf, ni à la vigne qui ne soit pour une vigne, ni à un rocher qui ne soit propre à un rocher. Si donc ce qui arrive à chacun de ces êtres est un événement ordinaire attaché à son existence, pourquoi recevrais-tu avec peine ceux qui te regardent? La commune nature n'a pas fait pour toi seul des choses insupportables.

VII.

Aime uniquement ce qui t'arrive et qui a été lié à ta destinée; y a-t-il rien de plus convenable?

23.

VIII.

Euripide a dit : La terre aime la pluie, et l'air aime à la donner.

Il semble que le monde aime à faire tout ce qui devait s'y passer. Je dis donc au monde : Je joins mon amour au tien.

Ne dit-on pas aussi, qu'il aime, qu'il a coutume [1] d'arriver.

IX.

Tout ce qui pourra t'arriver était préparé de toute éternité. La combinaison des causes avait été faite de toute éternité, pour l'amener et le faire concourir avec ton existence.

X.

C'est folie de chercher en hiver des figues sur un figuier ; et tel est celui qui cherche partout son cher enfant, lorsqu'il ne lui a plus été donné de l'avoir.

XI.

Un œil sain doit être en état de regarder tout ce qui est visible, et ne pas dire, je veux du vert, car c'est le langage d'un œil malade. De même, dans l'état de santé, les organes de l'ouïe et de l'odorat sont prêts à recevoir toutes sortes de sons ou d'odeurs, et un bon estomac digère indifféremment toutes sortes d'aliments, comme une meule de moulin est faite pour broyer toute sorte de grains. Il faut donc aussi qu'une raison bien saine soit préparée à tout ce qui peut arriver. Celle qui dit : Oh ! que mes enfants vivent ! oh ! que je sois loué de tout le monde ! est un œil qui

---

[1] Dans le grec et le latin on dit : Il aime, pour il a coutume.

desire du vert, ou des dents qui veulent du tendre

XII.

Il n'arrive rien à personne, qu'il ne soit né en état de porter. Les mêmes accidents sont arrivés à d'autres qui, par défaut de connaissance ou par ostentation de grandeur d'ame, sont restés fermes et insensibles à ce qui leur arrivait. N'est-il pas affreux que l'ignorance et la vanité aient plus de pouvoir que la sagesse !

CHAPITRE XIV.

FORCE DE L'AME CONTRE LA DOULEUR.

I.

Ce qui n'empire pas l'essence de l'homme en elle-même, ne saurait empirer la condition de sa vie, ni blesser véritablement l'homme, soit au dehors, soit au dedans. C'est pour un bien que la nature est obligée de faire ce qu'elle fait.

II.

Pour tous les cas de douleur, tiens prête cette réflexion, que la douleur n'est rien qui puisse te faire rougir, qu'elle ne dégrade pas l'intelligence qui te gouverne, et qu'elle ne l'altère ni dans sa substance, ni dans ses qualités sociales.

Appelle aussi à ton secours, en bien des cas de douleur, ce mot d'Épicure, qu'il n'y a rien là d'impossible à supporter, ni que tu puisses regarder comme éternel, si tu te souviens que tout a des bornes, et si tu n'y ajoutes pas tes imaginations.

Souviens-toi encore de ceci : il y a plusieurs choses

approchantes de la douleur, qui te fâchent intérieure-
ment, comme l'envie de dormir, le grand chaud, le
dégoût. Lorsqu'il te fâche d'être dans une de ces situations, dis-toi à toi-même que tu succombes à la
douleur.

III.

La nature n'a pas si intimement uni l'esprit de
l'homme à une machine, qu'il ne puisse toujours se
renfermer dans lui-même, et s'occuper des fonctions
qui lui sont propres.

IV.

Arrive tout ce qui voudra au dehors à ces membres
qui peuvent être altérés par un accident. Que ce qui
souffre se plaigne s'il veut. Pour moi, si je ne pense
pas que cet accident est un vrai mal, je ne suis pas
encore blessé. Or, je suis le maître de ne pas le penser[1].

V.

Je suis composé d'un corps et d'une ame. Tout est
indifférent au corps, puisqu'il ne peut rien discerner.
Quant à mon entendement, tout ce qui n'est pas ses
propres opérations lui est indifférent. Or tout ce qui
est ses propres opérations dépend de lui : ce qui doit
s'entendre uniquement de ses opérations présentes;
car pour ce qui est de ses opérations à venir ou pas-
sées, elles lui sont indifférentes actuellement.

---

[1] Marc-Aurèle se dit ailleurs à lui-même : « Tu es composé de trois
« choses : du corps, de la faculté de sentir et de végéter, et d'une intel-
« ligence. Les deux premières t'appartiennent pour en prendre quelque
« soin; et la troisième est proprement toi-même. » (Mens cujusque is est
quisque. CICER. Somn. Scipionis, c. 8.)

VI.

Les choses ne touchent point du tout elles-mêmes notre esprit. Il n'y a nul accès pour elles jusqu'à lui. Elles ne peuvent pas le faire changer ni le mouvoir. Lui seul se change et se meut soi-même ; et tels que sont les jugements qu'il se croit digne d'en porter, tels deviennent à son égard les objets qui se présentent.

VII.

Ton mal n'est pas dans l'esprit d'un autre ni dans le changement et l'altération de ce qui enveloppe le tien. Où est-il donc? Il est dans la partie de toi-même qui a jugé des maux. Qu'elle ne juge donc plus, et tout ira bien. Quoique le corps, si voisin de cette partie, soit coupé, brûlé, ulcéré, en pourriture, qu'elle reste tranquille ; ou plutôt qu'elle juge que ce qui arrive également à un homme vertueux et à un méchant n'est ni bon ni mauvais pour elle. Car enfin ce qui arrive également à celui-là même qui vit selon la nature, et à celui qui ne la prend pas pour guide, n'a aucun rapport avec elle : ni conformité, ni opposition.

VIII.

Le mal d'une nature animale est de ne pouvoir faire usage de tous ses sens, ou de ses appétits naturels. Le mal des plantes est de ne pouvoir végéter. De même donc le mal d'une nature intelligente est que l'esprit ne puisse pas faire ses fonctions. Applique-toi maintenant ces définitions du mal. Ressens-tu quelque atteinte de douleur ou de volupté? c'est l'affaire de l'ame sensitive. Se trouve-t-il un obstacle à l'accomplissement de ton desir? Si tu l'as formé sans condition ni exception, alors cette faute est un mal pour ta partie raisonnable. Mais si tu regardes l'obstacle comme un événement commun et ordinaire, tu n'en auras pas été blessé, et l'obstacle n'en aura pas été un pour toi. Il est certain que nul autre que toi n'a jamais empêché ton esprit de faire les fonctions qui lui sont propres. En effet, ni le fer, ni le feu, ni un tyran, ni la calomnie, rien en un mot ne peut en approcher. Lorsqu'il s'est ramassé dans lui-même comme en forme de ballon, sa rondeur est inaltérable.

IX.

Que ton guide, la partie dominante de ton ame, reste inébranlable, malgré les impulsions douces ou rudes que la chair éprouve. Qu'au lieu de se confondre avec la chair, elle se renferme chez elle, et qu'elle confine les passions dans le corps. Que si, par une sympathie dont la cause ne dépend pas d'elle, la passion s'étend jusqu'à l'esprit, à cause de son union avec le corps, il ne faut pas s'efforcer alors de repousser un sentiment qui est dans l'ordre naturel; mais il faut que mon guide se garde bien d'y ajouter, de son chef, l'opinion que ce soit pour lui un bien ou un mal.

X.

Sur la douleur. Ce qui est insupportable tue. Ce qui dure est supportable. Cependant mon esprit, se renfermant chez lui, conserve la tranquillité qui lui est propre. En effet, mon guide n'en est pas dégradé. Quant à ces organes empirés par la douleur, qu'ils s'en plaignent s'ils ont quelque pouvoir.

XI.

Ou la douleur est un mal pour le corps (qu'il s'en plaigne donc), ou elle en est un pour l'ame. Mais il ne tient qu'à celle-ci de conserver la sérénité, la paix qui lui est propre, et de ne pas croire que ce soit un mal pour elle. En effet, ce qui discerne, ce qui desire et ce qui craint, réside tout entier au dedans de nous ; aucun mal ne peut monter jusque-là.

XII.

Souviens-toi que l'esprit qui te guide se rend invincible, lorsque, recueilli au dedans de soi, il veut se suffire à lui-même et ne faire que sa volonté, sans avoir d'autre raison de sa résistance. Que sera-ce donc, lorsqu'à l'aide de la raison il aura jugé de quelque chose après en avoir examiné les circonstances ?

C'est ainsi qu'une intelligence libre de passion est une forte citadelle. L'homme ne saurait trouver de plus sûr asile pour n'être jamais asservi. Celui qui ne le connaît pas a été mal instruit, et celui qui, le connaissant, ne s'y retire pas, est misérable.

XIII.

Je peux affranchir ma vie de toute souffrance, et la passer dans la plus grande satisfaction de cœur, quand les hommes viendraient, à grands cris, me charger de tous les outrages dont ils pourraient s'aviser, quand même les bêtes féroces viendraient mettre en pièces les membres de cette masse de boue qui m'enveloppe. Car, dans tous ces cas, qu'est-ce qui empêche mon entendement de se maintenir dans un état paisible, de juger au vrai de ce qui se passe autour de lui, et de tourner promptement à son usage ce qui se présente. Mon jugement ne peut-il pas dire à l'accident : Tu n'es au fond que cela, quoique l'opinion te fasse paraître autre chose? Mon ame exercée ne peut-elle pas dire à l'accident : Je te cherchais, car dans tout ce qui se passe, je trouve, comme être raisonnable et sociable, occasion de pratiquer la vertu, d'exercer cet art qui convient et à l'homme et à la divinité. En effet, tout ce qui arrive est propre à me rapprocher, ou de Dieu, ou de l'homme. Il n'y a rien de nouveau ni de difficile à manier. Au contraire, tout est connu et fait pour la main.

XIV.

Ou tout ce qui arrive coule d'une seule source intelligente, comme dans un seul corps, et il ne convient pas qu'une partie se plaigne de ce qui se fait pour le grand tout : ou bien il y a des atomes qui se mêlent et se dispersent, et rien de plus. Pourquoi te troubler? Peux-tu dire de l'esprit qui te guide : Tu es un corps privé de vie, tu n'es que corruption, tu n'es plus qu'un animal sans raison, tu n'as qu'une belle apparence, tu n'es bon qu'à me faire vivre en troupe et repaître[1]?

XV.

Tu es une ame qui porte un cadavre, comme l'a dit Épictète.

---

[1] Le sens de ce texte difficile me paraît être : « En supposant le système des atomes, l'intelligence me reste pour me conduire, et elle est fort différente, tant de la matière que d'une ame animale. » J'ai suivi à la fin l'édition de Basle, de l'année 1368, et le manuscrit du Vatican, où il y a plusieurs points d'interrogation.

XVI.

Ce qu'on dit communément qu'un médecin a ordonné à un malade, de monter à cheval, ou de se baigner à l'eau froide, ou de marcher pieds nus, on peut le dire de la nature de l'univers, qu'elle a ordonné à un tel homme d'avoir une maladie, ou d'être estropié, ou de faire telle perte, ou autres choses semblables. Car comme ce mot *ordonné* signifie, pour le médecin, qu'il a mis en ordre les moyens propres à rétablir la santé, il signifie de même, à l'égard de la nature, qu'elle a mis ce qui arrive à chacun dans l'ordre qui convenait à la destinée générale ; et nous disons *convenait* dans le même sens qu'un architecte dit que des pierres carrées conviennent à un mur ou à une pyramide, parcequ'elles s'y arrangent bien les unes avec les autres pour faire un certain tout.

En général, il n'y a qu'une seule harmonie ; et comme l'ensemble de tous les corps fait le monde entier tel qu'il est, ainsi le jeu de toutes les causes produit une condition particulière qu'on nomme destinée. Ce que je dis est connu des plus ignorants ; car ils disent : Son destin le portait ainsi. C'est dire, le portait, par une certaine disposition des choses.

Recevons donc ce qui arrive, comme nous recevons les ordonnances des médecins. Il y a dans ce qu'ils ordonnent bien des choses désagréables, auxquelles pourtant nous nous soumettons de bon gré, par l'espérance de guérir. Regarde l'exécution et l'accomplissement de ce que la commune nature a jugé à propos d'ordonner du même œil que ta santé. Soumets-toi de bon gré à tout ce qui arrive, quelque dur qu'il te paraisse, comme à une chose qui doit contribuer à la santé du monde, au succès des vues du grand Jupiter et à son bon gouvernement : car il ne te l'eût point envoyé, s'il n'eût eu en vue l'utilité de l'univers. La nature ne porte jamais rien qui ne convienne à ce qu'elle gouverne.

Voilà donc deux raisons pour toi d'embrasser tout ce qui t'arrive. La première, que cela fut fait pour toi, combiné pour toi, et qu'il t'appartenait en quelque sorte, ayant été lié là-baut à ton existence par une suite de très anciennes causes ; la seconde, parceque ce qui a été affecté à chacun en particulier contribue au succès des vues de celui qui gouverne toutes choses, et à leur donner de la perfection et même de la consistance. Car le grand tout se trouverait mutilé, si tu pouvais retrancher quelque chose de la continuité et de la liaison, tant de ses parties que de son action ; or, tu fais autant que tu le peux ce retranchement, lorsque tu supportes avec peine un accident, et que tu l'ôtes en quelque sorte du monde.

CHAPITRE XV.

RÈGLES DE DISCERNEMENT.

I.

Si tu as la vue fine, dit quelqu'un, sers-t'en pour juger comme les hommes les plus sages.

II.

Les objets se tiennent immobiles hors de l'enceinte

de nos ames ; ils ne se connaissent pas eux-mêmes, et ne peuvent nous apprendre ce qu'ils sont. Qu'est-ce donc qui nous l'apprend ? C'est la raison qui nous guide.

III.

Socrate, dans ses discours, mettait les maximes débitées par bien des gens au rang de ces loups-garous dont on fait peur aux petits enfants.

IV.

Il faut contempler, tout nus et dépouillés de leurs écorces, les motifs, les rapports des actions ; ce que c'est que la douleur, la volupté, la mort, la gloire. Quelle est la cause qui nous ôte un repos que personne n'a le pouvoir de nous ôter ? Tout dépend de nos opinions.

V.

Quel moyen de connaître ici la vérité ? C'est l'analyse des objets dans leur matière, et le principe de leur action.

VI.

Regarde au dedans de chaque chose. Prends garde que rien ne t'échappe sur sa qualité et sa valeur intrinsèque.

VII.

Quelle idée faut-il que je prenne des viandes et autres aliments qu'on me sert ? Ceci est un cadavre de poisson, cela un cadavre d'oiseau ou de cochon ; de même aussi cet excellent vin est un peu de jus exprimé de quelques grappes de raisin ; cette robe de pourpre, un tissu de poils de brebis, imbibé du sang d'un coquillage. Quant aux plaisirs de l'amour, c'est[1] *un diletico dell' intestino, e con qualche convulsione una egestione d'un moccino.* Ces idées, qui vont droit au fait, et qui percent au dedans des objets, donnent à connaître tout ce qu'ils sont. Il faut en user ainsi sur toutes les choses de la vie. Sitôt qu'un objet se présente à l'imagination comme fort estimable, il faut le mettre à nu, considérer son peu de valeur, le dépouiller de tout ce qui lui donnait un air de dignité. Un beau dehors est un dangereux séducteur. Lorsque tu crois le plus fortement ne t'attacher qu'à une chose honnête, c'est alors qu'elle te fait le plus d'illusion. Vois donc ce que Cratès et Xénocrate disent à ce sujet.

VIII.

Une araignée se glorifie d'avoir pris une mouche ; et parmi les hommes, l'un se glorifie d'avoir pris un lièvre ; un autre, un poisson ; celui-ci, des sangliers ou des ours ; et celui-là, des Sarmates. Mais si tu examines bien quels ont été les motifs et les principes de cette dernière classe, ne diras-tu pas que ce sont aussi des brigands[2] ?

IX.

As-tu oublié que ces gens, qui louent et blâment les autres avec orgueil montrent le même orgueil à ceux qui les voient au lit, à table? As-tu oublié quelle

---

[1] La délicatesse de notre langue ne permettant pas de traduire cet endroit du texte, j'ai emprunté la version italienne du cardinal François Barberin, page 149 de l'edition de 1675, faite à Rome.

[2] Marc-Aurèle prit aussi des Sarmates; mais ce fut dans une guerre purement défensive, et qu'il fit toujours à regret, quoique avec la plus intrépide et la plus constante fermeté.

est leur conduite, ce qu'ils craignent ou ce qu'ils ambitionnent, et les injustices qu'ils font? Ce ne sont pas leurs mains ou leurs pieds qui sont coupables; c'est la plus précieuse partie d'eux-mêmes, qui produit, lorsqu'elle le veut, la foi, la pudeur, la justice, la sincérité, un bon génie.

X.

Accoutume-toi, autant que tu le pourras, à analyser tout ce qui frappe ton imagination, selon les règles de la nature, de la morale, et d'un juste raisonnement.

XI.

Qu'est-ce qu'une telle chose en elle-même, par sa constitution propre? quelle est sa substance et sa matière? quel est le principe de son action? que fait-elle dans l'univers? combien de temps durera-t-elle?

XII.

Pense d'où chaque être est venu; de quels éléments il a été composé; quels changements il éprouvera; ce qui en pourra résulter: et tu verras qu'il ne peut lui en arriver aucun mal.

XIII.

Considère toujours que tout ce qui se fait n'est que changement de forme, et que la nature n'aime rien tant qu'à changer les choses qui sont, pour en faire de nouvelles de même espèce. Tout ce qui existe est comme la semence de ce qui en viendra. Mais toi tu n'entends par semence que celle que l'on jette dans le sein de la terre, ou d'une mère. C'est être bien grossier.

XIV.

Prends l'habitude, en voyant les actions d'autrui, de te faire, autant qu'il se pourra, cette question : quel est le but que cet homme se propose ? Mais songe d'abord à tes propres actions, et commence par t'examiner toi-même.

XV.

Prends aussi l'habitude d'écouter sans distraction ce qu'on dit ; et entre, autant qu'il se pourra, dans l'esprit de celui qui parle.

XVI.

Tâche de connaître la qualité du principe actif de chaque chose, et, faisant abstraction du matériel, contemple la nature. Détermine ensuite combien de temps ce principe particulier doit subsister pour le plus, suivant l'ordre de la nature.

XVII.

C'est avoir passé trop de temps à te rendre misérable, à murmurer, à faire des grimaces ridicules. Qu'est-ce qui te trouble ? Qu'est-ce qu'il y a de nouveau dans ces accidents ? Qu'est-ce qui te fait perdre courage ? Est-ce la cause par excellence ? Considère sa nature pleine de bonté. Est-ce la matière ? Fais attention à sa qualité purement passive. Il n'y a rien de plus. Montre donc à l'avenir aux dieux un cœur plus simple et meilleur.

XVIII.

A toutes ces règles il faut en ajouter une, c'est de faire toujours la définition ou la description de l'objet qui viendra frapper mon imagination, afin de voir distinctement et à nu ce qu'il est dans sa substance, considéré dans son tout et séparément dans ses parties, et afin de pouvoir me dire à moi-même son vrai nom, ainsi que le vrai nom des parties dont il est composé, et dans lesquelles il se résoudra. Car il n'est rien de si propre à élever l'ame, que d'analyser avec méthode et justesse tout ce qui se rencontre dans la vie, et que d'examiner toujours chaque objet d'une façon à pouvoir aussitôt connaître à quel système de choses il appartient, de quelle utilité il y est, quel rang il tient dans l'univers, et relativement à l'homme, puisqu'il est citoyen de cette ville céleste, dont les autres villes ne sont en quelque manière que les maisons.

Quel est donc en particulier cet objet-ci, qui vient de me saisir l'ame? De quels éléments a-t-il été fait? Combien doit-il durer? Quelle vertu faut-il pratiquer à son occasion? Est-ce, par exemple, la douceur, la force, la sincérité, la foi, la simple résignation, la frugalité, ou quelqu'une des autres vertus?

Il faut se dire en toute rencontre : ceci me vient évidemment de Dieu; et telle autre chose me vient par une suite nécessaire du système général, de la liaison, et du tissu de toutes choses, dont il a dû résulter particulièrement un tel concours et une telle rencontre.

Quant à cet autre cas, il me vient de mon concitoyen, de mon allié, de mon compagnon, qui par malheur ignore ce qui convient à notre propre nature. Mais je ne l'ignore pas; c'est pourquoi je le traiterai avec humanité et justice, selon la loi naturelle d'une société d'hommes. Cependant je n'oublie pas à quel rang je dois mettre ce qui m'arrive, puisqu'il est du nombre des choses moyennes qui ne sont ni bonnes ni mauvaises par leur nature.

CHAPITRE XVI.

OBJETS DIGNES DE NOTRE ESTIME.

I.

Ce qui rend l'homme estimable, n'est pas d'être poussé des vents, comme les plantes ; ni de respirer, comme les animaux privés ou sauvages ; ni d'avoir une imagination propre à recevoir l'impression des objets, ni d'être secoué par ses appétits, comme une marionnette l'est par les cordons qu'on tire ou qu'on lâche ; ni d'être un animal de compagnie, ni de savoir prendre de la nourriture ; car se nourrir et rejeter ce qu'il y a de superflu dans les aliments, ce sont des fonctions de même genre.

Qu'est-ce donc qui honore véritablement l'homme ? Est-ce d'être accueilli avec des battements de mains ? Non ; ni par conséquent de l'être avec des acclamations et des louanges, puisque les acclamations et les louanges de la multitude ne sont aussi que du bruit. Laissons donc là toute cette méprisable gloire.

Que reste-t-il qui distingue et relève en effet un homme? c'est, à mon avis, de savoir diriger et contenir tous les mouvements de son ame, au point de ne faire que des actions propres à la constitution d'un être raisonnable ; imitant en cela les gens d'art et de métier, qui n'ont point d'autre objet que de faire toutes les préparations convenables à l'ouvrage pour lequel ils les font. Tel est l'objet du jardinier, du vigneron, de celui qui dompte des chevaux ou qui dresse des chiens. A-t-on un autre but dans l'éducation et les instructions qu'on nous donne?

Voilà donc ce qui rend l'homme véritablement digne d'estime; et si tu parvenais une fois à cette perfection, tout autre objet te deviendrait indifférent.

· Quand cesseras-tu de faire cas de tant d'autres choses? Tu ne seras donc jamais libre, ni content de toi, ni exempt de trouble; car tu auras nécessairement de l'envie, de la jalousie, des soupçons contre ceux qui pourraient t'enlever ces biens imaginaires; tu tendras même des piéges à ceux qui possèdent ce que tu estimes tant. Or, il est impossible qu'avec de tels desirs on ne soit pas dans le trouble, et qu'on ne murmure pas contre les dieux, au lieu que l'homme qui honore et respecte uniquement son ame, est toujours content de lui-même, agréable aux autres hommes, et d'accord avec les dieux; c'est-à-dire qu'il les remercie de tout ce qu'ils lui envoient et qu'ils lui avaient destiné.

II.

Garde-toi de jamais estimer, comme un bien qu'il te serait utile de posséder, ce qui t'obligerait un jour à manquer de foi, à violer la pudeur, à haïr quelqu'un, à le soupçonner, à le maudire, à le tromper, enfin à desirer des choses qui ont besoin de voiles et de murailles pour être cachées.

Celui qui donne le premier rang d'estime à son ame, à ce génie divin qui l'éclaire, et au sacré culte de vertus qui lui conviennent, ne fait pas comme les héros de tragédie; il ne pousse point de gémissements sur son sort. Il n'évitera ni la solitude, ni le grand monde, et surtout il passera sa vie sans rien ambitionner ni craindre, se mettant peu en peine si son ame sera pendant un court ou un long espace de temps enveloppée d'un corps. Il serait aussi prêt à mourir dans le moment, s'il le fallait, qu'il est prêt à remplir toute autre fonction décente et honnête. Il ne craint que d'omettre pendant le cours de sa vie quelqu'une des fonctions propres à un être intelligent et sociable.

III.

Pense très souvent combien il est mort d'hommes de toute espèce, de toutes professions, de tous pays, de toutes nations. Parcours les premiers temps jusqu'à ceux de Philistion (contemporain de Socrate), de Phœbus, d'Origanion. Considère ensuite les autres classes d'hommes.

C'est donc là qu'il faut nous rendre tous, où se sont déja rendus tant de grands orateurs, tant de graves philosophes, Héraclite, Pythagore, Socrate; tant de héros de l'antiquité; après eux, tant de capitaines et de rois, et avec ceux-ci les astronomes Eudoxe et Hyparque, le géomètre Archimède, et tant d'autres génies célèbres par leur pénétration, leurs grandes pensées, leur amour pour le travail, ou bien par leurs subtilités et leur orgueil; où sont encore ceux qui ont parlé avec dédain de cette vie mortelle et de si courte durée, tels que Menippe et bien d'autres.

Songe que tous ces gens-là sont morts depuis longtemps. Qu'y a-t-il de fâcheux pour eux et pour tant d'autres dont les nóms sont oubliés ! Il n'y a donc ici-bas qu'un seul objet qui mérite d'occuper nos pensées : c'est de vivre avec douceur parmi des hommes menteurs et injustes, sans jamais nous écarter nous-mêmes de la vérité et de la justice.

IV.

Qu'un autre soit plus fort que toi à la lutte, mais qu'il ne soit pas plus sociable, plus modeste, mieux disposé aux accidents de la vie, plus indulgent aux fautes du prochain.

V.

Pour empêcher que le chant, la danse, ou le spectacle des exercices réunis ne t'affectent trop, considère-les par parties. Demande-toi sur le chant : Est-ce un tel ton qui me ravit? Et sur la danse : Est-ce un tel pas, un tel geste qui m'enlève? Tu n'oserais te l'avouer. Uses-en de même dans les spectacles réunis.

En général, dans tout ce qui n'est pas la vertu, ou provenant d'elle, n'oublie pas de porter au plus vite la pensée en détail sur ce qui compose l'objet, afin que cette analyse en diminue l'impression : et applique cette méthode à toute la vie.

VI.

Rappelle-toi souvent les grands exemples de colère, d'honneur, d'infortune, de haine, toute aventure célèbre; puis demande-toi : Qu'est-ce que tout cela est devenu? Fumée, cendre, un conte, pas même un conte.

Autres objets de même nature : Fabius Catullinus à sa maison des champs, Lucius Lupus à Capoue, Stertinius à Baies, Tibère à Caprée, et Velius Rufus ; combien tout cela est différent de l'opinion qu'on en avait! Que le but de tant d'efforts était vil !

Ah! qu'il est bien plus sage, quoi qu'il arrive, de se montrer juste, modéré, soumis aux dieux! mais avec simplicité ; car l'ostentation de modestie est tout ce qu'il y a de pire.

VII.

Qu'est-ce que cette partie du temps qui t'a été donnée dans l'immensité des siècles? Elle disparaît si vite dans l'éternité! Quelle est ta part de la masse de la matière? de l'ame universelle? Qu'est-ce que cette motte de la terre où tu rampes? Médite bien tout cela. N'imagine rien de grand que de faire ce que la nature exige, et de souffrir ce que la commune nature t'apporte.

CHAPITRE XVII.

SUR LES VÉRITABLES BIENS.

I.

Si dans la vie humaine tu trouves quelque chose de mieux que la justice, la vérité, la tempérance, la force, et en général que d'avoir une ame qui se suffit à elle-même, en ce qu'elle te fait agir en tout par la droite raison, et qu'elle s'abandonne au destin sur sa part des accidents qui ne dépendent pas d'elle ; si, dis-je, tu connais quelque bien plus excellent, dirige et objet toutes les puissances de ton ame, et entre en possession de cette précieuse découverte. Mais si tu ne vois rien de meilleur que le génie même qui réside en toi, qui commande à tes propres désirs, qui examine tout ce que l'imagination te présente, qui se sauve, comme le disait Socrate, loin des atteintes des sens, qui se soumet lui-même aux dieux, et qui aime les hommes ; si tout le reste te paraît bas et vil en comparaison de lui, ferme ton cœur à tout autre objet, qui venant une fois à t'attirer, ne te permettrait plus, sans te faire éprouver un tiraillement fâcheux, de donner le premier degré d'estime à ce bien particulier aux êtres de ton espèce, et le seul qui t'appartienne véritablement.

Il n'est pas juste que rien d'étranger vienne contrebalancer le bien de la raison, ce principe de toute action vertueuse. Les louanges de la multitude, les empires, les richesses, les voluptés lui sont étrangers. Si une fois tu fais le moindre cas de ces objets, comme pouvant contribuer à ton bonheur, ils prévaudront dans ton âme et l'entraîneront. Choisis donc, te dis-je, tout ouvertement et en homme libre, ce qu'il y a de mieux, et t'y attache inséparablement.

Mais peut-être ce qui est utile est-il ce qu'il y a de mieux ?

Oui, s'il est utile à l'homme en qualité d'animal raisonnable ; mais s'il ne lui est utile que comme animal, refuse-lui ce nom ; et sans aucun faste ni ostentation, conserve seulement un jugement sain, pour faire un juste et solide parallèle.

II.

Tu connaîtras aussi par cette remarque l'opinion que le vulgaire a du bien.

Si on fait à quelqu'un la peinture de ce qui est essentiellement bon, comme de la prudence, de la tempérance, de la justice, de la force, il n'entendra pas sans peine que l'on ajoute quelque bon mot à cette image, parcequ'il en jugera par son idée du bien. Mais si on lui peint ce que le peuple croit être des biens, il entendra et recevra le bon mot d'un comique, par où il montre qu'il sent les différences, car autrement il serait choqué de la plaisanterie et la jugerait mauvaise. En effet, nous l'excusons tous, et la trouvons agréable et à propos lorsqu'il s'agit des richesses, du luxe, ou de la pompe d'une grande fortune.

Va donc, et demande s'il faut honorer et regarder comme un vrai bien, des choses dont la peinture est susceptible de ce bon mot : « Sa maison est si pleine « de richesses, qu'il n'y a aucun retrait. »

III.

Ne vante pas le prix de tous ces objets, qui n'ajoutent rien à la valeur de l'homme en tant qu'homme. Ils ne font pas partie des qualités qu'on exige de lui. Sa nature ne demande nullement qu'il en jouisse. Ils ne peuvent le rendre plus parfait; ainsi le bonheur auquel il tend ne consiste point à les posséder, ils ne contribuent pas même à le lui procurer.

De plus, si l'homme qui possède quelqu'un de ces objets en valait mieux, ce ne serait donc pas une perfection que de les mépriser, que de les rejeter? Il ne

serait donc plus beau de savoir s'en passer? Ce ne serait donc point un acte de vertu que de s'en dépouiller? Mais ne voyons-nous pas, au contraire, que plus
un homme s'abstient de tous ces prétendus biens, ou
que plus il souffre patiemment d'en être privé, plus
il passe pour vertueux.

IV.

Ce n'est point un mal pour une pierre qui a été je-
tée en haut de tomber, ni un bien pour elle de monter
encore. (Sa situation est un accident étranger à sa nature.)

V.

Si tu mets au rang des biens ou des maux ce qui ne
dépend pas de ta volonté, il est impossible que si un
prétendu mal t'arrive, ou si un prétendu bien t'é-
chappe, tu n'accuses les dieux et ne haïsses les hommes qui en seront ou que tu soupçonneras en être
cause, sans compter les injustices qu'on fait à l'occasion de tous ces objets du dehors, en s'efforçant de les
obtenir ou de les éviter; au lieu que si nous faisons
uniquement consister les biens et les maux dans les
choses qui dépendent de nous, il ne nous restera aucun
sujet de faire le procès à Dieu et la guerre à l'homme.

VI.

A quelle sorte de gens ils veulent plaire! Pour quel
intérêt! Et par quelle sorte d'actions! Le temps les
engloutira bientôt les uns et les autres. Combien en
a-t-il englouti déjà!

VII.

Rappelle-toi la fable du rat des champs et du r

de ville, la frayeur de ce premier et sa retraite préci-
pitée vers un toit rustique, loin des troubles qui accompagnent l'opulence.

VIII.

L'homme vain fait dépendre son bonheur de l'action d'un autre, le voluptueux de ses sensations, et le
sage des actions qui lui sont propres.

CHAPITRE XVIII.

PHILOSOPHIE.

I.

Tout est opinion. Il fut dit à ce sujet plusieurs choses évidentes chez Monime le cynique ; et il est clair
qu'on en peut retirer du fruit, pourvu qu'on n'en
prenne que la moelle du vrai.

II.

Combien te vient-il, sur la nature, d'idées que tu
laisses échapper ? Il faut voir et agir en tout de telle
manière que ce qui se présente à faire soit fait, et que
l'action n'exclue jamais la réflexion. Ce double exercice te conservera dans un état de satisfaction qui,
quoique secrète, ne pourra se cacher.

III.

Durée de la vie de l'homme ? un moment. Sa substance ? changeante. Ses sensations ? obscures. Toute
sa masse ? pourriture. Son ame ? un tourbillon. Son
sort ? impénétrable. Sa réputation ? douteuse ; en un
mot tout ce qui est de son corps, comme l'eau qui
s'écoule ; ses pensées, comme des songes et de la fumée ; sa vie, un combat perpétuel et une halte sur une

terre étrangère ; sa renommée après la mort, un pur oubli.

Qu'est-ce donc qui peut lui faire faire un bon voyage? La seule philosophie. Elle consiste à empêcher que le génie qui habite en lui ne reçoive ni affront ni blessure ; à être également supérieur à la volupté et à la douleur ; ne rien faire au hasard ; n'être ni dissimulé, ni menteur, ni hypocrite ; n'avoir pas besoin qu'un autre agisse ou n'agisse pas ; recevoir tout ce qui arrive et qui lui a été distribué, comme un envoi qui lui est fait du même lieu dont il est sorti ; enfin attendre avec résignation la mort, comme une simple dissolution des éléments dont chaque animal est composé. Car si ces éléments ne reçoivent aucun mal d'être changés l'un dans l'autre, pourquoi regarder de mauvais œil, pourquoi craindre le changement et la dissolution de tous? Il n'y a rien là qui ne soit selon la nature. Donc point de mal.

Ceci a été écrit à Carnunte[1].

IV.

Celui-là est philosophe, quoiqu'il n'ait pas de tunique. Celui-ci l'est sans livres. L'un à demi nu, dit : Je manque de pain et je ne m'occupe que de ma raison. Un autre dit : Je manque du secours des autres sciences, et cependant je ne me rebute pas.

Aime cet art où l'on t'a élevé ; repose-toi dans le

---

[1] Carnunte, ville célèbre de la haute Pannonie, sur le Danube. On croit que c'est aujourd'hui le bourg Saint-Peronnel dans l'Autriche. (Tillemont, tome I, page 363.) Il y a apparence que Carnus, dont parle Ptolomée, est la même ville. (Liv. 2, chap. 15 de sa géographie.

sein de la philosophie ; passe le reste de tes jours en
paix, comme ayant remis du fond du cœur, entre les
mains des dieux, le soin de tout ce qui te regarde. Au
surplus ne te rends, ni l'esclave des hommes, ni leur
tyran.

V.

Point d'ennui, point de découragement, point de
dépit contre toi-même, si toutes tes actions ne répondent pas toujours à tes bons principes. T'en es-tu
écarté? reviens-y ; contente-toi d'avoir réussi à faire
souvent des actions plus dignes d'un homme, et d'aimer toujours cette philosophie dont tu te rapproches.
N'y retourne pas comme un écolier que l'on renvoie
à son maître, mais comme un homme qui aurait du
mal aux yeux va de lui-même chercher une petite
éponge, un œuf, un cataplasme, ou une fomen-
tation. Ainsi personne ne te montrera à suivre la
raison. Tu te rendras à elle de ton propre mouvement.

Rappelle-toi que la philosophie exige simplement
que tu vives d'une manière conforme à la nature. Eh
quoi ! tu voudrais vivre contre ta propre nature ?
Voyons lequel des deux est le plus agréable. Le goût
du plaisir nous fait souvent illusion dans ces sortes de
recherches; mais examine bien si on ne goûte pas plus
de satisfaction du côté où se trouvent la grandeur et
l'égalité d'ame, la liberté, la simplicité, la sainteté
des mœurs. Qu'y a-t-il encore de plus satisfaisant que
l'étude de la prudence, qui, nous découvrant les principes certains et les justes conséquences des choses,

nous fait éviter l'erreur et réussir dans nos entreprises?

VI.

Ah! que tu commences bien à voir qu'il n'y a point de genre de vie plus propre à l'étude de la sagesse, que celui que tu observes maintenant.

VII.

Si tu avais une marâtre et en même temps une mère, tu pourrais rendre des devoirs à la première, mais tu reviendrais continuellement auprès de l'autre. Ta marâtre, c'est la cour, et ta mère, c'est la philosophie. Rapproche-toi donc souvent de celle-ci, et va te reposer dans ses bras; c'est elle qui te rend la cour supportable et qui te rend supportable à la cour.

VIII.

Que je fais peu de cas de ces petits politiques qui prétendent qu'on peut faire mener à tout un peuple une vie de philosophes! Ce ne sont que des enfants. O homme! quelle est ton entreprise? Fais de ta part ce que la raison demande. Tâche même, dans les occasions, d'y ramener les autres, pourvu que ce soit sans ostentation. Mais ne compte pas pouvoir jamais établir la république de Platon. Sois content, si tu parviens à rendre les hommes tant soit peu meilleurs : ce ne sera pas peu de chose. Quelqu'un pourrait-il changer ainsi les opinions de tout un peuple? Mais sans ce changement que feras-tu? Des esclaves qui gémiront de la contrainte où tu les tiendras, des hypocrites qui feront semblant d'être persuadés.

Va donc et me parle maintenant du pouvoir abr

d'Alexandre, de Philippe, et des leçons de Démétrius de Phalère. Je ne sais s'ils ont bien connu ce qu'exige la commune nature et s'ils ont cultivé leurs propres mœurs ; mais, s'ils n'ont fait que du bruit sur la scène du monde, je ne suis pas condamné à les imiter.

La philosophie agit d'une manière simple et modeste. N'espère pas réussir à me jeter dans une gravité affectée.

IX.

Une réflexion qui peut encore te préserver de vanité : il ne dépend plus de toi d'avoir pratiqué dès ta première jeunesse les maximes de la philosophie ; car plusieurs personnes savent, et tu le sais bien toi-même, que tu en as été fort éloigné. Ainsi te voilà confondu, et il ne t'est pas aisé d'acquérir le titre honorable de philosophe, parceque ta position y résiste. Si donc tu juges bien de l'état des choses, ne t'embarrasse plus de la réputation que tu pourras laisser. Contente-toi de passer du moins le reste de tes jours d'une manière conforme à ta nature. Applique-toi à connaître les devoirs qu'elle t'impose, et que rien de ce qui t'environne ne te détourne de cette étude.

L'expérience t'apprend qu'après avoir parcouru tant d'objets divers, tu n'as rencontré nulle part le vrai contentement du cœur. Tu ne l'as trouvé, ni dans l'étude de l'art de raisonner, ni dans les richesses, ni dans la gloire, ni dans les plaisirs, enfin nulle part. Où est-il donc ? Dans la pratique des actions que la nature de l'homme demande. Mais comment peut-on se mettre en état de ne faire que de ces actions ? En se formant des maximes et des opinions propres à n'inspirer que des desirs et des actions convenables. Mais encore, quelles sont ces maximes et ces opinions? Celles qu'on doit se faire sur le bien et sur le mal, en reconnaissant qu'en effet il n'y a rien de bon que ce qui rend l'homme juste, tempérant, courageux, libre; et rien de mauvais que ce qui produit des effets contraires.

X.

Épicure dit : Pendant mes maladies, je ne parlais jamais à personne de ce que je ressentais dans mon misérable corps ; je n'avais point, dit-il, avec ceux qui venaient me voir, de ces sortes de conversations. Je ne les entretenais que de ce qui tient le premier rang dans la nature. Je m'attachais surtout à leur faire voir comment notre ame, sans être insensible aux commotions de la chair, pouvait cependant être exempte de trouble, et se maintenir dans la jouissance paisible du bien qui lui est propre. En appelant des médecins, je ne contribuais pas, dit-il, à leur faire prendre des airs importants, comme si la vie qu'ils tâcheraient de me conserver était pour moi un grand bien. En ce temps-là même je vivais tranquille et heureux.

Fais donc comme Épicure dans les maladies, comme dans les autres accidents de la vie. Ne te sépare jamais de la philosophie. En toute occasion évite ces frivoles discours que tient le vulgaire ou le physicien : c'est un devoir commun à toute profession de s'occuper uniquement de sa tâche, et de se bien servir de l'instrument qu'elle a en main pour la faire.

CHAPITRE XIX.

RÈGLES DE CONDUITE.

I.

Il faut avoir toujours à la main ces deux règles :
l'une, de ne rien faire que ce que t'inspire la raison,
ta reine et ta législatrice ; l'autre, de changer d'avis,
s'il se trouve quelqu'un qui te redresse et te retire
de ton opinion ; mais toujours pourvu que les motifs
de ton changement soient une raison probable de justice ou de bien public, ou quelque raison approchante,
et non la satisfaction ou l'honneur qui pourraient t'en
revenir.

II.

Souviens-toi que, même en changeant d'avis et te
soumettant à celui qui te corrige, tu restes également
libre ; car ta nouvelle action est toujours un effet de
ta volonté et de ton discernement : c'est par conséquent une action propre de ton ame.

III.

Que l'on gagne de temps en ne prenant pas garde à
ce que le prochain dit, fait ou pense, mais seulement
à nos propres actions, pour les rendre justes et saintes!
Il ne faut jamais, disait Agathon, regarder autour de
soi les mauvaises mœurs des autres, mais aller devant soi sur une ligne droite, sans jeter les yeux çà
et là.

IV.

Faites peu de choses, dit-on, si vous voulez vivre
content. Ne valait-il pas mieux dire : Faites ce qui est

nécessaire, ce que la condition d'un être sociable exige, et comme elle exige qu'il soit fait? Vous aurez ainsi la satisfaction d'avoir fait des actions honnêtes et d'avoir fait un petit nombre d'actions; car la plupart de nos conversations et de nos actions sont inutiles; et si on les retranche, on en aura plus de loisir, moins de trouble. Il faut donc se redire en chaque occasion : ceci n'est-il pas inutile? Ce ne sont pas seulement les actions inutiles qu'il faut retrancher, mais aussi les imaginations; car si on ne songe à rien d'inutile, on ne fera rien qui le soit.

V.

Travaille, non comme un misérable, ni pour te faire plaindre ou admirer; mais qu'il n'y ait dans ta vie ni action ni repos qui ne se rapportent à l'intérêt de la société.

VI.

Tu avais déjà vu de ces choses-là. Vois celle-ci. Ne te trouble pas, et que ton esprit s'ouvre.

Quelqu'un est-il en faute? cette faute est pour lui seul.

T'est-il arrivé quelque chose? fort bien. Tout ce qui t'arrive fait partie de l'univers; il fut lié dès le commencement à ta destinée, et filé, pour ainsi dire, avec elle.

Après tout, la vie est courte. Il est question de mettre à profit ce qui se présente, selon la raison et la justice.

VII.

Ne te donne du relâche que sobrement.

VIII.

Si quelqu'un met devant toi en question comment s'écrit le nom d'ANTONIN, aussitôt, élevant la voix, tu lui en diras toutes les lettres. Mais si on s'avise de vouloir disputer sur cela, t'amuseras-tu à disputer aussi? Ne continueras-tu pas de prononcer tranquillement toutes les lettres l'une après l'autre?

Fais de même dans la vie; souviens-toi que chacun de tes devoirs est composé d'un certain nombre d'actions suivies : il faut les accomplir ; et, sans te troubler ni te fâcher contre ceux qui se fâchent, suivre ton objet sans te détourner.

IX.

Plie-toi aux événements que l'ordre général t'a destinés ; et quels que soient les hommes avec lesquels le sort te fait vivre, aime-les, mais véritablement.

X.

Ai-je, ou non, assez de génie pour cela? Si j'en ai assez, je m'en sers comme d'un outil que la nature universelle m'a donné. Si je ne m'en trouve pas suffisamment, ou je laisse l'ouvrage à celui qui peut le faire mieux que moi (pourvu que je ne doive pas le faire moi-même), ou bien j'y fais ce que je peux, en prenant un aide qui, sous ma direction, puisse consommer tout ce qu'il faut maintenant pour l'avantage de la société ; car tout ce que je fais par moi-même, ou à l'aide d'autrui, doit tendre uniquement au bien commun et y convenir.

XI.

Ne rougis point de te faire aider. Tu as ton devoir

à faire, comme un soldat commandé pour l'attaque d'une brèche. Que ferais-tu donc si, étant blessé à la jambe, tu ne pouvais y monter seul, et que tu le pusses aidé d'un autre?

XII.

Il faut tenir son corps dans une situation ferme; rien de déréglé dans les mouvements ni dans la contenance : car ce qu'une ame sage et honnête fait voir sur le visage, doit se répéter dans tout le corps; mais le tout sans affectation.

XIII.

L'esprit doit être attentif à ce qui se dit, et l'intelligence entrer dans ce qui se fait, et par qui.

XIV.

Approche-toi de ton objet. Vois quels principes on a, quelles actions on fait, et ce qu'on donne à entendre.

XV.

Que tes discours dans le sénat et ailleurs soient agréables, mais sans brillants. Qu'ils partent d'une raison bien saine.

XVI.

Dans ce qu'on dit, sois attentif aux expressions ; et dans ce qu'on fait, à tous les mouvements. Dans ceux-ci vois promptement à quel but on vise, et dans le reste prends garde au vrai sens.

XVII.

Pénètre jusqu'au fond du cœur de tout le monde, et permets à tout le monde de pénétrer jusqu'au fond du tien.

XVIII.

Vois ce qu'exige ton corps pour végéter. Fais ce qu'il

faut ; nourris-le, de façon pourtant que ta vie animale
n'en soit point altérée. Vois ensuite ce qu'exige ton
corps comme ayant des sens, et n'en rejette pas les
impressions, à moins qu'elles n'altèrent en toi l'ame
raisonnable : je dis raisonnable et en même temps sociable. Observe ces règles, et tu n'auras plus d'inquiétude.

XIX.

Pourquoi s'amuser à des conjectures, quand on
peut voir dans le moment ce qu'il y a à faire ? Si tu le
vois, marche à ton objet paisiblement et avec fermeté.
Si tu ne le vois point, suspens ton jugement, et prends
l'avis de tes meilleurs conseillers. S'il se présente encore quelque difficulté, penses-y, et, selon les circonstances, marche à ce qui te paraîtra le plus juste. C'est
ce qu'il y a de mieux à faire. En allant à ce but, quelle
chute pourrais-tu craindre ?

XX.

Chez les Éphésiens, on avait établi pour loi de rappeler souvent au peuple le souvenir de quelqu'ancien
qui eût été vertueux.

XXI.

Forme le plan de régler ta vie en détail, action par
action. Si chacun a, autant qu'il est possible, sa perfection, c'est assez. Or personne ne peut t'empêcher
de la lui donner. Viendra-t-il quelqu'empêchement du
dehors ? Rien ne peut t'empêcher d'être juste, modéré,
prudent. Mais, peut-être, quelqu'autre chose t'empêchera d'agir ? En ce cas, si tu ne te fâches point contre
cet obstacle, et si tu le reçois avec résignation, il naîtra de là sur-le-champ une autre sorte d'action qui

conviendra également bien au bon règlement que j'ai dit.

XXII.

Il est encore nécessaire de te souvenir que le soin que tu donnes à chaque action doit être proportionné au mérite de la chose, car par ce moyen tu n'auras pas le déplaisir d'avoir donné à des objets de peu de conséquence plus d'application qu'il ne convenait.

XXIII.

Accoutume-toi à tous les exercices qui te sont le moins familiers ; car la main gauche, qui, faute d'habitude, est ordinairement faible, tient pourtant la bride plus ferme que la main droite : c'est qu'elle y est accoutumée.

XXIV.

Tu connaîtras bien la nature des affaires, si tu examines séparément quel en est le fond, quelle en a été la source, et à quoi elles tiennent.

XXV.

Point d'entreprise qui soit vaine et sans objet; point encore qui ne se rapporte à quelque avantage pour la société.

XXVI.

Il est impossible qu'une branche détachée d'une autre ne le soit de l'arbre entier. De même un homme divisé d'avec un autre, est retranché du corps entier de la société. C'est une main étrangère qui coupe la branche; mais c'est l'homme qui se sépare lui-même de son prochain, en prenant de la haine ou de l'aversio·

pour lui. Ah ! il ignore qu'en même temps il rompt
les liens qui l'attachaient à toute la société civile. Il
est vrai que le souverain des dieux, en formant la société, a donné à l'homme l'heureux pouvoir de se
réunir à son semblable, et par là de redevenir partie
d'un même tout ; mais si cette séparation vient à se
faire trop souvent, le rétablissement et la réunion en
deviennent difficiles. Il y a toujours une sensible différence entre une branche qui dès le commencement
a végété et crû avec l'arbre, et celle qui après la séparation y a été remise et entée ; les jardiniers en conviennent.

Restons unis, mais pensons chacun à part.

XXVII.

Prends toujours le plus court chemin ; c'est celui
de la nature. Il consiste à faire et à dire ce qu'il y a
de plus droit. Cette façon de vivre épargne à l'homme
beaucoup de peines et de combats ; elle le délivre du
soin de ménager toute sa conduite, et d'user d'a-
dresse.

XXVIII.

Comme les médecins ont toujours sous la main des
instruments et des outils prêts pour les cures impré-
vues, de même tu dois être muni des principes nécessaires pour connaître tes devoirs envers Dieu et envers l'homme, et pour faire les moindres choses,
comme ayant toujours devant les yeux la liaison de
ces deux sortes de devoirs ; car tu ne feras rien de
bien dans les choses humaines, si tu oublies le rapport qu'elles ont avec Dieu, ni rien de bien dans les

choses divines, si tu oublies leur liaison avec la société.

XXIX.

Souviens-toi de celui qui avait oublié le terme et l'objet de sa route.

Rappelle-toi que les mêmes hommes qui passent leur vie dans le sein de la raison universelle qui gouverne le monde, ont néanmoins des pensées toutes contraires aux siennes, puisqu'ils trouvent étranges les choses qui tous les jours se rencontrent dans leur chemin.

Rappelle-toi de plus qu'il ne faut point agir ni parler comme des gens qui dorment : car alors il leur semble seulement qu'ils parlent et agissent. Qu'enfin il ne faut pas recevoir les opinions de nos pères comme des enfants, c'est-à-dire, par la seule raison que nos pères les ont eues.

CHAPITRE XX.

DÉFAUTS A ÉVITER.

I.

Ne fais rien avec regret, rien de nuisible à la société, rien sans examen, rien par esprit de contradiction. Méprise l'élégance dans les pensées. Parle peu, et ne te charge point de trop d'affaires.

De plus, que le dieu qui est au dedans de toi conduise et gouverne un homme vraiment homme, un sage vieillard, un citoyen, un Romain, un empereur, qui s'est mis lui-même dans l'état d'un homme prêt à quitter la vie au premier coup de trompette.

26.

Qu'on te croie sur ta parole, sans serments ni témoins.

Sois gai et serein sans avoir besoin du secours ni des consolations de personne.

En un mot, sois ferme et droit par toi-même, sans avoir besoin d'étai.

II.

Ne fais rien sans réflexion, ni autrement que dans toutes les règles de ton métier.

III.

Il y a des hommes d'un caractère noir, des hommes efféminés ; d'autres durs, sauvages, brutaux ; d'autres badins, lâches, faux, bouffons, trompeurs, tyrans.

IV.

Ne ressembler ni à un acteur qui joue un rôle de héros, ni à une courtisane.

V.

Les affaires qui t'arrivent du dehors t'attirent de tous côtés ; mais donne-toi du loisir pour apprendre quelque chose de bon, et ne te laisse plus entraîner par le tourbillon.

Évite aussi une autre erreur. C'est folie de se fatiguer toute la vie, sans avoir un but à quoi on rapporte tous les mouvements du cœur, et généralement toutes ses pensées.

VI.

L'ame de l'homme se déshonore elle-même de plusieurs manières ; principalement lorsqu'elle se rend semblable, autant qu'il est en elle, à une sorte d'abcès et de tumeur dans le corps du monde ; car c'est se séparer de la nature dont tous les êtres particuliers font partie, que de supporter impatiemment ce qui s'y fait ; d'avoir de l'aversion pour un autre homme, ou même de s'élever contre lui avec animosité, comme il arrive dans la colère.

Elle se déshonore aussi lorsqu'elle succombe à la volupté ou à la douleur, lorsqu'elle dissimule, qu'elle use de feinte ou de mensonge, par actions, par paroles; lorsqu'elle ne dirige à aucun but son action et les mouvements de son cœur, faisant tout au hasard, et ne mettant à rien ni ordre ni suite.

Il faut rapporter à une fin les plus petites choses. La fin de tous les êtres raisonnables est de suivre la raison et la loi de la plus ancienne des cités et des polices (celle du monde).

VII.

Qu'il ne t'arrive plus de te plaindre devant personne ni de la vie de la cour, ni de la tienne.

VIII.

Recevoir sans fierté, rendre sans peine.

IX.

Quand tu agis n'aie point l'air abattu d'un homme haletant de fatigue.

Point d'inquiétude dans la conversation.

Sois réglé et arrêté dans tes pensées.

Évite également l'air sombre et les saillies de vivacité.

Enfin, ne consume pas ta vie dans les affaires.

X.

A ton réveil, demande-toi : Aurai-je intérêt qu'u

autre que moi fasse des actions justes et honnêtes ?
Non.

XI.

Ces gens-là se méprisent et se caressent? Ils cherchent à se supplanter, et se font des soumissions.

XII.

Que ce discours : « J'ai résolu de traiter franchement avec vous, » suppose de corruption et de fausseté ! Que fais-tu, ô homme? A quoi bon ce préambule? La chose se fera voir d'elle-même. Ce que tu dis a dû, dès le commencement, être écrit sur ton front, éclater dans tes yeux, et s'y laisser lire avec autant de facilité qu'un amant découvre toutes choses dans les yeux de sa maîtresse. Un homme franc et honnête est en quelque sorte comme celui qui a quelque senteur ; dès qu'on l'approche on sent, et même sans le vouloir, avec qui l'on a affaire. L'ostentation de franchise est un poignard caché. Rien de si horrible que des caresses de loup. Évite cela sur toutes choses. Un homme vertueux, simple, sans art, et qui n'a que de bonnes intentions, porte cela dans ses yeux. On le voit.

XIII.

Il faut être bien ridicule et bien neuf pour s'étonner de tout ce qui arrive dans le cours de la vie.

CHAPITRE XXI.

SUR LA VOLUPTÉ ET LA COLÈRE.

I.

Dans la comparaison que Théophraste fait des péchés, suivant les notions communes, il décíde, en bon philosophe, que les péchés de concupiscence sont plus graves que ceux de colère : car celui qui est en colère ne s'éloigne de la raison qu'en éprouvant un sentiment douloureux, un retirement violent des nerfs et des muscles; au lieu que celui qui pèche par concupiscence, vaincu par la volupté, paraît être en quelque sorte plus intempérant et plus efféminé. C'est donc avec raison, et en philosophe digne de ce nom, que Théophraste a dit que le crime qu'on commet avec un sentiment de plaisir, est plus grand que celui qu'on commet avec un sentiment de douleur. En effet, il semble que l'un ne se met en colère que malgré lui, comme forcé par la douleur d'une offense qu'il a reçue, au lieu que l'autre se porte de son plein gré à satisfaire sa concupiscence.

II.

De quelles voluptés les brigands, les débauchés, les parricides, les tyrans, ne firent-ils pas l'essai?

III.

Le reproche qu'on se fait à soi-même d'avoir négligé un objet utile, est une sorte de repentir. Le vrai bien doit être utile, et mériter les soins d'un homme vertueux et honnête; mais un homme vertueux et honnête ne s'est jamais repenti d'avoir négligé la volupté. Donc la volupté n'est ni utile ni bonne.

IV.

Dans la constitution d'un être raisonnable, je ne vois aucune vertu qui puisse être mise en opposition avec la justice; mais j'y vois la continence opposée à la volupté.

V.

L'altération qui se fait au visage par l'habitude de la colère, est un accident fort contraire à la nature, puisque souvent la couleur en devient morte et finit par s'éteindre, au point de ne pouvoir plus se ranimer. N'est-ce point une preuve que la colère est aussi contre la raison?

VI.

Rappelle-toi comment se comporta Socrate lorsqu'il fut obligé de se couvrir d'une peau, parceque Xantippe, après avoir emporté ses habits, était sortie; et ce qu'il dit à ses amis, qui rougirent et reculèrent en le voyant vêtu de cette sorte.

VII.

Le vice, considéré en général, n'est point un mal pour l'univers; et considéré en particulier, il n'est point un mal pour un autre, mais seulement pour celui qui a reçu toute la force nécessaire pour en être exempt aussitôt qu'il le voudra.

CHAPITRE XXII.

CONTRE LA VAINE GLOIRE.

I.

Celui qui s'inquiète de ce qu'on dira de lui après sa mort, ne songe pas que chacun de ceux qui se souviendraient de lui, mourra bientôt lui-même, et qu'il en arrivera autant à leurs successeurs, jusqu'à ce que toute cette renommée, après avoir passé par quelques

races également inquiètes et mortelles, périsse aussi,
Mais supposons que ceux qui se souviendraient de toi
fussent immortels, et que ton nom le fût avec eux,
que t'en reviendrait-il, je ne dis pas seulement après
ta mort, mais pendant ta vie? A quoi sert la réputation, si ce n'est à faciliter les autres? et dois-tu maintenant négliger mal à propos le soin de cultiver en toi
les dons de la nature, pour ne t'occuper le reste de
tes jours que de ce qu'on pourra dire de toi?

II.

Le beau, en tout genre, l'est par lui-même; il se
réduit à lui seul, et la louange n'en fait pas partie.
Ainsi rien ne devient meilleur ou pire par les discours
d'autrui. Nous en convenons pour ce qu'on appelle
communément beau dans les productions matérielles
de la nature et de l'art. Mais manque-t-il quelque
chose à ce qui est beau de sa nature? Pas plus qu'à la
loi, qu'à la vérité, qu'à l'humanité, qu'à la pudeur.
Qu'y a-t-il là qui devienne beau par la louange, ou
qui soit altéré par le blâme? L'émeraude perd-elle sa
beauté si on cesse de la louer? En est-il autrement de
l'or, de l'ivoire, de la pourpre, d'une lyre, d'une belle
arme, d'une fleur, d'un arbrisseau?

III.

Nous n'entendons plus prononcer quantité de mots
qui anciennement étaient en usage. Il en est de même
aujourd'hui des noms des plus célèbres personnages
des temps passés, tels que Camille, Ceson, Volesus,
Leonatus; et peu après, Scipion, Caton; ensuite Auguste même, et Adrien, et Antonin; ce sont comme

 fors d'usage. Tout cela s'évanouit, se met
rang des fables, se perd entièrement dans
dis les noms des personnages extraordi-
nairement célèbres; car pour les autres, dès qu'ils ont
rendu le dernier soupir, personne ne les connaît, on
ne prononce plus leur nom.

Mais après tout, quand notre nom ne devrait jamais
être oublié sur la terre, que serait-ce? Pure vanité.
Que faut-il donc ambitionner? Une seule chose : d'a-
voir l'esprit de justice, de faire des actions utiles à la
société, d'éviter constamment tout mensonge, d'être
disposé à recevoir chaque accident de la vie, comme
une chose nécessaire dans le monde et familière,
comme nous étant venue du même principe et de la
même source que nous.

IV.

Alexandre de Macédoine et son muletier ont été, en
mourant, réduits au même état; car, ou ils sont rentrés également dans la poussière de tous les êtres du
monde, ou ils se sont également dissipés en atomes [1].

V.

Et le héros et le panégyriste, tout finit en un jour.

VI.

Quelle conduite! ils ne veulent pas louer leurs contemporains, leurs concitoyens, et ils font grand cas
d'être loués de la postérité, qu'ils n'ont jamais vue ni
connue. C'est à peu près comme si tu t'affligeais de

---

[1] Marc-Aurèle ne croyait point aux atomes; il n'en parle que pour
faire une énumération complète des différents systèmes.

n'avoir pas été loué par les hommes du siècle passé.

VII.

Combien de personnages autrefois célèbres sont maintenant dans l'oubli ! et qu'il y a même de temps que tous ceux qui les ont loués ne sont plus !

VIII.

Sur la gloire. Vois quelles sont les pensées de ces gens-là, ce qu'ils craignent, ce qu'ils desirent.

Comme le sable du bord de la mer est caché par le nouveau sable que les flots apportent, et celui-ci par d'autre ; de même en ce monde, ce qui survient efface bientôt la trace de tout ce qui a précédé.

IX.

Considère souvent qui sont ceux dont tu veux obtenir l'approbation, et quel est l'esprit qui les guide : car, en pénétrant ainsi dans les sources de leurs opinions et de leurs desirs, tu ne les blâmeras pas des fautes qu'ils font par ignorance, et tu te passeras de leur approbation.

X.

Celui qui ne voit pas ce que c'est que le monde, ne voit pas où il est. Celui qui ne voit pas pourquoi il est né, ne sait pas ce qu'il est, ni ce que c'est que le monde ; et celui qui manque d'une de ces connaissances, ne saurait dire pourquoi lui-même a été fait. Lequel donc te paraît mener une vie plus douce ? Celui qui dédaigne les louanges de telles gens, ou ceux-ci qui ne savent où ils sont, ni ce qu'ils sont ?

XI.

Lorsque tu as voulu faire du bien et que tu y es

27

parvenu, pourquoi, en homme sans jugement, rechercher encore autre chose : la réputation de bienfaisance,
ou la gratitude?

XII.

Celui qui en loue un autre et celui qui est loué,
ceux dont la mémoire subsiste et ceux qui la rappel-
lent, n'ont tous qu'une courte vie. Tout cela se passe
dans un coin de la terre ; les hommes ne sont d'accord
sur ce point, ni entre eux, ni avec eux-mêmes, et la
terre elle-même n'est qu'un point dans l'univers.

XIII.

O homme ! tu viens de haranguer le peuple avec de
grands cris ; est-ce que tu as oublié ce que c'est au
fond que ton art et ce peuple ?

Non, je ne l'ai pas oublié, mais ils estiment et recherchent toutes ces choses-là.

Faut-il donc que tu sois fou, parcequ'ils le sont? Je
le fus autrefois.

XIV.

Panthée ou Pergame sont-ils encore assis près du
tombeau de leur maître? Et Chabrias ou Diotime près
de celui d'Adrien ? Belle demande ! Mais quand ces affranchis y seraient encore assis, ces morts le senti-
raient-ils? Et en supposant qu'ils pussent le sentir,
en recevraient-ils quelque joie? Et ces affranchis eux-
mêmes seraient-ils immortels? Leur destinée ne serait-
elle pas aussi de vieillir, puis de mourir ? Que devien-
draient donc les maîtres après la mort de ces affranchis?

Tout cela n'est que puanteur ; il n'y a que pourriture au fond du sac.

XV.

Dispose pour toi-même du temps qui s'écoule. Ceux qui au contraire ne s'occupent qu'à se faire un nom dans la postérité, ne font pas attention que les hommes à naître ne seront pas différents de ceux qu'ils ont aujourd'hui tant de peine à supporter. Tout cela mourra. Que t'importent les propos discordants et toutes les opinions de ces mortels ?

XVI.

Contemple, comme d'un lieu élevé, ces milliers d'attroupements, ces milliers de funérailles ; toutes ces navigations en tempête, par un beau temps ; cette diversité d'êtres qui naissent, qui vivent quelque peu ensemble, et meurent.

Songe à ceux qui ont vécu sous d'autres règnes, et qui vivront après le tien, et aux nations barbares. Combien ignorent jusqu'à ton nom ! Combien l'auront bientôt oublié ! Combien qui aujourd'hui s'accordent à te bénir, et qui te maudiront demain !

Ah ! que cette renommée, que cette gloire, que le tout ensemble est méprisable !

CHAPITRE XXIII.

HUMBLES SENTIMENTS.

I.

Vil esclave, tais-toi [1].....

[1] Bout de vers tiré de je ne sais quel poëte.

II.

Couvre-toi de honte, mon ame, couvre-toi de honte. Tu n'auras plus le temps de t'honorer toi-même. Chacun a le pouvoir de bien vivre, mais ta vie est presque passée, et tu ne t'honores point encore, puisque tu fais dépendre ton bonheur des pensées d'autrui.

III.

J'avance dans la route des devoirs que ma nature exige, jusqu'à ce qu'en tombant je trouve le repos, jusqu'à ce que je rende un dernier soupir à ce même air que je respire journellement, jusqu'à ce que je rentre dans cette même terre dont mon père avait tiré les éléments de mon être, ma mère son sang, ma nourrice son lait; dont depuis tant d'années je reçois ma nourriture et ma boisson; que je foule et qui me soutient, quoique j'abuse souvent de ses dons.

IV.

Souviens-toi de la substance universelle dont tu n'es qu'un atome, de l'éternité entière, dans laquelle tu n'as en partage qu'un instant très court et presque insensible, du destin général dont tu es un si mince objet.

V.

Tout ce qui est moi n'est qu'un peu de chair, et la faculté de respirer avec celle de penser. Quitte donc tout autre livre. Point de distraction; il ne t'est pas permis. Mais, comme un homme qui va mourir, méprise cette chair, amas de sang et d'os, tissu de nerfs,

de veines et d'artères. Considère encore ce que c'est
que ta respiration. Ce n'est qu'un air toujours différent, rejeté sans cesse et sans cesse attiré. Il ne reste
plus que la partie principale qui pense. Ne te soucie
pas d'autre chose. Tu es vieux ; ne laisse plus cette
partie dans l'esclavage ; ne souffre plus qu'elle soit
secouée comme une marionnette, par des desirs qui
sont incompatibles avec le bien de la société. Qu'il ne
t'arrive plus de te plaindre de ton sort présent, ni de
vouloir échapper à ton sort à venir.

VI.

Es-tu hors d'état de te faire admirer par des vivaci-
tés d'esprit? A la bonne heure : mais il y a bien d'autres choses sur lesquelles tu ne peux pas dire : Je n'y
suis pas propre. Fais donc au moins tout ce qui dépend
de toi. Sois sincère, grave, laborieux, continent ; ne
te plains pas de ton sort ; contente-toi de peu ; sois
humain, libre, ennemi du luxe, ennemi des frivolités,
magnanime. Ne sens-tu pas combien voilà de choses
que tu peux faire dès à présent, sans pouvoir t'excuser sur ta faiblesse et sur ton insuffisance? cependant
tu restes là dans une inaction volontaire? Est-ce donc
faute de forces naturelles et par nécessité que tu murmures, que tu es lent et paresseux, que tu as de lâches complaisances, qu'après avoir accusé ton corps
de tes défauts, tu le flattes, que tu es vain et que tu
abandonnes ton ame à tant d'agitations? Non, par tous
les dieux. Il n'a tenu qu'à toi d'être délivré depuis
longtemps de ces défauts ; et si tu es né avec un esprit
pesant et tardif, tu peux du moins juger ce défaut et

27.

t'exercer à le corriger, au lieu de le dissimuler et de te complaire dans ton indolence.

VII.

Si quelqu'un peut me reprocher et me faire voir que je pense ou me conduis mal, je me corrigerai avec plaisir ; car je cherche la vérité, qui n'a jamais fait de mal à personne, au lieu que c'est un vrai mal de se tromper et de s'ignorer soi-même.

VIII.

Qu'ai-je affaire de vivre plus longtemps, si je perds le sentiment de mes fautes !

IX.

Les dieux immortels ne se fâchent pas d'avoir à supporter si longtemps un si grand nombre d'hommes et si méchants. Ils ont même toutes sortes de soins d'eux ; et toi qui as si peu de temps à vivre, tu en es las ? et cela quoique tu sois un de ces méchants ?

X.

Quand tu voudras te donner du plaisir, songe aux excellentes qualités de tes contemporains, comme à l'activité de celui-ci, à la pudeur de celui-là, à la libéralité d'un autre, et ainsi du reste : car il n'y a rien de si agréable que l'image des vertus qui éclatent dans les mœurs de ceux qui vivent avec nous, lorsqu'on les rassemble comme sous un même point de vue. Aie donc toujours ce tableau sous la main.

XI.

Il est ridicule que tu ne veuilles pas te dérober à tes mauvais penchants, ce qui est en ton pouvoir, et que

tu prétendes échapper à ceux des autres, ce q\
pend pas de toi.

XII.

C'est avec justice que tu éprouves des tourments
intérieurs, puisque tu aimes mieux remettre à demain à devenir bon que de l'être aujourd'hui.

XIII.

Les spectacles, la guerre, les craintes, une sorte
d'engourdissement, te tiennent esclave. Ah! de jour
en jour tes saintes maximes s'effaceront.

CHAPITRE XXIV.

CONTRE LA PARESSE.

I.

Le matin, lorsque tu sens de la peine à te lever,
fais aussitôt cette réflexion : Je m'éveille pour faire
l'ouvrage d'un homme, dois-je être fâché d'aller faire
les actions pour lesquelles je suis né, pour lesquelles
j'ai été envoyé dans le monde? N'ai-je été créé que
pour rester chaudement couché entre deux draps?

Mais cela fait plus de plaisir!

C'est donc pour avoir du plaisir que tu as reçu le
jour, et non pour agir ou pour travailler? Vois ces
plantes, ces oiseaux, ces fourmis, ces araignées, ces
abeilles, qui de concert enrichissent le monde chacun
de son ouvrage : et toi tu refuses de faire tes fonctions
d'homme? Tu ne cours point à ce que ta nature exige?

Mais il faut bien prendre quelque repos!

La nature a mis des bornes à ce besoin, comme elle

en a mis à celui de manger et de boire ; et tu passes
ces bornes, tu passes au delà du besoin, tandis que
sur le travail tu restes en deçà du possible ! C'est que tu
ne t'aimes pas toi-même ; car si tu t'aimais, tu aimerais aussi ta propre nature, et ce qu'elle veut. Les artistes qui sont passionnés pour leur art sèchent sur
leur ouvrage, sans se baigner et mangent peu. Fais-tu
moins de cas de ta nature que n'en fait un tourneur
de son industrie, un comédien de son jeu, un avare
de son argent, un ambitieux de sa folle vanité ? Aussitôt que ces gens-là sont à leur objet chéri, ils ont
bien plus à cœur d'y faire des progrès que de dormir
ou de manger. Or, les actions sociales te paraîtront-
elles moins honnêtes, moins dignes de ton amour ?

II.

Rappelle-toi, quand tu seras tenté de rester au lit,
qu'il est de la structure de ton être et de ta condition
d'aller t'acquitter de quelque devoir social, au lieu
que le dormir t'est commun avec les bêtes. Tout ce
qui convient à la nature de chaque être lui est plus
familier, est plus fait pour lui, et même plus agréable.

CHAPITRE XXV.

CONTRE LE RESPECT HUMAIN.

I.

Juge-toi digne de ne jamais dire ou faire que ce qui
convient à ta nature. Que le blâme ou les discours
d'autrui ne t'en imposent point. Si la chose est honnête à faire ou à dire, crois qu'elle n'est point indigne

de toi. Les autres ont leur façon de penser, leurs in-clinations ; c'est leur affaire, n'y regarde pas. Va ton droit chemin ; laisse-toi conduire par ta propre nature et par la nature commune. Il n'y a pour l'une et l'autre qu'une seule route.

II.

Ne te laisse point entraîner par ce tourbillon. Entre les divers mouvements de ton cœur, choisis ce qui est le plus conforme à la justice, et entre tes diverses ima-ginations, tiens-toi à ce que tu as clairement conçu.

III.

Ne vois-tu pas comment se conduisent les gens d'art? Quoiqu'ils cèdent en quelque chose aux volon-tés des ignorants, néanmoins ils se tiennent toujours aux règles de leur profession, et ne s'en laissent point écarter tout à fait. N'est-il pas affreux qu'un archi-tecte, un chirurgien fassent plus de cas de leurs règles que l'homme n'en fait de cet art qui lui est spéciale-ment propre, et qu'il exerce en commun avec les dieux?

IV.

Quoi qu'on fasse et quoi qu'on dise, il faut absolu-ment que je sois homme de bien ; il en doit être de moi comme de l'or, de l'émeraude, de la pourpre, qui diraient sans cesse : Quoi qu'on fasse et qu'on dise, il faut absolument que je sois une émeraude; il faut que je conserve mon état.

V.

Tu veux être loué d'un homme qui trois fois dans une heure se maudit lui-même? Tu veux plaire à un homme qui se déplaît? Hé, comment pourrait-il se plaire, puisqu'il se repent de presque tout ce qu'il fait?

VI.

Examine bien comment ils ont la tête faite, surtout ceux qui ont de la prudence. Que fuient-ils? Que recherchent-ils?

VII.

Entre dans ces têtes, et tu verras quels juges tu redoutes, et quels jugements ils font d'eux-mêmes.

VIII.

Quelles têtes! Quels objets d'attachement? Et par quel intérêt ils aiment et honorent! Mets le prix à ces petites ames toutes nues. Lorsqu'ils s'imaginent faire un grand mal en blâmant, et faire un grand bien en louant, qu'ils font voir d'arrogance!

IX.

De tous ces vains discours je ris au fond du cœur. La vertu leur déplaît [1]...

X.

J'ai souvent admiré jusqu'à quel point l'homme s'aime lui-même par-dessus tout, et que cependant il fait moins de cas de sa propre opinion sur ce qu'il vaut, que de celle d'autrui. En effet, si quelque dieu ou un maître sage obligeaient un homme à rendre compte sur-le-champ en public de tout ce qui se passerait dans son cœur ou dans son imagination, il ne résisterait pas un jour entier à cette contrainte. Il est donc vrai que nous sommes plus touchés de l'opinion d'autrui que de la nôtre.

---

[1] Bouts de vers tirés de quelques poëtes.

CHAPITRE XXVI.

DES OBSTACLES A FAIRE LE BIEN.

I.

Quand il s'agit de faire ton devoir, qu'importe que tu aies froid ou chaud ? que tu aies envie de dormir ou non ? qu'on doive te blâmer ou te louer ? que tu ailles mourir ou faire toute autre chose ? Mourir est une fonction de la vie, et en cela, comme dans tout le reste, il suffit de bien faire ce qu'on fait dans le moment.

II.

En un sens tout homme me tient de très près, puisque je dois lui faire du bien et le souffrir ; mais, d'un autre côté, lorsqu'il veut mettre obstacle aux actions qui me sont propres, c'est pour moi un être aussi indifférent que le soleil, le vent, une bête féroce : car ces choses pourraient aussi mettre obstacle à mon action, mais aucune d'elles n'en peut mettre au mouvement de mon cœur, ni à mon affection, parceque j'y ai mis une condition, et que je suis le maître d'en transformer l'objet. Mon ame a le pouvoir de transformer par la pensée l'action que je ne peux faire, en quelque chose de meilleur, en sorte que ce qui arrête un ouvrage projeté, devient l'ouvrage, et que ce qui s'oppose à ma route, me devient une route.

III.

Tu peux vivre ici comme songerait à vivre un homme qui s'est retiré du monde. Si on ne t'en laisse pas la liberté, sors de la vie ; non en homme qui souffre un vrai mal ; mais il fume ici, je m'en vais ; penses-tu que ce soit une affaire ? Cependant, jusqu'à ce que j'aie une si forte raison de m'en aller, je reste libre. Personne ne m'empêche de faire ce que je veux, et je ne veux rien qui ne soit conforme à la nature d'un être raisonnable et sociable.

IV.

Essayons de les gagner par la persuasion. Mais continue de faire, malgré eux, des actions justes, toutes les fois que la raison de justice l'exigera. Que si quelque force t'en empêche, tourne ton ame à la patience et à l'égalité. Sers-toi de l'obstacle pour exercer une autre vertu. Souviens-toi que ton desir n'était que conditionnel, et que tu ne voulais pas l'impossible. Que voulais-tu ? Un certain effet de ton desir, et tu l'obtiens. Ce desir devient la chose.

V.

Personne ne t'empêchera de vivre selon ta nature ; il ne t'arrivera rien qui ne soit dans l'ordre de la commune nature.

VI.

Qu'est-ce qu'on peut faire ou dire de mieux en telle occasion ? Quoi que ce soit, il ne tient qu'à toi de le faire ou de le dire. Ne cherche point à t'excuser sur les difficultés. Tu ne cesseras pas de t'en plaindre, jusqu'à ce que, pour faire en toute occasion ce qu'exige la constitution de l'homme, tu aies autant d'empressement que les voluptueux en ont pour les délices de la vie. Car enfin c'est jouir délicieusement

de soi-même que de faire tout ce qui convient à sa
propre nature. Or, il est en ton pouvoir de le faire
dans quelque situation que tu sois. Un cylindre ne
peut de lui-même se mettre en mouvement que dans
une certaine situation. Il en est de même de l'eau, du
feu et des autres choses qui ne sont régies que par
les impressions de la nature ou d'une sorte d'ame
destituée de raison : parceque souvent les lois de
la nature les retiennent et leur interdisent tout mouvement. Mais une ame intelligente et raisonnable
n'a qu'à vouloir. Elle est en état par sa nature de
franchir tous les obstacles; elle se donne tel mouvement qu'il lui plaît, et avec la même facilité que le
feu s'élève, que l'eau s'écoule, qu'un cylindre roule
en bas. Si tu as toujours devant les yeux cette vérité,
il ne t'en faut pas davantage.

Les obstacles ne peuvent agir que sur le corps, ce
cadavre que l'ame traîne, et ils ne peuvent ni frapper
l'ame ni lui faire aucun mal, à moins qu'elle ne
s'imagine faussement que ce sont de vrais obstacles
pour elle, et qu'elle ne se laisse dominer par cette erreur; s'il en était autrement, ces prétendus maux
rendraient méchant celui qui aurait à les souffrir.

Les ouvrages de l'art ne peuvent éprouver aucun accident qu'aussitôt ils ne deviennent moins bons ; au
lieu que si l'homme fait un bon usage des difficultés,
il en devient en quelque sorte meilleur et plus digne
de louange.

En général, souviens-toi qu'un citoyen de cette
grande ville du monde ne peut être blessé que de ce

qui offenserait la ville entière. Il n'est rien qui puisse nuire au monde que ce qui troublerait la loi de son arrangement, et aucun de ces accidents, que le vulgaire nomme fâcheux, ne peut troubler cet ordre; dont ils ne peuvent nuire à la ville ni au citoyen.

VII.

Comme ceux qui te font obstacle dans le chemin de la droite raison ne peuvent te détourner d'une bonne action, ne cesse pas de les aimer. Mais tiens-toi ferme également sur ces deux principes : l'un, de persévérer dans ta façon de penser et d'agir, l'autre d'avoir de la douceur pour ceux même qui veulent te faire obstacle ou qui te sont fâcheux de toute autre manière ; car il n'y aurait pas moins de faiblesse à leur en vouloir du mal qu'à abandonner la bonne action et succomber à la crainte. C'est agir en soldat qui abandonne son poste, que de se laisser intimider, ou de haïr celui que la nature a fait notre parent et notre ami.

VIII.

Si quelque chose te paraît difficile à faire, songe qu'elle n'est pas impossible à l'humanité ; et si un autre peut la faire, si même elle convient à tout homme, songe que tu peux y atteindre aussi.

IX.

Que le pouvoir de l'homme est grand ! Il lui est libre de ne rien faire que ce qu'il sait bien que Dieu approuvera, et de recevoir avec résignation tout ce qu'il plaît à Dieu de lui envoyer.

CHAPITRE XXVII.

ENCOURAGEMENTS A LA VERTU.

I.

Embellis ton ame de simplicité, de pudeur, et d'indifférence pour tout ce qui n'est ni vertu ni vice. Aime tous les hommes. Marche à la suite de Dieu; car, comme dit un poëte, ses lois gouvernent tout.

Mais s'il n'y a que des atomes élémentaires?

En ce cas il suffit de te rappeler que toutes ces choses vont aussi par des lois constantes, du moins à peu de chose près (car nos volontés sont libres).

II.

Cesse d'errer çà et là, car tu n'auras pas le temps de relire tes mémoires; ni les hauts faits des anciens Romains et des Grecs, ni les recueils que tu avais mis à part pour ta vieillesse. Hâte-toi donc de marcher à ton but; et renonçant à de frivoles espérances, viens toi-même à ton secours, si tu as tes intérêts à cœur. Cela dépend de toi.

III.

Il ne faut pas seulement considérer que tous les jours la vie se consume, et qu'il en reste moins à passer, mais encore songer que si on parvient à un grand âge, il n'est pas sûr que l'on conservera la même force d'esprit et de jugement pour la contemplation, la recherche et la connaissance des choses divines et humaines: si un homme tombe en enfance, il continue à la vérité de dormir, de prendre de la nourriture, d'avoir de certaines imaginations, de certains desirs et autres choses semblables ; mais il ne jouit plus de lui-même, et la vivacité de son esprit se trouvant éteinte, il n'est plus en état de bien sentir toutes les parties de ses devoirs, ni de ranger et déduire ses idées, ni même d'examiner s'il est temps de mettre son esprit en liberté, ni toute autre question qui demande une raison bien exercée. Il faut donc se hâter, non-seulement parceque tous les jours on s'approche de la mort, mais surtout pour prévenir cet affaissement total de notre intelligence et de notre raison.

IV.

Songe depuis quel temps tu remets au lendemain, et combien d'occasions la Providence t'a fournies dont tu n'as pas profité. Il est temps enfin que tu sentes de quel monde tu fais partie, et quel est ce maître de l'univers dont ton ame est une émanation ; qu'il n'a laissé à ta disposition qu'un temps limité, et que si tu ne fais pas ce qu'il faut pour le rendre serein, il s'envolera ; tu disparaîtras avec lui, et il ne reviendra plus.

V.

Ne fais pas comme si tu avais à vivre des millions d'années ; la mort s'avance ; pendant que tu vis, pendant que tu le peux, rends-toi homme de bien.

VI.

Tu mourras bientôt, et tu n'as pas encore des mœurs simples ; tu n'es pas exempt de trouble ; tu parais soupçonner encore que les choses extérieures peuvent te rendre malheureux ; tu n'es pas bien disposé pour tous les hommes en général; tu ne fais pas consister la sagesse à ne faire que des actions justes.

VII.

Comme si tu avais déja rempli le nombre de tes jours, et que par grace ta vie eût été prolongée, passe du moins ce reste conformément à ta nature.

VIII.

N'oublie jamais de faire ces réflexions : Quelle est la nature de l'univers? quelle est la tienne? Quel rapport a celle-ci avec cette première? Quelle partie est-elle du tout, et de quel tout? Ajoutes-y que personne ne peut t'empêcher de toujours faire et dire ce qui convient à cette nature dont tu es une portion.

IX.

A toutes les heures du jour, en toute occasion, songe à te comporter en vrai Romain, en homme digne de ce nom, sans négligence, sans affectation de gravité, avec amour pour tes semblables, avec liberté, avec justice.

Fais ton possible pour écarter toute autre idée ; tu y réussiras si tu fais chacune de tes actions comme la dernière de ta vie, sans précipitation, sans passion qui t'empêche d'écouter la raison, sans hypocrisie, sans amour-propre, et avec résignation à ta destinée.

Voilà bien peu de préceptes; mais celui qui les observera peut s'assurer de mener une vie heureuse et presque divine, car c'est là tout ce que les dieux exigent de lui.

X.

Donne aux dieux, ô mon fils, donne-nous de la joie [1].

XI.

Que tous tes plaisirs et tes délassements soient de passer d'une action sociale à une autre de même nature, en te souvenant toujours de Dieu.

XII.

Fais taire ton imagination ; contiens tes desirs ; éteins la cupidité. Que ton ame se possède elle-même.

XIII.

Que le genre humain voie et connaisse en ta personne un homme qui vit conformément à sa nature. Si on ne peut le supporter, qu'on le tue. Ce serait encore pis de vivre comme eux.

XIV.

Quelle espèce d'hommes sont ceux qui ne font que prendre leurs repas, dormir, s'accoupler, se vider, faire les autres fonctions animales !

Quelle autre espèce sont ceux qui en gouvernent d'autres avec orgueil, s'emportant et traitant de haut en bas leurs inférieurs ? Un peu auparavant ils faisaient bassement leur cour : et pourquoi ?

Dans peu les uns et les autres seront réduits au même état.

XV.

Il ne s'agit plus absolument de discourir sur les

---

[1] C'est un vers de quelque poëte inconnu, qui semble avoir fait parler un père à son fils.

qualités qui font l'homme de bien, mais de l'être.

XVI.

Que personne ne puisse dire avec vérité que tu n'es pas simple dans tes mœurs, ou que tu n'es pas homme de bien. Fais mentir quiconque sera de ce sentiment, car tout cela dépend de toi. Quelqu'un t'empêchera-t-il d'être bon et d'aimer la simplicité? Prends seulement une bonne résolution de renoncer à la vie plutôt qu'à ces vertus; car la raison ne te permet pas de vivre autrement.

XVII.

Tout a pour cause, ou la nécessité du destin et un arrangement immuable, ou bien une providence bienfaisante, ou enfin c'est l'effet d'un mélange confus de causes qui agissent d'elles-mêmes sans conducteur. Si c'est l'immuable nécessité, à quoi bon te roidir? Si c'est une providence bienfaisante, rends-toi digne de l'assistance de la divinité.

Mais si tout ce monde n'est qu'un mélange confus, sans maître qui y préside, songe avec plaisir que tu as en toi-même, au milieu des flots agités, une intelligence qui te sert de guide : si les flots t'emportent, ils n'entraîneront que ce qui est de la chair et tes facultés animales, car ils n'ont aucun pouvoir sur ton intelligence.

XVIII.

Aiguillonne-toi encore ainsi : En quel état est la raison qui te guide? Qu'est-ce que tu en fais? A quoi te sert-elle maintenant? A-t-elle perdu son intelligence? S'est-elle détachée, s'est-elle arrachée de ta

société des hommes? s'est-elle tellement collée et confondue avec cette misérable chair, qu'elle en suive
toutes les impressions?

XIX.

Comment t'ès-tu comporté jusqu'à présent avec les
dieux, tes parents, tes frères, ta femme, tes enfants,
tes maîtres, tes gouverneurs, tes amis, tes officiers,
tes domestiques? N'as-tu point à te reprocher d'avoir
manqué à quelqu'un d'eux par tes actions ou par tes
paroles?

Rappelle-toi par quels événements tu as passé, et
tout ce que tu as eu la force de supporter, et que l'histoire de ta vie est complète, et que tu as consommé
ton ministère, et combien tu as vu d'actions honnêtes.

As-tu souvent méprisé la volupté, la douleur, la
vaine gloire?

Combien d'ingrats as-tu traités avec bonté?

XX.

Chaque être raisonnable a reçu de la nature diverses facultés, à peu près autant que sa condition
en pouvait admettre, et entre autres celle-ci : que
comme la nature plie, tourne et fait entrer dans
l'ordre de son plan tout ce qui lui est contraire et y
résiste, de même un être raisonnable a la force de
convertir tout empêchement en une action qui lui
sera propre, et de s'en servir pour le but qu'il se propose [1].

[1] Au chapitre précédent, § 2, il avait dit : « Mon ame a le pouvoir de
transformer par la pensée l'action que je ne peux faire, en quelque
ose de meilleur ; en sorte que ce qui arrête un ouvrage projeté de-

XXI.

Dans quelque situation que tu te trouves, il dépendra toujours de toi de prendre en gré, avec une pieuse résignation, ce qui t'arrivera dans le moment, d'être porté à faire justice aux hommes de ton temps, et d'analyser, suivant les règles de ton art, les pensées qui te viendront, de peur que quelque sentiment, dont la nature ne te serait pas bien connue, ne se coule dans ton cœur.

XXII.

Prends garde de te croire supérieur à toute loi, comme les mauvais empereurs. Prends garde de faire naufrage ; il n'y en a que trop d'exemples. Persiste donc à vouloir être simple, bon, de mœurs pures, grave, ennemi des plaisanteries, juste, religieux, bienfaisant, humain, ferme dans la pratique de tes devoirs. Fais de nouveaux efforts pour demeurer tel que la philosophie a voulu te rendre. Révère les dieux et rends service aux hommes. La vie est courte ; le seul avantage qu'il y a ait à passer quelque temps sur la terre, c'est de pouvoir y vivre saintement, et y faire des actions utiles à la société.

Fais toutes choses en vrai disciple de (Tite) Antonin. Rappelle-toi sa constance à ne faire que des choses raisonnables, l'égalité de son humeur dans toutes les situations, sa piété, la sérénité de son visage, son extrême douceur, son éloignement pour la vaine

---

« vient l'ouvrage, et que ce qui s'oppose à ma route me devient une route.

gloire, son ardeur à pénétrer les affaires : il ne laissait rien passer sans l'avoir examiné à fond et l'avoir conçu jusqu'à l'évidence. Il souffrait patiemment les reproches injustes qu'on lui faisait, et n'y répondait jamais par d'autres reproches. Il ne faisait rien avec précipitation ; il n'écoutait point les délateurs, mais il examinait avec soin les mœurs et les actions de tout le monde..Il n'était ni médisant, ni timide, ni soupconneux, ni pédant. On ne voyait rien de trop dans les ornements de sa demeure, de son coucher, de ses vêtements, ni sur sa table, ni dans le nombre de ses domestiques. Rappelle-toi encore son amour pour le travail et sa longue application. On était étonné de le voir rester jusqu'au soir sans qu'il fût obligé de s'interrompre pour des besoins naturels dont les heures étaient réglées, fruit de sa sobriété. Souviens-toi de sa persévérance dans l'amitié, sans aucune variation. Il ne trouvait pas mauvais que l'on contredît avec liberté ses sentiments ; et si quelqu'un proposait une meilleure idée, il en marquait de la joie. Souviens-toi enfin que son éloignement pour la superstition égalait sa piété, et passe ta vie avec la même pureté de conscience, afin que ta dernière heure te trouve au même état que lui.

XXIII.

En regardant autour de toi le cours des astres, songe qu'un même mouvement t'emporte avec eux, et pense souvent au changement des éléments les uns dans les autres ; car ces sortes de pensées purifient l'ame des ordures de sa vie terrestre.

XXIV.

Les Pythagoriciens voulaient qu'en nous levant nous contemplassions le ciel, pour nous rappeler l'idée de ces êtres toujours les mêmes, qui font toujours de même leur ouvrage, et pour nous faire penser à leur ordre et à leur pureté toute nue ; car un astre n'a point de voile.

XXV.

En quel état faut-il que se trouvent et le corps et l'ame quand la mort arrive? Cette vie est courte; elle est précédée et suivie d'une éternité. Toute matière est fragile.

XXVI.

Puisque tu as la raison en partage, use librement de ta supériorité sur les bêtes, et en général sur tout ce qui manque de raison. Quant aux hommes, puisqu'ils ont la raison, traite avec eux comme étant leur concitoyen. Mais en toutes choses invoque les dieux.

N'importe combien de temps tu auras à vivre ainsi ; car une telle vie n'eût-elle duré que trois heures, ce serait assez.

XXVII.

Te flattes-tu de mériter les titres de bon, de modeste, de véridique, de prudent, de doux, de magnanime? Prends donc bien garde à ne point mériter les titres contraires ; et si tu perds ceux-là, tâche de les recouvrer au plus tôt : mais souviens-toi que le titre de *prudent* veut dire que tu dois avoir pris l'habitude d'examiner attentivement et sans distraction la nature de chaque objet ; que le titre de *doux* t'oblige à acquiescer volontairement à tout ce que la commur

nature t'a distribué ; que le titre de *magnanime* suppose une élévation d'ame au-dessus de toutes les impressions douces ou rudes que la chair éprouve, au-
dessus de la vaine gloire, au-dessus de la mort et des
accidents les plus terribles.

Si tu tâches de mériter tous ces titres (sans te sou-
cier que les autres te les donnent), alors tu deviendras
un autre homme, et tu parviendras à une vie nouvelle;
car de rester le même que tu as été par le passé, de
continuer de mener une vie où l'ame reçoit mille atteintes mortelles et se couvre de souillures, c'est n'a-
voir aucun sentiment, c'est être esclave de l'amour de
la vie, c'est ressembler à ces gladiateurs qui, à moitié
dévorés dans un combat contre des bêtes, et tout
couverts de blessures, de sang et de poussière, demandent cependant à être réservés au lendemain pour
être livrés aux mêmes dents et aux mêmes ongles.

Entre donc en possession de ce petit nombre de
titres; et si tu peux y rester, restes-y, aussi content
que si tu étais transporté dans un séjour comparable
aux îles des bienheureux.

Que si tu sens que la possession de ces beaux noms
t'échappe, si tu manques de force pour les retenir
tous, aie du moins le courage de te retirer dans quelque coin du monde, où il te soit possible de régner
entièrement sur toi ; car autrement il vaudrait mieux
quitter le monde même, sans colère cependant, et au
contraire avec simplicité, et en homme libre et modeste, qui du moins aurait voulu faire la bonne action, de le quitter avec ces sentiments.

Au surplus tu te sentiras puissamment attiré à la pensée de ces titres, si tu te ressouviens des dieux ; ils ne se soucient pas d'être simplement loués par des êtres raisonnables, mais de trouver parmi ces êtres des ames en tout pareilles aux leurs. Songe que, comme un figuier porte des figues ; comme un chien et une abeille font ce qui convient à leur nature, il faut aussi que l'homme fasse tout ce qui convient à la raison qui lui est propre.

XXVIII.

Essaie de voir ce qu'il t'en arrivera de mener la vie d'un homme de bien, qui accepte avec résignation la part qui lui a été destinée des événements du monde, qui fait consister son bonheur à ne faire lui-même que des actions justes, et qui a le cœur plein de bienveillance pour les autres.

XXIX.

Ne point te laisser troubler par ce qui vient d'une cause extérieure, et pratiquer la justice en tout ce qui dépend du principe qui réside en toi ; c'est-à-dire, diriger tes affections et tout ce que tu fais au bien de la société comme à un objet intimement lié par la nature avec ton existence.

XXX.

Tu n'aurais point commencé d'écrire et de lire avant que d'avoir commencé à l'apprendre ; il en est de même à plus forte raison de l'art de bien vivre.

XXXI.

Quoi ! jusqu'à ce qu'une torche soit consumée, elle ne cesse point de jeter sa lumière ; et tu souffri-

rais que la vérité, la justice, la tempérance, s'éteignis-
sent en toi tant que tu subsisteras?

XXXII.

Quand goûteras-tu les fruits de la simplicité; de la
gravité, de la connaissance de chaque objet qui se présente, voyant ce qu'il est dans le fond, quel rang il
occupe dans le monde, combien de temps il doit durer, de quelles parties il est composé, qui peut en
jouir, enfin qui peut le donner et l'ôter?

XXXIII.

Purifie ton imagination.

Arrête le progrès de ces indignes émotions.

Renferme le présent dans ses bornes.

Connais la nature de ce qui t'arrive à toi ou à un
autre.

Distingue et sépare dans l'objet qui t'affecte, le principe de son activité d'avec sa matière.

Pense à ta dernière heure.

A-t-on fait une faute? laisse-la où elle est.

XXXIV.

Tu n'as plus le temps de lire, mais tu peux repousser loin de toi ce qui te couvrirait de honte; mais tu
peux vaincre la volupté et la douleur; mais tu peux
te mettre au-dessus de la vanité; mais tu peux supporter, sans te fâcher, les sots et les ingrats; tu peux
même leur faire du bien.

XXXV.

O mon ame! quand seras-tu donc bonne et simple,
et toujours la même, et toute nue, plus à découvert

que le corps même qui t'environne? Quand feras-tu
sentir à tous les hommes une douce et tendre bienveillance? Quand seras-tu assez riche de ton fonds pour
n'avoir besoin de rien, pour n'avoir rien à desirer au
dehors parmi les êtres animés ou inanimés pour en
faire ton plaisir, ni desirer d'avoir le temps d'en jouir, ni
d'être en quelque autre lieu, dans un autre pays, ni de
respirer une air plus pur, ni de vivre avec des hommes
plus sociables; mais que, te pliant à ta situation,
tu prendras plaisir à tout ce qui est, persuadée que tu
as en toi tout ce qu'il te faut, que tout va bien pour
toi, qu'il n'y a rien qui ne te vienne des dieux, que
tout ce qu'il leur a plu ordonner, et ce qu'ils ordon-
neront, ne peut être que bon pour toi, et en général
pour la conservation du monde, cette créature ani-
mée qui est parfaite en soi, bonne, juste et belle, qui
produit, embrasse, contient toutes les autres, et reçoit dans son sein toutes celles qui se dissolvent pour
en reproduire de semblables [1]? Quand est-ce enfin que
tu te seras mise en état de vivre avec les dieux et les
hommes, de façon que tu ne te plaignes jamais d'eux,
et qu'ils n'aient rien à blâmer dans tes actions?

XXXVI.

C'est une honte que, dans la vie que tu mènes, ton
corps ne succombe point aux fatigues de la guerre,
et qu'avant lui ton ame devienne languissante.

---

[1] C'est le monde créé avec une ame par l'Être suprême, qui, selon
Timée et Platon, fit du monde un dieu de nature très excellente et bienheureux.

XXXVII.

Si tu te veux du bien, tu peux dans un moment te procurer les vraies sources de ce bonheur que tu désires, et autour duquel tu ne fais que tourner. Tu n'as qu'à oublier le passé, remettre l'avenir entre les mains de la Providence, et ne t'occupant que du présent, le diriger vers des objets de sainteté et de justice. Je dis de sainteté, en aimant ta destinée telle qu'elle est, car la nature l'a faite pour toi et t'a fait pour elle ; et de justice, en disant toujours librement et sans détour la vérité, et faisant tout ce qu'exigent les lois et le mérite des circonstances.

Que rien ne t'en empêche, ni la méchanceté des autres, ni leurs opinions, ni leurs discours, ni même ce qu'ils pourraient faire souffrir à cette masse de chair que tu nourris autour de toi : car c'est elle qui souffre ; c'est son affaire.

Te voilà bientôt à la fin de ta course. Si tu dédaignes tout le reste, pour t'occuper uniquement du culte de cet esprit dont la source est divine et qui te guide ; si tu ne crains pas de mourir, mais seulement de n'avoir pas assez tôt commencé à vivre conformément à ta nature, tu te rendras digne du monde qui t'a donné l'être, tu ne seras plus un étranger dans ta patrie, tu ne recevras plus avec surprise, comme des événements inespérés, ce qui arrive journellement ; tu ne dépendras plus de ceci ou de cela.

CHAPITRE XXVIII.

SUPPORTER LES HOMMES.

I.

Commencer le matin par se dire : Aujourd'hui j'aurai affaire à des gens inquiets, ingrats, insolents, fourbes, envieux, insociables. Ils n'ont ces défauts que parcequ'ils ne connaissent pas les vrais biens et les vrais maux ; mais moi qui ai appris que le vrai bien consiste dans ce qui est honnête, et le vrai mal dans ce qui est honteux ; moi qui sais quelle est la nature de celui qui me manque, et qu'il est mon parent, non par la chair et le sang, mais par notre commune participation à un même esprit émané de Dieu, je ne peux me tenir pour offensé de sa part. En effet, il ne saurait dépouiller mon ame de son honnêteté ; et il est impossible que je me fâche contre un frère et que je le haïsse ; car nous avons été faits tous deux pour agir de compagnie, à l'exemple des deux pieds, des deux mains, des deux paupières, des deux mâchoires. Ainsi il est contre la nature que nous soyons ennemis : or ce serait l'être que de se supporter l'un l'autre avec peine et de se fuir.

II.

Ils sont nés pour faire nécessairement de ces actions, et celui qui le trouve mauvais ne veut pas que le figuier ait du lait. Après tout vous mourrez bientôt l'un et l'autre ; et fort peu après on ne se souviendra pas même de vos deux noms.

III.

'aspirer à des choses impossibles : or il
que des méchants ne fassent pas quel-
onformes à leur naturel.

IV.

Te mets-tu en colère contre quelqu'un dont le corps
sent mauvais? Te mets-tu en colère contre celui qui
a l'haleine puante? Qu'y peuvent-ils faire? La bouche
de l'un, le gousset de l'autre sont ainsi faits, il est
impossible que d'un tel corps il ne sorte pas une telle
odeur. Mais, dira-t-on, l'homme a de la raison; il peut,
avec de l'attention, reconnaître à quoi il manque. Hé
bien, tu as aussi de la raison; sers-t'en pour exciter
la sienne, remontre-lui son devoir, avertis-le de sa
faute; s'il t'écoute, tu le guériras. Il est inutile de se
fâcher.

V.

Le miel paraît amer à ceux qui ont la jaunisse. Ceux
qui ont la rage craignent l'eau. Une petite balle est
aux yeux des enfants un bijou. Pourquoi donc me
fâcher contre des hommes pleins de préjugés? Crois-
tu que leur imagination séduite ait moins de force
sur eux, que n'en a la bile sur celui qui a la jaunisse,
et le venin sur celui qui a la rage?

VI.

Il y a une sorte d'inhumanité à ne pas permettre
aux hommes de se porter aux choses qui leur paraissent convenables et utiles, et tu sembles le leur défendre lorsque tu te fâches contre eux de leurs fautes;
car ils ne se portent à ce qu'ils font que comme y

trouvant de la convenance et de l'utilité. Mais, diras-tu, ils se trompent. Détrompe-les donc, et instruis-les, mais sans te fâcher.

VII.

Les hommes ont été faits les uns pour les autres. Instruis-les donc, ou les supporte.

VIII.

Qu'est-ce que la méchanceté ? C'est ce que tu as vu souvent. Ainsi à tout ce qui arrive en ce genre, dis-toi aussitôt : C'est ce que j'ai déja vu plusieurs fois. Partout, haut et bas, tu trouveras les mêmes choses qui remplissent nos histoires, soit anciennes, soit du moyen âge, soit modernes, les mêmes dont toutes les villes et toutes les familles sont pleines. Rien de nouveau ; tout est ordinaire et de bien courte durée.

IX.

Ne te lasse point de considérer que ce que tu vois faire à présent s'est toujours fait et se fera toujours ; et de te rappeler toutes les comédies, toutes les scè-nes de même genre que tu as vues, où que tu connais par l'histoire : par exemple, quelle fut toute la cour d'Adrien, toute la cour de Tite-Antonin, toute la cour de Philippe, d'Alexandre, de Crésus. Tout cela n'était pas différent de ce que tu vois ; c'étaient seulement d'autres acteurs.

X.

Il n'y a point d'ame, dit Platon, qui ne soit privée, malgré elle, de la connaissance de la vérité, et qui, par conséquent, ne soit privée aussi malgré elle des habitudes? Puisque tu es si vif, guéris-le de ces habitudes.

XVIII.

Dissipe, si tu le peux, leurs préjugés : et si tu ne le peux pas, souviens-toi que c'est pour eux que t'a été donné le sentiment de bienveillance. Les dieux même les aiment et contribuent (tant ils ont de bonté) à leur faire avoir de la santé, des richesses, de la gloire. Il ne tient aussi qu'à toi de leur vouloir du bien ; dis-moi qui t'en empêche?

CHAPITRE XXIX.

SUR LES OFFENSES QU'ON REÇOIT.

I.

En faisant ensemble nos exercices, quelqu'un nous a égratignés et blessés d'un coup de tête? Nous ne nous en plaignons pas ; nous ne nous tenons pas pour offensés, et dans la suite nous ne nous défions pas de cet homme comme d'un traître ; nous nous gardons simplement de lui sans air d'inimitié ni de soupçon ; nous nous contentons de l'éviter tout doucement. C'est ainsi qu'il faut faire dans tout le reste de la vie. Passons bien des choses à ceux qui, pour ainsi dire, s'exercent avec nous. Il ne nous est pas défendu, comme je l'ai dit, d'éviter certaines gens, mais il ne faut avoir ni soupçon ni haine.

II.

On tue, on massacre, on maudit (les empereurs). Cela m'empêchera-t-il de conserver une âme pure, sage, modérée, juste ? Telle qu'une source d'une eau claire et douce qu'un passant s'aviserait de maudire, la source n'en continue pas moins de lui offrir une boisson salutaire ; et s'il y jette de la boue, du fumier, elle se hâte de les repousser, de les dissiper, sans en être altérée.

Comment feras-tu pour avoir au dedans de toi une source intarissable ? Si tu cultives à toute heure dans ton cœur le goût de la liberté, de la bienveillance, de la simplicité, de la pudeur.

III.

Quelqu'un me manque ? c'est son affaire. Son cœur, ses actions sont à lui ; et moi j'ai maintenant ce que la commune nature m'envoie ; je fais maintenant ce que ma nature particulière exige de moi.

IV.

La volonté de mon prochain m'est aussi étrangère que son ame et son corps me le sont ; car quoique la nature nous ait principalement faits les uns pour les autres, cependant chacun de nos esprits a son domaine à part. S'il en était autrement, un méchant homme aurait pu me rendre méchant comme lui : pouvoir que Dieu n'a pas voulu lui donner, parce-qu'en me rendant méchant, il m'aurait aussi rendu malheureux.

V.

Lorsqu'un impudent te choque, fais-toi aussitôt cette question : Est-il possible que dans le monde il n'y ait point d'impudents ? Cela ne se peut ; ne demande donc pas l'impossible : celui-ci est un de ceimpudents qui doivent nécessairement se trouver dans le monde. Ne manque pas d'en dire autant du fourbe, du traître, de tout autre méchant : car en te rappelant qu'il est impossible de ne pas rencontrer des hommes de cette espèce, tu en seras plus indulgent pour chacun d'eux.

Il est aussi très utile de penser d'abord à celles des vertus que l'homme a reçues de la nature contre chaque défaut de son prochain; elle lui a donné la douceur comme une sorte de préservatif contre la colère que peut exciter la sottise; et contre un autre défaut elle a donné un autre antidote. Après tout, il ne tient qu'à toi de remettre dans le bon chemin celui qui s'est égaré : car tout homme qui manque à son devoir manque le but général qu'il s'est proposé. En quoi donc te trouves-tu offensé? cherche, et tu trouveras qu'aucun de ceux qui causent ton indignation n'a altéré les facultés de ton ame; car tu ne peux souffrir un vrai mal, un vrai préjudice qu'en elle. Mais y a-t-il un vrai mal, est-il étrange qu'un homme sans éducation fasse les actions d'un homme de sa sorte? Vois plutôt si tu ne dois pas t'accuser toi-même pour n'avoir pas attendu de lui ces fautes-là. Les lumières de ta raison devaient te le faire présumer; c'est pour l'avoir oublié que tu t'étonnes de sa faute.

Sur toutes choses, quand tu te plains d'un homme sans foi, d'un ingrat, reviens sur toi-même; car c'est évidemment ta faute d'avoir cru qu'un homme sans foi serait fidèle, ou d'avoir eu, en faisant du bien, autre chose en vue que d'en faire, et de goûter dans le moment tout le fruit de ta bonne action. Eh! que cherches-tu de plus en faisant du bien aux hommes? Ne te suffit-il pas d'avoir agi convenablement à ta nature? Tu veux en être récompensé? C'est comme si l'œil demandait à être récompensé parcequ'il voit, ou les pieds parcequ'ils marchent : car comme ces parties du corps ont été faites pour une fin, et qu'en agissant selon leur structure, elles ne font que ce qui leur est propre, de même aussi l'homme ayant été créé pour être bienfaisant, n'a fait que remplir les fonctions de sa structure, lorsqu'il a fait du bien à quelqu'un, ou qu'il a contribué à lui procurer des avantages extérieurs. Il a dès lors tout ce qui lui appartient.

VI.

Ce qui ne nuit point à la ville ne nuit point au citoyen. Sers-toi de cette règle toutes les fois que tu t'imagines avoir été offensé. Si la ville n'en est point blessée, je ne l'ai pas été. Si même la ville en est blessée, il ne faut pas en vouloir au coupable. A quoi sert-il de le regarder de travers?

VII.

N'aie pas des choses l'opinion qu'en a celui qui te fait une injure, ou l'opinion qu'il veut t'en faire prendre. Vois-les comme elles sont dans le vrai.

VIII.

Un tel me méprise? qu'il voie pourquoi. A mon égard, je veillerai à ne rien faire ou dire qu'il puisse trouver digne de mépris. Un autre me hait? c'est son affaire. La mienne est d'avoir de la bienveillance et de la douceur pour tout le monde et pour lui-même, et d'être prêt à lui remontrer qu'il se trompe, non en le mortifiant, non en affectant de la modération, mais avec une noble franchise et avec bonté, comme en usait Phocion, si toutefois il ne feignait pas : car il faut que cette conduite parte du cœur, et que les dieux y voient un homme vraiment patient et résigné. En effet, peut-il y avoir pour toi quelque mal tant que tu feras ce qui convient à ta nature, et tant que tu recevras ce qui convient à la nature de l'univers, en homme créé pour laisser faire, en toutes façons, ce qui sert à l'utilité commune?

CHAPITRE XXX.

PARDONNER A SES ENNEMIS ET LES AIMER.

I.

C'est le propre d'un homme d'aimer ceux même qui l'offensent.

Tu les aimeras, si tu viens à penser que tu es leur parent, que c'est par ignorance et malgré eux qu'ils font des fautes, que dans peu vous mourrez tous, et surtout qu'on ne t'a point fait de mal, puisqu'on n'a pas rendu ton ame de pire condition qu'elle n'était auparavant.

II.

Lorsqu'il arrive à quelqu'un de te manquer, pense aussitôt à l'opinion qu'il a dû avoir sur ce qui est bien et ce qui est mal, pour s'être porté à cette faute. Après cette réflexion tu auras compassion de lui, au lieu d'être étonné ou fâché. Car si tu as la même opinion que lui sur ce qui est bien, ou une autre opinion qui ressemble à la sienne, tu dois lui pardonner ; et si tu ne mets pas son objet au rang des biens ou des maux, tu en auras d'autant plus de facilité à excuser un homme qui simplement a mal vu.

III.

Garde-toi d'avoir pour ceux mêmes qui sont inhumains, autant d'indifférence que les hommes ordinaires en ont pour d'autres hommes.

IV.

La meilleure façon de se venger d'un ennemi, c'est de ne pas lui ressembler.

CHAPITRE XXXI.

BONHEUR DE LA VIE.

I.

Tout être créé a ce qu'il lui faut pour être content lorsqu'il fait bien ses fonctions. Quant à l'être raisonnable, bien faire sa fonction de penser, c'est de n'admettre pour vrai ni ce qui est faux, ni ce qui n'est pas évident ; c'est de diriger tous les mouvements du cœur au bien de la société, c'est de ne rechercher, de ne fuir que ce qu'il dépend de lui d'avoir ou d'éviter ; c'est d'accepter avec résignation tout ce qui lui est distribué par la commune nature : car il fait partie de la commune nature, comme une feuille fait partie d'une plante ; avec cette différence pourtant, qu'une feuille fait partie d'un être dénué de sentiment, dénué de raison, capable d'éprouver des empêchements; au lieu que ce qui constitue l'homme fait partie d'une nature indépendante, libre, intelligente, juste, et qui a distribué à chaque être, suivant sa place dans le monde, une certaine durée, une portion de matière, un ressort d'activité et d'efficace, une correspondance et une liaison avec tout le reste. Or, il faut prendre garde que tu ne trouveras pas cette égalité de proportions, si tu compares un seul individu avec un autre en particulier, mais en comparant le tout d'une espèce avec le tout d'une autre.

II.

Si tu fais l'affaire du moment selon la droite raison, avec soin, avec fermeté, tranquillement, sans te laisser distraire par aucun objet étranger; si tu conserves dans sa pureté le génie qui t'anime, comme si dans l'instant tu devais le rendre; si, attaché à ces principes, tu ne desires rien, tu ne crains rien; si, content de faire ce que tu fais suivant la nature de ton être, tu dis héroïquement la vérité, sans t'en écarter d'un seul mot, tu vivras heureux. Or personne ne peut t'empêcher de faire tout cela.

III.

Il dépendra toujours de toi de mener une vie heureuse, si tu veux prendre le droit chemin, si tu penses et te conduis bien.

Il y a deux vérités communes à l'esprit de Dieu, de l'homme et de tout être raisonnable; l'une, que rien n'est capable d'arrêter son action; l'autre, que son bonheur consiste à vouloir et à faire des choses justes, et à borner là tous ses desirs.

IV.

Toute machine, tout instrument, tout vase qui fait le service pour lequel on l'a construit, est bien ; cependant l'ouvrier qui l'a fait en est loin : au lieu qu'à l'égard des êtres que la nature porte dans son sein, la même vertu qui les a formés reste et agit en eux. C'est pourquoi tu dois la révérer davantage, et croire que tu auras ce que tu peux desirer de mieux, si tu agis et te gouvernes selon sa volonté. C'est ainsi que l'être universel est heureux, en faisant les fonctions qui sont propres à sa nature.

V.

La félicité, ou le bien absolu, c'est de posséder un bon et droit génie. Que fais-tu donc ici, mon imagination ? retire-toi, au nom des dieux, comme tu es venue ; car je n'ai point affaire de toi. Tu es venue selon ton ancienne coutume. Je ne m'en fâche point. Mais, en un mot, va-t'en.

VI.

Il faut moins t'occuper l'esprit des choses qui te manquent que de celles que tu as actuellement ; choisir même parmi les choses que tu as, celles qui sont les plus propres à te rendre heureux ; te rappeler leur beauté, et combien tu aurais lieu de les rechercher si tu ne les avais pas. Mais prends garde en même temps de faire un trop bon accueil à ces idées, de crainte que tu ne viennes à estimer les moyens que tu as, au point d'être troublé si tu cessais de les avoir.

VII.

Il est très possible d'être en même temps un homme

30.

divin et un homme inconnu à tout le monde. N'oublie
jamais cette vérité, et souviens-toi encore qu'il faut
bien peu de connaissances pour vivre heureux : car
enfin, parceque tu·ne peux plus espérer de devenir
un grand dialecticien, un grand physicien, renonce-
ras-tu à être libre, modeste, sociable, résigné aux volontés de Dieu?

VIII.

La joie de l'esprit humain consiste à faire ce qui est
le propre de l'homme. Or, le propre de l'homme est
d'aimer son prochain, de mépriser tout ce qui affecte
les sens, de distinguer le spécieux du vrai, enfin de
contempler la nature universelle et ses œuvres.

IX.

Le soleil ambitionne-t-il de faire les fonctions de la
pluie, ni Esculape celles de la terre? Que diras-tu de
chacun des astres? Ils diffèrent les uns des autres,
mais leurs fonctions ne se rapportent-elles pas à un
but commun?

X.

Les uns prennent du plaisir à une chose, les autres
à une autre ; et moi, à rendre mon esprit sain, pour
ne fuir aucun homme, ni rien de ce qui arrive aux
hommes, même tout voir, tout accueillir d'un œil
tranquille, et faire usage de tout ce qui se présentera,
sans donner à aucun objet plus de valeur et de mérite
qu'il n'en a.

XI.

Une seule chose m'inquiète, c'est la crainte de faire
ce que la nature d'un homme ne veut pas, ou autre-

ment qu'elle ne le veut, ou ce qu'elle ne veut pas
pour le moment.

XII.

Prends-moi, jette-moi où tu voudras. Partout le
génie qui réside en moi sera tranquille ; je veux dire
qu'il sera content, s'il pense et s'il agit comme le demande la condition d'un homme.

XIII.

Puisque te voilà enfin pénétré de la vérité de tes
principes, uniquement occupé d'actions utiles à la
société, disposé du fond du cœur à recevoir tout ce
que la cause par excellence voudra t'envoyer, c'est
assez ; sois content.

XIV.

L'ame trouve en elle-même ce qui peut la faire vivre
excellemment : elle n'a qu'à regarder avec indifférence
tout ce qui est réellement indifférent, et pour y parvenir considérer chaque objet extérieur, tant séparément que par rapport au grand tout ; se ressouvenir
qu'aucun de ces objets n'est capable d'imprimer en
nous quelque opinion à son sujet, ni même de s'approcher de nous ; ils restent immobiles : c'est nous
qui formons notre jugement sur eux, et qui le gra-
vons, pour ainsi dire, de notre main au dedans de
nous. Or, il dépend de nous de ne le point graver, ou
même de l'effacer promptement s'il s'y trouve glissé à
la dérobée. Au reste, c'est une attention qui sera de
peu de durée, puisqu'elle finira bientôt avec notre vie.
Mais, après tout, qu'y a-t-il de difficile à prendre
comme il faut les choses qui se présentent ? Si elles

conviennent à ta nature, jouis-en gaiement; point de
difficulté. Si elles n'y conviennent pas, cherche en toi-
même ce qui peut y convenir, et vole à ce but, n'y
eût-il point de gloire attachée. Il n'est défendu à personne de chercher son propre bien.

XV.

Tu es composé de trois choses : d'un corps, d'une
ame animale et d'un esprit.

De ces trois substances, les deux premières ne t'appartiennent que pour en prendre soin ; mais la troisième est proprement toi.

Si donc tu parviens à éloigner de toi, c'est-à-dire de
ton esprit, tout ce que les autres homme font ou disent, ce que tu as fait ou dit, toutes les idées de l'avenir qui te troublent, tout ce qui se passe malgré toi
dans ce corps qui t'environne ou dans l'ame animale
formée avec lui, et tout ce qu'un tourbillon extérieur
fait rouler autour de toi, en sorte que ton esprit, se
dérobant à la destinée du monde, ne vive qu'avec soi,
pur, libre, pratiquant la justice, voulant tout ce qui
lui arrive, disant toujours la vérité ; si, dis-je, tu parviens à séparer ainsi de ton esprit ce que l'impression
des sens lui fait éprouver malgré lui ; si tu laisses là le
passé comme l'avenir ; si tu te rends semblable à la
sphère d'Empédocle, qui, parfaite en rondeur, se contente de tourner autour d'elle seule ; si tu ne songes à
vivre que ce que tu vis, je veux dire le moment présent, alors tu seras en état de passer le reste jusqu'à
la mort sans aucun trouble, dans une noble liberté,
dans une parfaite union avec le génie qui t'anime.

XVI.

Pour vivre heureux, il faut voir ce que chaque chose est en elle-même par un effet de l'ordre universel, quelle est sa matière, et ce qu'elle a d'actif ; se porter de toute son ame à faire ce qui est juste et à dire la vérité. Que reste-t-il après cela, sinon de jouir de cette vie en accumulant bonne action sur bonne action, sans y laisser le moindre vide ?

XVII.

Qu'il y ait des atomes ou d'autres principes naturels, il est d'abord constant que je suis une partie de cet univers gouverné par la nature ; ensuite qu'il y a une sorte d'alliance entre moi et les parties qui sont de mon espèce.

Pénétré de la pensée que je fais partie du grand tout, je ne recevrai point avec peine ce qu'il m'aura distribué ; car ce qui est utile au tout ne peut être mauvais pour la partie, et il ne peut rien y avoir dans le tout qui ne serve au bien général. Cela est commun à tous les principes naturels. Mais de plus, il ne peut y avoir hors de l'univers (suivant la force de ce mot) aucune cause naturelle qui l'obligeât à produire ce qui serait mauvais pour lui.

Ainsi, en me rappelant que je fais partie d'un certain tout actuel, je prendrai en bonne part tout ce qui arrivera ; et en même temps, si je songe que j'ai une sorte d'alliance avec les parties de même espèce que moi, je ne ferai rien de nuisible à la société. Au contraire, je rapporterai tout à mes alliés ; je dirigerai tous les mouvements de mon cœur au bien général, et je fuirai tout ce qui s'y opposerait.

Par ce moyen je mènerai sûrement une vie heureuse, comme tu conçois bien que la mènerait un citoyen qui s'occuperait sans cesse à faire des choses utiles à sa patrie, et qui accepterait de bon cœur tout ce qu'elle jugerait à propos de lui distribuer.

XVIII.

En quelque lieu qu'un homme soit abandonné à lui-même, il peut vivre heureux; mais il ne saurait l'être qu'autant qu'il se ferait à lui-même une bonne fortune par de bonnes habitudes de l'ame, de bons desirs, de bonnes actions.

XIX.

Qu'est-ce qu'Alexandre, César, Pompée, en comparaison de Diogène, d'Héraclite, de Socrate? Ceux-ci connaissaient la nature de toutes choses, ils en connaissaient les principes actifs, le fond; leur ame était toujours dans la même assiette. Que de projets divers! Combien de sortes d'esclavages dans l'ame des autres!

CHAPITRE XXXII.

L'HOMME VERTUEUX.

I.

Dans une ame bien réglée et bien épurée, tu ne trouveras point de corruption, rien d'impur, point de venin caché. La mort ne la surprend point avant que sa vie ait été complète, comme on le dirait d'une pièce de théâtre si un acteur quittait avant que d'avoir fini son rôle. De plus, on n'y voit rien de bas,

ni d'affecté ; point de contrainte ; rien de décousu,
rien de criminel, ni qui exige le secret.

II.

Corps. Ame sensitive. Intelligence.

Au corps, des sensations. A l'ame animale, des passions. A l'intelligence, des maximes.

Avoir l'imagination frappée ? Les brutes l'ont.

Être agité par des passions ? Les loups le sont, et
les demi-hommes, et un Phalaris, et un Néron.

Savoir se conduire extérieurement avec bienséance ?
Les athées le savent aussi, et les traîtres à la patrie,
et ceux qui font tout à portes fermées.

Ces facultés sont communes aux différentes espèces
que je viens de nommer. C'est donc une vertu propre
au seul homme de bien, d'agréer et d'accueillir ce qui
lui arrive, comme prescrit par l'ordre immuable des
destinées ; de ne jamais faire d'injure au génie qui réside au fond de son cœur ; d'empêcher qu'il ne soit
troublé par une foule d'imaginations, et de se le conserver propice et favorable en lui faisant modestement cortége comme à un dieu, sans jamais dire un
mot qui ne soit vrai, ni rien faire qui ne soit juste.

Que si tout le monde ne croit pas qu'il passe véritablement sa vie en homme simple, modeste et tranquille, il ne s'en fâche contre personne, et ne perd
pour cela de vue sa route jusqu'à la mort, où il doit
arriver pur, tranquille, et prêt à faire le voyage, en
acceptant librement l'ordre de sa destinée.

III.

Lorsque notre maître intérieur est dans sa vigue

naturelle, s'il lui arrive quelque obstacle, il trans-
porte sans peine et constamment son action à une
autre chose qu'il lui est possible et permis de faire.
Il n'affectionne pas un ordre d'événements plus
qu'aucun autre, et s'il désire quelque chose, c'est
sous condition. De l'obstacle qui arrive il se fait un sujet d'exercice, comme un feu qui s'empare de tout ce
qui y tombe. Une petite lampe en serait éteinte ; mais
un feu ardent s'approprie sur-le-champ tout ce qu'on
y jette ; il le consume et ne s'en élève que plus haut.

IV.

En haut, en bas, ou en cercle, c'est ainsi que se
meuvent tous les éléments. La vertu, dans son allure,
n'offre rien de semblable. C'est quelque chose de plus
divin. Elle va par un chemin qu'on ne peut se peindre,
et arrive à son but.

V.

Antisthène disait à Cyrus : C'est chose royale de faire
le bien, et d'être réputé faire le mal.

VI.

De Platon.

« J'aurais raison de répondre ainsi à cet homme :
« O mon ami, tu ne dis pas bien, si ton avis est qu'un
« homme qui vaut quelque chose doive peser les ha-
« sards de la vie ou de la mort, et qu'il ne doive
« pas se borner à voir dans ce qu'il fait si l'action est
« juste ou injuste, si elle est d'un homme de bien
« ou d'un méchant...

« Voici une vérité constante, ô Athéniens : Si quel-
« qu'un a pris de lui-même un poste comme très   on

« ou si l'archonte le lui a confié, il faut, selon moi,
« qu'il s'y tienne et qu'il s'y défende, sans tenir
« compte ni de la mort, ni d'autre chose plus que de
« l'honneur...

   « Au reste, mon ami, vois toi-même : y a-t-il rien
« de plus noble et de meilleur que de défendre les
« autres et d'en être défendu ? Un homme vraiment
« homme n'aspire point à vivre tant d'années ; il
« n'aime pas la vie ; il s'en remet à Dieu ; il dit, comme
« les bonnes femmes : On ne peut fuir sa destinée. Il
« examine simplement quel est le meilleur emploi à
« faire du temps qu'il doit vivre. »

VII.

Ne regarde point autour de toi ce que pensent les
autres. Ne regarde que droit devant toi. A quoi la nature te conduit-elle ? La nature universelle, par tout
ce qui t'arrive de sa part ; ta nature propre, par les
obligations qu'elle t'impose.

Tout être doit agir suivant sa condition. Les êtres
qui ne sont pas raisonnables ont été faits pour ceux
qui le sont, par la raison que le bas est fait pour le
haut.

Les êtres raisonnables n'ont pu être faits que les
uns pour les autres.

Ainsi le premier attribut de la condition humaine
est la sociabilité.

Le second, de résister aux passions dont la source
est dans le corps ; car c'est le propre d'une substance
spirituelle et raisonnable, de pouvoir se renfermer
en soi-même, et dominer sur les sens, sur les appétits

qui sont du pur animal. La raison demande à les
dominer sans jamais s'en laisser vaincre; et cela est
juste, puisqu'ils n'ont été faits que pour la servir.

Enfin la raison est faite pour se garantir de toute
faute et de toute erreur.

Un esprit ainsi disposé marche toujours droit. Il a
tout ce qui appartient à sa nature.

VIII.

D'où savons-nous si Télauges n'était pas supérieur
à Socrate pour les qualités de l'ame? Car ce n'est pas
assez que Socrate soit mort avec plus de gloire, ni
qu'il ait fait voir plus de finesse d'esprit dans ses disputes avec les sophistes, ni qu'il ait montré plus de
fermeté en passant des nuits très froides au bivouac,
ou plus de grandeur d'ame en refusant d'obéir aux
trente tyrans qui lui avaient commandé d'aller enlever un riche habitant de Salamine, ni qu'ensuite il se
soit promené fièrement dans les rues (de quoi cependant on peut fort douter); mais il faut analyser le
fond de l'ame de Socrate; savoir si elle était assez
forte pour faire consister son bonheur à être juste
envers les hommes, et religieuse envers les dieux,
sans se fâcher inutilement contre les méchants, ni
flatter bassement l'ignorance, sans regarder les accidents, que l'ordre général du monde amène comme
des choses étranges ou impossibles à supporter, et
sans se livrer aux sensations qu'une vile chair
éprouve.

IX.

La perfection des mœurs consiste à passer chaque

jour comme si ce devait être le dernier, sans trouble,
sans lâcheté, sans dissimulation.

X.

Ce qu'un être animé qui raisonne et qui est sensible aux devoirs de la société, trouve dénué d'intelligence et d'instinct social, lui paraît avec raison fort
au-dessous de sa dignité propre.

XI.

Ai-je quelque fonction à remplir, je m'en acquitte
en la rapportant au bien de l'humanité. M'arrive-t-il
quelque accident, je le reçois en le rapportant aux
dieux et à cette source commune de toutes choses,
d'où procède tout ce qui se fait.

XII.

Il serait sans doute plus agréable de sortir de la vie
sans avoir connu le mensonge, ni la dissimulation, ni
le luxe, ni le faste. Mais après s'être rassasié de toutes
ces fautes, il reste une ressource, qui est de mourir
plutôt que de se résoudre à croupir volontairement
dans le mal. Hé quoi! l'expérience ne t'a pas encore
persuadé de t'enfuir du milieu de cette peste? car la
corruption de l'ame est une peste pour toi bien plus
que l'altération et la mauvaise qualité de l'air. Ceci
n'est une peste que pour l'animal comme animal,
au lieu que l'autre est la peste des hommes en tant
qu'hommes.

XIII.

Celui qui ne dirige pas toujours ses actions à un
seul et même but ne saurait être pendant toute sa
vie toujours égal et le même. Ce n'est pas assez dire,

si tu n'ajoutes quel doit être ce but. Or, puisque tous
les hommes n'ont pas la même idée sur les biens, pas
même sur ceux à qui la plupart donnent ce nom, et
comme ils s'accordent seulement sur de certains biens,
je veux dire sur ceux qui le sont en effet pour toute la
société ; il suit de là que notre but doit être de faire
des actions utiles à l'espèce humaine et à notre société
particulière : car celui qui rapportera toutes les affections de son cœur à ce but, rendra toutes ses actions
uniformes, et par ce moyen il sera toujours le même.

XIV.

Quel est ton métier? D'être vertueux. Quel bon
moyen de le devenir? Par les principes qu'inspire la
contemplation de la nature universelle et de la structure particulière de l'homme.

XV.

La main ni le pied ne font point un travail au—dessus de leur nature, tant que le pied ne fait que les
fonctions de pied, et la main celles de main. Il en
est de même de l'homme comme homme : ce n'est
pas pour lui un travail au—dessus de la nature de
remplir les devoirs d'un homme ; et s'il n'y a rien là
au—dessus de sa nature, il n'y a point de mal pour
lui.

CHAPITRE XXXIII.

SE DÉTACHER ET S'ATTACHER.

Considère les temps, par exemple, de Vespasien,
tu y verras tout ce qu'on voit aujourd'hui : des hom-

mes qui se marient, qui élèvent des enfants, qui
sont malades, qui meurent, qui font la guerre, qui
célèbrent des jeux. Tu y verras des marchands, des
laboureurs, de bas courtisans, des hommes remplis
d'orgueil, ou de soupçons, ou de mauvais desseins ;
quelques-uns qui souhaitent la mort, d'autres qui se
plaignent de l'état présent des choses ; d'autres enfin
qui s'occupent de folles amours, de ramasser des
trésors, d'obtenir un consulat, un royaume. Tous
ces gens-là ont cessé de vivre ; ils ne sont plus nulle
part.

Passe en revue les temps de Trajan. Le spectacle se
trouvera le même. Cet âge s'est encore évanoui.

Jette les yeux sur d'autres époques. Parcours toutes les nations de la terre. Vois combien d'hommes,
après s'être bien tourmentés pendant leur vie, sont
morts après une courte apparition, se sont résolus en
leurs premiers principes. Rappelle-toi surtout ceux
de ta connaissance, que tu as vus s'occuper de soins
frivoles, sans jamais songer à faire les actions propres à la structure d'un être raisonnable, ni s'attacher à cet unique moyen de vivre content.

II.

On s'est familiarisé avec tous ces objets par l'habitude ; mais leur durée n'est que d'un jour, et ils
sont composés d'une matière sale et dégoûtante. Ce
sont aujourd'hui les mêmes que l'on voyait du temps
de ceux que nous avons enterrés.

III.

C'est de l'eau, de la poussière, des ossements, de l'ordure. Les marbres sont de simples callosités de la terre; l'or et l'argent ne sont que des sédiments. Ma robe n'est que du poil de bête, et sa couleur de pourpre n'est que le sang d'un coquillage. Tout le reste a le même fond; et même ce qui respire n'est pas de nature différente : il vient de là et y retourne.

IV.

Sais-tu en quoi consistent les bains que tu prends? C'est de l'huile, de la sueur, de la crasse, de l'eau, des raclures, toutes choses de mauvaise odeur. Ce qui fait notre vie et tout ce qui entre dans la composition des êtres en général n'est pas d'une autre nature.

V.

. Toutes choses sont couvertes, pour ainsi dire, d'un voile si épais, que plusieurs philosophes de mérite ont cru qu'on ne pouvait absolument en connaître le fond; et les stoïciens eux-mêmes pensent que la connaissance en est au moins difficile. Toutes nos opinions sont sujettes à erreur; car où est celui qui ne se trompe jamais? Passe maintenant aux objets que nous pouvons posséder. Qu'ils sont de peu de durée ! Et qu'ils sont méprisables, puisqu'ils peuvent être entre les mains d'un débauché, d'une courtisane, d'un brigand ! Porte ensuite tes regards sur les mœurs de ceux qui vivent avec toi. Le plus agréable d'entre eux est à peine supportable; que dis-je? à peine quelqu'un d'eux peut-il se supporter lui-même.

Au milieu donc de tant d'obscurité, de toute cette

ordure, de ce torrent qui emporte la matière, le temps, les mouvements particuliers, et tout ce qui se meut, je ne conçois pas ce qui peut mériter de l'estime ou le moindre attachement. On est réduit, au contraire, à se consoler soi-même en attendant sa propre dissolution ; mais il faut l'attendre sans se chagriner du retardement, et chercher son repos dans ces deux points qui sont d'une ressource unique ; l'un, qu'il ne m'arrivera rien qui ne soit dans les dispositions de la nature universelle ; l'autre, qu'il dépend de moi de ne rien faire contre mon dieu et mon génie ; car nulle puissance au monde ne peut me mettre dans la nécessité de leur désobéir.

VI.

Considère souvent avec quelle promptitude tout ce qui existe et ce qui naît est emporté et disparaît après une course incertaine : car la matière s'écoule sans cesse comme un fleuve. Les opérations naturelles et leurs causes ne produisent que des changements continuels et des transformations ; il n'y a presque rien de stable et de permanent. Regarde encore de près cette immense étendue du passé et de l'avenir, dans laquelle tout s'évanouit.

N'y a-t-il donc pas de la folie à celui qui, pour de tels objets, s'enorgueillit, ou se tourmente, ou se plaint comme en étant importuné ? Combien de temps l'est-il ? Et que ce temps est court !

VII.

Voici un bel endroit de Pythagore : Celui qui veut faire un discours sur les hommes doit considérer, dit-il, comme d'un lieu élevé, tout ce qui se passe sur la terre, ce grand nombre de sociétés, d'armées, de labourages, de mariages, de divorces, de naissances, de morts ; le tumulte des tribunaux, les pays inhabités, les barbares de toutes couleurs, les réjouissances, les deuils, les foires, les marchés, la confusion de tout cela, et ce mélange de choses contraires dont le monde est composé.

VIII.

Tous les corps particuliers passent comme un torrent au travers de la substance de l'univers. Ils sont nés avec lui, et lui servent, comme nos membres se servent réciproquement.

Combien le temps n'a-t-il pas déja englouti de Chrysippes? Combien de Socrates? Combien d'Épictètes? Applique cette réflexion à chaque homme, à chaque objet.

IX.

Retourne les objets. Considère bien ce que c'est. Que devient-on par la vieillesse, par la maladie, par la débauche?

X.

Des querelles, des jeux d'enfants, des ames qui promènent des morts, image vivante de l'histoire des mânes.

XI.

Représente-toi sans cesse l'éternité du temps et l'immensité de la matière. Chaque corps n'est, par rapport à celle-ci, qu'un grain de millet, et sa durée n'est, pour le temps, qu'un tour de vrille.

XII.

En t'arrêtant sur chaque objet qui s'offre, imagine-toi qu'il se dissout déja, qu'il est en voie de changer de forme, de se pourrir, de se dissiper. Tout a été fait pour mourir.

XIII.

Épictète conseillait à tout père qui baise son en-fant de dire tout bas : Tu mourras peut-être demain. Mais cela est de mauvais augure! Rien, dit-il, de ce qui signifie une opération naturelle n'est de mauvais augure, car autrement il serait de mauvais augure de parler de la moisson.

XIV.

Dieu ne regarde que les esprits, sans faire attention à ces vases matériels, à ces écorces, à ces ordures qui les enveloppent ; car l'intelligence divine ne touche qu'aux émanations dérivées de sa propre substance. Accoutume-toi à faire de même : tu te débarrasseras d'une foule d'inquiétudes qui t'assiégent; car celui qui ne voit autour de son ame qu'une misérable enveloppe de chair, daignera-t-il s'occuper d'un bel habit, d'un palais, de la gloire même, et de tous les entours de même genre qui le couvrent ?

XV.

Dans peu, et toi, et tout ce que tu vois maintenant, et tous ceux qui vivent aujourd'hui, vous ne serez plus; car tout est né pour être déplacé, changé, cor-rompu, afin que de tout ce débris il naisse, dans l'ordre marqué, d'autres productions.

XVI.

Tout change. Toi-même tu changes continuellement et tu te détruis dans quelque partie. Il en est de même du monde entier.

XVII.

Bientôt la terre nous couvrira tous. Elle-même changera. Tout prendra d'autres formes, et puis d'autres à l'infini. Or, en considérant cette suite de changements et de transformations, et leur rapidité, il y a bien lieu de se dégoûter de tout ce qui est mortel. La cause universelle est un torrent qui entraîne tout.

XVIII.

En voyant les philosophes de ton temps, Satyron, Euphrate, Alcyphron, Xénophon, imagine-toi voir les anciens philosophes Eutychès, Hymène, Eutichyon, Sylvain, Tropéophore, Criton, Severus ; et en te regardant toi-même, songe à quelqu'un des anciens Césars. Uses-en de même pour chacun de tes contemporains ; rappelle-toi quelque autre ancien qui ait eu du rapport avec lui. Fais ensuite cette réflexion : Où sont ces gens-là ? Nulle part ; ou bien ils sont en tel lieu que tu voudras l'imaginer. Ainsi tu t'accoutumeras à voir que les choses humaines ne sont que fumée, que néant, surtout si tu te ressouviens que ce qui aura une fois changé de forme, ne la reprendra jamais dans la suite des siècles.

Et toi, quand changeras-tu ?

Mais quoi ! ne te suffit-il pas de passer avec honnêteté ce peu de jours ?

Quelle est la matière, quel est le sujet de tes aver-

sions? Car enfin, qu'est-ce que tout cela, sinon des
occasions d'exercice pour un homme raisonnable qui
a bien et méthodiquement réfléchi sur tout ce qui se
passe dans la vie? Arrête-toi donc jusqu'à ce que tu
te sois rendu ces idées propres, comme un fort estomac se rend propres toutes sortes d'aliments, comme
un grand feu tourne en flamme et en lumière tout
ce qu'on y jette.

XIX.

Lorsqu'on a une fois mordu aux vrais principes,
un mot très court et même trivial suffit pour nous
faire bannir la tristesse et la crainte. Par exemple, ce
mot (d'Homère) :

Comme on voit par les vents les feuilles arrachées.....
. . . .
De même les mortels. . . . . . .

Oui, tes chers enfants ne sont que des feuilles légères;
feuilles aussi ces hommes qui, d'un air de vérité, nous
louent et nous bénissent en public, ou qui, au contraire, nous maudissent en particulier, nous déchi-
rent et font de nous mille railleries; feuilles pareillement ceux qui, après notre mort, se souviendront de
nous : un printemps les voit naître, un coup de vent
les abat, ensuite la forêt en repousse d'autres; mais
leur durée est également courte.

Et toi tu crains, et tu desires tout, comme si tout
devait être éternel.

Tu mourras aussi, et celui qui t'aura mené au tombeau sera bientôt pleuré par un autre.

XX.

Dans un moment il ne restera plus de toi que de la cendre, des os arides, un nom, pas même un nom, qui n'est qu'un peu de bruit, un écho. Oui, ce qu'on respecte le plus dans la vie n'est que vanité, pourriture, petitesse. Ce sont des chiens qui se battent, des enfants qui se disputent ; ils rient, et le moment d'après ils pleurent. La foi, la pudeur, la justice, la vérité ont quitté la terre pour s'envoler au ciel. Qu'est-ce qui t'attache ici-bas ? Sont-ce les objets sensibles ? Mais ils changent, ils n'ont point de solidité. Sont-ce tes sens ? Mais ils t'éclairent mal ; ils sont sujets à erreur. Sont-ce tes esprits vitaux ? Mais ce n'est qu'une vapeur du sang. Est-ce de devenir célèbre parmi ces hommes ? Ce n'est rien. Pourquoi donc n'attends-tu pas paisiblement, ou d'être éteint, ou d'être déplacé ? Et jusqu'à ce que ce moment arrive, te faut-il autre chose pour vivre content, que d'honorer et bénir les dieux, faire du bien aux hommes, savoir souffrir et t'abstenir, et ne jamais oublier que tout ce qui est extérieur à ton corps et à ton ame n'est ni à toi, ni dans ta dépendance ?

XXI.

Dans peu tu oublieras tout, et tu en seras oublié.

XXII.

Accoutume-toi à contempler les transformations des êtres les uns dans les autres. Fais-y une continuelle attention. Exerce-toi dans cette partie. Rien ne rend l'ame plus grande : elle se détache par là du corps. Celui qui pense que bientôt il faudra tout

quitter en quittant les hommes, se soumet aux lois
de la justice pour tout ce qu'il faut faire, et aux lois
de la nature universelle pour tout ce qui arrive. Il
ne fait pas la plus légère attention à ce que les autres
disent, pensent, ou font à son sujet, content de ces
deux choses, de faire avec justice ce qu'il doit faire
dans le moment, et d'aimer ce qui dans le moment
lui est distribué.

Libre de tout autre soin, de toute autre affection,
il ne veut qu'aller droit selon la loi, et que suivre
Dieu qui est le guide et le terme de sa route.

CHAPITRE XXXIV.

SUR LA MORT.

I.

La mort est, comme la naissance, un mystère de
la nature, une nouvelle combinaison des mêmes éléments. Mais il n'y a rien là qui doive faire de la peine,
car il ne s'y trouve ordinairement rien qui répugne
à l'essence d'un être intelligent, ni au plan de sa for-
mation.

II.

Est-ce dissipation? résolution en atomes? anéan-
tissement? extinction? simple déplacement?

III.

Oh! que toutes choses sont bien vite englouties :
les corps par la terre, leur mémoire par le temps!
Qu'est-ce que tous les objets sensibles, particulièrement ceux qui nous amorcent par l'idée du plaisir,
ou qui nous épouvantent par l'idée de la douleur,

ou ceux qu'on admire tant! Que tout cela est frivole, méprisable, bas, corruptible, cadavéreux! Approche-toi, en esprit, de ceux même dont les opinions et les suffrages dispensent la gloire. Songe ce que c'est que la mort. Si tu parviens à bien connaître ce seul objet, si tu en sépares par la pensée tout ce que l'imagination y ajoute, tu ne la verras que comme un ouvrage de la nature; or, il faut être enfant pour avoir peur d'un effet naturel. Et ce n'est pas seulement une opération de la nature, mais de plus une opération qui lui est utile.

Comment l'homme tient-il à Dieu? Par quelle partie, et quand y tient-il? Et quel repos cette partie de l'homme ne trouve-t-elle pas en Dieu?

IV.

Tu as subsisté comme partie d'un tout. Ce qui t'avait produit t'absorbera, ou, pour mieux dire, tu seras reçu, par un changement, dans le sein fécond du père de la nature.

V.

Ce qui est venu de la terre retourne à la terre; mais ce qui avait une céleste origine retourne dans les cieux, dit un poëte. Ce premier changement est, ou une séparation d'atomes qui étaient adhérents; ou, ce qui revient au même, c'est une dispersion d'éléments inanimés.

VI.

Celui qui redoute la mort craint, ou d'être privé de tout sentiment, ou d'en avoir d'une autre sorte.

Mais au premier cas il n'aura point de mal, et au second il sera autrement animé ; il ne cessera pas de vivre.

VII.

Si les ames sensitives ne périssent pas, comment depuis tant de siècles l'air peut-il les contenir? Mais comment la terre peut-elle contenir tant de corps qui y ont été renfermés depuis le même temps?

Comme les corps, après quelque séjour en terre, s'altèrent et se dissolvent, ce qui fait place à d'autres; de même les ames, après quelque séjour dans l'air, s'altèrent, se fondent et s'enflamment, en rentrant dans le sein fécond du premier principe de l'univers[1], ce qui fait place à celles qui surviennent.

Voilà ce qu'on peut répondre, en supposant que les ames ne périssent pas.

Or; non-seulement il faut tenir compte de ce grand nombre de corps enterrés, mais encore des animaux qui sont mangés tous les jours, tant par nous que par d'autres animaux; car combien y en a-t-il de consommés, qui ont été comme enterrés dans les corps de ceux qui s'en nourrissent! Cependant le même lieu les contient, parcequ'ils y sont convertis en sang, en air et en feu.

VIII.

Il ne faut jamais oublier ce mot d'Héraclite, que la

[1] Ce n'est ici qu'une hypothèse. Marc-Aurèle y considère l'esprit comme un feu renfermé dans une nue. La nue se fond ; l'esprit s'enflamme , et il rentre seul dans le sein de l'Être suprême, dont il est émané.

mort de la terre est de se tourner en eau, celle de l'eau de se tourner en air, celle de l'air de se tourner en feu, et réciproquement.

IX.

C'est une nécessité aux parties du grand tout, je veux dire à toutes celles qui composent le monde visible, de se corrompre, c'est-à-dire de s'altérer, pour aller former d'autres individus.

Si je dis que c'est pour elles un mal, et un mal nécessaire, ce monde est donc mal gouverné ; car, en effet, ses parties paraissent faites pour s'altérer et se corrompre en mille manières.

Est-ce que la nature aurait voulu tout exprès faire du mal à ses parties, les assujettir au mal, les créer pour les y faire tomber inévitablement? Ou bien cela se passerait-il indépendamment de la nature? L'un et l'autre est incroyable.

Que si quelqu'un, sans parler de la nature, disait seulement, les parties du monde sont ainsi faites ; il n'évitera pas le ridicule de la contradiction qu'il y a de convenir que les parties du monde sont faites pour changer de forme, et d'être cependant étonné, fâché même de ces changements comme d'un désordre; surtout dès qu'on voit chaque individu se résoudre dans les principes dont il avait été formé; car la corruption vient, ou de la dispersion des éléments du corps, ou de la conversion de ce qu'il a de solide en terre, et de ce qu'il a de spiritueux en air, l'un et l'autre rentrant dans la pépinière de tous les êtres de l'univers, pour être consumé un jour avec lui,

ou pour le renouveler ·par de perpétuelles vicissi-
·tudes.

Et n'imagine pas que ces parties solides et spiri-
tueuses du corps y soient depuis sa conception ; car
tout ceci n'y est que d'hier ou d'avant-hier, par les
aliments ou la respiration. C'est donc ceci qui change,
et non ce que la mère a mis au monde.

Et si tu supposes que ceci fasse une principale
partie de l'homme, c'est une supposition qui, à mon
avis, ne détruit pas ce qui est et que j'ai voulu dire [1].

X.

Tout ce qui est corporel va très vite se perdre dans
la masse totale de la matière. Tout ce qui agit comme
cause particulière est repris très vite par le principe
de toute activité dans l'univers ; et la mémoire de
tout est engloutie très vite dans l'abîme du temps.

XI.

J'ai été composé de matière et de quelque chose
qui agit en moi comme cause. Et comme ni l'un ni
l'autre n'ont été faits de rien, ni l'un ni l'autre ne
seront anéantis. Ainsi toute partie qui est à moi sera
changée en quelque autre partie du monde, et celle-
ci en une autre, à l'infini. C'est par un de ces changements que j'ai existé, que mes parents ont existé,
et de même en remontant plus haut indéfiniment :
car on peut s'exprimer de cette sorte, quoique le
monde soit destiné à éprouver les révolutions fixées
par celui qui le gouverne.

---

[1] Que l'esprit seul constitue l'homme, et que le corps n'en est qu'un
vêtement corruptible et mortel.

XII.

Plusieurs grains d'encens ont été destinés à brûler sur le même autel. Que l'un y tombe plus tôt, l'autre plus tard, cette différence n'est rien.

XIII.

Si quelque dieu venait t'annoncer que tu dois mourir demain, ou au plus tard après-demain, tu ne te soucierais pas beaucoup que ce fût après-demain plutôt que demain, à moins que tu ne fusses le plus lâche des hommes; car quel serait ce délai? Pense de même qu'il t'importe peu de mourir demain ou après plusieurs années.

XIV.

Un moyen trivial, mais fort bon, pour mépriser la mort, c'est de songer aux vieillards qui ont le plus tenu à la vie. Ont-ils quelque avantage sur ceux qui moururent jeunes? On doit trouver quelque part les tombeaux de Cadicien, de Fabius, de Julien, de Lépide, et de leurs pareils, qui, après en avoir enterré tant d'autres, ont été enterrés à leur tour. Toute vie est courte; et encore dans quelles misères, dans quelle société, dans quel corps nous faut-il la passer? Ce n'est donc pas grand'chose. Regarde derrière toi l'immensité des temps, et devant toi un autre infini : dans cet abîme quelle est la différence de trois jours à trois siècles?

XV.

Il est égal d'avoir connu ce monde trois années, ou cent.

XVI.

Celui qui voit maintenant le monde, a tout vu. Il a vu toute l'éternité passée et à venir. Car tout est et sera de même nature et de même apparence.

XVII.

Lorsqu'au théâtre et en d'autres jeux on ne te fait voir qu'une répétition uniforme des mêmes objets, tu t'ennuies. Il devrait t'en arriver autant toute la vie, car dans ce monde tu ne vois en haut, en bas, que les mêmes effets, un jeu égal de causes toujours les mêmes. Ah! ceci ne finira-t-il point!

XVIII.

Revois le passé. Que de révolutions d'empires! Tu peux aussi voir l'avenir; le spectacle sera le même, tout ira du même pas et sur le même ton que ce qui se passe aujourd'hui. Il est donc égal d'être pendant quarante ans spectateur de la vie humaine, ou de l'être pendant dix mille; car que verrais-tu de plus?

XIX.

Tous les êtres vivants que tu vois, et tous ceux qui les voient, tomberont bientôt en pourriture. Le vieillard décrépit qui meurt, ne se trouvera pas en meilleur état que celui qui meurt très jeune.

XX.

Celui qui ne reconnaît pour bon que ce qui se fait aux temps marqués : celui qui pense qu'il est égal d'avoir eu, ou non, assez de temps pour faire beaucoup d'actes de raison, et qu'il n'y a point de différence à voir ce monde plus ou moins d'années, celui-là, dis-je, n'envisage pas la mort comme un objet terrible

XXI.

O homme ! tu as été citoyen de la grande ville du monde. Que t'importe de ne l'avoir été que cinq ans ? Personne ne peut se plaindre qu'il y ait de l'inégalité dans ce qui se fait par les lois du monde. Qu'y a-t-il donc de fâcheux si tu es renvoyé de la ville, non par un tyran, ni par un juge inique, mais par la nature même qui t'y avait admis ? C'est comme si un acteur était congédié du théâtre par l'entrepreneur qui l'y avait employé. Hé ! je n'ai pas joué les cinq actes, je n'en ai joué que trois ! Tu dis bien. Mais, dans la vie, trois actes font une pièce complète ; elle est toujours terminée à propos par celui qui, l'ayant composée, ordonne maintenant l'interruption. En tout cela tu n'as été ni l'auteur ni la cause de rien. Va-t'en donc paisiblement ; car celui qui te congédie est plein de bonté.

XXII.

Hippocrate, après avoir traité bien des maladies, est tombé malade, est mort. Les devins, après avoir annoncé bien des morts, ont été enlevés à leur tour par la Parque. Alexandre, et Pompée, et Caïus César, après avoir si souvent détruit, de fond en comble, des villes entières, après avoir fait périr dans les combats plusieurs milliers d'hommes de cheval et de pied, sont enfin sortis eux-mêmes de la vie. Héraclite, après avoir dit en physicien tant de belles choses sur l'embrasement du monde, est mort le corps plein d'eau, couvert de fiente de vache. La vermine fit mou-
Démocrite, et une autre sorte de vermine tua So-

crate. Qu'est-ce à dire? Tu t'es embarqué ; tu as na-
vigué ; tu es arrivé ; sors du vaisseau. Si c'est pour
une autre vie, tout est plein de la divinité ; tu y trouveras des dieux ; si c'est pour être privé de tout sentiment, tu cesseras d'être obsédé par la douleur, par
la volupté, et d'être assujetti au vase qui te renferme ;
vase si fort au-dessous de toi. Faut-il que ce qui doit
servir commande? Tu es esprit et génie ; le reste n'est
que fange et pourriture.

XXIII.

Combien de ceux qui étaient entrés avec moi dans
le monde en sont déja sortis !

XXIV.

La vie est moissonnée comme des épis dont les uns
sont mûrs et les autres verts.

XXV.

N'oublie pas combien il est mort de médecins qui
souvent avaient froncé les sourcils auprès de leurs
malades ; combien d'astrologues qui avaient prédit
avec emphase les morts des autres ; combien de philosophes qui avaient débité avec confiance une infinité
de systèmes sur la mort et l'immortalité ; combien de
guerriers fameux qui avaient immolé un nombre
d'ennemis ; combien de tyrans qui, avec une horrible
férocité, avaient abusé de leur pouvoir sur la vie de
leurs sujets, comme si eux-mêmes eussent été invul-
nérables ; combien il est mort, pour ainsi dire, de
villes entières, Hélice, Pompeï, Herculanum, une infinité d'autres ! Passe encore successivement à tous
ceux que tu as connus. Tel qui avait enterré celui-ci,

a été enterré par celui-là, et le tout en fort peu de temps. Ah! il ne faut jamais perdre de vue que toutes les choses humaines sont passagères et sans consis-tance. Hier l'homme était un simple germe ; demain ce sera une momie ou de la cendre. Il faut donc pas-ser cet instant de vie conformément à notre nature, et nous soumettre à notre dissolution avec douceur, comme une olive mûre qui en tombant semble bénir la terre qui l'a portée, et rendre grâces au bois qui l'avait produite.

XXVI.

Vérus est mort avant ma fille Lucilla, et puis Lucilla. Maximus avant Secunda, et puis Secunda. Diotime avant Épityncan, et puis Épityncan. Faustine ma tante avant Tite Antonin, et puis Antonin. Tout le reste a été de même. Adrien avant Céler, et ensuite Cé-ler. Quant à ces gens d'un esprit si délié, si pré-voyant dans l'avenir, ou si fastueux, où sont-ils? Par exemple, ces génies subtils, Chiarax, Démétrius le platonicien, Eudémon et leurs pareils, s'il y en a eu? Tout cela n'a duré qu'un jour ; tout est mort depuis longtemps. Quelques uns n'ont pas laissé d'eux le moindre souvenir, et la mémoire des autres a dégénéré en fables, ou disparu des fables mêmes. Souviens-toi donc de ceci : il faudra, ou que ce petit composé de ton être soit dissipé, ou que le faible principe de ta vie s'étei-gne, ou qu'il soit déplacé et employé quelqu'autre part.

XXVII.

Cour d'Auguste, sa femme, sa fille, ses petits en-ⁱ s' ses beaux-fils, sa sœur, Agrippa, ses parents, les officiers de sa maison, Arius, Mécène, ses médecins, ses sacrificateurs, tout est mort. Vois encore ailleurs, non la mort d'un seul homme, mais, par exemple, celle de la race entière de Pompée. Aussi trouve-t-on gravé sur des tombeaux : Ci-gît le dernier de sa race. Songe combien les ancêtres de celui-là s'étaient donné de soins pour laisser un héritier de leur nom. Quelqu'un sera nécessairement le dernier; par conséquent la famille entière mourra.

XXVIII.

Rien n'est plus propre à te faire mépriser la mort, que de songer que ceux même qui ont regardé la volupté comme un bien et la douleur comme un mal, l'ont cependant méprisée.

XXIX.

Que desires-tu? D'exister ; c'est-à-dire, de sentir, de vouloir, de croître pendant un temps, de ne plus croître ensuite, de parler, de penser. Laquelle de ces facultés te paraît la plus excellente? Si chacune en particulier te semble peu de chose, va au dernier, qui est d'obéir à ta raison et à Dieu. Mais il y a de la contradiction à honorer l'un et l'autre, et à ne pouvoir supporter la privation du reste par la mort.

XXX.

Passe en revue le détail des actions de ta vie, et sur chacune demande-toi si la mort est terrible parcequ'elle pourra te priver de faire telle chose.

XXXI.

Dusses-tu vivre trois mille et trente mille ans, n'oublie jamais que personne ne peut perdre que la vie qu'il a, ni jouir d'une autre sorte de vie que de celle qui s'évanouit sans cesse. La plus longue et la plus courte vie reviennent au même, quoiqu'il n'en soit pas ainsi du passé ; et il est visible qu'il n'y a jamais que l'instant présent qui nous échappe. On ne peut perdre ni le passé ni l'avenir; comment pourrait-on être privé de ce qu'on n'a pas?

Rappelle-toi ces deux vérités : l'une, que de tout temps le spectacle du monde a été le même ; tout ne fait que rouler en cercle ; il n'y a rien d'intéressant à voir les mêmes objets pendant un siècle ou pendant deux, ou même à l'infini : l'autre, que celui qui meurt fort jeune ne perd pas plus que celui qui a vécu fort longtemps ; car l'un et l'autre ne perdent, comme j'ai dit, que l'instant présent, puisqu'on ne saurait perdre ce qu'on n'a pas.

XXXII.

La mort met heureusement fin à l'agitation que les sens communiquent à l'ame, aux violentes secousses des passions, à la mobilité, aux écarts de la pensée, à la servitude que la chair nous impose.

XXXIII.

Il ne tient qu'à toi de recommencer ta vie. Revois toutes les choses que tu as vues. C'est revivre.

XXXIV.

Le temps est comme un fleuve qui entraîne rapidement tout ce qui naît. Aussitôt qu'une chose a paru, elle est emportée. Une autre roule ensuite, mais pour ne faire que passer.

XXXV.

Tous les objets que tu vois changent sans s'arrêter. Ils finiront par s'évaporer s'il n'y a qu'une seule substance, ou par se résoudre en leurs divers éléments.

XXXVI.

Un individu se hâte d'être, un autre de n'être plus ; et de tout ce qui est né, quelque portion s'est déja éteinte. Ces écoulements, ces altérations renouvellent continuellement le monde, comme la suite continuelle du temps le rend et le rendra éternellement nouveau. Mais au milieu de ce courant où il n'y a rien de stable, quelqu'un pourrait-il faire cas de choses si passagères? Ce serait se prendre d'affection pour un oiseau qui vole et qu'on perd de vue dans un moment. Notre vie n'a rien de plus solide que le cours des esprits qui s'exhalent du sang, et que la respiration de l'air. Vois ce que c'est qu'attirer l'air une fois, et puis le rendre, comme nous le faisons continuellement. C'est la même chose de rendre tout à la fois à la source de qui tu la tiens, cette respiration que tu reçus en naissant hier ou avant-hier.

XXXVII.

On redoute son changement? Mais sans le changement, qu'est-ce qui se ferait dans le monde? Y a-t-il rien de plus familier, de plus ordinaire à la nature de l'univers? Toi-même pourrais-tu prendre le bain, si le bois ne changeait? Pourrais-tu te nourrir, si les aliments ne changeaient? Pourrait-il en général se rien faire d'utile sans le changement? Ne vois-tu pas

que le changement qui t'attend sera de même nature
que tous les autres dont la nature de l'univers ne
peut se passer ?

XXXVIII.

La nature de l'univers se sert de toute la matière
comme d'une cire molle. Elle en fait maintenant le
corps d'un cheval ; puis mêlant avec le reste la matière
du cheval, elle en fait un arbre, puis le corps d'un
homme, puis autre chose ; et chacun de ces êtres
subsiste peu. Mais il n'y a pas plus de mal pour une
armoire d'être défaite que d'être montée.

XXXIX.

Ce qui meurt ne va pas tomber hors du monde ;
mais il y reste pour y changer, et par conséquent se
résoudre en ses éléments qui sont ceux du monde et
les tiens propres. Or tous ces éléments se changent, et
ils n'en murmurent pas.

XL.

Tout ce que tu vois, la nature qui gouverne l'univers le changera, et de cette substance elle fera d'autres choses, puis d'autres, afin que le monde soit toujours jeune.

XLI.

Te déplaît-il de peser tant de livres et de n'en pas
peser trois cents ? Il en doit être de même de ce que
tu as à vivre tant d'années et pas davantage. Car
comme tu es content de la quantité de matière qui
t'a été accordée, tu dois l'être aussi de la durée.

XLII.

Pensez-vous, disait Platon, qu'un homme né avec

un esprit mâle et assez fort pour contempler à la fois
l'immensité des temps et l'ensemble des êtres, regarde la vie humaine comme un bien considérable?
Cela ne se peut. Ainsi un tel homme ne pensera pas
que la mort soit un mal? Non, sans doute.

XLIII.

Point de mal aux êtres qui changent, comme aucun bien pour ce qui les remplace.

XLIV.

La nature n'a pas moins dirigé la fin que le commencement et la route de chacun de nous. Celui qui
joue à la paume fait de même en la poussant. Mais
est-ce un bien pour la balle d'être poussée en haut?
Est-ce un mal d'être portée en bas ou de tomber par
son poids? Est-ce un bien pour ces bouteilles qui se
forment sur l'eau de se soutenir, ou un mal de se
rompre? Dis-en autant d'une lampe.

XLV.

Périr n'est autre chose qu'être changé : ce qui plaît
beaucoup à la nature universelle, qui fait si bien toutes choses. De tout temps elle en a usé ainsi. A l'infini elle fera des choses nouvelles. Quoi donc! diras-
tu que tout est et sera toujours mal? que tant de
dieux n'ont pas eu assez de puissance pour corriger
ce désordre? ou que le monde a été condamné à
être perpétuellement misérable?

XLVI.

Chaque action particulière qui finit en son temps
ne perd rien de sa valeur, parcequ'elle finit. Celui qui
l'a faite n'éprouve aussi aucun mal à cause de cette

fin. De même donc notre vie, qui n'est qu'un composé d'actions, venant à finir en son temps, ne devient pas malheureuse en ce qu'elle finit, et celui qui
en son temps se trouve parvenu à la dernière de ses
actions n'est point maltraité. C'est toujours la nature
qui distribue le temps convenable et le terme : quelquefois la nature particulière, comme quand on meurt
de vieillesse, et en général la nature de l'univers, lequel, par le changement continuel de ses parties, est
toujours jeune et vigoureux. Ce qui est utile à l'univers est toujours bien et toujours de saison : ainsi la
fin de la vie n'est point un vrai mal pour nous, puisqu'elle n'offre rien de honteux qui dépende de notre
volonté, ni qui blesse les lois communes. C'est même
un bien, puisqu'elle est de saison pour l'univers, qu'elle
lui est utile, et qu'elle est amenée avec tout le reste.

Si tu penses de cette façon, si tu te portes vers les
mêmes objets que Dieu, et si ta raison se porte à approuver tout ce qu'il fait, tu pourras te dire vraiment
porté par l'esprit de Dieu.

XLVII.

Une action, un desir, une pensée meurent, pour
ainsi dire, lorsqu'elles finissent. Il n'y a point de mal
à tout cela.

Songe maintenant à l'enfance, à l'adolescence, à la
jeunesse, à l'âge avancé. Le passage de chacun de ces
états à celui qui le suit, suppose la mort de celui qui
a précédé ; y a-t-il là quelque mal ?

Passe ensuite aux intervalles de temps que tu as
vécu sous ton aïeul, ta mère, ton père ; rappelle-toi

ainsi plusieurs autres différences et changements de
situation; et t'arrêtant à la fin de chacune, demande-
toi, y a-t-il eu là quelque mal? Il en sera donc de
même de la fin, de la cessation, du changement de
toute ta vie.

XLVIII.

Du raisin vert, du raisin mûr, du raisin sec, tout
cela n'est que changement, non de l'être au néant,
mais d'une manière d'être en une autre.

XLIX.

Tout homme qui s'afflige et se fâche de quelque
événement que ce soit, ressemble à un vil pourceau
qui, pendant qu'on l'immole, regimbe et crie. Fais-
toi la même image de celui qui, se voyant étendu dans
son lit, y déplore seul en secret sa destinée. Songe
qu'il n'a été donné qu'aux êtres raisonnables d'obéir
librement aux dispositions primitives; car ne faire
qu'y obéir simplement, c'est pour tous une chose
inévitable.

L.

Aucun homme n'est assez fortuné pour n'avoir pas
en mourant quelqu'un près de lui qui soit bien aise
de l'événement. Que ce soit un homme vertueux et
sage, ne se trouvera-t-il pas quelqu'un qui, le voyant
à sa dernière heure, dira : Je respirerai enfin, délivré
de ce pédant? Il est vrai qu'il ne faisait du mal à aucun
de nous, mais nous avons bien senti qu'en secret
il nous condamnait. Voilà pour l'homme de bien.

Quant à nous souverains, combien de sortes d'intérêts font dire à plusieurs : Qu'il s'en aille! Celle

pensée donc doit te faire quitter la vie plus volontiers, car tu pourras te dire : Je quitte une vie où ceux qui passaient la leur avec moi, pour qui j'avais tant travaillé, fait tant de vœux, pris tant de soucis, sont les mêmes qui veulent ma mort, dont peut-être ils espèrent quelque avantage. Pourquoi rester ici plus longtemps?

Cependant ne t'en va pas pour cela moins bien disposé à leur égard ; continue d'avoir pour eux de l'affection, de l'amitié, de l'indulgence. Ne les quitte pas non plus comme si on t'arrachait du milieu d'eux. Il faut que tu t'en sépares avec la même aisance que l'ame de ceux qui savent bien mourir se dégage de leur corps. Car enfin c'est la nature qui te lia et t'unit avec eux ; c'est elle qui t'en détache. Je prends congé, il est vrai, de mes amis, mais sans déchirement de cœur, sans violence ; car c'est une chose conforme à la nature.

LI.

Quelle ame que celle qui est prête à sortir du corps, dans le moment, s'il le faut, soit pour s'éteindre ou se dissiper, ou pour subsister à part ! Je dis prête par un effet de ses réflexions particulières : non avec une fougue d'enfants perdus, comme les chrétiens, mais avec jugement et gravité et d'une façon à faire passer ses sentiments dans l'ame d'un autre, sans faire le héros de théâtre.

LII.

Ne méprise point la mort ; envisage-la favorablement comme un des ouvrages qui plaisent à la na-

ture ; car être dissous est la même chose que passer
de l'enfance à la jeunesse et puis vieillir, que croître
et se trouver homme fait, que prendre des dents, de
la barbe et puis des cheveux blancs, que donner la
vie à des enfants, les porter, puis en accoucher, et
ainsi des autres opérations naturelles qui conviennent à chaque âge. Il est donc d'un homme sage de
n'être ni léger, ni emporté, ni fier et dédaigneux sur
la mort, mais de l'attendre comme une des fonctions
de la nature. Attends donc le moment où ton ame
éclora de son enveloppe, comme tu attends que l'enfant dont ta femme est enceinte vienne au monde.

Si tu veux encore un reconfort trivial, mais propre
à donner même du goût pour la mort, jette les yeux
sur les objets dont elle te délivrera, et de quel bourbier de mœurs tu seras sorti ! Il ne faut point s'irri-
ter contre les méchants ; il faut même en prendre
soin, et les supporter avec douceur. Souviens-toi cependant que tu n'auras point à quitter des hommes
imbus des mêmes principes que toi ; car ce serait la
seule chose qui pourrait te faire reculer sur la mort,
et t'attacher à la vie, si tu pouvais espérer de ne vivre
qu'avec des hommes fidèles à suivre des maximes
semblables aux tiennes. Mais tu sais combien la dis-
cordance de mœurs te rend fâcheuse la nécessité de
vivre avec eux, jusqu'à te faire dire : O mort, hâte-toi
de venir, de peur qu'à la fin je ne m'oublie aussi moi-
même !

LIII.

Ou tout est un amas confus d'atomes qui, après

s'être accrochés, se dispersent; ou bien tout a été uni et arrangé, ce qui suppose une providence. Au premier cas, pourquoi souhaiterais-je de rester plus longtemps au milieu d'un assemblage fait au hasard, au milieu d'un bourbier? devrais-je avoir d'autre désir que de devenir terre à tous égards? pourquoi me troublerais-je? car quoi que je fisse, la force de la dispersion parviendrait jusqu'à moi; au lieu que s'il en est autrement, j'adore la main qui me gouverne, et je mets en elle tout mon repos, toute ma confiance.

CHAPITRE XXXV.

RÉCAPITULATION DE QUELQUES MAXIMES.

I.

Ce que je dois penser sur les autres hommes.

Premièrement, quelles qualités naturelles me lient avec eux, et que nous sommes nés les uns pour les autres, et que, dans un autre rapport, j'ai été fait pour les conduire, comme le bélier son troupeau, ou le taureau le sien. Remonte plus haut : s'il n'y a point d'atomes, c'est la nature qui gouverne tout ; et sur ce pied-là les moindres êtres sont faits pour les meilleurs, et ceux-ci les uns pour les autres.

Mais, secondement, quelles sont les actions de plusieurs d'entre eux à table, au lit, ailleurs? Surtout à quelles nécessités ils sont asservis par leurs opinions? et cependant quel faste dans ces bassesses?

En troisième lieu, si parmi leurs actions il y en a de bonnes, il ne faut pas en être jaloux. S'ils font

mal, c'est malgré eux, sans doute, et par ignorance ;
car comme l'ame n'est jamais que malgré elle privée
de la connaissance de la vérité, c'est aussi involon-
tairement qu'elle manque de ce discernement qui
fait rendre à chacun avec justice ce qui lui est dû.
C'est pour cela qu'ils souffrent impatiemment d'être
appelés injustes, ingrats, escrocs, en un mot, de méchants voisins.

4º Tu pèches aussi souvent que ton voisin. Tu lui
ressembles ; et si tu t'abstiens de certaines fautes, tu
n'as pas moins de pente à les commettre, quoique tu
te retiennes par crainte, ou par vanité, ou par tout
autre mauvais principe.

5º Tu n'es pas même bien certain s'ils font mal. Car
on fait beaucoup de choses par des vues particulières ;
et il faut être informé de quantité de circonstances,
pour juger avec une pleine lumière de la qualité des
actions d'autrui.

6º Es-tu bien fâché ? bien irrité ?... La vie humaine
est si courte ! Dans peu de temps ne serez-vous pas
tous au tombeau ?

7º Notre trouble ne vient pas de leurs actions ; car
elles ont leur principe dans l'esprit qui les guide :
mais il vient de nos seules opinions. Chasse donc ton
opinion. Cesse de juger de leurs actions comme d'un
mal qui te touche ; ta colère se dissipera. Mais comment chasser cette opinion ? Par ce raisonnement,
qu'il n'y a rien là qui soit honteux pour toi ; car le
vrai mal ne consiste que dans ce qu'il est honteux de
faire soi-même. S'il en était autrement, tu serais,

malgré toi, coupable de bien des crimes : tu deviendrais un brigand et un malfaiteur en tout genre.

8º La colère et le chagrin que nous prenons des
actions d'autrui sont un mal qui nous blesse bien plus
réellement que ces mêmes actions qui nous fâchent
et nous chagrinent.

9º La douceur est d'une force invincible lorsqu'elle
est sincère et sans affectation ni déguisement ; car que
pourra te faire le plus méchant des hommes, si tu
persévères à le traiter avec douceur? si tu te conten-
tes de lui donner paisiblement des avis et des leçons
(s'il y a lieu) au moment même qu'il s'efforce le plus
de te nuire? « Non, mon enfant; nous sommes nés
« pour vivre d'une autre manière. Tu ne saurais me
« faire un vrai mal; mais, mon enfant, tu t'en fais à
« toi-même. » Si tu sais lui remontrer adroitement
et en général que son procédé n'est pas dans l'ordre
de la nature, et que ni les abeilles, ni aucun animal
né pour vivre en troupe, ne traite ainsi son semblable. Il ne faut pas faire cela d'un air de moquerie
ni d'insulte, mais avec l'air de la vraie amitié et sans
émotion; non en pédant, ni comme pour te faire admirer, mais comme n'ayant en vue que lui seul, y
eût-il d'autres témoins.

Souviens-toi de ces neuf articles, comme d'autant
d'inspirations des Muses, et tu commenceras enfin à
être homme pour le reste de ta vie.

Mais il ne faut pas moins éviter l'adulation que la
colère. L'un et l'autre est également contraire à la
nature de la société, et tend également à la blesser.

Dans les occasions de colère, pense au plus tôt qu'il est indigne d'un homme de s'emporter, et que comme il est plus conforme à sa nature d'avoir de la bonté et de la douceur, c'est aussi un procédé plus mâle, qui montre plus de force, plus de nerf, plus de vigueur, que de se laisser dominer par le dépit et l'impatience. Plus cette conduite ressemble à l'insensibilité, plus elle approche de la force. Il est d'un homme faible d'être triste ou en colère : c'est toujours avoir été blessé et s'être rendu à un vainqueur.

Si tu veux une dixième maxime, reçois-la comme un présent du dieu qui préside aux Muses. Vouloir que des méchants ne fassent pas des méchancetés, c'est folie, car c'est vouloir l'impossible : mais les laisser pour ce qu'ils sont, et vouloir qu'ils ne te manquent point, c'est sottise et tyrannie.

II.

Sur toi-même.

Trois règles qu'il te faut avoir sous la main :

1º Quant à toi, ne rien faire sans réflexion, ni d'une autre manière que la justice elle-même ne le ferait ; et quant aux événements du dehors, c'est un effet du hasard ou de la Providence. Le hasard n'est rien dont on puisse se plaindre, et la Providence ne doit pas être censurée.

2º Qu'est-ce que l'homme depuis sa conception jusqu'à ce qu'il ait une ame, et depuis qu'il l'a, jusqu'à ce qu'il la rende? quel assemblage, et quelle décomposition?

5º Élève-toi en idée, vois l'espèce humaine, songe à ses changements continuels.

Regarde en même temps ce grand nombre d'êtres qui occupent autour de toi l'air et le ciel. Toutes les fois que tu retourneras à ce poste, tu reverras des objets de même nature. Tout se retrouvera semblable, et de peu de durée. Comment peut-on avoir de l'orgueil au milieu de tout cela?

MANUEL

D'ÉPICTÈTE,

TRADUIT PAR NAIGEON.

54

NOTICE SUR ÉPICTÈTE.

Épictète, philosophe stoïcien d'Hiérapolis en Phrygie, fut esclave d'Épaphrodite, affranchi de Néron, que Domitien fit mourir. Le philosophe parut libre dans sa servitude et son maître esclave, ou du moins digne de l'être. Épictète, avec un corps petit et contrefait, avait une ame grande et forte. Un jour Épaphrodite lui ayant donné un grand coup sur la jambe, Épictète l'avertit froidement de ne pas la rompre. Le barbare redoubla de telle sorte, qu'il lui cassa l'os; le sage lui répondit sans s'émouvoir : *Ne vous l'avais-je pas dit que vous me la casseriez......?* Domitien chassa Épictète de Rome; mais il revint après la mort de cet empereur, et s'y fit un nom respectable. Adrien l'aimait et l'estimait : Marc-Aurèle en faisait beaucoup de cas. Arrien, son disciple, publia quatre livres de discours, qu'il avait entendu prononcer à son maître. C'est ce que nous avons sous le nom d'*Enchiridion* ou de *Manuel*. La morale de ce livre est digne d'un chrétien. Il n'était pas permis d'aller plus loin avec les seules lumières du paganisme. Les plus grands saints, saint Augustin, saint Charles Borromée, l'ont lu avec plaisir, et les plus grands libertins, avec fruit.

Épictète avait l'ame d'un sage, toujours content dans l'esclavage même. *Je suis,* disait-il, *dans la place où la Providence voulait que je fusse : m'en plaindre, c'est l'offenser.* Les deux pivots de sa morale étaient SAVOIR SOUFFRIR et S'ABSTENIR. Il trouvait en lui-même les ressources nécessaires pour pratiquer la première maxime. Il regardait avec raison, comme la marque d'un cœur corrompu, d'être consolé dès qu'on voit les autres souffrir les mêmes maux que nous. *Quoi!* s'écria ce philosophe, *si l'on vous condamnait à perdre la tête, faudrait-il que tout le genre humain fût condamné au même supplice....?* L'étude de la philosophie exigeait, selon lui, une ame pure. Un homme perdu de débauche desirait acquérir les connaissances dont Épictète faisait part à ses disciples : *Insensé,* lui dit ce philosophe, *que veux-tu faire? Il faut que ton vase soit pur avant que d'y rien verser, autrement tout ce que tu y mettras se corrompra.* Il comparaît la fortune à « une femme de bonne maison qui se prostitue « à des valets. » Nous avons grand tort, disait ce philosophe, d'accuser la pauvreté de nous rendre malheureux ; c'est l'ambition, ce sont nos insatiables desirs qui nous rendent réellement misérables. Fussions-nous maîtres du monde entier, sa possession ne pourrait nous délivrer de nos frayeurs et de nos chagrins : la raison a seule ce pouvoir..... Épictète soutint le dogme de l'immortalité de l'âme, sans lequel il ne peut y avoir ni vertu ni morale, aussi fortement que les stoïciens ; mais il se déclara contre le suicide, que ces philosophes croyaient permis. Voici la prière qu'il souhaitait de faire en mourant : « Dieu, ai-je violé vos commandements ? ai-je abusé « des présents que vous m'avez faits? ne vous ai-je pas « soumis mes sens, mes vœux et mes opinions? Me suis- «je jamais plaint de vous? ai-je accusé votre provi- « dence? J'ai été malade parceque vous l'avez voulu, et « je l'ai voulu de même. J'ai été pauvre parceque vous « l'avez voulu, et j'ai été content de ma pauvreté. J'ai « été dans la bassesse parceque vous l'avez voulu, et je « n'ai jamais desiré d'en sortir. M'avez-vous vu jamais « triste de mon état? M'avez-vous surpris dans l'abatte- « ment et dans le murmure? Je suis encore tout prêt à « subir tout ce qu'il vous plaira ordonner de moi. Le « moindre signal de votre part est pour moi un ordre « inviolable. Vous voulez que je sorte de ce spectacle « magnifique; j'en sors, et je vous rends mille très hum-

« bles graces de ce que vous avez daigné m'y admettre
« pour me faire voir tous vos ouvrages, et pour étaler à
« mes yeux l'ordre admirable avec lequel vous gouvernez
« cet univers. »

Épictète mourut sous Marc–Aurèle dans un âge fort
avancé. La lampe de terre dont il éclairait ses veilles
philosophiques fut vendue quelque temps après sa mort
trois mille drachmes.

———

MANUEL

D'ÉPICTÈTE.

I.

Tout ce qui est dans la nature ou dépend de nous, ou n'en dépend pas. Ce qui dépend de nous, ce sont nos opinions, nos penchants, nos désirs, nos répugnances, en un mot, toutes nos actions; ce qui n'en dépend pas, ce sont le corps, les biens, la réputation, les dignités, enfin tout ce qui n'est pas nôtre ouvrage.

II.

Les choses qui dépendent de nous sont libres par leur nature; rien ne peut les forcer ni leur faire obstacle : celles qui n'en dépendent point sont faibles, esclaves, incertaines, étrangères.

III.

Souviens-toi donc que, si tu crois libre ce qui est dépendant par sa nature, si tu regardes ce qui n'est pas en ton pouvoir comme une chose qui te soit propre, tu trouveras des obstacles à chaque pas; tu seras affligé, troublé; tu accuseras les hommes et les dieux : au lieu que, si tu prends seulement pour tien ce qui est réellement à toi, et pour étranger ce qui est à autrui, tu n'éprouveras jamais ni contrainte ni obstacle dans tes actions, tu n'accuseras ni ne blâmeras personne, tu ne feras rien malgré toi, personne ne

pourra te nuire, tu n'auras point d'ennemi, et il
ne t'arrivera rien de fâcheux.

IV.

Si tu aspires en effet à un but si noble, souviens-
toi que, pour l'atteindre, il ne faut pas le desirer
faiblement; mais que tu dois renoncer entièrement
à de certaines choses, t'abstenir pour un temps de
quelques autres, et, surtout, veiller sur toi-même;
car si, avec les véritables biens, tu recherches encore
les richesses et les dignités, tu n'obtiendras pas même
ces derniers avantages, parceque tu as desiré les autres; et tu perdras certainement ceux qui peuvent
seuls te rendre libre et heureux.

V.

Ainsi donc, à la vue de quelque accident fâcheux,
dis aussitôt : Tu n'es qu'une imagination, et nullement ce que tu parais. Sers-toi ensuite, pour en dé-
terminer la mesure, des règles que tu as apprises,
surtout de la première : examine si ce malheur est du
nombre des choses qui sont ou ne sont pas en notre
pouvoir; car s'il est de la nature de celles qui ne dépendent pas de nous, dis alors hardiment qu'il ne te
touche point.

VI.

Souviens-toi que la fin de tout desir est d'obtenir ce
qu'on souhaite, comme la fin de toute aversion est
d'éviter ce qui en est l'objet; et que l'homme est
également malheureux, soit que l'événement réalise
ses craintes, soit qu'il ne réponde point à ses desirs.
Si donc ton aversion ne tombe que sur les choses qui

sont en ton pouvoir, tu n'éprouveras jamais les maux
que tu crains ; mais si tu redoutes la maladie, la pauvreté, la mort, tu seras toujours misérable. Tranquille
sur tout ce qui n'est pas en ton pouvoir, crains uniquement les choses qui te sont soumises : retranche
d'abord tous tes desirs ; car, s'ils ont pour objet ce
qui ne dépend pas de toi, tu seras nécessairement
frustré dans tes espérances. Quant aux choses mêmes
qui dépendent de toi, tu n'es pas encore en état de
connaître celles qu'il est honnête de desirer : contente-toi seulement de ne rien rechercher, de ne rien
fuir, qu'avec modération, avec discrétion, avec retenue.

VII.

Examine avec attention la qualité de chacune des
choses qui contribuent à tes plaisirs, qui servent à tes
besoins, ou que tu aimes ; et commence par les plus
viles. Si tu aimes un pot de terre, dis-toi que tu aimes
un pot de terre ; car, s'il se casse, tu n'en seras point
troublé. Si tu aimes ton fils ou ta femme, souviens-
toi qu'ils sont mortels ; et si la mort te les ravit, tu
n'en seras pas ému.

VIII.

Avant d'agir, pense à ce que tu vas faire. Si tu vas
au bain, représente-toi ce qui s'y passe ordinairement ; on s'y jette de l'eau, on s'y pousse, on y dit
des injures, on y vole. Tu t'y présenteras avec plus de
sécurité, si tu dis : « Je veux me baigner ; mais je
« veux aussi conserver mon indépendance, en sup-
« portant tout ce que m'impose la nature. » Observe

cette maxime dans toutes tes entreprises; par ce moyen, si quelque obstacle t'empêche de te baigner, tu te diras aussitôt : « Je ne voulais pas seulement me « baigner, je voulais encore conserver ma liberté et « mon caractère; et je ne les conserverais point, si « je ne savais pas souffrir patiemment les insolences « qui se commettent ici. »

IX.

Ce ne sont point les choses qui troublent les hommes, c'est l'opinion qu'ils en ont. La mort, par exemple, n'est point un mal; si c'en était un, elle aurait paru telle à Socrate. C'est l'opinion qu'on a de la mort, qui la rend si affreuse. Lors donc que nous sommes traversés ou troublés, n'en accusons que nous-mêmes, c'est-à-dire nos préjugés.

Accuser les autres de ses malheurs, c'est le fait d'un ignorant; les rejeter sur soi, c'est commencer à s'instruire; n'en accuser ni les autres ni soi-même, c'est être sage.

X.

Ne t'enorgueillis jamais d'aucun avantage étranger. Si un cheval disait, en se vantant : Je suis beau, on pourrait le supporter; mais toi, lorsque tu te glorifies d'avoir un beau cheval, sache que c'est de cela que tu te vantes. Or qu'y a-t-il là qui t'appartienne? l'usage seul de ton imagination. C'est pourquoi, si tu sais la régler conformément à la nature, tu pourras alors te glorifier; car au moins tu t'applaudiras d'un bien qui est véritablement à toi.

XI.

Comme, dans un voyage sur mer, si ton vaisseau arrive à un port, et que tu descendes pour faire de l'eau, tu peux ramasser quelques plantes ou quelques coquillages qui se trouvent sur ta route, mais tu dois toujours penser à ton vaisseau, tourner souvent la tête de ce côté-là, pour être prêt lorsque le patron t'appellera, et, au moindre signal, jeter tout ce que tu as amassé, de peur qu'il ne te fasse lier et mettre au fond du vaisseau, comme les bestiaux ; de même, dans le voyage de la vie, si, au lieu d'une coquille ou d'un champignon, on te donne une femme ou un enfant, tu peux les accepter ; mais si le patron t'appelle, cours promptement, abandonne tout sans regarder derrière toi. Si tu es vieux, ne t'éloigne pas trop du vaisseau, de crainte que tu ne puisses plus le rejoindre quand le patron t'appellera.

XII.

Ne demande point que les événements se règlent au gré de tes desirs ; mais conforme tes desirs aux événements : c'est le moyen d'être heureux.

XIII.

La maladie est un obstacle pour le corps, mais non pas pour la volonté, à moins qu'elle n'y consente : tu es boiteux ; voilà un obstacle pour ton pied, mais ton esprit n'en est pas moins libre. Si tu fais le même raisonnement sur tous les accidents de la vie, tu trouveras qu'ils sont toujours un obstacle pour quelque autre chose, et non pour toi.

XIV.

A chaque impression que tu reçois des objets extérieurs, rentre en toi-même, et cherche quelle vertu la
nature t'a donnée pour y résister. Si tu vois un beau
jeune homme ou une belle fille, tu trouveras en toi la
continence pour te défendre de la séduction ; contre
la peine ou le travail, tu trouveras le courage ; contre
les injures, la patience. Si tu prends cette habitude,
les fantômes de ton imagination n'auront plus aucun
empire sur toi.

XV.

Ne dis jamais sur quoi que ce soit : J'ai perdu cela ;
mais dis, Je l'ai rendu. Ton fils est mort ; tu l'as rendu : ta femme est morte ; tu l'as rendue : ton champ
t'a été enlevé ; n'est-ce pas encore une restitution que
tu as faite ? Mais c'est un méchant qui t'en chasse ; eh !
que t'importe par qui celui qui te l'a donné le redemande ? Pendant qu'il t'en laisse jouir, uses-en comme
d'un bien étranger, et comme le voyageur use d'une
hôtellerie.

XVI.

Si tu veux faire des progrès dans la vertu, laisse là
tous ces raisonnements : « Si je néglige mes affaires,
« je n'aurai pas de quoi vivre ; Si je ne corrige pas
« mon esclave, il deviendra méchant : » car il vaut
mieux mourir de faim, exempt de crainte et de chagrin, que de vivre dans l'abondance, avec de conti-
nuelles terreurs ; il vaut mieux aussi que ton esclave
soit méchant, que toi malheureux. Commence donc
à t'exercer sur les plus petites choses. On a répandu

ton huile, on a volé ton vin ; dis-toi : « C'est à ce prix
« qu'on achète la tranquillité ; c'est à ce prix qu'on
« vend la constance : on n'a rien pour rien. » Si tu
appelles ton esclave, pense qu'il peut ne pas t'entendre, ou, après t'avoir entendu, ne rien faire de
ce que tu lui as ordonné. Par cette conduite ton esclave
ne deviendra pas meilleur : mais tu y gagneras infiniment ; tu l'empêcheras de porter à son gré le trouble dans ton ame.

XVII.

Si tu veux faire des progrès dans la vertu, aie le
courage de passer pour un imbécile et pour un insensé, par le peu de cas que tu fais des biens extérieurs. Ne cherche point à paraître savant : si l'on te
regarde comme un personnage, défie-toi de toi-même.
Sache qu'il est difficile de conserver une volonté
conforme à la droite raison, et de s'occuper en même
temps des choses du dehors : il faut nécessairement
que celui qui s'attache à l'un néglige l'autre.

XVIII.

Si tu desires que tes enfants, ta femme, tes amis,
vivent éternellement, tu es un fou ; car c'est vouloir
que les choses qui ne dépendent point de toi en dépendent, et que ce qui est à autrui t'appartienne. De même,
si tu exiges que ton esclave ne fasse jamais de faute,
ce n'est pas être moins fou, puisque c'est vouloir que
le vice ne soit plus vice, mais quelque autre chose.

Veux-tu que tes desirs aient toujours leur effet ? ne
desire que ce qui dépend de toi.

XIX.

Notre maître est celui qui a le pouvoir de nous ravir ce que nous voulons, ou de nous forcer de faire ce qui nous répugne. Veux-tu donc être libre ? ne recherche ni ne fuis rien de ce qui dépend des autres : sinon tu seras nécessairement esclave.

XX.

Souviens-toi de te comporter dans la vie comme dans un festin. On avance un plat vers toi : étends la main, et prends-en modestement. L'éloigne-t-on ; ne le retiens point. S'il ne vient pas de ton côté, ne fais pas connaître au loin ton desir ;. mais attends patiemment qu'on l'approche. Use de la même modération envers ta femme et tes enfants, envers les honneurs et les richesses ; et tu seras digne alors d'être admis à la table des dieux. Si, pouvant jouir de ces biens, tu les rejettes et les méprises ; alors tu ne seras pas seulement convive des dieux, mais tu partageras avec eux la souveraine puissance. C'est par cette conduite que Diogène, Héraclite, et leurs semblables, furent justement appelés des hommes divins, et l'étaient en effet.

XXI.

Si tu vois quelqu'un dans la douleur, et pleurant la perte de sa fortune, la mort ou le départ de son fils, prends garde d'être la dupe de ton imagination, et ne va pas croire que cet homme soit malheureux par la privation de ces biens extérieurs : mais rentre aussitôt en toi-même, et fais cette distinction : « Ce « n'est point ce malheur qui afflige cet homme, puis-

« qu'un autre n'en est point ému ; c'est l'opinion qu'il
« en a. » Fais ensuite tous tes efforts pour le guérir
de ses préjugés par de solides raisons ; et même, s'il
le faut, ne refuse point de pleurer avec lui. Mais
prends garde que ta compassion ne passe au dedans
de ton ame, et que cette douleur simulée ne devienne
réelle.

XXII.

Souviens-toi que tu es ici-bas comme sur un théâtre,
pour y jouer le rôle qu'il a plu au maître de te donner. Qu'il soit long ou court, peu importe. S'il veut
que tu fasses celui du pauvre, tâche de bien représenter ce personnage. Fais-en de même, soit qu'il te
confie le rôle d'un boiteux, d'un prince, ou d'un
simple particulier : car c'est à toi de bien jouer le rôle
qu'on te donne ; mais c'est à un autre à te le choisir.

XXIII.

Si le croassement d'un corbeau présage quelques
malheurs, que ton imagination n'en soit point troublée : fais aussitôt ce raisonnement, et dis : « Aucun
« de ces malheurs ne me regarde, mais plutôt ce
« corps vil, ou mon bien, ou ma réputation, ou mes
« enfants, ou ma femme : mais pour moi, il n'y a
« rien qui ne m'annonce du bonheur, si je le veux ;
« car, quels que soient les événements, il dépend de
« moi d'en tirer un grand avantage. »

XXIV.

Veux-tu être invincible ? ne t'expose jamais à un
combat où tu ne sois pas sûr de remporter la victoire.

XXV.

Si tu vois un homme comblé d'honneurs, ou élevé à une grande puissance, ou distingué par quelque autre avantage, ne te laisse point éblouir par ces vaines apparences, et ne dis pas qu'il est heureux; car si le parfait bonheur et le repos de l'esprit consistent dans les choses qui dépendent de nous, les biens étrangers ne doivent nous rendre ni envieux ni jaloux : et toi-même, tu ne voudras être ni général d'armée, ni sénateur, ni consul, mais libre, Or, il n'y a qu'un moyen de le devenir, c'est de mépriser les choses qui ne dépendent point de nous.

XXVI.

Souviens-toi que l'offense n'est ni dans l'insulte ni dans les coups que tu reçois, mais dans ton opinion. Lors donc que quelqu'un te met en colère, sache que ce n'est pas cet homme-là qui t'irrite, mais l'opinion que tu en as conçue. Tâche donc surtout de ne pas te laisser troubler par les fantômes de ton imagination : car, si une fois tu gagnes du temps, si tu obtiens quelque délai, tu seras plus facilement maître de toi-même.

XXVII.

Que la mort, l'exil, et tout ce qui effraye le plus les hommes, soient sans cesse devant tes yeux; mais surtout la mort. Par ce moyen tu n'auras aucune pensée basse et lâche, et tu ne desireras rien avec trop d'ardeur.

XXVIII.

Tu veux te livrer à l'étude de la sagesse; attends-

toi donc à être sifflé et moqué par la multitude, qui
dira : « Cet homme est devenu philosophe en un mo-
« ment ; d'où lui vient ce sourcil orgueilleux? » Pour
toi, ne montre ni faste ni fierté ; mais attache-toi
fortement à ce qui te paraîtra le meilleur, et restes-y
comme si c'était un poste où Dieu lui-même t'eût
placé. Souviens-toi de plus que, si tu soutiens ce
caractère avec fermeté, ceux qui avaient commencé
par se moquer de toi finiront par t'admirer : au lieu
que, si leurs railleries te font changer de résolution,
tu leur donneras un nouveau sujet de te tourner en
ridicule.

XXIX.

S'il t'arrive jamais de te produire au dehors et de
vouloir plaire à quelqu'un, sache que tu es déchu de
ton état. Contente-toi donc d'être philosophe. Si tu
veux encore le paraître, que ce soit à tes yeux seulement ; cela doit te suffire.

XXX.

Ne va point troubler ton repos par ces vains raisonnements : « Je vivrai sans honneurs ; on ne fera
« nul cas de moi. » Car si la privation des honneurs
est un mal, il n'est pas plus au pouvoir d'un autre de
te rendre malheureux, que de te rendre vicieux. Dé-
pend-il de toi de jouir du pouvoir suprême, ou d'être
invité à un festin ? Nullement. Où est donc en cela le
déshonneur, l'ignominie ? Comment ne serais-tu rien
dans le monde, toi qui ne dois être quelque chose
que dans ce qui dépend de toi, en quoi tu peux
même valoir ce que tu voudras ?

« Mais je ne puis être d'aucun secours à mes amis. »
Qu'est-ce à dire? tu ne leur donneras point d'argent?
tu ne leur feras pas obtenir le droit de bourgeoisie
romaine? Mais qui t'a dit que ces biens dépendent
de nous et ne nous sont point étrangers? Peut-on
donner aux autres ce qu'on n'a pas soi-même?
Amassez du bien, disent-ils, afin que nous en ayons
aussi. Si je peux m'enrichir en conservant l'honneur,
la bonne foi, la magnanimité, j'y consens; montrez-
moi le chemin, et je n'épargnerai rien pour réussir :
mais si vous exigez que je perde mes véritables biens
pour vous en acquérir de faux, voyez combien vous
êtes injustes et déraisonnables. Qu'aimez-vous mieux,
ou de l'argent, ou un ami fidèle et honnête? Aidez-
moi plutôt à conserver ces vertus, et n'exigez pas de
moi des choses qui me les fassent perdre.

« Mais, diras-tu encore, je ne serai d'aucune utilité
« à ma patrie. » Quels services peux-tu lui rendre? Il
est vrai qu'elle n'aura de toi ni portiques, ni bains
publics : mais quoi! ce ne sont pas non plus les for-
gerons qui lui fournissent des souliers, ni les cordonniers qui fabriquent les armes. Il faut que chacun fasse
son métier. Mais si tu donnais à ta patrie un citoyen
honnête et vertueux, ne lui rendrais-tu donc aucun
service? Certainement tu ne pourrais lui faire un plus
beau présent : tu ne lui serais donc pas inutile?

« Quel rang aurai-je dans la ville? » demandes-tu.
Celui que tu pourras obtenir en conservant des
mœurs pures et irréprochables. Mais si, pour servir
'a patrie, tu renonces à ces vertus, de quelle utilité

lui seras-tu, quand tu seras devenu impudent et perfide?

XXXI.

On t'a préféré quelqu'un dans un festin, dans une visite, ou dans un conseil. Si ces préférences sont de véritables biens, tu dois en féliciter ceux qui les ont obtenues : et si ce sont des maux, pourquoi t'affliger d'en avoir été exempt? Souviens-toi qu'en ne faisant rien pour mériter ces distinctions qui ne dépendent pas de nous, tu n'as aucun droit d'y prétendre. Comment celui qui ne va jamais à la porte des grands, qui ne les accompagne point quand ils sortent, qui ne les flatte point, en serait-il aussi bien traité que celui qui leur fait assidûment la cour, qui se trouve tous les jours sur leur passage, et qui les loue sans cesse? Tu es donc injuste et insatiable de vouloir obtenir ces faveurs, sans donner le prix qu'elles coûtent.

Combien se vendent les laitues au marché? Une obole, je suppose. Si quelqu'un donne cette obole et les emporte, toi qui n'en offres rien, crois-tu avoir moins que celui à qui on les donne pour son argent? S'il a ses laitues, tu as aussi ton obole. Il en est de même de tous ces honneurs. Tu n'as point été invité à un festin : aussi n'as-tu pas payé au maître de ce festin le prix qu'il le vend ; ce prix, c'est une flatterie, une complaisance, une soumission. Si la chose te convient, donnes-en donc la valeur ; car prétendre l'obtenir sans faire aucuns frais, c'est être injuste et insatiable. D'ailleurs n'as-tu donc rien à la place de

ce festin ? Tu as certainement quelque chose qui lui
est préférable, c'est de n'avoir pas flatté celui que tu
n'en croyais pas digne, et de n'avoir pas souffert à sa
porte son orgueil et ses dédains.

XXXII.

Nous pouvons connaître l'intention de la nature
par les sentiments qu'elle inspire à tous les hommes
dans ce qui ne les intéresse pas personnellement. Par
exemple, lorsque l'esclave de ton voisin a cassé un
vase ou quelque autre chose, tu ne manques pas de
lui dire, pour le consoler, que c'est un accident très
commun : sois donc aussi tranquille s'il arrive à ton
esclave de faire la même faute.

Appliquons cette maxime à des objets plus sérieux.
Si quelqu'un perd sa femme ou son fils, il n'y a personne qui ne lui dise que c'est le sort de l'humanité.
Éprouvons le même accident ; nous nous désespérons,
nous nous écrions aussitôt : « Ah ! que je suis malheureux ! » Il fallait se souvenir du sang-froid que
nous avions montré en apprenant qu'un autre avait eu
le même malheur.

XXXIII.

Comme on ne met pas un but pour le manquer : de
même la nature du mal n'existe point dans le monde.

XXXIV.

Si quelqu'un livrait ton corps à la discrétion du
premier venu, tu en serais sans doute indigné : et tu
ne rougis point d'abandonner ton ame, en permettant
au premier qui te dit des injures de la troubler et de
l'agiter à son gré ?

XXXV.

Ne fais rien sans considérer auparavant ce qui doit précéder et ce qui doit suivre l'action que tu projettes. Si tu enfreins cette règle, tu commenceras gaiement ton entreprise, parceque tu n'en auras pas prévu les suites; mais apercevant enfin tout ce qu'elle a de honteux, tu seras rempli de confusion.

XXXVI.

Tu voudrais remporter la victoire aux jeux olympiques : et moi aussi, en vérité; car rien n'est plus glorieux. Mais examine bien auparavant ce qui précède et ce qui suit une pareille entreprise; et tente-la après cet examen. Il faut d'abord t'assujettir à une règle sévère; ne manger que par besoin; t'abstenir de toute délicatesse ; faire des exercices malgré toi, et aux heures marquées, l'été comme l'hiver; ne boire jamais frais, ni même de vin, à moins qu'on ne te l'ordonne; en un mot, te soumettre sans réserve au maître d'exercices, comme à un médecin. Ensuite il te faudra descendre dans l'arène, et là peut-être te rompre le bras, ou te démettre le pied, avaler beaucoup de poussière, être quelquefois meurtri de coups ; et, après tout cela, courir encore le hasard d'être vaincu. Si tu as fait toutes ces réflexions, sois athlète si tu veux. Mais, sans cette précaution, tu feras comme les enfants, qui, dans leurs jeux, contrefont tour à tour les lutteurs, les joueurs de flûte, les gladiateurs; qui tantôt sonnent de la trompette, et un instant après représentent des tragédies. Il en sera de même de toi : tu seras succes-

sivement athlète, gladiateur, orateur, philosophe ;
et, dans le fond de l'ame, tu ne seras rien. Tu imi-
teras, comme un singe, tout ce que tu verras faire
aux autres, et tous les objets te plairont tour à tour,
parceque tu n'as rien entrepris d'après un mûr
examen, mais témérairement, et entraîné par la légèreté de ton esprit et de tes desirs. C'est ainsi que
certaines gens, voyant un philosophe, ou entendant
dire à d'autres : « Qu'Euphrate parle bien ! qui est-ce
« qui peut raisonner avec autant de sens et de force? »
forment aussitôt le projet de devenir eux-mêmes philosophes.

XXXVII.

O homme ! considère d'abord ce que tu veux entreprendre ; examine ensuite ta nature, pour voir si
le fardeau que tu t'imposes est proportionné à tes
forces. Tu veux devenir pentathle ou lutteur : regarde
auparavant tes bras et tes cuisses, éprouve la force
de tes reins ; car nous ne sommes pas tous nés pour
les mêmes choses. Penses-tu qu'en embrassant la profession de philosophe tu pourras manger, boire, et
vivre aussi délicatement que tu faisais ? Il faut veiller, travailler, s'éloigner de ses parents et de ses amis,
souffrir les mépris d'un esclave ; il faut s'attendre à
toutes sortes d'humiliations, à échouer dans la poursuite des honneurs, des charges, devant les tribunaux, en un mot, dans toutes les affaires. Considère
bien tout cela ; et vois si tu veux acheter à ce prix la
tranquillité de l'ame, la liberté, la constance. Sinon,
prends garde de changer à tout moment comme les

enfants, d'être aujourd'hui philosophe, demain partisan, ensuite rhéteur, puis intendant du prince. Ces choses ne s'accordent point. Il faut te résoudre à n'être qu'un seul homme, bon ou méchant. Il faut cultiver ton esprit, perfectionner ta raison, ou t'occuper uniquement de ton corps. Il faut que tu travailles à acquérir les biens intérieurs ou extérieurs ; c'est-à-dire qu'il faut que tu soutiennes le caractère d'un philosophe, ou d'un homme ordinaire.

XXXVIII.

Tous les devoirs se mesurent en général par les rapports qui lient les hommes entre eux. C'est ton père ? ton devoir est d'en prendre soin, de lui céder en tout, de souffrir ses réprimandes et ses mauvais traitements. Mais ce père est méchant ! Qu'importe ? La nature t'avait-elle lié nécessairement à un bon père ? Non, mais à un père. Ton frère t'a fait une injustice ? remplis tes devoirs envers lui, et ne considère point ce qu'il a fait, mais ce que tu dois faire, et ce que la nature exige de toi. En effet, personne ne peut t'offenser si tu ne le veux ; et tu ne seras blessé véritablement, que lorsque tu croiras l'être. Suis cette règle, aie toujours devant les yeux les rapports mutuels établis entre les hommes; et tu connaîtras facilement les devoirs d'un citoyen, et d'un général.

XXXIX.

Sache que le principal fondement de la religion est d'avoir des idées saines et raisonnables des dieux ; de croire qu'ils existent, qu'ils gouvernent le monde

avec autant de justice que de sagesse ; d'être persuadé
que tu dois leur obéir, et te soumettre sans murmurer à tous les événements, comme étant produits
par une Intelligence infiniment sage. Avec cette opinion des dieux, tu ne pourras jamais te plaindre
d'eux, ni les accuser de négligence à ton égard.

Mais il n'est qu'un moyen d'atteindre ce but ; c'est
de renoncer à toutes les choses sur lesquelles tu n'as
aucun pouvoir, et de ne placer ton bonheur ou ton
malheur que dans ce qui dépend de toi : car si tu
prends pour un bien ou pour un mal quelques unes
de ces choses étrangères, il faut nécessairement que,
te voyant frustré de ce que tu desires, ou affligé des
maux que tu crains, les auteurs de ton infortune
deviennent l'objet de tes plaintes et de ton aversion.

En effet, la nature inspire à tous les animaux de l'é-
loignement et de la haine pour ce qui leur paraît nuisible, et en général pour toutes les causes malfai-
santes : le même instinct les porte, au contraire, à
rechercher ce qui leur est utile, et à aimer les causes
de leurs sensations agréables. Il est donc impossible
à celui qui croit avoir reçu quelque dommage d'en
voir l'auteur avec plaisir ; car on ne peut se réjouir
du mal même qu'on éprouve : tel est le motif des reproches qu'un fils fait à son père, quand celui-ci lui
refuse ce qui passe pour des biens : de là aussi la
guerre cruelle d'Étéocle et de Polynice qui s'égorgè-
rent pour avoir regardé l'un et l'autre le trône comme
un grand bien : de là enfin tant de murmures contre
la Providence de la part du laboureur, du pilote, du

marchand, de l'époux qui vient de perdre sa femme ou ses enfants, car la piété envers les dieux se mesure sur le bien qu'ils font : ainsi tout homme qui a soin de régler ses desirs et ses aversions selon les maximes prescrites, travaille en même temps à se rendre pieux.

Quant aux libations, aux sacrifices, aux prémices que l'on a coutume d'offrir aux dieux, chacun doit suivre en ce point la coutume de son pays, et les présenter avec pureté, sans hypocrisie, sans négligence, sans avarice, mais aussi sans une somptuosité qui excède ses moyens.

XL.

Lorsque tu vas consulter l'oracle, tu ignores ce qui doit arriver, et tu vas pour l'apprendre. Mais si tu étais philosophe, tu saurais, sans le secours du devin, quel sera l'événement : si c'est une des choses qui ne sont pas en ton pouvoir, ce ne peut être ni un bien ni un mal pour toi. N'apporte donc auprès du devin ni desir ni répugnance ; car alors tu ne l'aborderais qu'en tremblant : sois persuadé au contraire que tout ce qui peut arriver est indifférent, qu'il ne te regarde point, et que, de quelque nature que soit l'événement, il dépendra de toi d'en faire un bon usage, sans qu'on puisse t'en empêcher. Présente-toi donc avec confiance devant les dieux, comme si tu venais leur demander des conseils. Quand ils auront prononcé leurs oracles, songe à la dignité de ceux que tu viens de prendre pour guides, et de qui tu mépriseras l'autorité si tu désobéis.

Cependant ne va consulter le devin que selon l'avis de Socrate, c'est-à-dire sur les choses qui ne donnent point de prise aux conjectures, et qu'on ne peut prévoir, ni par la raison, ni par les règles d'aucun autre art. S'il est question, par exemple, de t'exposer au danger pour la défense de ton ami ou de ta patrie, il est inutile d'interroger l'oracle sur le parti que tu dois prendre dans cette circonstance ; car si le devin te déclarait qu'il lit dans les entrailles des victimes quelque chose de funeste, il est certain que ce signe t'annoncerait, ou la mort, ou la perte de quelque membre, ou l'exil : mais la droite raison, d'accord avec les dieux, ne t'en prescrirait pas moins de sacrifier tes jours pour sauver ta patrie ou ton ami. Crois-en alors un devin plus éclairé; c'est Apollon Pythien, qui chassa de son temple celui qui avait vu égorger son ami sans le secourir.

XLI.

Prescris-toi désormais une certaine règle, un certain caractère constant, qui te serve de loi, et dont tu ne t'écartes jamais, soit au milieu de la société, soit quand tu seras seul avec toi-même.

XLII.

Garde le silence le plus souvent; ne dis que les choses nécessaires, et toujours en peu de mots. Nous parlerons rarement, si nous ne parlons que lorsque le temps et les circonstances l'exigent. Ne nous entretenons jamais de choses frivoles ; ne parlons ni des combats de gladiateurs, ni des jeux du cirque, ni des athlètes, ni de la qualité des mets et des vins, su-

jet ordinaire des conversations. Mais gardons-nous,
surtout, de parler des hommes, soit pour les blâmer,
soit pour les louer, ou pour les comparer entre eux.

XLIII.

Si tu le peux, fais tomber, par tes discours, la
conversation de tes amis sur des questions utiles
et convenables : si tu es avec des étrangers, garde
le silence.

XLIV.

Ne ris ni longtemps, ni souvent, ni avec excès.

XLV.

Refuse, s'il se peut, de jurer pour quelque chose
que ce soit ; ou du moins ne jure que très rarement.

XLVI.

Évite de manger dehors ; et fuis surtout les festins
publics. Si tu ne peux absolument t'en dispenser,
redouble alors d'attention sur toi-même, de peur de
prendre insensiblement les manières du peuple. Car
si l'un des conviés est impur, celui qui est assis auprès de lui le devient nécessairement, quelque pur
qu'il puisse être.

XLVII.

N'use des choses nécessaires au corps, telles que
le boire, le manger, les habits, les maisons, les domestiques, qu'autant que l'exige le simple besoin ;
et mets des bornes à tout ce qui ne sert qu'à l'ostentation ou à la mollesse.

XLVIII.

Abstiens-toi, autant qu'il est possible, des plaisirs
de l'amour avant le mariage : si tu les goûtes, que ce

soit suivant la loi. Mais ne juge pas avec sévérité
ceux qui ont sur ce point des principes moins austères ; ne les reprends point avec aigreur, et ne vante
point à tout moment ta continence.

XLIX.

Si l'on te rapporte que quelqu'un a mal parlé de toi,
ne t'amuse point à te justifier ; réponds seulement :
« Il n'a pas connu mes autres défauts, car il aurait dit
encore plus de mal de moi. »

L.

Il n'est pas nécessaire d'aller souvent aux théâtres ;
mais quand l'occasion d'y paraître se présente, ne fa-
vorise aucun des partis, et ne cherche à plaire qu'à
toi seul, c'est-à-dire ne desire de voir arriver que ce
qui arrive, et sois satisfait que la victoire demeure à
celui qui a vaincu : par ce moyen tu attendras l'événement avec tranquillité.

Évite, surtout, de prendre part aux acclamations,
aux éclats de rire, et à tous les grands mouvements
des spectateurs ; et, à ton tour, ne fais pas de longs
récits de ce qui s'est passé au théâtre : car rien de tout
cela ne peut contribuer à te rendre meilleur ; et l'on
en conclurait que le spectacle a seul attiré ton admiration.

LI.

Ne va point aux lectures publiques des poëtes et des
orateurs, et ne t'y laisse pas entraîner légèrement. Si
tu y assistes, conserve la décence et la gravité, mais
sans blesser, par aucune marque d'ennui, celui qui
t'a invité.

LII.

Quand tu auras quelque affaire à traiter, surtout avec quelqu'un des premiers de la ville, représente-toi ce qu'aurait fait à ta place Socrate ou Zénon. En suivant de pareils modèles, tu ne feras rien que de raisonnable; et ton imagination n'aura point à craindre de s'égarer.

LIII.

Si tu vas faire ta cour à quelque homme puissant, imagine-toi que tu ne le trouveras pas chez lui, qu'il se fera celer, que sa porte te sera fermée, ou qu'il ne te recevra qu'avec un dédain insultant. Après toutes ces réflexions, si ton devoir t'y appelle, souffre ces humiliations, et ne dis pas que l'objet n'en valait pas la peine; car c'est le langage du peuple et de ceux sur qui les choses extérieures ont trop de pouvoir.

LIV.

Dans les entretiens que tu auras avec tes amis, garde-toi de parler sans cesse de tes exploits ou des dangers que tu as courus; car si tu prends plaisir à les raconter, les autres n'en trouvent point à les entendre.

LV.

Évite encore de faire le plaisant et le bouffon; car le pas est glissant, et tu courrais risque de prendre insensiblement les mœurs du peuple, et de perdre l'estime de tes amis.

LVI.

Il est également dangereux de tenir des discours obscènes. Si tu assistes à quelques-unes de ces co⌐

versations, et que l'occasion soit favorable, reprends avec vigueur celui qui se permet ces propos indécents; ou du moins fais-lui connaître ton mécontentement par ton silence, par la rougeur de ton front, et par la sévérité de ton visage.

LVII.

Si quelque idée voluptueuse vient s'offrir à ton imagination, retiens-toi comme sur tous les autres objets, de peur que cette idée ne t'entraîne. Ne cède pas d'abord à l'impulsion du desir, et prends quelque délai. Compare ensuite les instants, celui de la jouissance, et celui du repentir et des remords qui la suivront : n'oublie pas, surtout, la satisfaction intérieure qui t'attend, et les louanges que tu te donneras à toi-même, si tu résistes.

Quand tu auras fixé pour toi le moment où tu peux jouir, prends garde de te laisser vaincre par le charme et les délices de la volupté : oppose-leur le plaisir plus grand encore de remporter cette victoire sur toi-même, et de pouvoir te rendre ce témoignage.

LVIII.

Ne crains point d'être aperçu en faisant une action que tu as jugée convenable, quoiqu'il puisse arriver que le peuple lui donne une interprétation maligne : car si cette action est mauvaise, ne la fais point ; et si elle est bonne, que t'importe le blâme de ceux qui te condamneront injustement?

LIX.

Ces propositions, Il est jour, il est nuit, sont très vraies si on les énonce séparément ; mais elles sont fausses si on les joint ensemble : de même, dans un festin, celui qui s'empare exclusivement de tout ce qu'on sert de meilleur, fait une chose très utile pour son corps, mais très malhonnête si l'on considère la communauté et l'égalité qui doivent subsister entre des convives. Lors donc que tu seras à la table de quelqu'un, souviens-toi, non-seulement de ne pas t'occuper de la qualité des mets qu'on servira et qui exciteront ton appétit, mais encore de ne pas t'écarter du respect que tu dois au maître du festin.

LX.

Si tu prends un rôle qui soit au-dessus de tes forces, tu le joues mal, et tu abandonnes celui que tu pouvais remplir avec distinction.

LXI.

Comme, en te promenant, tu évites avec soin de marcher sur un clou, ou de te donner une entorse : prends garde de même, dans l'usage de la vie, de blesser cette partie supérieure de ton ame qui doit être la règle de ta conduite. Si tu observes ce précepte dans toutes tes actions, le succès en sera plus sûr.

LXII.

Les besoins du corps doivent être pour chacun la mesure des richesses, comme le pied est celle du soulier. En te renfermant dans ces bornes, tu tiendras toujours un juste milieu : si tu les passes, tu seras entraîné dans le désordre comme dans un précipice. Il en sera de même des souliers, s'ils excèdent la mesure de ton pied : tu voudras d'abord des souliers dorés, ensuite de pourpre, et enfin brodés ; car il n'y a plus de limite pour celui qui a une fois passé celle du besoin.

LXIII.

Les filles ont à peine atteint l'âge de quatorze ans, que les hommes les appellent leurs maîtresses : elles jugent de là qu'elles sont uniquement destinées à leurs plaisirs ; dès lors elles commencent à se parer, et mettent toutes leurs espérances dans leurs ornements. Mais il faut leur faire comprendre qu'elles ne peuvent plaire et se faire respecter que par leur sagesse, leur pudeur, et leur modestie.

LXIV.

Un signe certain de stupidité, c'est de s'occuper beaucoup de son corps, de s'exercer longtemps, de boire longtemps, de manger longtemps, de donner beaucoup de temps au plaisir des femmes et aux autres nécessités purement corporelles. Toutes ces fonctions ne doivent se faire qu'en passant : c'est à cultiver notre esprit, que nous devons donner tous nos soins.

LXV.

Si quelqu'un te fait du tort, ou dit du mal de toi, souviens-toi qu'il croit y être obligé : il n'est donc pas possible qu'il renonce à son propre sentiment pour suivre le tien. S'il juge mal, c'est à lui seul qu'il fait tort, comme il est le seul qui se trompe : car si quelqu'un accuse de fausseté un bon syllogisme, ce n'est pas le syllogisme qui en souffre, mais celui qui fait un faux raisonnement. Si tu sais appliquer cette règle, tu supporteras patiemment tous ceux qui parleront mal de toi ; car, à chaque injure que tu en recevras, tu te diras : Cet homme croit avoir raison.

LXVI.

Chaque chose a deux anses ; l'une, qui la rend très facile à porter, et l'autre, très difficile. Si ton frère te fait une injustice, ne va pas considérer seulement l'injustice ; car c'est là le côté désavantageux : mais songe plutôt que c'est ton frère, et que vous avez été élevés ensemble. Si tu envisages son procédé sous ce point de vue, tu le trouveras supportable.

LXVII.

C'est mal raisonner que de dire : Je suis plus riche que vous, donc je suis meilleur ; je suis plus éloquent, donc je suis plus vertueux. Mais cette conséquence est bien tirée : Je suis plus riche que vous, donc mes richesses surpassent les vôtres ; je suis plus éloquent, donc mes discours valent mieux que les vôtres. Mais toi, tu n'es ni discours ni richesses.

LXVIII.

Quelqu'un prend le bain de bonne heure ; ne dis pas qu'il fait mal de se baigner, mais qu'il se baigne de bonne heure : un autre boit beaucoup de vin ; ne dis pas qu'il fait mal de boire, mais qu'il boit beaucoup. Car avant de connaître les motifs qui les font agir, comment peux-tu savoir s'ils font mal ? En jugeant ainsi, tu cours toujours risque de voir une chose et de prononcer sur une autre.

LXIX.

Ne dis jamais que tu es philosophe, et ne débite point de belles maximes devant les ignorants ; mais fais tout ce que ces maximes prescrivent. Dans u

eût écrit avec moins d'obscurité, cet homme n'aurait
donc rien dont il pût se glorifier. Mais moi, quel est
mon but? de connaître la nature pour la suivre. Je
demande donc quel est son meilleur interprète. On me
dit que c'est Chrysippe. Je l'achète. Mais je ne l'entends point. Je cherche alors quelqu'un qui me l'explique. Jusqu'ici il n'y a pas un grand mérite à tout
cela. Quand j'ai trouvé cet interprète, il me reste à
mettre en pratique les préceptes du philosophe ; c'est
la seule chose dont on puisse me louer. Car si je me
contente d'admirer l'explication des livres de Chrysippe, je ne suis qu'un simple grammairien, et non
un philosophe ; avec cette différence, que j'explique
Chrysippe au lieu d'Homère. Lors donc que quelqu'un me propose de lui expliquer Chrysippe, je suis
bien plus honteux de ne pas montrer des actions conformes à ses préceptes, que de ne pas entendre ses
écrits.

LXXV.

Demeure fidèle à ces maximes et observe-les comme
des lois que tu ne peux violer sans impiété. Ne te
mets pas en peine de tout ce qu'on dira sur ton compte;
car cela ne dépend pas de toi.

LXXVI.

Jusques à quand différeras-tu de mettre en pratique ces grandes leçons, et d'obéir en tout à la voix
de la raison? Tu viens d'entendre les maximes qui
doivent régler ta vie, tu leur as donné ton consentement; quel nouveau maître attends-tu donc encore

pour commencer à réformer tes mœurs? Tu n'es plus un enfant, mais un homme fait. Si tu persistes dans l'indolence et l'inaction, si tu renvoies d'un jour à l'autre le soin de te corriger, si tu ajoutes délais sur délais, résolutions sur résolutions, tu vivras et mourras comme un ignorant, sans t'apercevoir que tu n'as fait aucun progrès dans l'étude de la sagesse.

Commence donc dès aujourd'hui à vivre en homme qui tend à la perfection, et qui a déja fait quelques pas dans la carrière. Que tout ce qui te paraîtra très beau et très bon soit pour toi une loi inviolable. Si la douleur ou la volupté, la gloire ou l'infamie s'offrent à toi, souviens-toi que c'est alors le moment du combat, que la barrière s'ouvre, que les jeux olympiques t'appellent, qu'il n'est plus temps de reculer, enfin que ton avancement, ou ta ruine, dépend du gain ou de la perte de la victoire. C'est ainsi que Socrate est parvenu à ce haut degré de sagesse où on l'a vu, en avançant toujours vers ce but, sans perdre un seul pas, et en n'écoutant jamais que la droite raison. Pour toi, quoique tu ne sois pas encore Socrate, tu dois pourtant vivre comme l'ayant choisi pour modèle.

LXXVII.

La première et la plus nécessaire partie de la philosophie est celle qui traite de la pratique des préceptes; par exemple, de l'obligation de ne point mentir. La seconde a pour objet les démonstrations, c'est-à-dire les raisons pour lesquelles il ne faut point mentir. La troisième donne la preuve de ces démonstrations, et en détermine la nature : comme, par exemple, ce qui en fait la force et la certitude ; ce que c'est que démonstration, conséquence, opposition, vérité, fausseté. Cette troisième partie est nécessaire pour la seconde, et la seconde pour la première : mais la première est la plus nécessaire de toutes, et celle où l'on doit s'arrêter davantage. Nous renversons cet ordre, nous nous arrêtons particulièrement à la troisième ; elle consume seule notre temps et nos soins, et nous négligeons entièrement la première : nous mentons sans scrupule ; mais nous sommes toujours prêts à prouver, par de solides raisons, qu'il ne faut point mentir.

LXXVIII.

En toute occasion, aie toujours présente à la mémoire cette prière : « Grand Jupiter, et vous, puissante Destinée, conduisez-moi partout où vous avez arrêté dans vos décrets que je dois aller ; je suis prêt à vous suivre constamment : en effet, quand je m'obstinerais à vous résister, il faudrait toujours vous suivre malgré moi. »

Souviens-toi de plus que « Celui qui cède à la nécessité est véritablement sage, et habile dans la connaissance des secrets des dieux. »

Enfin, dis avec Socrate : « Cher Criton, si les dieux l'ont ainsi résolu, que leur volonté s'accomplisse : « Anytus et Mélitus peuvent bien me faire mourir ; « mais ils ne sauraient me nuire. »

APPENDICE

MANUEL D'ÉPICTÈTE.

Loin d'opérer une altération préjudiciable au Manuel, Arrien lui aurait donné plus de valeur, s'il l'avait enrichi de quelques-unes des maximes insérées dans ses discours, et de plusieurs applications ingénieuses que son maître faisait de ses principes.

Cette erreur n'est point échappée à Dacier. Pour la réparer, il a formé un nouveau Manuel de tout ce qu'il a pu recueillir dans les discours d'Arrien : mais l'érudit Dacier manqua de sobriété en extrayant Arrien, de tact en dédiant de la morale au régent de France, et de raison en privant Épictète d'une partie de la sienne pour faire un chrétien de ce sage.

Nous nous bornons à emprunter ici au docte Dacier ce qui nous a semblé le plus digne de former un appendice au Manuel, et attendrons, pour le dédier à un prince, qu'il en apparaisse un philosophe.

Le R. de P...

I.

Rien n'est insupportable à l'homme raisonnable que ce qui est sans raison.

II.

La grandeur de l'esprit ne se mesure pas par l'étendue, mais par la certitude et la vérité des opinions.

III.

Quelqu'un peut-il t'empêcher de te rendre à la vérité connue, ou te forcer d'approuver ce qui est faux? Tu vois donc que tu as un libre arbitre que rien ne peut te ravir.

IV.

Si j'aime mon corps, si je suis attaché à mon bien, je suis perdu; me voilà esclave. J'ai fait connaître par où je puis être pris.

V.

Diogène a fort bien dit que le seul moyen de conserver sa liberté est d'être toujours prêt à mourir sans peine.

VI.

Le bonheur et le desir ne peuvent se trouver ensemble.

VII.

Le sage sauve sa vie en la perdant.

VIII.

L'attention est nécessaire à tout, jusque dans les plaisirs même. As-tu vu quelque chose dans la vie où la négligence fasse qu'on s'en acquitte mieux?

IX.

Ne faut-il pas que je me venge et rende le mal qu'on m'a fait? Tu oublies qu'on ne t'a point fait de mal, puisque le bien et le mal ne sont que dans ta volonté. D'ailleurs, si un homme s'est blessé lui-même en te faisant une injustice, pourquoi veux-tu te blesser toi-même en la lui rendant?

X.

La présomption est surtout ce qui nous perd. A peine avons-nous goûté la philosophie du bout des lèvres, nous voulons faire les sages et être utiles aux autres, nous entreprenons de réformer le monde. Eh! mon ami, réforme-toi auparavant toi-même. Présente-lui ensuite un homme que la philosophie a formé. En mangeant avec les hommes, en te promenant avec eux, instruis-les par ton exemple, cède-leur à tous, préfère-les tous à toi, supporte-les tous, tu leur seras utile.

XI.

Tu quittes ton enfant quand il est fort mal, parceque tu l'aimes, dis-tu, et n'as pas le courage de le voir souffrir. Si c'est là l'effet de l'amitié, il faut donc que tous ceux qui l'aiment, sa mère, sa nourrice, ses frères, ses sœurs, son précepteur l'abandonnent, et qu'il demeure entre les mains de ceux qui ne l'aiment point? Quelle injustice et quelle barbarie! En bonne foi, dans tes maladies voudrais-tu avoir des amis qui t'aimassent avec cette tendresse?

XII.

Je te demande quel progrès tu as fait dans la vertu, et tu me montres un livre de Chrysippe, que tu te vantes d'entendre; c'est comme si un athlète dont je voudrais connaître la force, au lieu de me montrer ses bras nerveux, ses larges épaules, me faisait voir seulement ses gantelets. Comme je voudrais voir ce que l'athlète a fait avec ces gantelets, de même je voudrais voir ce que tu as fait avec ce livre de Chry-

sippe. As-tu pratiqué ses préceptes? As-tu maintenant l'ame élevée, libre, pleine de pudeur? Est-elle
en état que rien ne puisse l'empêcher ou la troubler?
As-tu médité sur ce que c'est que la prison, l'exil, la
ciguë? Peux-tu, en toute occasion, dire : Passons courageusement par là, puisque c'est par là que les dieux
nous appellent?

XIII.

Quel est l'homme invincible? Celui qui, ferme dans
son assiette, ne peut être ébranlé par aucune des
choses qui ne sont pas en son pouvoir. Je le regarde
comme un athlète. Il a soutenu un premier combat,
en soutiendra-t-il un second? Il a résisté à l'argent,
résistera-t-il à une belle femme? Il a résisté en plein
jour sous les yeux du public, résistera-t-il étant seul
dans le silence et les ténèbres de la nuit? Résistera-t-il
à la gloire, à la calomnie, aux louanges, à la mort?
Voilà l'athlète qu'il me faut.

XIV.

Je veux être assis à l'amphithéâtre au banc des sé-
nateurs. — Mon dieu! tu vas te donner beaucoup de
peine, et être bien pressé. — Mais je ne saurais voir
commodément les jeux sans cela. — Ne les vois point :
quelle nécessité que tu les voies? Si c'est l'envie d'être
assis sur ce banc qui t'y fait aller, attends qu'on
sorte. Quand le spectacle sera fini, tu iras t'asseoir
sur ce banc si désiré, et tu y seras fort à ton aise.

XV.

Ah! quand reverrai-je Athènes et sa citadelle? —
Quoi! peux-tu rien voir de plus beau que le ciel, ce

soleil, cette lune, ces étoiles, cette terre, cette mer?
Si tu t'affliges d'avoir perdu Athènes de vue, que
feras-tu donc quand il te faudra perdre de vue le
soleil?

XVI.

Tu as acquis beaucoup de belles choses, tu es riche;
mais le meilleur te manque, la constance, la résignation, l'exemption de trouble et de crainte. Tout pauvre
que je suis, je suis plus riche que toi : je ne me soucie
point d'avoir de patron à la cour, je ne me soucie
point de ce qu'on pourra dire de moi au prince, et je
ne flatte personne. Tu as des vases d'or et d'argent,
mais toutes tes pensées, tous tes desirs, toutes tes
inclinations, toutes tes actions sont de terre.

XVII.

On ne donne ici rien pour rien. Tu veux parvenir
au consulat : il faut briguer, prier, solliciter, baiser
la main de celui-ci, de celui-là; pourrir à sa porte;
faire mille bassesses, mille indignités; envoyer tous
les jours de nouveaux présents. Et qu'est-ce qu'être
consul? C'est faire porter devant soi douze faisceaux
de verges, s'asseoir trois ou quatre fois sur un tribunal, donner des jeux et des fêtes au peuple : voilà
tout. Et pour être libre de passions et de trouble, pour
avoir de la constance et de la magnanimité, pour pouvoir dormir en dormant et veiller en veillant, pour
n'avoir ni angoisses ni craintes, tu ne veux rien donner, tu ne veux prendre aucune peine; juge toi-même
si tu as raison.

XVIII.

Tu espères être heureux, dès que tu auras obtenu ce que tu desires. Tu te trompes. Tu n'en seras pas plutôt en possession, que tu auras mêmes inquiétudes, mêmes chagrins, mêmes dégoûts, mêmes craintes, mêmes desirs. Le bonheur ne consiste point à acquérir et à jouir, mais à ne pas desirer; car il consiste à être libre.

XIX.

Exerce-toi longtemps contre les tentations et les desirs; observe tous les mouvements; vois si ce ne sont pas les appétits d'un malade ou d'une femme qui a les pâles couleurs. Cherche à être longtemps caché, ne philosophe que pour toi. C'est ainsi que naissent les fruits: la semence est longtemps enfouie sous terre; elle croît peu à peu pour parvenir à sa maturité. Si elle porte un épi avant que sa tige soit nouée, elle est imparfaite, et ne produit qu'une plante inutile. Le desir d'une vaine gloire t'a fait paraître avant le temps, le froid ou le chaud t'ont tué. Tu sembles vivant, parceque ta tête fleurit un peu; mais tu es mort, car tu as séché par la racine.

XX.

Un enfant plonge sa main dans un vase à gorge étroite, qui renferme des noisettes, il en remplit sa main tant qu'elle en peut tenir, et, ne la pouvant retirer si pleine, se met à pleurer. Mon enfant, laisses-en la moitié, et tu retireras ta main assez garnie. Tu es cet enfant, tu desires beaucoup, et tu ne peux tout obtenir; desire moins, et tu l'auras.

XXI.

Il y a de petits et de grands esclaves; les petits sont ceux qui se rendent tels pour des dîners, un logement, ou de petits services; les grands sont ceux qui se font esclaves pour des gouvernements, des prétures, un consulat. Tu en vois devant qui on porte les haches, les faisceaux, et ceux-là sont bien plus esclaves que les autres.

XXII.

Une Romaine voulant envoyer une somme considérable à l'une de ses amies que Domitien venait d'exiler, on lui représenta qu'infailliblement cet argent tomberait entre les mains de Domitien, qui le confisquerait; n'importe, dit-elle, j'aime encore mieux que Domitien le vole que de ne pas l'envoyer.

XXIII.

Un médecin visite un malade et lui dit : Vous avez la fièvre; abstenez-vous aujourd'hui de toute nourriture, et ne buvez que de l'eau. Le malade le croit, le remercie et le paye. Un philosophe dit à un ignorant : Vos desirs sont déréglés, vos craintes sont serviles, et vous n'avez que de fausses opinions. L'ignorant le quitte en colère, et dit qu'on l'a mal traité. D'où vient cette différence? C'est que le malade sent son mal, et que l'ignorant ne sent pas le sien.

XXIV.

Qu'est-ce qui rend un tyran formidable? Sa garde, ses satellites, armés de piques et d'épées. Mais qu'un enfant les approche, il ne les craint point; c'est qu'il

ne connaît pas le danger. Et toi, tu n'as qu'à le connaître et le mépriser.

XXV.

Tu as la fièvre et t'en plains, parcequ'elle t'empêche
d'étudier. Mais pourquoi étudies-tu? n'est-ce pas pour
devenir patient, ferme, constant? Sois-le dans la fièvre, et tu sais tout. Elle est une partie de la vie, comme
les promenades, les voyages ; elle est même plus utile,
puisqu'elle éprouve le sage et lui montre les progrès
qu'il a faits. Tu as la fièvre ; mais, si tu l'as comme il
faut, tu as tout ce que tu peux avoir de mieux dans
la fièvre. Qu'est-ce qu'avoir la fièvre comme il faut?
C'est ne se plaindre ni des dieux ni des hommes, ne
point s'alarmer de ce qui peut arriver; car tout ira
comme il doit aller ; c'est attendre courageusement la
mort, ne pas se réjouir avec excès, quand le médecin
annonce du mieux, ne pas s'affliger, quand il trouve
qu'on est plus mal. Qu'est-ce qu'être plus mal? C'est
s'approcher du terme où l'ame se sépare du corps.
Appelles-tu cette séparation un mal ? Quand elle ne
vient pas aujourd'hui, ne viendra-t-elle pas demain?
Le monde périra-t-il quand tu seras mort ? sois donc
tranquille dans la fièvre comme dans la santé.

XXVI.

Il ne faut pas prendre légèrement l'alarme dans
cette vie. Nous envoyons un homme reconnaître ce
qui se passe ; mais nous avons mal choisi notre espion.
C'est un lâche qui, au moindre bruit, a eu peur de
son ombre, et nous revient dire, tout effrayé : Voilà la
mort, l'exil, la calomnie, la pauvreté qui s'avancent.

Mon ami, parle pour toi ; nous sommes des malavisés de t'avoir choisi pour être bien informés. Diogène, qui a été reconnaître avant toi, nous a fait un rapport tout différent ; il nous a dit que la mort n'est point un mal, quand elle n'est pas honteuse ; que la calomnie n'est qu'un bruit de gens insensés. Mais qu'a-t-il dit du travail, de la douleur, de la pauvreté ? Il a dit que c'était un exercice préférable à la robe bordée de pourpre. En un mot, nous a-t-il ajouté, je n'ai point trouvé d'ennemis ; tout est tranquille. Vous n'avez qu'à me voir : ai-je été battu ? suis-je blessé ? ai-je pris la fuite ? Voilà les espions qu'il faut envoyer ; ils nous rapporteront que nous n'avons à craindre que nous-mêmes.

XXVII.

Veux-tu voir un homme content de tout, et qui veut que tout arrive comme il arrive ? C'est Agrippinus. On vient lui annoncer que le sénat est assemblé pour le juger : A la bonne heure, dit-il, et moi je vais me préparer pour le bain, à mon ordinaire. A peine est-il sorti du bain, qu'on lui vient dire qu'il est condamné. — Est-ce à la mort, ou à l'exil ? — A l'exil. — Et mes biens, sont-ils confisqués ? — Non, on vous les laisse. — Partons donc sans différer ; allons dîner à Tibur, nous y dînerons aussi bien qu'à Rome.

XXVIII.

Néron avait envoyé Epaphrodite interroger le consul Latéranus, impliqué dans la conspiration de Pison ; il n'en obtint que cette réponse : — Quand j'aurai quelque chose à dire, je le dirai à ton maître. — Mais tu seras traîné en prison. — Faut-il que j'y sois traîné en fondant en larmes? — Tu seras envoyé en exil. — Qu'est-ce qui empêche que j'y aille gaiement et content de mon sort? — Tu seras condamné à mort. — Faut-il que je meure en murmurant et gémissant? — Dis-moi ton secret. — Je ne le dirai point ; cela dépend de moi. — Qu'on le mette aux fers? — Que dis-tu? est-ce moi que tu menaces des fers? ce sont mes jambes que tu y mettras ; mais ma volonté restera libre, et Jupiter même ne peut me l'ôter. — Je vais à l'instant te faire couper le cou. — T'ai-je dit que mon cou eût seul le privilége de ne pouvoir être coupé? Latéranus fut aussitôt saisi et traîné au lieu destiné au supplice des esclaves, et égorgé de la propre main du tribun Statius, gardant jusqu'à sa mort un généreux silence, et ne reprochant rien à son complice, qui s'était fait son bourreau.

XXIX.

VESPASIEN ET HELVIDIUS, dialogue.

— Ne venez pas aujourd'hui au sénat. — Il dépend de vous de m'en empêcher ; mais j'irai au sénat tant que je serai sénateur. — Si vous y venez, n'y venez du moins que pour vous taire. — Ne me demandez pas mon avis, et je me tairai. — Si vous êtes présent, je ne puis me dispenser de vous demander votre avis. — Ni moi de vous dire ce qui me paraîtra juste. — Mais, si vous le dites, je vous ferai mourir. — Quand vous ai-je dit que je fusse immortel? Nous ferons tous deux ce qui dépend de nous : vous me ferez mourir, et je souffrirai la mort sans trembler.

XXX.

De qui est cette médaille? De Trajan. Je la reçois et je la conserve. De Néron. Je la rejette et je l'abhorre. Fais-en de même à l'égard des bons et des méchants. Quel est celui-là? C'est un homme doux, sociable, bienfaisant, patient, ami des hommes. Je le reçois, je le fais mon concitoyen, mon voisin, mon ami, mon compagnon, mon hôte; et celui-ci, quel est-il? C'est un homme qui tient quelque chose de Néron; il est emporté, malfaisant, implacable; il ne pardonne jamais. Je le rejette. Pourquoi m'as-tu dit que c'était un homme? Un homme emporté, vindicatif, n'est non plus un homme qu'une pomme de cire n'est une pomme, elle n'en a que la figure et la couleur.

XXXI.

Pourquoi les hommes ne jugent-ils pas de la philosophie comme ils le font de tous les arts? un ouvrier fait mal son ouvrage, on ne s'en prend qu'à lui; on dit, c'est un mauvais ouvrier, et on ne décrie pas son art. Un philosophe fait une faute, on ne dit pas c'est un mauvais philosophe, mais on dit, voyez ce que c'est que les philosophes, la philosophie n'est bonne à rien. D'où vient cette injustice? De ce qu'il n'y a point d'art que les hommes ne cultivent et ne connaissent mieux que la philosophie; de ce que les passions n'aveuglent point les hommes sur les arts qui amusent ou leur sont utiles, et qu'elles les aveuglent sur ce qui les gêne, les combat, ou les condamne.

FIN.

58

TABLEAU

DE LA VIE HUMAINE,

PAR CÉBÈS.

———

Cébès vivait quatre cent soixante ans avant la naissance de J.-C. Il était natif de Thèbes en Béotie ; Diogène Laërce dit qu'il composa trois dialogues, dont deux ont été perdus. Il ne nous reste que celui-ci, qu'il intitula : *Tableau de la vie humaine.* Quelques critiques, entre autres Wolfius et Sevin (*Voyez Mémoires de l'Académie des Inscriptions*, tome I), prétendent que cette pièce n'est pas de lui, et que l'auteur est moins ancien. Nous n'entrerons point dans une discussion étrangère à cet ouvrage. Nous nous contenterons de faire observer que, dans les endroits où le raisonnement succède à l'allégorie, on y reconnaît le ton et la manière de Socrate. Quoi qu'il en soit, on convient que l'ouvrage est fort ancien et fort estimé.

L'allégorie qu'on va lire est le tableau de la vie humaine. La fortune, la science, les passions, tout y est personnifié. Le but de l'auteur est de recommander la pratique de la vertu, et de faire sentir le danger des vices et des passions. Pour y réussir, il a cru devoir mettre sa morale en action, et nous sommes tenté de croire que c'est la seule manière de la présenter aux hommes, ou du moins la plus efficace.

———

En nous promenant dans le temple de Saturne, nous vîmes, entre autres offrandes faites au dieu, un tableau placé devant le sanctuaire. Le sujet en était étranger, et contenait des allégories particulières. Mais nous ne pouvions conjecturer quel en était l'auteur et le sens : car ce tableau ne représentait ni une ville, ni un camp; mais plutôt une enceinte qui en renfermait deux autres, l'une plus grande, l'autre plus resserrée. Devant la porte on apercevait une foule nombreuse, et dans l'enceinte une multitude de femmes. A l'entrée du vestibule de la première, se tenait un vieillard qui avait l'air de donner quelques avis à la foule qui entrait.

Comme nous étions longtemps à nous tourmenter sur le sens de ces allégories : — Rien d'étonnant, étrangers, nous dit un vieillard qui se trouvait à côté de nous, si vous avez de la peine à saisir ce que signifie ce tableau; car bien peu d'habitants le savent, et ce n'est pas une offrande faite par un citoyen. Mais il y a déja du temps qu'il vint ici un homme plein de sens, d'une haute sagesse, et qui, dans ses discours et sa conduite, cherchait à retracer Parménide et Pythagore.

— Avez-vous vu et connu cet homme? — Oui; et comme j'étais dans ma première jeunesse, j'eus tout le temps de l'admirer. Il agitait mille questions intéressantes, et très souvent je l'ai entendu expliquer cette peinture. — Au nom des dieux, si vous n'avez des occupations trop pressantes, satisfaites notre curiosité, car nous desirons ardemment d'être initiés dans ces mystères.

— On peut vous contenter, étrangers. Mais il est bon de vous avertir que ce récit a ses dangers. — Quels peuvent-ils être? — Si vous écoutez avec fruit, et si vous comprenez bien ce que j'ai à vous dire,

vous deviendrez heureux et sages : sinon, devenus
insensés, malheureux, grossiers, ignorants, vous mè-
nerez une vie déplorable. En effet, cette explication
ressemble à l'énigme que proposait le sphinx aux pas-
sants ; celui qui en trouvait le mot était sauvé ; celui
qui ne la comprenait pas était mis à mort par le
monstre. Il en est de même de ce récit. La folie est
un sphinx à l'égard des hommes: Elle ne montre qu'à
travers un voile énigmatique ce qu'il y a dans la vie
de bon ou de mauvais, et d'indifférent par sa nature.
Celui qui ne perce pas le voile, elle ne le fait pas périr d'un seul coup, comme le malheureux que le
sphinx tuait et dévorait ; mais elle le mine peu à peu,
comme un criminel qui sèche dans un cachot en attendant le supplice. Si, au contraire, on entend l'énigme,
la folie périt à son tour : on est à l'abri de ses atteintes, et l'on jouit pendant toute sa vie d'un bonheur
inaltérable. Écoutez-moi donc sérieusement, et prêtez-
moi la plus grande attention. — Dieu ! que vous excitez
vivement notre curiosité ! commencez donc votre récit au plus vite. L'alternative de peines et de récompenses que vous nous annoncez vous assure de l'attention la plus soutenue.

Alors le vieillard lève sa baguette, et l'étendant sur
le tableau : — Sachez, dit-il, que cette enceinte qui
s'offre à vos regards s'appelle la Vie, et que cette
multitude nombreuse qui se tient à la porte sont ceux
qui doivent y entrer. Ce vieillard, plus élevé, qui,
d'une main, tient un papier, et de l'autre, semble
montrer quelque chose, se nomme le Génie. Il instruit

58.

ceux qui entrent de la conduite qu'ils doivent tenir,
après être venus à la vie, et de la route qu'ils doivent
suivre, s'ils veulent n'y pas périr. — Quelle route leur
prescrit-il, et comment? — Voyez-vous auprès de la
porte par laquelle entre la multitude un trône sur
lequel est assise une femme, au visage composé, à
l'air persuasif, et qui tient une coupe dans sa main?
— Je la vois; mais quel est son nom? — C'est l'*Imposture*, qui séduit tous les hommes, et enivre de
son breuvage magique ceux qui entrent dans la vie.
— Quelle est cette liqueur? — L'*Erreur* et l'*Ignorance*.
Après en avoir bu, ils entrent dans l'enceinte. — Tous
boivent-ils de ce breuvage d'erreur? — Tous en
prennent; mais les uns plus et les autres moins.
Voyez-vous ensuite à l'entrée de la porte une multitude de femmes, qui, quoique différentes entre elles,
ressemblent toutes à des courtisanes? — Oui, je les
aperçois. — On les nomme *Opinions*, *Passions*, *Voluptés*. A mesure que la foule entre, elles s'élancent
sur chaque passant, l'embrassent et l'emmènent. —
Où les conduisent-elles? — Les unes au salut, les autres à la pèrte, enivrés qu'ils sont du breuvage de
l'*Imposture*. — Dieux! quelle funeste liqueur! — Chacune leur promet de les conduire à la source de tous
les biens, et de les faire arriver au bonheur et à la
fortune. Ces malheureux, par une suite de l'erreur et
de l'ignorance qu'ils ont bue dans la coupe de l'*Imposture*, ne peuvent trouver les véritables routes à
suivre dans la vie, mais errent à l'aventure. Voyez-
s encore comme les premiers entrés conforment

leurs démarches irrégulières aux caprices de ces
femmes?

— Je le vois; mais quelle est cette autre, qui paraît
aveugle, dans le délire, et placée sur un globe de
pierre? — On la nomme *Fortune*. Elle n'est pas seulement aveugle, mais sourde et insensée. — Quelle
est son occupation? — D'errer de tous côtés, et de
dépouiller les uns de ce qu'ils ont pour en enrichir
d'autres, et bientôt après de retirer ses dons à ces derniers pour en favoriser de nouveaux avec aussi peu
de discernement et de solidité. Aussi le symbole qui
l'accompagne caractérise-t-il parfaitement sa nature.
— Quel est ce symbole? — Ce globe sur lequel elle
est placée. — Eh bien! quel en est le sens? — Que ses
dons ne sont ni stables ni assurés. Car, lorsqu'on met
en elle sa confiance, les chutes sont considérables et
dangereuses. — Mais que veut cette foule innombra-
ble qui l'environne, et comment l'appelle-t-on? —
On l'appelle la troupe des *Inconsidérés*. Chacun d'eux
demande les biens qu'elle jette au hasard. — Pourquoi donc n'ont-ils pas tous le même visage? pourquoi
les uns paraissent-ils livrés aux transports de la joie,
tandis que les autres tiennent leurs mains étendues
dans l'excès de leur désespoir? — Ceux dont l'air est
joyeux et riant sont ceux qui ont reçu quelques dons.
Aussi l'appellent-ils *Bonne Fortune*. Ces autres qui
versent des larmes et lui tendent des mains supplian-
tes sont ceux à qui elle a ravi ses premières faveurs.
Ceux-là l'appellent *Mauvaise Fortune*. — De quelle
nature sont donc ces largesses, puisqu'elles causent

— Grand Jupiter, que ce danger est terrible ! Et la *Fausse Instruction*, où est-elle? — Voyez-vous cette autre enceinte, et à l'entrée du vestibule cette femme parée avec tant d'art et de propreté? La multitude et les hommes légers l'appellent *Instruction*, mais c'est un nom qu'elle ne mérite pas. Tous ceux qui doivent être préservés sont obligés de passer ici avant de parvenir au séjour de la véritable *Instruction*. — Est-ce qu'il n'y a pas d'autre chemin qui y conduise? — Oui, il y en a d'autres. — Qui sont ceux que l'on voit se promener dans l'intérieur de l'enceinte? — Ce sont les adorateurs de la *Fausse Instruction*, qui, séduits par elle, croient vivre avec la véritable. — Comment les appelez-vous? — Poëtes, orateurs, dialecticiens, musiciens, arithméticiens, géomètres, astrologues, épicuriens, péripatéticiens, critiques, et autres qui leur ressemblent.

— Et ces femmes qui paraissent courir de côté et d'autre et ressemblent aux premières du nombre desquelles étaient l'*Intempérance* et ses compagnes, quelles sont-elles? — Ce sont les mêmes. — Comment ! entrent-elles aussi dans cette enceinte? — Oui certes, mais plus rarement que dans la première. — Les *Opinions* aussi? — Assurément. L'*Ignorance* et la *Folie* font aussi partie de cette troupe. Ceux que je vous ai nommés ressentent encore les effets du breuvage funeste que leur a présenté l'*Imposture*. Ils ne peuvent être délivrés du joug de l'*Opinion* et des autres vices, qu'ils n'aient abandonné leur fausse déesse, ᴺivi la véritable route, pris une liqueur salutaire ca-

pable de les purifier, et banni l'*Opinion*, l'*Ignorance*
et tous les vices qui les assiégent. C'est alors que leur
délivrance est assurée. Mais tant qu'ils demeureront
auprès de la *Fausse Instruction*, leur esclavage durera
toujours, et leurs connaissances seront pour eux la
source de mille maux.

— Quelle route mène donc à la véritable *Instruction?*
— Voyez-vous cet endroit élevé qui paraît inhabité,
désert, cette porte étroite, et devant la porte un sentier peu fréquenté, qui semble escarpé, raboteux, im-
praticable? Là s'élève une hauteur d'un accès difficile,
et environné de tous côtés d'affreux précipices. Voilà
le chemin qui y conduit. — Il semble en effet bien
rude au seul aspect. — Auprès de la hauteur est un
rocher élevé, escarpé de tous côtés, duquel deux
femmes robustes et vigoureuses tendent les bras d'un
air d'empressement. — Je les aperçois, mais quel est
leur nom? — L'une s'appelle la *Modération*, et l'autre
la *Patience*. Ce sont deux sœurs. — Pourquoi ten-
dent-elles les mains avec cet air d'empressement? —
Pour exhorter les voyageurs, parvenus jusque-là, à
s'armer de courage, à ne pas s'abandonner à un lâche
désespoir. Elles leur disent qu'après quelques efforts
ils vont trouver une route agréable. — Mais, quand ils
sont arrivés au pied du rocher, comment peuvent-ils
y monter? car je ne vois pas de sentier qui conduise
au sommet. — Les deux nymphes en descendent, et
les tirent à elles. Ensuite elles leur disent de respirer,
et bientôt après leur donnent la force et la confiance,
leur promettent de les conduire à la véritable *Instruc-*

tion, et leur montrent combien la route est belle, aplanie, sans obstacles et sans dangers. Voyez-vous encore devant ce bois une prairie charmante, éclairée par un jour pur et brillant? puis, au milieu de cette prairie, une autre enceinte et une autre porte? — Oui; mais comment nomme-t-on ces lieux? — Le séjour des *Bienheureux* : car c'est là qu'habitent toutes les *Vertus* et le *Bonheur*. — Que ce séjour est digne d'envie! — Auprès de la porte, vous apercevez une belle femme, pleine d'une modeste assurance, sur le déclin de l'âge mûr, simple dans son extérieur et sans aucune parure empruntée. Elle est placée, non pas sur un globe, mais sur une pierre carrée et immobile. A côté d'elle sont deux autres qui paraissent être ses deux filles. Cette déesse est l'*Instruction*, et ses deux compagnes la *Vérité* et la *Persuasion*. — Pourquoi est-elle placée sur une base carrée? C'est pour montrer aux voyageurs que la route qui conduit à elle est sûre et solide, et que la possession de ses dons est assurée. — Quels sont ces dons? — La confiance et une sécurité inaltérable. — Quelle est leur utilité? — La persuasion intime et fondée, qu'on n'éprouvera plus aucun mal dans le cours de sa vie. — Dieux! quels dons magnifiques! Mais pourquoi se tient-elle hors de l'enceinte? — Pour guérir ses hôtes, et leur présenter un breuvage salutaire. Dès qu'ils sont purifiés par cette liqueur, elle les conduit aux *Vertus*. — Quoi! je ne vous entends pas. — Je vais me faire comprendre. Je suppose qu'un homme, attaqué d'une maladie dangereuse, soit conduit au médecin. Celui-ci commence à écarter, par des purgatifs, toutes les causes de la maladie ; ensuite il s'attache à rétablir ses forces et à lui rendre la santé. Mais si le malade refusait de se conformer aux ordonnances du médecin, n'aurait-on pas raison de le renvoyer et ne mériterait-il pas d'être emporté par la maladie? — Je vous entends. — De même lorsqu'un voyageur est parvenu jusqu'à l'*Instruction*, elle le guérit, et lui présente la liqueur qui doit le purifier de tous les vices qu'il a amenés avec lui. — Quels sont ces vices? — L'ignorance et l'erreur bues dans la coupe de l'*Imposture*, l'orgueil, la cupidité, l'intempérance, la colère, l'avarice et tous les autres auxquels il s'est livré dans la première enceinte.

— Lorsqu'il est purifié, où l'envoie-t-on? — On l'introduit dans le séjour de la *Science* et des autres vertus. Voyez-vous sur la porte cette troupe de femmes belles, modestes, sans parure et sans art? — La première s'appelle la *Science*, les autres, qui sont ses sœurs, la *Force*, la *Justice*, l'*Intégrité*, la *Tempérance*, la *Modération*, la *Liberté*, la *Continence* et la *Douceur*. — Qu'elles sont belles! que nos espérances sont brillantes! — Oui, si vous comprenez et mettez en pratique ce que vous aurez entendu. — Comptez que nous y donnerons tous nos soins. — Votre bonheur en dépend. — Après que les *Vertus* ont pris notre voyageur, où le conduisent-elles? — A la *Félicité*, leur mère. Voyez-vous cette route, qui conduit à une élévation qui commande toutes les enceintes? A l'entrée du vestibule est une femme d'un âge fait, d'une beauté touchante, sans luxe, parée des mains de la décence, assise sur un trône élevé, et couronnée d'une guirlande de fleurs. C'est elle qu'on nomme la *Félicité*. — Mais que fait-elle à celui qui parvient à son trône ? — Elle, et toutes les Vertus ses compagnes, le couronnent de leurs dons comme un généreux athlète sorti vainqueur des plus grands combats. — Et quels ennemis a-t-il donc vaincus ? — Les plus dangereux de tous, je veux dire des monstres cruels qui le dévoraient, le tourmentaient et le faisaient gémir dans le plus rude esclavage ; voilà les ennemis dont il a triomphé, qu'il a terrassés. Il s'est rendu à la liberté, et maintenant ces monstres, de ses tyrans sont devenus ses esclaves. — De quels monstres parlez-vous ? Je brûle d'envie de les connaître. — D'abord l'*Ignorance* et l'*Erreur*. Ne les regardez-vous pas comme des monstres ? — Et comme des monstres cruels. — Ensuite la *Douleur*, le *Deuil*, l'*Avarice*, l'*Intempérance*, et tous les vices. Il leur commande en maître, et n'est plus leur esclave. — Quels brillants exploits ! quelle belle victoire ! Mais, dites-moi, quelle est la vertu de la guirlande dont le vainqueur est couronné ? — D'assurer le bonheur. En effet, celui qui porte cette couronne jouit d'une félicité pure et solide ; il ne l'attend pas des autres, il la trouve dans son propre cœur. — Triomphe éclatant et bien digne d'envie ! Mais, après avoir été couronné, que fait-il ? où va-t-il ? — Les Vertus le ramènent au point d'où il était parti, et de là lui montrent les autres mortels, leurs écarts, leurs vices et le malheur de 'ur vie, leurs naufrages, et comment ils sont menés en triomphe par leurs ennemis, les uns par l'*Intempérance*, les autres par la *Vanité*, ceux-ci par l'*Avarice*, ceux-là par la *vaine Gloire*, tous par quelque vice semblable. Ils ne peuvent briser les chaînes pesantes qui les accablent pour se réfugier dans cet heureux séjour, mais toute leur vie est en proie au trouble et à l'agitation. Ces malheurs leur sont arrivés parcequ'ils ont perdu de vue les instructions du *Génie*, et ne peuvent plus trouver la route qui conduit au bonheur.

— Vous avez raison ; mais je voudrais savoir pourquoi les *Vertus* montrent à notre voyageur les lieux par où il a passé d'abord. — Il ne comprenait, il ne voyait clairement rien de ce qui s'y passait. Dans un état de doute et d'incertitude, aveuglé par les vapeurs de l'*Ignorance* et de l'*Erreur*, il prenait pour bon ce qui ne l'était pas, et pour mauvais ce qui était bon. Aussi vivait-il mal, comme le reste de ceux qui habitent ces lieux. Maintenant qu'il possède la science des choses utiles, il mène une vie sage, et contemple d'un œil de compassion les erreurs des autres mortels. — Après avoir contemplé tous ces objets, que fait-il? où dirige-t-il ses pas? — Partout où bon lui semble : partout il est en sûreté, comme Jupiter dans l'antre du mont Dictys. De quelque côté qu'il aille, il sera vertueux et à l'abri de tout danger; partout il se verra fêté, accueilli, comme un médecin par ses malades. — N'a-t-il plus rien à craindre de ces femmes, que vous traitiez de monstres cruels? — Non, il ne craint rien de leur part. Il ne sera plus tourmenté par la

Douleur, par la *Tristesse*, par l'*Intempérance*, par
l'*Avarice*, par la *Pauvreté*, enfin par quelques maux
que ce soient. Autrefois leur esclave, il est devenu
leur maître ; elles respectent aujourd'hui sa supériorité. Ainsi les serpents obéissent aux Psylles. Achar-
nés contre tous les autres, jusqu'à ce qu'ils leur aient
ôté la vie, ils ne blessent pas ces peuples, parcequ'ils
portent avec eux un remède contre le venin du ser-
pent. De même celui-ci, muni d'un antidote, ne reçoit
aucun mal.

— Fort bien : mais dites-moi qui sont ceux que l'on
voit descendre de la hauteur? Les uns ont la tête ceinte
de guirlandes, l'air riant et serein ; les autres, sans
couronne, ont tous les traits du désespoir : leur tête
courbée et leurs genoux qui fléchissent annoncent leur
épuisement, et ils semblent tenus par des femmes.—
Ceux qui portent des couronnes sont arrivés heureusement jusqu'à l'*Instruction ;* ils témoignent leur joie
d'avoir reçu d'elle un favorable accueil. Des autres que
vous voyez sans couronnes, les uns ont été durement
conduits par la déesse, et se retirent toujours soumis
à l'empire du *Vice* et du *Malheur ;* les autres, à qui la
lâcheté a fait perdre courage, après être parvenus jusqu'à la *Patience,* retournent sur leurs pas, puis errent à l'aventure, sans tenir de route certaine. Les
femmes qui les suivent sont la *Douleur,* la *Tristesse,*
l'*Ignominie* et l'*Ignorance.* — C'est donc de tous les
maux que vous formez leur cortége? — Assurément.
Pour ces derniers, après être rentrés dans la première
enceinte, auprès de la *Volupté* et de l'*Intempérance,* ils

ne s'en prennent pas à eux-mêmes, mais dès le moment se répandent en invectives contre l'*Instruction*, et ceux qui dirigent leurs pas vers elle. Ils les regardent comme des malheureux, des infortunés qui abandonnent une vie douce, pour en choisir une dure et pénible, et se priver des biens dont ils jouissent eux-mêmes. — Quels sont ces biens? — Pour abréger, ce sont la débauche et l'intempérance. En effet, être, comme les brutes, l'esclave de ses appétits déréglés, voilà ce qu'ils regardent comme le souverain bien.

— Comment nommez-vous ces autres femmes, qui, d'un air de gaieté, viennent du séjour de l'*Instruction?* — On les nomme *Opinions*. Elles viennent d'y conduire ceux qui sont entrés dans le sanctuaire des *Vertus*, et reviennent en prendre d'autres pour leur annoncer que les premiers jouissent déja du bonheur. — Sont-elles introduites aussi auprès des *Vertus?* — Non; il n'est pas permis à l'*Opinion* de pénétrer dans le séjour de la *Science*. Elle se contente de remettre les voyageurs à l'*Instruction*, et quand celle-ci les a reçus, elle retourne sur ses pas pour en amener d'autres, comme les vaisseaux déchargés de leurs marchandises repartent pour en aller chercher de nouvelles.

— Rien de plus intéressant que ce récit. Mais vous ne nous avez pas encore dit ce que le *Génie* recommande à ceux qui entrent dans la vie. — D'avoir bon courage: prenez aussi courage vous-mêmes; car j'entrerai dans tous les détails, et je n'omettrai rien. Voyez-vous, dit-il en étendant le bras, cette fer

qui paraît aveugle et placée sur un globe, que je vous
ai dit s'appeler la *Fortune?* Il défend de mettre sa
confiance en elle, de regarder ses dons comme stables
et solides, et d'y compter comme sur une possession
assurée. Rien n'empêche qu'elle ne retire ses faveurs
pour les prodiguer à d'autres, et même rien n'est plus
ordinaire. Ainsi, il faut être au-dessus de ses présents,
ne point se livrer à la joie, quand elle donne, ni au
désespoir, quand elle ôte. En effet, jamais elle n'agit
qu'inconsidérément et sans réflexion. En conséquence,
rien de tout ce qu'elle fait ne doit surprendre. N'imitez pas, ajoute-t-il, les hommes de mauvaise foi, qui
se réjouissent quand ils reçoivent des fonds, et les regardent comme leurs biens propres, puis sont indignés quand on leur redemande ce dépôt, et croient
qu'on leur fait une injustice, oubliant sans doute
qu'on ne les leur a confiés qu'à condition qu'on pourrait les reprendre sans opposition. Voilà les sentiments où vous devez être à l'égard des faveurs de la
Fortune. Ne perdez jamais de vue qu'il est dans son
caractère d'enlever ce qu'elle a donné pour en rendre
un moment après beaucoup plus, et d'ôter encore ce
qu'elle vient de donner et même ce qu'on ne tient pas
d'elle. Recevez donc ses faveurs, et aussitôt courez en
chercher de plus stables et de plus solides. — Quelles
sont ces faveurs? — Celles qu'ils doivent recevoir de
l'*Instruction,* s'ils ont le bonheur d'y parvenir, savoir
la vraie science des choses utiles, dons assurés dans
leur possession, et constants dans leur durée. Aussi
Génie leur recommande de se réfugier au plus tôt

auprès d'elle, et lorsqu'ils sont arrivés jusqu'à ces femmes, que j'ai déja nommées, la *Volupté* et l'*Intempérance*, de les quitter au plus vite, et de n'avoir en elles aucune confiance, jusqu'à ce qu'ils soient arrivés à la *Fausse Instruction*. Il leur ordonne d'y faire quelque séjour, d'emprunter d'elle des secours pour leur voyage, et ensuite d'accélérer leur marche, pour arriver à la véritable *Instruction*. Voilà les avis qu'ils reçoivent du *Génie*. Quiconque ne les suit pas, ou les entend mal, périt misérablement. Voilà, étrangers, le sens de l'allégorie représentée dans ce tableau. Maintenant vous pouvez me faire des questions sur chaque article, j'y satisferai avec plaisir.

— Eh bien, je vais profiter de votre complaisance. Quels secours le *Génie* recommande-t-il d'emprunter de la *Fausse Instruction?* — Ce qui peut être de quelque utilité ; je veux dire les lettres et les autres connaissances, que Platon appelle un frein salutaire, qui empêche la jeunesse de s'occuper d'objets plus pernicieux. — Ces connaissances sont-elles donc absolument nécessaires pour arriver à la véritable *Instruction?* — Sans être nécessaires, elles sont utiles. — Mais elles ne contribuent en rien à rendre meilleurs. — Elles ne servent en rien à nous rendre meilleurs, dites-vous? — Non, certes ; car sans leur secours on peut devenir plus vertueux ; cependant elles ne sont pas sans utilité. Quelquefois nous entendons un étranger par le moyen d'un interprète ; cependant, quoique nous l'ayons parfaitement compris, il ne serait pas inutile pour nous d'avoir une connaissance plus exacte de sa langue; de même rien ne nous oblige d'avoir ces connaissances, comme aussi rien ne nous les interdit. — Les savants n'ont donc aucun avantage sur le reste des hommes pour la pratique de la vertu ? — Comment en auraient - ils, puisqu'ils se trompent comme les autres sur la nature du bien et du mal ? En effet, rien n'empêche d'avoir toutes les connaissances, et d'aimer le vin, les excès, d'être avare, injuste, traître, insensé. — Sans doute, on en voit beaucoup tels que vous les dépeignez. — Eh bien, ces sciences leur donnent-elles plus de facilité à devenir meilleurs ? — Non certes, d'après ce que vous dites. Mais pourquoi donc sont-ils dans la seconde enceinte, comme voisins de la *Véritable Instruction ?* — Et quels fruits en retirent-ils, tandis qu'on voit souvent quelques uns des habitants de la première enceinte qui gémissaient sous la tyrannie de l'*Intempérance* et des autres vices, briser leurs chaînes, laisser derrière eux ces savants, et pénétrer dans la troisième enceinte auprès de la *Véritable Instruction.* Maintenant, qui donnera l'avantage aux premiers sur les autres, qui les surpassent en zèle ou en docilité ? — Expliquez-vous.

— Je vais le faire. D'abord ils ont au moins le tort de s'afficher pour savoir ce qu'ils ignorent. Tant qu'ils sont enivrés de cette idée flatteuse, il est impossible qu'ils aient beaucoup d'empressement à chercher la véritable instruction. Ne voyez-vous pas aussi les *Opi-*

nions sortir de la première enceinte, et s'arrêter avec eux? En conséquence, ils ne sont pas meilleurs que les autres, à moins qu'ils ne rencontrent le *Repentir,* qui les persuade qu'ils suivent la *Fraude,* et non pas la *Véritable Instruction*, qu'elle les induit en erreur, et que dans cet état déplorable ils ne peuvent prétendre au bonheur. Pour vous, étrangers, si vous n'embrassez ce parti, et si vous ne méditez longtemps et profondément sur ce que nous venons de dire, jusqu'à vous en rendre la pratique familière, si vous n'y réfléchissez constamment et sans relâche, si même vous ne comptez le reste pour rien, vous ne tirerez aucun fruit de ce que vous venez d'entendre.

.— Comptez que nous nous en occuperons. Mais dites-nous pourquoi vous ne regardez pas comme des biens ce qu'on reçoit de la *Fortune,* la santé, les richesses, la gloire, les enfants, les victoires, et comme des maux ce qui leur est opposé; car votre discours nous a paru paradoxal et incroyable. — Eh bien, tâchez de faire à mes demandes les réponses que vous jugerez convenables. — J'y consens. — Regardez-vous la vie comme un bien pour un homme qui vit mal? — Non; mais plutôt comme un mal. — Comment donc la vie peut-elle être un bien, si elle est un mal pour lui? — Elle est un bien pour l'homme vertueux, comme pour le vicieux elle est un mal. — Ainsi la vie sera en même temps l'un et l'autre. — C'est mon avis. — Ce que vous dites n'est guère probable. — Comment est-il possible qu'une même chose soit en même temps bonne et mauvaise, utile et nuisible, à desirer et à fuir? cela paraît hors de vraisemblance. — Mais si la mauvaise vie est un mal pour le vicieux, la vie prise en elle-même en serait-elle un? — Il y a de la différence entre vivre et vivre mal. Que vous en semble? — Je suis de votre avis. — C'est donc la mauvaise vie qui est un mal? — La vie prise en elle-même n'en est point un : car, si le contraire avait lieu, elle serait aussi un mal pour ceux qui vivent bien. — Vos réflexions me paraissent justes. — Puis donc que les uns et les autres jouissent de la vie, elle n'est ni un bien ni un mal. Il en est d'elle comme des traitements par le fer et le feu; salutaires aux malades, ils seraient funestes à ceux qui sont en santé. Considérez-la donc sous ce point de vue. Préféreriez-vous une vie honteuse à une belle et courageuse mort? — Non, certes. — La mort n'est donc pas un mal, puisqu'elle est souvent préférable à la vie? — On ne peut en disconvenir. — On peut donc établir le même rapport de la maladie à la santé ; car, dans bien des circonstances, l'une est plus nuisible que l'autre. — Vos conséquences sont justes. — Eh bien, considérons les richesses dans le même esprit, ou plutôt sans examen : ne voyons-nous pas du premier coup d'œil des riches malheureux et coupables? — Le nombre n'en est que trop grand. — Leurs richesses ne leur sont donc d'aucune utilité pour vivre heureux et sages? — Leurs vices le prouvent. — Ce ne sont donc pas les richesses, mais l'instruction qui fait l'homme de bien. — Cela paraît probable. — En conséquence, comment les richesses seraient-elles un bien, si elles ne contribuent en rien à rendre meilleurs ceux qui les possèdent? — Vous avez raison. — Bien des gens ne tirent donc aucun fruit de leurs richesses, puisqu'ils n'en savent pas faire usage? — C'est mon avis. — Comment donc peut-on regarder comme un bien ce qui souvent n'est pas utile? On ne peut donc bien vivre qu'en faisant de ses richesses un usage légitime et bien entendu. — Ce que vous dites est de toute vérité. — En général, ce qui trouble les hommes, ce qui les induit en erreur, c'est le double rapport d'estime et de mépris que méritent ces objets à titre de bien ou de mal. Mais comme ils y attachent le plus haut prix, qu'ils les regardent comme la seule route du bonheur, pour en jouir, ils se permettent tout, même les actions les plus impies. Cette conduite vient de ce qu'ils ne connaissent pas ce qui est bien. Ils ignorent que jamais le bien ne peut naître du mal. Combien voit-on de riches qui ne doivent leur opulence qu'aux excès les plus honteux! aux trahisons, aux déprédations, aux homicides, aux calomnies, aux rapines, enfin à tous les crimes! Si donc, comme il est vraisemblable, le mal ne peut produire aucun bien, et que les richesses soient le fruit des mauvaises actions, il est impossible qu'elles en soient un. — La conséquence est nécessaire. — Le vice ne conduit point à la justice et à la sagesse, ni la vertu à l'injustice et à la folie. Ce sont des choses incompatibles. Au contraire, rien n'empêche de réunir avec tous les vices la gloire, les victoires et les autres objets semblables. On ne doit donc les regarder, ni comme des biens, ni comme des maux.

Le seul bien, c'est la sagesse; et le seul mal, c'est la folie. — Vous m'éclairez, et vos réflexions me paraissent justes et raisonnables.

FIN.

SENTENCES

DE THÉOGNIS, DE PHOCYLIDE,

ET DES SAGES DE LA GRÈCE ;

LES VERS DORÉS DE PYTHAGORE, ETC.,

TRADUITS PAR LÉVESQUE.

40

DE THÉOGNIS.

Plusieurs écrivains ont porté le nom de Théognis : le plus ancien et le plus célèbre de tous est celui dont nous publions les sentences morales. On ignore son origine, le temps de sa naissance, et celui de sa mort. Il nous apprend lui-même qu'il était de Mégare. Il y avait plusieurs villes de ce nom; on croit que celle qu'il reconnaît pour sa patrie était située près de l'Attique [1]. Il florissait dans la quarante-huitième olympiade, environ cinq cent quarante-huit ans avant notre ère. Il fut contemporain de Solon, à qui ses maximes furent plusieurs fois attribuées; de Phérécide, maître de Pythagore; et de Pisistrate, ce tyran ami des lettres, qui mit en ordre les poésies éparses d'Homère [2].

Quelques uns de ses vers font présumer qu'il était né dans l'aisance. Son humeur confiante et facile détruisit sa fortune : une conduite plus prudente lui en fit conserver quelques débris, et la philosophie le consola du mépris que la richesse sans mérite aime à répandre sur l'indigence vertueuse. Sa morale est saine, mais sans austérité : il ne condamne pas les plaisirs innocents, il ne rougit pas même de les célébrer; mais il établit qu'on ne peut en goûter les charmes que dans le repos d'une conscience pure et dans le sein de la vertu. Le caractère particulier de sa morale est la sensibilité; on écoute sans peine ses leçons, parcequ'il commence par se faire aimer.

[1] Platon dit que Théognis était de Mégare en Sicile; mais Théognis lui-même témoigne qu'il regrettait sa patrie lorsqu'il voyageait dans la Sicile et dans l'Eubée.

[2] Si l'on en croit Diogène de Laërce, ce ne fut pas Pisistrate, mais Solon qui rassembla les couplets dispersés du père de la poésie épique.

Les anciens citaient ses maximes comme des oracles de
la sagesse.

De son temps les sages avaient coutume d'embellir
leurs préceptes des charmes de la poésie : ils sentaient
que le rhythme des vers contribuait à graver leurs leçons
dans la mémoire de leurs disciples. Théognis suivit leur
exemple, moins sans doute pour se conformer à l'usage
que pour obéir à l'impulsion du génie qui le commandait. Il n'a point renfermé ses pensées dans des vers tech-
niques forgés avec peine, et qu'on retient avec plus de
peine encore. Son invocation est dans le style des hymnes
d'Homère, et les figures hardies qui animent plusieurs
de ses maximes prouvent qu'il était né poëte.

Quoique son ouvrage commence par une invocation,
il ne faut pas s'attendre à lire un poëme didactique fondé
sur un plan régulier. Les pensées sont jetées au hasard :
il est vraisemblable que ce n'est pas lui-même qui les a
rassemblées; on en aura fait le recueil après sa mort, en
suivant l'ordre dans lequel on se les rappelait.

On trouve les mêmes pensées plusieurs fois répétées :
c'est peut-être qu'on nous a conservé la première manière dont il les avait exprimées, celle dont il les avait
corrigées dans la suite, et celle encore dont elles s'étaient
altérées dans la mémoire de quelques uns de ses disciples. Des idées paraissent obscures, parcequ'on a perdu
les vers qui les complétaient : des maximes semblent
condamnables, parcequ'elles étaient des objections dont
on n'a pas conservé les réponses.

On peut comparer ce qui nous reste de Théognis à une
statue antique exposée pendant un long période de siècles à tous les outrages du temps. Ils en ont usé des parties, ils en ont détruit d'autres; mais on admire encore
celles qu'ils ont respectées. Content de recueillir les
fragments qui m'ont paru le mieux conservés, je n'ai
pas entrepris de restaurer la statue.

SENTENCES

DE THÉOGNIS.

INVOCATION.

O Roi, fils de Latone, fils de Jupiter, je ne t'oublie-rai jamais en commençant mes ouvrages, jamais en les terminant : sois l'objet des premiers et des der-niers de mes chants ; daigne m'écouter et m'être favo-rable. Apollon, roi puissant et le plus beau des dieux, quand la vénérable Latone te mit au jour dans un lac, elle n'eut d'autre secours qu'un rameau qu'elle tenait embrassé de ses mains délicates : l'île de Délos fut remplie d'une odeur divine, la vaste terre sourit, et la profonde mer témoigna sa joie jusque dans les derniers de ses flots.

Diane, divine chasseresse, fille de Jupiter, toi qu'A-gamemnon sut apaiser en Aulide, reçois mes vœux, éloigne de moi les destins ennemis : ce que je te de-mande est tout pour moi, et n'est rien pour ta puis-sance.

Je vous invoque, Muses et Graces, filles de Jupiter, qui fîtes retentir aux noces de Cadmus des accords dignes de vous et répétés par les immortels. Je donne des leçons aux humains ; que mes chants soient le titre inaltérable de ma gloire. En vain on déroberait mon ouvrage, je ne resterai pas inconnu ; on ne pourra jamais altérer ce qu'il renferme d'utile, et l'on dir toujours : Ce sont les vers de Théognis, célèbre entre tous les mortels.

I.

Je ne saurais plaire encore à tous ceux dont je recherche les suffrages. Dois-je en être surpris? Le maître des dieux lui-même ne peut contenter tous les humains, soit qu'il féconde la terre en lui prodiguant le trésor des eaux vivifiantes, soit qu'il les retienne suspendues dans les airs.

II.

Écoute mes leçons, jeune Cyrnus. Je te donnerai les préceptes que j'ai moi-même reçus des sages dans mes jeunes années. Cultive la sagesse : garde-toi de chercher dans le vice et dans l'iniquité, la gloire, les richesses, la puissance. Se tenir toujours éloigné de la société des méchants, rechercher constamment le commerce des gens de bien, c'est avoir beaucoup profité. Mérite de t'asseoir à la table des sages ; mérite qu'ils te fassent une place auprès d'eux, et rends-toi digne de plaire aux mortels qui réunissent les vertus à la puissance. Avec les bons , tu apprendras à chérir la vertu : auprès des méchants, tu sentiras dans ton cœur s'affaiblir la haine du vice, et tu perdras bientôt jusqu'à la raison qui t'éclaire.

III.

Jamais les citoyens vertueux n'ont perdu leur patrie. Mais si les méchants peuvent lever impunément leurs têtes audacieuses ; s'ils plaisent à la nation, la séduisent, la corrompent ; si, pour assurer leur fortune leur puissance, ils prêtent à l'injustice un coupable appui ; en vain l'état n'offre à tes regards que l'heureux spectacle de la splendeur et de la paix ; crois-moi, le trouble y va naître, et l'instant de sa chute n'est pas éloigné. Bientôt tu verras des citoyens atroces chercher le bonheur dans la ruine de leurs concitoyens ; bientôt éclatera la révolte ; partout va s'aiguiser le fer de la haine, partout va ruisseler le sang, et le monarque tentera vainement lui-même d'interposer un pouvoir qui ne sera plus.

IV.

Puis-je voir sans gémir les hommes ne faire usage de leur esprit que pour se railler les uns les autres, et de leur intelligence que pour se dresser mutuellement des embûches, se tromper, se trahir ? Puis-je sans verser des larmes voir les principes du bien et du mal négligés, confondus, ou plutôt ignorés ?

V.

Que ton intérêt, mon fils, ne te rende jamais l'ami des citoyens pervers : mais dissimule une juste haine, et que ta langue imprudente ne provoque pas leurs fureurs. Contraint de ménager ceux que tu méprises dans ton cœur, ne leur communique aucun secret important : tu n'apprendras que trop à connaître leur ame atroce ; tu ne sauras que trop un jour combien ils sont indignes de toute confiance. Ils n'aiment que la finesse, l'astuce, la fourberie ; heureux s'ils pouvaient d'un seul forfait consommer le malheur de l'humanité. Crains leurs conseils empoisonnés ; mais ne néglige pas d'écouter les avis des gens de bien ; cou-

les chercher à travers les dangers et les fatigues, jusqu'aux extrémités de la terre.

VI.

Il ne faut pas même communiquer indifféremment
son secret à tous ses amis : il en est peu qui soient
dignes de garder ce précieux dépôt. Si j'entreprends
de grandes choses, je ne me confierai qu'au petit nombre. L'imprudence d'un moment pourrait me causer
un long repentir.

VII.

Il est des circonstances fâcheuses et critiques où
l'ami vertueux et fidèle est le plus précieux des trésors. Vous en trouverez peu de ces amis à toute
épreuve qui osent vous connaître encore dans l'adversité ; qui, n'ayant qu'une ame avec vous, partagent
avec un courage égal et vos succès et vos revers.

VIII.

Les peines de l'homme vertueux sont les jouissances
du méchant ; mais le lion lui-même ne trouve pas
toujours de proie, et la dévorante perplexité se place
souvent dans le cœur de l'homme injuste et puissant.

IX.

Tu veux que je sois ton ami ; aide-moi de cœur
et non de bouche. Si tes sentiments sont peu sincères,
si tu as pour moi l'amitié sur les lèvres et l'indifférence dans le cœur, je préfère ta haine. Ose me poursuivre ouvertement, je tâcherai du moins de repousser
tes attaques : un cœur double est plus dangereux
pour ami que pour ennemi.

X.

Cet homme parle d'une manière et pense d'une autre ; il ne cesse de te louer en ta présence, et dans ton absence il marque peu d'estime pour toi : ce peut être un agréable convive, mais c'est un très méchant ami. Quels avantages te promets-tu de sa fausse tendresse ? Ce n'est pas lui qui te consolera dans la douleur, qui t'aidera dans l'adversité : il réunirait tous les biens de la fortune, sans penser à t'en faire part.

XI.

Tu fais du bien au méchant ; n'en espère aucun retour : c'est semer sur les vagues de l'Océan tourmenté. On ne voit jamais ni les jaunes moissons s'élever sur les vagues de la mer, ni la reconnaissance naître dans le cœur du méchant.

XII.

Il est des gens qui exigent toujours, et qu'on ne peut jamais contenter. Qu'on manque une seule fois à répondre à leurs desirs, on perd tout le fruit de ses bienfaits passés, et l'amitié chancelante qu'on leur avait inspirée est pour toujours éteinte dans leur cœur.

XIII.

Mais l'homme honnête et sensible profite avec reconnaissance des bienfaits qu'on lui accorde, et jouit encore longtemps après du plaisir de les avoir reçus.

XIV.

On ne manque jamais d'amis à table ; on en trouve peu dans les moments difficiles de la vie.

XV.

Rien de plus difficile à connaître que l'homme

faux. Avec un peu d'habileté, on découvre aisément
le mélange de l'or, mais on ne distingue pas de même
l'ami perfide qui porte la bienveillance sur le front et
la fourberie dans le cœur.

XVI.

Ne fonde pas ta gloire sur les richesses et la puissance : ces avantages ne t'appartiendraient pas, et
seraient toujours du ressort de la fortune.

XVII.

Aveugles que nous sommes! nous n'avons que des
opinions vaines, et l'ignorance est notre partage.
M'est-il donné de prévoir ce qui résultera de mes
desseins? Je crains de mal faire, et je fais bien; je veux
bien faire, et je fais mal. L'événement trompe tous
mes projets, toutes mes vues : je me trouve arrêté
sans cesse par les lois de l'invincible nécessité. Il n'est
que les dieux dont les œuvres soient toujours d'accord
avec leur intelligence.

XVIII.

Tu trompes l'ami que tu as séduit par les dehors
de l'hospitalité ; tu repousses le malheureux qui t'implore : les dieux le savent.

XIX.

Préfère la pauvreté dans le sein de la justice à l'a-
bondance que procure l'iniquité.

XX.

Toutes les vertus sont comprises dans la justice : si
tu es juste, tu es homme de bien.

XXI.

La fortune peut prodiguer ses faveurs au plus méchant des hommes : il est peu de mortels à qui les dieux aient accordé la vertu.

XXII.

Garde-toi, dans ta colère, de reprocher à l'indigent la pauvreté qui flétrit l'ame. Les dieux font pencher comme il leur plaît la balance : souvent ils laissent nu celui qu'ils avaient comblé de biens.

XXIII.

L'orgueilleux se vante, s'élève, et veut en imposer. Sait-il comment le jour finira pour lui? Sait-il dans quel état la nuit va le trouver?

XXIV.

L'homme est abattu par la vieillesse, il l'est par la fièvre, mais bien plus encore par la pauvreté. Celui qu'elle accable ne peut plus parler, ne peut plus agir; ses mains et sa langue même sont enchaînées.

XXV.

Qui sait mettre des bornes à sa fortune? Celui qui possède le plus de richesses veut au moins les doubler. Qui jamais pourra satisfaire tant de gens qui tous ont le même desir? C'est l'amour des richesses qui cause la folie des hommes et leur perversité.

XXVI.

On n'achèterait pas de bestiaux sans les bien examiner, ni un cheval sans savoir qu'il descend d'une race généreuse; et l'on voit un honnête citoyen recevoir pour épouse une méchante femme, née d'un indigne père. N'en soyez pas surpris; elle lui apporte beaucoup d'or. Voyez-vous une femme refuser un homme méprisable s'il a de grands biens? Non; elle aime bien mieux entendre dire qu'elle est l'épouse d'un homme opulent que d'un homme vertueux. On n'estime que les richesses. Le sage prend une femme dans une famille corrompue ; le méchant dans une famille vertueuse : la fortune confond toutes les races, et cet odieux mélange abâtardit l'espèce humaine.

XXVII.

Voyez cet homme injuste et ambitieux : il n'est animé que de l'amour du gain. Toujours il est prêt à se parjurer, toujours à fouler aux pieds la justice. Vous êtes ébloui de l'éclat qui l'environne, sa fortune vous en impose ; attendez sa fin. Le ciel est juste, quoique sa justice se cache quelquefois à l'œil peu clairvoyant des mortels. Gardez-vous de croire que l'homme qu'on envie soit toujours heureux : il paiera la dette de son crime ; elle sera poursuivie du moins sur le plus cher de ses fils. Insensés ! tu oses murmurer contre les dieux trop lents à punir le coupable ! Ne vois-tu pas la mort assise sur ses lèvres, et prête à le frapper ?

XXVIII.

Un exilé n'a plus d'amis, et ce malheur est bien plus cruel que l'exil.

XXIX.

Vous élevez avec soin vos enfants, vous faites votre étude de tout ce qui peut leur être utile, vous détruisez pour eux votre fortune, pour eux vous vous soumettez à mille douleurs. Quelle sera votre récompense ? de la haine, des imprécations. Ils détesteront leur père ; ils demanderont aux dieux sa mort ; il deviendra pour eux le plus importun des parasites.

XXX.

Où trouver l'homme ferme et courageux qui ose lutter contre le flot auquel tous les autres se laissent emporter, qui ait également la pudeur dans le cœur et sur les lèvres, et que l'appât du gain ne puisse jamais engager dans la honte?

XXXI.

Ta fortune vient d'être renversée : va, tu n'as plus d'amis ; ton frère même ne te connaîtra plus.

XXXII.

Le silence est, pour le grand parleur, un supplice cruel ; et le babillard ignorant est pour ceux qui l'écoutent un pesant fardeau : on le hait sans pouvoir l'éviter, et c'est une amertume qui empoisonne les délices de tous les festins.

XXXIII.

Insensés avec les fous, justes et sages avec les amis de la sagesse et de l'équité, nous prenons le caractère de ceux qui nous environnent.

XXXIV.

Dans la société, sois prudent. Que le secret qui t'est confié reste enseveli dans ton cœur ; oublie même que tu l'as entendu.

XXXV.

Pauvre, mais vertueux, je vois des méchants qui nagent dans la prospérité : qu'ils gardent leur partage, je ne veux pas changer avec eux. Je suis maître de conserver ma vertu : ils ne le sont pas de fixer la fortune.

XXXVI.

L'ame du sage est toujours constante : elle lutte avec un courage égal contre le malheur et contre la prospérité.

XXXVII,

Crains de t'exposer, pour une faute légère, à perdre ton ami ; garde-toi d'écouter le calomniateur qui l'accuse. Les dieux seuls sont exempts de faire des fautes; sans l'indulgence, l'amitié ne peut plus exister.

XXXVIII.

Tu embrasses un exilé, tu fondes ton espoir sur sa reconnaissance : quand il lui sera permis de retourner dans sa patrie, tu ne retrouveras plus en lui le même homme.

XXXIX.

Ne vous hâtez jamais trop ; marchez d'un pas tranquille dans la voie moyenne : c'est elle qui conduit à la vertu.

XL.

Quoi! dit l'infortuné, il est donc arrêté par les destins impitoyables que je ne serai jamais vengé des scélérats dont la violence m'a tout ravi. Dépouillé par eux et réduit à la honteuse nudité, je serai donc encore obligé, pour me soustraire à leurs coups, de traverser les fleuves profonds et les torrents impétueux! Le ciel me refusera le spectacle de leurs larmes! Jamais je ne m'abreuverai de leur sang impur!... Malheureux! tu blasphèmes. Tu as joui du bien, supporte le mal avec courage. Le ciel t'a fait connaître l'une et ~tre fortune ; apprends à te soumettre. De la prospérité, tu es tombé dans le malheur : ne te défie pas des dieux ; du malheur, peut-être, ils vont t'élever à la prospérité. Mais épargne-toi surtout des plaintes vaines : tu trouverais tous les cœurs insensibles à ton infortune.

XLI.

Crains l'ennemi qui cherche à te rassurer par de douces paroles : si tu te remets dans ses mains, il ne consultera plus que la vengeance, et rien ne pourra le désarmer.

XLII.

Quel esprit anime donc mes concitoyens? Je leur serais odieux en faisant le mal ; en faisant le bien, je ne puis leur plaire.

XLIII.

Tu étais mon ami, et tu as fait des fautes : ce n'est pas moi qu'il en faut accuser; tu avais trouvé un bon ami, mais tu avais reçu une mauvaise tête.

XLIV.

Tu ne laisseras pas à tes enfants d'héritage plus précieux que cette pudeur qui accompagne toujours la vertu.

XLV.

Il serait à souhaiter pour bien des hommes qu'ils ne fussent jamais nés, que leurs yeux n'eussent jamais vu la clarté du soleil. Que leurs jours n'ont-ils été tranchés du moins dès leurs premières années! que n'ont-ils été livrés en naissant au repos de la mort!

XLVI.

Si de bons préceptes pouvaient donner un bon esprit, nous verrions les enfants se former sur les principes de leurs pères, et le sage n'aurait pas à rougir de ses indignes fils : mais c'est perdre ses leçons que de vouloir changer le cœur des méchants.

XLVII.

Quel est donc l'insensé qui veut prendre mon esprit sous sa garde, et qui ne songe pas même à observer le sien?

XLVIII.

Il est aisé de mener une vie commune sans faire beaucoup de bien, sans avoir à se reprocher beaucoup de mal. Mais c'est en combattant contre les obstacles qu'on parvient à la gloire. Ne crois pas cependant l'obtenir sans mesurer tes forces, et crains d'entreprendre avec un fol enthousiasme ce que tu es incapable d'exécuter.

XLIX.

Étudie les inclinations et les desirs de ceux que tu pratiques; apprends à t'y conformer. Ton ami veut te quitter, ne le force pas à rester auprès de toi; il voudrait rester, ne l'engage pas à sortir; il dort, ne trouble pas son sommeil; ne l'engage pas à dormir, quand il a dessein de veiller. Rien n'est plus insupportable que la contrainte.

L.

Cher et malheureux ami, après avoir franchi la vaste étendue des mers, tu viens, dépouillé de tout, dans les bras d'un ami qui n'a rien. Je te prodiguerai du moins, dans mon infortune, ce que les dieux m'ont laissé de meilleur. Tu m'aimes, et je ne te dirais pas: Viens t'asseoir avec moi; et je te cacherais le peu que je possède! Je n'irai point ailleurs chercher de quoi te recevoir, mais ce que j'ai est à toi. Si l'on te demande comment je vis : réponds que je me soutiens avec peine, mais qu'enfin je me soutiens ; que je suis trop pauvre pour secourir un grand nombre de malheureux, mais que je ne repousse pas l'ami qui se réfugie dans mon sein.

LI.

Heureux qui peut dire : O ma jeunesse désormais écoulée, ô fâcheuse vieillesse qui t'approches, jamais vous ne m'avez vu, vous ne me verrez jamais trahir un ami fidèle ; jamais vous ne trouverez rien de vil dans mon cœur ! Il est satisfait ce cœur, et je puis me livrer sans trouble et sans remords à la joie des festins, quand mes oreilles sont frappées du doux son de la flûte, et quand mes doigts pincent les cordes harmonieuses de la lyre.

LII.

Vois cette tête penchée, ce col tors, ces regards obliques, et reconnais l'ame ignoble et fausse d'un esclave.

LIII.

Je m'enorgueillis follement de ma jeunesse. Insensé! bientôt privé de la lumière du soleil, semblable à la pierre insensible, je serai couvert de terre pour toujours, et le bien même que j'aurai fait sera bientôt oublié.

LIV.

On se fait une fausse idée du bonheur qu'on n'a point éprouvé. Rien de pire que le préjugé, rien de préférable à l'expérience.

LV.

Bonjour; que viens-tu me dire? Si c'est quelque chose de bien, pourquoi hésites-tu? il est facile de l'annoncer.

LVI.

D'un homme de bien, il est aisé de faire un méchant : mais qui pourra, d'un méchant, faire un homme vertueux?

LVII.

Je hais la femme que je rencontre partout; je hais l'homme insensé qui néglige son champ et veut labourer celui de son voisin.

LVIII.

Point de projets sans danger. Qui sait, en commençant, quelle sera la fin de son ouvrage? Tel croit voler à une gloire certaine, qui ne fait que préparer sa perte. Dieu seul peut nous détourner de l'erreur, et couronner nos bons desseins par un heureux succès.

LIX.

Homme, ne murmure pas de ce que t'envoient les dieux : supporte d'une ame égale l'une et l'autre fortune. Dans le bonheur, ne t'abandonne pas aux excès de la joie; ne te livre pas aux excès de la douleur dans l'adversité : attends quelle sera la fin de ton sort.

LX.

Le passé ne peut se rappeler : mais gardons-nous de l'avenir : il doit occuper seul toute notre atten-
on.

LXI.

On veut toujours avoir plus qu'on ne possède : mais la disette a perdu bien moins de gens que la satiété.

LXII.

Il n'est difficile ni de louer ni de blâmer : c'est un art familier aux méchants. L'intérêt leur inspire l'éloge ; la médisance est leur plaisir. L'homme de bien sait lui seul garder en tout des mesures : ou plutôt le soleil n'éclaira jamais un mortel toujours ami de la modération, toujours circonspect et mesuré.

LXIII.

Nous ne verrons jamais tous les événements succéder au gré de nos desirs. N'envions pas un bien qui n'est réservé qu'aux dieux.

LXIV.

Il n'est donc aucun mortel qui ne respecte le riche, qui ne méprise le pauvre! Et je ne serai pas navré de douleur, moi qui ne puis me soustraire à l'avilissante pauvreté!

LXV.

Observez bien les hommes : vous trouverez en eux tous les vices, tous les talents et toutes les vertus.

LXVI.

Il est difficile au sage d'avoir une longue conversation avec l'insensé ; mais il ne lui est pas possible de se taire toujours.

LXVII.

Il est honteux qu'un homme sobre s'arrête avec des gens pris de vin : le sage n'est pas moins déplacé dans la compagnie du vulgaire.

LXVIII.

La jeunesse donne à l'ame de l'énergie ; mais souvent elle ne l'élève que pour la plonger plus profondément dans l'erreur. Eh ! comment ne pas y tomber quand l'esprit a moins de force que les passions, et se laisse conduire par elles ?

LXIX.

· Nous voyons chaque jour les événements tromper notre prudence, et nous nous obstinons à créer sans cesse de nouveaux projets !

LXX.

La crainte et l'espérance sont deux divinités également puissantes, et qui nous commandent avec le même empire.

LXXI.

Quelque projet qui se présente à ton esprit, consulte-toi deux et trois fois. Quand on agit avec précipitation, on ne peut éviter le reproche.

LXXII.

Tu étais dans la joie ; une foule d'amis s'offraient à la partager : ton esprit souffre, plongé dans la cruelle anxiété ; tu trouveras peu d'amis qui veuillent partager tes larmes.

LXXIII.

Affreuse pauvreté ! tu t'appesantis sur mes épaules, tu déformes mon corps, tu corromps mon esprit. Malgré ma vive résistance, tu me contrains avec un empire tyrannique d'apprendre bien des choses honteuses, moi qui n'étudiai jamais que le juste et l'honnête. Je ne connais, je ne chéris plus à présent d'autre vertu que la prospérité : voilà donc, ô ciel ! où conduit l'infortune !

LXXIV.

Tu t'affliges, malheureux Cyrnus, et tu nous vois tous pleurer avec toi. Mais ne t'y trompe pas, la douleur d'un ami ne nous afflige qu'un jour.

LXXV.

Le sage ne doit jamais perdre le calme de l'ame. Ne te laisse point abattre par l'infortune, ne triomphe pas imprudemment dans la prospérité. Surtout garde-toi de jurer que tes desseins auront l'issue que tu prévois. Il semble que les dieux se plaisent à punir le téméraire qui veut prévoir la fin des événements. Du mal naît le bien ; le bien engendre le mal : cet homme n'avait rien, il s'enrichit tout à coup : cet autre nageait dans l'abondance, il se réveille dans la misère : le sage fait des fautes, la gloire se plaît à couronner l'insensé, et souvent les honneurs viennent se rassembler sur la tête du méchant.

LXXVI.

Si j'étais riche, mon cher Simonide, nos importants, avec tout leur orgueil, ne sauraient m'intimider : mais en vain j'ai cultivé mon esprit ; l'ignorant m'en impose, et la misère me rend muet.

LXXVII.

Ceux qui ont des richesses manquent de lumières pour en faire usage ; ceux qui voient et désirent le bien sont opprimés par la pauvreté : les uns et les autres éprouvent une égale impuissance ; ceux-ci sont arrêtés par la misère, ceux-là par leur imbécillité. Son

mettons-nous. Il n'est pas permis aux mortels de combattre contre les dieux, et de leur demander raison de
leurs décrets.

LXXVIII.

Sois riche, c'est la seule vertu : la tourbe des humains ne sait point en connaître d'autres.

LXXIX.

Tu pourrais être aussi juste que Rhadamanthe lui-
même, aussi habile que Sisyphe, fils d'Éole ; que ce
Sisyphe qui, par son adresse, parvint à sortir des enfers (il eut l'art de persuader Proserpine en la flattant, et d'apaiser cette déesse qui prive les hommes
du sentiment et leur fait perdre la mémoire. Avant
lui, jamais aucun mortel, vivant encore, n'avait considéré les tristes humains enveloppés du sombre
nuage de la mort, n'était descendu dans la froide
demeure des ombres, et n'avait franchi les portes
noires qui les tiennent enfermées malgré leurs efforts
impuissants : mais Sisyphe, par son habileté, revint
de ces lieux redoutables, et revit la lumière du soleil) : ne sois pas moins éloquent que Nestor, semblable aux dieux, qui aurait su donner à la fable les
couleurs de la vérité; surpasse en vitesse le vol rapide des harpies, et la course légère des fils de Bo-
rée : tu seras encore obligé de convenir que tous ces
avantages sont bien faibles, et que les richesses ont
bien plus de pouvoir.

LXXX.

Personne n'emporte aux enfers ses richesses super-
ꝯues. On ne peut, en donnant une rançon, se rache-

ter de la mort, de la maladie, de la triste vieillesse
qui nous poursuit.

LXXXI.

O Jupiter! que l'injure et l'opprobre ne poursui-
vent-ils le scélérat, ne sont-ils sa juste récompense!
Que l'impie qui méprise les dieux, que l'homme cruel
qui porte la méchanceté dans son cœur et ne sait
faire que le mal, reçoive la peine due à ses crimes, et
que la malice du père ne soit pas imputée à ses enfants. Maître des dieux, que les fils de l'homme injuste, s'ils aiment l'équité, s'ils craignent ta colère,
s'ils se plaisent à faire régner la concorde entre leurs
citoyens, ne soient pas poursuivis pour les fautes de
leurs pères! Mais, hélas! celui qui commet le crime
en évite la peine ; un autre en éprouve la vengeance.
O roi des immortels! l'homme droit que jamais ne
souilla l'impiété ni le parjure, éprouve un sort qu'il
n'a pas mérité; et nous adorons encore ta justice!
Qui pourra révérer les dieux, quand le scélérat, couvert d'iniquités, brave la colère des humains et celle
des immortels ; quand, du sein des richesses, il insulte
à l'homme de bien ; quand le juste est courbé sous
le poids de la misère [1]? O mes amis! enrichissez-vous
s'il est possible, mais sans commettre d'injustices :
soyez habiles, mais sans devenir coupables.

---

[1] Ce morceau doit être regardé comme un souhait exprimé d'une manière poétique, comme une vive imprécation contre le criminel triom-
phant sur la terre, et non comme un blasphème. Théognis, dans plusieurs
de ses maximes, a célébré la justice des dieux, a recommandé la résignation à leurs décrets.

LXXXII.

Jupiter! étends du haut des cieux la main sur ma patrie, et daigne la défendre ; que les autres dieux la protégent, mais qu'Apollon dirige ma voix, éclaire mes pensées. Flûte mélodieuse, douces cordes de la lyre, accompagnez nos chants sacrés. Allons faire des libations en l'honneur des dieux, et profitons des bienfaits de Bacchus. Vive gaieté, anime seule nos discours ; et ne craignons ni les Mèdes, ni leurs armes. Est-il rien de plus sage que d'entretenir son ame dans les douceurs d'une joie innocente, d'en bannir les soucis rongeurs, de mépriser les caprices du destin, les maux de la vieillesse, et les horreurs de la mort?

LXXXIII.

Élève et messager des muses, toi qui puisas dans leur sein les leçons de la sagesse, ne les envie point au vulgaire. Qu'importe que tu sois instruit, si tu ne l'es que pour toi seul?

LXXXIV.

J'ai voyagé dans la Sicile ; j'ai parcouru l'Eubée, riche des présents de Bacchus ; j'ai vu la superbe Sparte baignée par l'Eurotas ; partout je n'ai trouvé que des hôtes caressants : mais la joie ne pouvait entrer dans mon cœur ; je n'avais plus de sentiment que pour ma patrie.

LXXXV.

Amis, ne me parlez plus que de l'aimable sagesse ; qu'elle seule occupe tout mon cœur. Alors je serai sensible aux doux sons de la lyre ; alors la danse légère, les vers harmonieux porteront le plaisir dans mon sein ; alors, content de moi-même, je goûterai l'entretien des hommes honnêtes, et je connaîtrai le bonheur sans offenser l'étranger ni mon concitoyen.

LXXXVI.

Il vient de m'arriver un malheur : je rencontre mes amis, ils détournent la tête, ils évitent de me voir. La fortune change, suivant sa coutume ; il m'arrive un événement heureux : c'est à qui s'empressera de me saluer ; je ne trouve partout que des amis.

LXXXVII.

Suis-je dans le besoin ? mes amis rougissent de ma présence, ils auraient honte de me consoler publiquement. Il faut, pour les aller trouver, que je sorte le soir ; et je rentre avant le jour, lorsque le chant du coq rappelle les hommes au travail. Puisse tomber sur moi le ciel, ce ciel d'airain, dont nos aïeux, dans leur simplicité, redoutaient la ruine, si je refuse jamais des secours à ceux qui m'aiment !

LXXXVIII.

J'ai perdu ma fortune par la confiance ; c'est par la défiance que j'en ai sauvé les débris : mais il est bien difficile de n'être pas trop défiant, ou confiant à l'excès.

LXXXIX.

Liqueur douce et funeste, présent de Bacchus, je te loue et te condamne. Je ne puis ni t'estimer ni te haïr ; tu fais le bien, tu fais le mal. Qui pourra te mépriser? et quel sage osera te célébrer? O mes amis! goûtez modérément de ce vin que produisent les vignes de

Taygète, ces vignes que planta sur le penchant de la
colline le vieux Théotime, chéri des dieux : le triste
souci fuira de vos cœurs, vous y sentirez pénétrer la
douce gaieté.

XC.

Tu es juste ; que ta vertu fasse ta récompense et
ta félicité. Les uns diront du bien de toi, les autres en
parleront mal. Le sage doit s'attendre à l'éloge, il doit
s'attendre à la satire ; et le plus heureux des mortel
est celui dont on s'occupe le moins.

XCI.

Puisse l'abondance et la paix régner dans ma patrie ! Puissé-je sans crainte me livrer avec mes amis
aux plaisirs innocents de la table ! Puissent mes yeux
ne voir jamais l'horreur des combats ! Si la guerre
n'intéresse pas ta patrie, n'écoute pas la voix tonnante
du héraut qui t'appelle aux armes : mais si l'état est
attaqué, si l'ennemi s'approche, si tu entends déja
les hennissements des chevaux aux pieds légers, apprends que tu ne peux sans opprobre refuser ton sang
à tes concitoyens.

XCII.

Tout mortel a fait du bien, tout mortel a fait du
mal ; nul ne peut se vanter d'être parfaitement sage.

XCIII.

Qu'un homme évite la dépense, qu'il ne soit occupé
que du soin d'amasser, on vante sa prudence. S'il
nous était donné de prévoir le terme de nos jours, si
nous savions combien de temps il nous reste encore
avant de descendre dans la demeure de Pluton, il se-

rait raisonnable que celui qui aurait le plus de temps
à vivre, fît de plus grandes épargnes pour ce qui lui
resterait de jours. Mais, hélas! et c'est ce qui m'afflige, nous sommes loin de cette connaissance. Je me
tourmente, et ne sais comment sortir de ma perplexité.
Placé dans un carrefour, plusieurs chemins s'offrent
devant moi; lequel dois-je choisir? Tourmenterai-je
ma vie, constant à me tout refuser? Vivrai-je dans les
délices, heureux du plaisir de ne rien faire? J'ai connu
un homme riche; il s'épargnait jusqu'à la nourriture.
Pendant qu'il amassait pour vivre, la mort est venue
le surprendre. Il s'était épuisé de travail; jamais il
n'avait fait de bien à personne : des inconnus ont en-
vahi ses trésors. J'en ai vu un autre qui se livrait aux
plaisirs de la table. Je mène, disait-il, une vie délicieuse. Pendant qu'il parlait, ses richesses se trouvèrent dissipées. Il implore aujourd'hui l'assistance de
ses amis, et ne trouve que des cœurs impitoyables.

XCIV.

Savez-vous ce qu'il faut faire, mon cher Damoclès?
Réglez votre dépense sur vos moyens. Point de dissipation, point d'épargne sordide. Ainsi vous travaille-
rez, et ce ne seront pas les autres qui recueilleront le
fruit de vos peines : ainsi vous ne mendierez pas les
secours des hommes durs qui vous réduiraient en servitude. Ménagez pour votre vieillesse; les richesses
sont alors bien nécessaires : ménagez même quelque
chose qui reste après vous; car il ne se versera pas de
larmes à votre enterrement, si vous ne laissez pas de
quoi les payer.

XCV.

Peu d'hommes réunissent le mérite et la beauté : ce n'est pas un faible avantage de rassembler ces deux présents des cieux.

XCVI.

Tu as reçu un grand bienfait, et tu n'as montré que de l'ingratitude : retombe dans le même besoin, et retourne chez ton bienfaiteur.

XCVII.

J'ai bu dans cette fontaine ; l'eau m'en paraissait douce et limpide : elle s'est troublée ; j'irai puiser dans une autre source.

XCVIII.

Avant de louer un homme, prends le temps de le bien connaître ; étudie ses inclinations, son caractère, ses mœurs. Il est des gens qui ne sont que fard ; habiles à cacher leur naturel pervers, ils ont une ame et un visage qu'ils savent prendre dans l'occasion.

XCIX.

Jeune et brillant encore de toutes les fleurs du bel âge, profite bien de tes avantages, et livre ton ame à la vertu : les dieux ne te permettront pas de parcourir deux fois la carrière de la jeunesse. Les humains ne peuvent se soustraire à la mort : la vieillesse vient saisir leur tête de ses mains pesantes, elle leur reproche le temps vainement écoulé.

C.

Heureux et trop heureux qui, sans connaître encore les peines de la vie, descend dans le noir asile des

morts ! Heureux qui n'a pas eu le temps d'apprendre
à redouter les piéges de la haine ; qui n'a pas assez
vécu pour étudier l'ame douteuse de ses amis, et pour
sonder les profonds replis de leurs cœurs !

CI.

Les richesses cachent le vice ; et la pauvreté, la
vertu.

CII.

Insensés ! nous pleurons les morts ! versons plutôt
des larmes sur la fleur de la jeunesse qui se flétrit.

CIII.

O mon ame, ame insensée, livre-toi donc à la joie !
Bientôt d'autres mortels vont me succéder, et je serai
enseveli sous la terre.

CIV.

Si mon ennemi est homme de bien, je me garderai
d'en dire du mal : je ne louerai jamais le méchant qui
m'aime.

CV.

O Plutus, le plus beau, le plus desirable des dieux,
avec toi je puis faire le mal, je serai toujours honnête
homme.

CVI.

Dans la joie des festins, j'oublie la pauvreté qui abat
le cœur, je méprise le méchant dont la langue envenimée me poursuit : mais je gémis encore sur ma jeunesse, cette aimable jeunesse qui n'est plus ; je verse
des larmes sur la vieillesse qui me menace.

CVII.

Riche, tu m'as reproché ma misère : les dieux, peut-être, m'enverront aussi des richesses.

CVIII.

L'espérance est la seule divinité favorable qui soit restée parmi les humains. Les autres nous ont abandonnés, et sont montées sur l'Olympe. La Bonne Foi, la plus grande des immortelles, nous a délaissés ; la Tempérance s'est retirée avec elle ; les Graces ont fui loin de la terre. Il n'est plus de serment sacré, plus de mortel qui révère les dieux, plus de piété, plus de droits, plus de justice. Mais l'homme, tant qu'il respire encore, tant qu'il voit la lumière du soleil, jouit des bienfaits de l'Espérance. Qu'il invoque les dieux, qu'il brûle en leur honneur les cuisses brillantes des victimes ; mais que l'Espérance reçoive les premiers et les derniers de ses sacrifices.

CIX.

Je n'aime, je ne desire pas les richesses. Puissé-je, vivant de peu, n'éprouver jamais les maux qui accompagnent la misère !

CX.

Il est indifférent après la mort d'être étendu sur des tapis ou sur des ronces, sur la roche ou sur le duvet. Je ne desire pas des biens que je ne pourrai sentir. Eh ! que m'importe, après mon trépas, d'être couché dans la tombe des rois ?

CXI.

Les œuvres du juste sont saintes, ses paroles sont

sacrées : les vents emportent avec eux les paroles du méchant.

CXII.

Il est difficile de tromper celui qui nous veut du mal ; il est bien facile d'en imposer à l'ame confiante d'un ami.

DE PHOCYLIDE.

Phocylide parut un peu plus tard que Théognis, et le copia quelquefois : il composa des poëmes héroïques, des élégies, des sentences morales ; il ne nous reste que quelques unes de ces dernières.

Il les a écrites en vers comme Théognis; mais il n'a pas, comme lui, revêtu ses pensées des ornements de la poésie [1] ; il n'a pas même cherché à les rendre piquantes par un tour ingénieux. C'est un législateur qui prescrit à l'homme ses devoirs; il fait parler l'austère raison, et dédaigne de l'embellir. On a besoin d'art pour persuader ; il est inutile quand on ordonne, et Phocylide ordonne toujours. Il ne donne pas des avis, des leçons, mais de préceptes.

[1] Il n'a du moins emprunté de la poésie que les deux comparaisons de la fourmi et de l'abeille.

SENTENCES
DE PHOCYLIDE.

I.

Ne contracte pas de mariage furtif et scandaleux ; ne te livre pas à des amours infâmes.

II.

Ne trame point de ruses, ne trempe point tes mains dans le sang.

III.

Sache vivre de ce que tu as justement acquis : méprise les richesses que procure l'iniquité. Content de ce que tu possèdes, abstiens-toi de ce qui ne t'appartient pas.

IV.

Dans tout ce que tu dis, sois l'interprète de la vérité : ne permets pas à ta bouche le mensonge.

V.

Que tes premiers respects soient pour les dieux, les seconds pour tes parents : accorde à chacun ce qui lui est dû, sans jamais te laisser corrompre.

VI.

Ne rebute point le pauvre. Que tes jugements soient dictés par la justice. Si tes jugements sont iniques, tu seras jugé par Dieu même à ton tour.

VII.

Aie le faux témoignage en horreur. Que ta langue soit l'organe de l'équité.

VIII.

Respecte la virginité : conserve toujours la bonne foi.

IX.

Tiens scrupuleusement la balance égale ; ne la laisse pencher d'aucun côté.

X.

Crains en tout les extrêmes. En quelque chose que ce soit, la beauté résulte de la justesse des proportions.

XI.

Si tu prêtes un faux serment, ton ignorance même ne te servira pas d'excuse. Quel que soit le parjure, la haine de Dieu le poursuit.

XII.

N'enlève pas les semences du laboureur : tout ravisseur est l'objet de l'exécration publique.

XIII.

Ne retiens pas la récompense de l'homme laborieux : garde-toi d'opprimer le pauvre.

XIV.

Que ton jugement conduise ta langue : ensevelis ton secret dans ton sein.

XV.

Non content d'être juste, ne permets pas l'injustice.

XVI.

Donne à l'instant au malheureux ; ne lui dis pas de revenir le lendemain, et souviens-toi que c'est à pleines mains qu'il faut donner à l'indigent.

XVII.

Sers de guide à l'aveugle, ouvre ta maison à l'exilé.

XVIII.

Toute navigation est incertaine ; prends pitié du malheureux qui a fait naufrage.

XIX.

Présente la main à celui qui tombe : sauve l'infortuné qui ne peut trouver d'appui. La douleur est commune à tous les hommes, la vie est une roue, et la félicité n'a rien de stable.

XX.

Si tu possèdes des richesses, partage-les avec le malheureux, et que l'indigence reçoive sa part de ce que Dieu t'a prodigué.

XXI.

Puissent tous les hommes n'avoir qu'un sentiment, une fortune, une vie !

XXII.

Ceins l'épée pour te défendre, et non pour frapper : et plût à Dieu que tu n'eusses jamais besoin de t'armer même pour une juste cause ! car tu ne peux donner la mort à l'ennemi, que tes mains ne soient souillées.

XXIII.

Ne traverse pas le champ de ton voisin, et respecte son héritage. En tout, la modération est belle ; en tout, la transgression est condamnable.

XXIV.

Respecte dans la campagne le fruit qui n'est pas encore mûr.

XXV.

Accorde aux étrangers les mêmes égards qu'à tes

concitoyens. Nous sommes tous également soumis à
l'infortune, et la terre elle-même n'offre point à
l'homme un sûr appui.

XXVI.

L'avarice est la mère de tous les crimes. C'est l'or
qui conduit et qui égare les hommes. Funeste métal!
que tu es un guide infidèle! Toi seul causes notre
perte; par toi seul tout est renversé. Plût aux dieux
que tu ne fusses pas devenu pour nous un mal nécessaire! c'est à toi que nous devons les combats, les rapines, les massacres : par toi, les pères ne trouvent
que de la haine dans le cœur de leurs enfants; par
toi, les frères deviennent les ennemis de leurs frères.

XXVII.

N'aie point un sentiment dans ton cœur, un autre
sur tes lèvres. Ne ressemble pas au caméléon [1], qui
change de couleur comme de place.

XXVIII.

L'homme volontairement injuste est atroce. Je
n'ose en dire autant de celui qui obéit à la nécessité :
mais sonde bien le cœur du mortel que tu vois agir.

XXIX.

Ne t'enorgueillis ni de tes richesses, ni de ta force,
ni de ta sagesse. Dieu seul est sage, seul il est riche
et puissant.

XXX.

Compatis aux malheureux : ne sois pas ébloui de

[1] Il y a dans l'original : Ne ressemble point au polype. etc., parceque
les anciens croyaient que le polype de mer, lorsqu'il se voyait menacé
de quelque danger, prenait la couleur de la roche à laquelle il s'était
attaché.

l'éclat des grandeurs. L'excès du bien même est funeste aux mortels : plongés dans les délices, ils recherchent de nouvelles voluptés. La trop grande richesse conduit à l'orgueil et produit l'insolence; la chaleur du sang dégénère en manie : la colère est un mouvement passager; mais, exaltée, elle devient fureur.

XXXI.

Que les maux qui sont passés ne troublent point ton ame : il est impossible que ce qui est fait ne le soit pas.

XXXII.

Sache commander à ta main et mettre un frein à ta colère. Trop souvent celui qui frappe devient meurtrier malgré lui.

XXXIII.

L'émulation des hommes honnêtes est louable : celle des méchants est funeste.

XXXIV.

L'audace est pernicieuse dans les méchants; elle est d'un grand secours à ceux qui veulent faire le bien.

XXXV.

L'amour de la vertu est honnête : l'amour charnel ne conduit qu'à la honte.

XXXVI.

L'homme d'un caractère aimable et doux fait le bonheur de ses concitoyens.

XXXVII.

N'envie pas le bonheur de tes égaux : ils ont des défauts ; n'aie que de l'indulgence. C'est la félicité de dieux de ne pas connaître l'envie. La lune n'est pas jalouse de la clarté plus brillante du soleil ; la terre, contente de sa place, n'ambitionne pas la hauteur des cieux ; les fleuves ne disputent pas de grandeur avec les mers : tout est uni dans la nature par une concorde éternelle. Si la discorde se mettait parmi les dieux, le ciel serait renversé.

XXXVIII.

Mange, bois, parle avec mesure. Conserve en tout la modération ; en tout, évite l'excès.

XXXIX.

Fuis toute action honteuse, et conserve la tempérance. Ne suis point de dangereux exemples, et ne repousse l'injustice que par l'équité.

XL.

La persuasion produit les plus grands biens ; les querelles et les plaintes n'engendrent que des plaintes nouvelles.

XLI.

Ne crois pas légèrement : considère d'abord quel est le but de celui qui te parle.

XLII.

Il est beau de l'emporter en beaucoup de choses même sur ceux qui font le bien.

XLIII.

Il vaut mieux offrir à l'instant à son hôte une table frugale, que de le faire attendre pour lui donner, peut-être à contre-cœur, un repas splendide.

XLIV.

Ne sois pas pour le pauvre un créancier rigoureux

XLV.

N'enlève point à la fois tous les oiseaux du nid : respecte au moins la mère pour avoir encore des petits.

XLVI.

Ne permets point à l'ignorant de remplir les fonctions de juge.

XLVII.

Il n'appartient qu'au sage d'enseigner la sagesse, et qu'à l'artiste de prononcer sur l'art.

XLVIII.

L'ignorant est incapable d'entendre les choses élévées ; on n'est propre à rien quand on n'a pas cultivé son esprit.

XLIX.

N'attire pas dans ta société de flatteurs parasites : ils n'aiment que la bonne chère, achètent un bon repas par leurs lâches caresses, se piquent aisément, et ne sont jamais satisfaits.

L.

Ne mets pas ta confiance dans le peuple, il est toujours inconstant : le peuple, le feu et l'eau, ne peuvent être domptés.

LI.

Conserve la modération même dans les sacrifices que tu offres aux dieux.

LII.

Accorde un peu de terre aux morts privés de sépulture, et ne trouble point la paix des tombeaux. Ne montre point au soleil ce qui doit être caché, et n'attire pas sur ta tête la vengeance divine.

LIII.

Sera-t-il permis à l'homme de dissoudre ce qui fut lié par le créateur? Nous croyons qu'un jour les reliques des morts sortiront de la tombe, reparaîtront à la lumière, et seront mises au rang des dieux. Dans les cadavres pourrissants, les ames restent incorruptibles ; car l'esprit est l'image de Dieu, qui ne fait que le prêter aux mortels. C'est de la terre que nous recevons nos corps ; ils doivent se résoudre en terre, et ne seront plus qu'une vile poussière : l'esprit sera rendu à l'air pur dont il est formé [1].

LIV.

N'épargne pas tes vaines richesses ; souviens-toi que tu es mortel. Jouirons-nous de nos richesses dans les enfers? Y porterons-nous nos trésors?

LV.

Tous les morts sont égaux, et Dieu commande aux ames. Tous seront reçus dans les demeures éternelles, tous auront une commune patrie, et les mêmes lieux attendent et les pauvres et les rois.

LVI.

Mortels, nous avons peu de temps à vivre ; quelques instants nous sont accordés. Mais l'ame n'éprouvera pas la vieillesse, et jouira d'une éternelle vie.

LVII.

Ne te laisse pas accabler par le malheur, ni trans-

---

[1] Tout ce que les anciens avaient pu faire pour se former une idée de spiritualité de l'ame, était de la comparer au feu, *mens ignea*, ou au le, *pneuma, spiritus, anima*.

porter par les événements heureux. Il faut se défier souvent dans la vie de ce qui paraît le plus assuré.

LVIII.

Apprends à te conformer aux circonstances, et ne
souffle pas contre le vent. Un instant amène la douleur, un instant amène la consolation.

LIX.

La raison est une arme plus pénétrante que le fer.

LX.

Dieu a distribué des armes à tout ce qui existe.
L'oiseau a reçu la vitesse, et le lion la force ; le taureau se défend par ses cornes, et l'abeille par son aiguillon : la raison est la défense de l'homme.

LXI.

La sagesse est inspirée par Dieu même ; rien n'est
supérieur à la raison qu'elle conduit. L'homme qui
n'a que de la force ne peut se mesurer avec le sage
C'est la sagesse qui règle les travaux du laboureur,
c'est elle qui régit les cités, elle qui dompte les
mers.

LXII.

Ne te pique pas d'une ambitieuse et bruyante éloquence : ne cherche pas à briller par tes discours,
mais à les rendre utiles.

LXIII.

C'est se rendre coupable que de cacher un scélérat
et de procurer au crime l'impunité. Dévouer le méchant à la haine, voilà notre devoir : vivre avec des
criminels, c'est s'exposer à mourir avec eux.

LXIV.

Ne reçois point en dépôt le butin du brigand. Celui qui vole et celui qui recèle sont coupables du même crime.

LXV.

Use sobrement de ce que tu possèdes, et, par de folles profusions, ne te condamne pas toi-même à l'indigence.

LXVI.

Ne rassemble pas en plus grand nombre que tu n'en peux nourrir de ces animaux qui aident l'homme à tirer de la terre sa subsistance.

LXVII.

Distribue à chacun la portion qui lui est due ; rien n'est préférable à l'équité.

LXVIII.

Remets dans son chemin le voyageur qui s'égare ; arrache à la fureur des flots le malheureux qu'ils vont engloutir.

LXIX.

Relève même le cheval de ton ennemi mortel qui est tombé sur la route. Il est bien doux d'acquérir un ami sincère dans la personne de son ennemi.

LXX.

Ne compose pas de poisons, ne consulte pas de livres de magie.

LXXI.

Coupe le mal dans sa racine ; guéris la plaie avant qu'elle soit envenimée.

LXXII.

Ne mange point l'animal égorgé par d'autres animaux ; abandonne aux chiens ces restes impurs. C'est
aux bêtes féroces à se dévorer mutuellement.

LXXIII.

Respecte la pureté des tendres vierges, ne leur
prends pas même la main avec violence.

LXXIV.

Lorsque la guerre s'allume, fuis les querelles et les
dissensions.

LXXV.

Ne te nourris pas des restes d'une table étrangère.
Dois à toi-même ta subsistance, et ne l'achète pas au
prix de l'ignominie.

LXXVI.

Ne verse pas tes bienfaits sur les méchants ; c'est
semer sur les vagues de la mer.

LXXVII.

Travaille ; tu dois payer ta vie par tes travaux. Le
paresseux fait un vol à la société.

LXXVIII.

N'as-tu pas appris de métier ? va donc bêcher la
terre. Donne-toi de la peine, tu ne manqueras pas de
travaux. Veux-tu te livrer à la navigation ? les mers
te sont ouvertes. Veux-tu trouver des occupations
champêtres ? les campagnes sont assez vastes.

LXXIX.

Sans le travail, rien n'est facile à l'homme, ni
même aux immortels : le travail ajoute encore à la
vertu.

LXXX.

Lorsque les fruits des campagnes dépouillées par le tranchant de la faucille viennent de récompenser les travaux du laboureur, les fourmis quittent leurs demeures souterraines, et reparaissent, chassées de leurs retraites par le besoin; elles recueillent les grains d'orge ou de froment abandonnés dans les guérets, et la fourmi qui traîne sa charge avec peine est suivie d'une autre fourmi chargée d'un semblable fardeau. Ce peuple, faible à la fois et laborieux, ne se laisse pas vaincre par la fatigue, et ramasse pour l'hiver les bienfaits de l'été.

LXXXI.

Fille de l'air, la diligente abeille ne se livre pas à des travaux moins assidus. Elle choisit pour son atelier la fente d'une roche ou le creux d'un chêne antique. C'est là qu'elle dépose le suc précieux qu'elle a recueilli de mille fleurs : elle en forme des palais innombrables de cire; elle en distille le miel le plus délicieux.

LXXXII.

Ne garde pas le célibat si tu ne veux pas finir tes jours dans l'abandon. Rends à la nature ce que tu lui dois : tu as été engendré; tu dois engendrer à ton tour.

LXXXIII.

Ne prostitue pas l'honneur de ta femme; n'imprime pas une tache flétrissante à tes enfants. Dans le lit ··n adultère naissent des enfants qui ne se ressem- pas.

LXXXIV.

Respecte les secondes noces de ton père ; que le lit de sa nouvelle épouse soit sacré pour toi. Révère-la comme ta mère, dont elle a pris la place.

LXXXV.

Ne t'abandonne point à des amours effrénés. Non, l'amour n'est point un dieu ; il est de toutes les passions la plus dangereuse et la plus funeste. Mais chéris la compagne de ton sort. Quelle douceur, quelle félicité, quand une sage épouse est aimée de son époux jusqu'à la dernière vieillesse, quand il lui rend toute la tendresse qu'elle lui prodigue, quand les querelles n'ont jamais divisé ce couple heureux !

LXXXVI.

Abstiens-toi de toute union charnelle qui ne soit pas précédée d'un contrat, et qui ne soit fondée que sur la violence ou la séduction.

LXXXVII.

Ne crains pas moins d'épouser une méchante femme ; et que l'appât d'une funeste dot ne te rende pas l'esclave d'une épouse indigne de toi. Imprudents que nous sommes ! on nous voit courir toutes les maisons d'une ville pour nous procurer des coursiers de race généreuse, des taureaux vigoureux, et des chiens ardents à la chasse : mais nous ne prenons aucune peine pour trouver une femme vertueuse. Les femmes, non moins éblouies par l'éclat de l'or, ne refusent pas de riches et méprisables époux.

LXXXVIII.

N'ajoute pas des noces nouvelles à tes premières

noces, ni de nouvelles douleurs a tes premières calamités.

LXXXIX.

Ne montre point à tes enfants un visage sévère ; que
ta douceur gagne leur amour. S'ils font quelque faute,
fais-les corriger par leur tendre mère, fais-les reprendre par les plus anciens de ta famille et par de respectables vieillards.

XC.

Ne souffre pas que tes fils soient frisés comme de
jeunes filles, et qu'ils laissent mollement flotter sur
leurs épaules les boucles de leurs cheveux. C'est aux
femmes que sied bien le soin de leur chevelure ; cette
vanité est indigne de l'homme.

XCI.

Tes enfants ont-ils reçu le dangereux avantage de la
beauté ? veille sur tes fils, défends-les des attaques de
la fureur licencieuse. Que des clefs te répondent de la
couche de tes filles ; ne permets pas qu'avant le mariage leurs attraits soient aperçus hors du seuil de
ta porte. C'est une garde difficile que celle de la jeunesse unie à la beauté.

XCII.

Aime ta famille, et fais-y régner la concorde. Respecte les cheveux blancs, cède la place à la vieillesse,
et ne lui dispute jamais les honneurs qui sont dus à
cet âge vénérable. Rends au sage vieillard tous les
hommages que ton père recevrait de toi.

XCIII.

Ne prive pas les ministres des autels de la portion
les victimes qui doit leur appartenir.

XCIV.

Accorde à tes domestiques une nourriture saine et suffisante. Tu veux qu'ils te chérissent, ne leur refuse pas ce qu'ils ont droit d'attendre de toi. N'abuse pas du pouvoir que la fortune t'a donné sur eux, et n'ajoute pas de nouvelles peines à leurs maux, un nouvel avilissement à leur humiliation. N'accuse pas légèrement auprès de son maître un domestique étranger.

XCV.

Ton valet est-il prudent? ne rougis pas de prendre ses conseils.

CXVI.

Ton ame est-elle saine? ton corps sera toujours pur.

Telles sont les lois de la justice : conformes-y ta conduite, le bonheur t'accompagnera jusqu'à la dernière vieillesse.

DES SAGES DE LA GRÈCE.

On a de tout temps abusé des mots. La force, et le courage qu'elle inspire, constituèrent chez les Romains ce qu'ils appelèrent vertu. Un chanteur habile obtient dans l'Italie moderne le titre de vertueux. On serait tenté de croire que les Grecs furent plus sensés ; ils appelaient sage le mortel éclairé qui se mettait au-dessus du vulgaire par des connaissances alors peu communes dans l'art de gouverner ses semblables : mais on ne sait plus que penser quand on les voit décorer de ce beau titre un tyran cruel.

Le vrai sage, peu connu, peu curieux de se faire connaître, jouit de sa vertu, et n'affecte pas de montrer les larmes qu'il répand sur les vices et les malheurs de l'humanité : il a fait le bien en silence ; il a mérité des amis, et ne s'est pas fait un parti ; il vit et meurt dans l'obscurité.

S'il a de grands talents, s'il veut les rendre utiles, il emporte souvent au tombeau la douleur d'avoir perdu le fruit de son zèle : ses ingrats contemporains n'ont payé ses travaux que de leur haine ; il aura des autels dans le cœur de leurs descendants.

On ne s'accorde pas sur le nombre des sages de la Grèce. Quelques uns n'en ont admis que quatre, d'autres en ont porté le nombre jusqu'à dix-sept : on a même quelquefois compris entre eux Anacharsis, qui n'était pas Grec, et ce fameux dormeur qui éprouva dans une caverne un sommeil de cinquante-sept ans. Voulait-on faire entendre qu'il faut aller chercher la sagesse dans le pays ' fables ?

Nous suivrons l'opinion commune, qui n'admet que sept sages.

THALÈS.

Thalès, d'origine phénicienne, obtint le premier ce titre, et paraît l'avoir mérité. Né à Milet, et chargé de l'administration de sa patrie, il ne donnait à l'étude de la nature que les moments qu'il pouvait dérober aux affaires.

La Grèce était encore ignorante : c'est en Égypte que les jeunes Grecs allaient chercher des connaissances étrangères à leur patrie. Thalès y apprit la géométrie et les sciences, qu'il rapporta chez ses concitoyens. Il regardait l'intelligence, ou Dieu, comme l'auteur et l'ame du monde, et l'eau comme le principe matériel des choses.

Cette doctrine du principe humide était sans doute empruntée des Égyptiens, qui devaient à la retraite encore récente de la mer une portion considérable de leur pays ; qui trouvaient des coquillages dans le sein de toutes leurs montagnes et dans la substance même de leurs métaux ; qui ne tiraient de leurs puits et de leurs fontaines qu'une eau saumâtre et salée, et qui recevaient leur subsistance des inondations du Nil.

Thalès naquit six cent quarante ans avant notre ère, et vécut quatre-vingt-dix ans.

SOLON.

Les anciens nous apprennent que Solon descendait de Codrus, dernier roi d'Athènes. La noblesse athénienne ne méprisait pas le commerce : il s'y livra. Ses mœurs n'étaient pas austères. Un homme qui, de nos jours, imiterait sa vie molle et délicate, qui ferait des vers aussi 'encieux, et qui montrerait les mêmes goûts dans ses amours, n'obtiendrait pas généralement la réputation de sage.

Il ne se livra point à la physique, qui ne consistait alors qu'en de vaines spéculations, et qui négligeait l'observation et l'expérience. La partie de la morale qu'on a depuis appelée politique, fit le seul objet de ses études.

Les Athéniens gémissaient sous les lois de Dracon, qui punissaient indifféremment de mort toutes les fautes; ou plutôt ils vivaient dans l'anarchie, parceque des lois atroces ne trouvent pas d'exécuteurs. Solon fut choisi pour donner de nouvelles lois à sa patrie.

· Il ne chercha ni à flatter ceux qui lui avaient procuré cet auguste emploi, ni à plaire aux hommes puissants. Cependant sa législation ne put échapper à la critique, et lui-même n'en était pas satisfait. « Je n'ai pas donné « aux Athéniens, disait-il, les meilleures des lois; mais « je leur ai donné les meilleures lois qu'ils fussent capa- « bles de recevoir. »

Tout le monde sait le mot d'Anacharsis : « A quoi t'oc- « cupes-tu, mon cher Solon? Ne sais-tu pas que les lois « sont des toiles d'araignées? les faibles s'y prennent; le « puissant les déchire. »

On lui reproche d'avoir trop favorisé le peuple : c'est qu'il l'aimait; c'est qu'il voyait avec douleur combien les hommes puissants ont de moyens d'opprimer le pauvre, et combien le pauvre en a peu de se défendre.

Il est certain qu'il donna un grand pouvoir au peuple en le rendant juge en dernier ressort de toutes les causes : et plus encore, en faisant ses lois si obscures, qu'il fallait sans cesse recourir au peuple pour les interpréter.

Il donna ses lois 594 ans avant l'ère vulgaire, et mourut à l'âge de quatre-vingts ans. Il s'était flatté d'assurer pour toujours la liberté de ses concitoyens; et il eut la douleur de voir Pisistrate, son ami, son parent, usurper la tyrannie.

44.

CHILON.

Chilon de Lacédémone fut revêtu de la dignité d'é-
phore, 556 ans avant notre ère. Ses jugements furent
toujours dictés par la justice, et il se reprocha toute sa
vie de l'avoir fait éluder une fois. Un de ses amis s'était
rendu coupable ; il eut le courage de le condamner, mais
il lui conseilla d'appeler de son jugement. Telle est la
faute qu'il ne pouvait se pardonner : il est absous par
tous les cœurs sensibles.

Son éloquence était celle de son pays ; toujours forte,
toujours renfermée dans peu de paroles.

Il mourut de joie en embrassant son fils, qui, dans les
jeux olympiques, venait d'être vainqueur au combat du
ceste.

PITTACUS.

Pittacus de Mitylène, dans l'île de Lesbos, défit et
chassa le tyran Mélanchre qui opprimait sa patrie. Élevé
lui-même à la souveraineté par le vœu de ses concitoyens, il conserva dix ans la puissance pour assurer
leur bonheur, abdiqua de lui-même, et leur rendit la
liberté. Il battit les Athéniens, et tua de sa main leur
général.

Il écrivit un ouvrage en prose sur les lois, et composa
un grand nombre de vers. Il préférait aux grandeurs et
à la fortune les douceurs de la médiocrité, et renvoya un
riche présent que lui faisait Crésus.

Né dans l'obscurité, il eut la faiblesse d'épouser une
femme d'une haute noblesse, qui le rendit malheureux
par son orgueil.

BIAS.

Bias de Priène profita des faveurs de la fortune pour

satisfaire son penchant à la bienfaisance. Il racheta de jeunes captives de Messène, prit soin de leur éducation avec toute la tendresse d'un père, et les renvoya dans leur patrie après les avoir richement dotées. Il composa une pièce de deux mille vers sur le moyen d'être heureux : il l'avait trouvé puisqu'il faisait le bien.

Son éloquence avait beaucoup de force et de vivacité. Il plaida dans sa vieillesse la cause d'un de ses amis, et, après avoir fini de parler, il reposa sa tête sur le sein de son neveu. Quand les juges eurent prononcé en sa faveur, on voulut le réveiller ; mais il avait rendu le dernier soupir.

CLÉOBULE.

Cléobule de Lindes, dans l'île de Rhodes, fut élevé à la souveraineté de sa patrie. Il cultiva la poésie, et sa fille Cléobuline mérite elle-même d'être comptée parmi les poëtes.

PÉRIANDRE.

C'est une honte pour la Grèce d'avoir mis Périandre au nombre des sages. Quelques auteurs ont pensé qu'il avait existé en même temps deux Périandres, dont l'un fut un sage et l'autre un tyran : mais l'opinion générale est que le tyran et le prétendu sage ne furent qu'un même homme.

Magistrat de Corinthe, sa patrie, il se fit entourer de gardes bien armés, et, par leur moyen, il asservit ses concitoyens. Il ne souffrait dans son état usurpé que des gens dont il connaissait bien l'ame faible et servile, et ses moindres soupçons étaient des arrêts de mort.

Dans un mouvement de colère, il tua d'un coup de pied sa femme enceinte ; il exila son fils qui la pleurait. Ses agitations, ses craintes, ses remords, le punirent de sa tyrannie qu'il n'eut pas le courage d'abdiquer. Sor règne et son supplice durèrent quarante ans. Affaibli par l'âge, et ne pouvant plus résister aux tourments qui le déchiraient, il envoya pendant la nuit des jeunes gens dans une embuscade, avec ordre de massacrer le premier homme qui se présenterait devant eux. Ce fut lui-même qui alla s'offrir à leurs coups; ils le frappèrent sans le reconnaître.

Ce monstre, qui parlait quelquefois avec sagesse, et qui était ami des six autres sages, vécut quatre-vingts ans, et mourut dans la 585° année de notre ère.

SENTENCES

DES

SAGES DE LA GRÈCE.

THALÈS.

I.

Quel est le plus heureux des états ? Celui où le souverain peut prendre sans danger le plus de repos.

II.

L'espérance est le seul bien qui soit commun à tous les hommes : ceux qui n'ont plus rien la possèdent encore.

III.

Heureuse la famille qui n'a pas trop de richesses, et qui ne souffre pas la pauvreté !

IV.

Rien de plus funeste que la malignité : elle blesse même l'homme de bien qu'elle touche.

V.

Connais l'occasion, et ne publie pas d'avance ce que tu veux faire. Tu manquerais ton projet, et tu prêterais à rire à tes envieux.

VI.

Ne fais pas toi-même ce qui te déplaît dans les autres.

VII.

N'insulte pas aux maux de l'infortuné : la vengeance du ciel est toute prête en sa faveur.

VIII.

Aime tes parents. S'ils te causent quelques incommodités légères, apprends à les supporter.

IX.

Rien de plus ancien que Dieu, car il n'a pas été créé : rien de plus beau que le monde, et c'est l'ouvrage de Dieu : rien de plus actif que la pensée, elle se porte dans tout l'univers : rien de plus fort que la nécessité, car tout lui est soumis : rien de plus sage que le temps, puisqu'on lui doit toutes les découvertes.

X.

Thalès, en observant les astres, se laissa tomber dans un fossé. « Il n'a que ce qu'il mérite, dit une « femme de Thrace qui le servait : il veut lire dans « les cieux, et ne sait pas même ce qui est à ses « pieds. »

SOLON.

XI.

Les courtisans ressemblent à ces jetons dont on se sert pour compter ; ils changent de valeur au gré de celui qui les emploie.

XII.

Bien des méchants s'enrichissent, bien des hommes vertueux languissent dans la misère. Voudrais-je donner ma vertu pour les trésors du méchant ? Non, sans doute : je puis conserver mon cœur dans toute sa pureté ; les richesses changent tous les jours de maîtres.

XIII.

Ne donne pas à tes amis les conseils les plus agréables, mais les plus avantageux.

XIV.

Solon avait perdu son fils et le pleurait. On lui représenta qu'il ne pouvait lui faire aucun bien par ses larmes. « C'est pour cela même que je pleure, » répondit-il.

XV.

Sage Athénien, lui disait Crésus, ma fortune te paraît donc bien peu de chose, puisque tu ne daignes même pas me comparer à de simples citoyens ? Crésus, répondit le sage, pourquoi m'interroger sur les prospérités humaines, moi qui sais combien la fortune est envieuse et changeante ? Dans un long espace d'années, on voit bien des choses qu'on n'aurait pas voulu voir ; on souffre bien des maux qu'on n'aurait pas voulu supporter. Je vois bien que vous possédez de grandes richesses, que vous régnez sur des peuples nombreux : mais puis-je vous appeler heureux, si j'ignore quelle sera la fin de votre carrière ? Si la fortune n'accorde pas au riche de terminer heureusement sa vie, il n'est pas plus heureux avec tous ses trésors, que le pauvre qui gagne chaque jour de quoi vivre. Combien ne trouve-t-on pas de mortels opulents qui sont en même temps malheureux ! Mais on trouve aussi des hommes qui vivent contents dans la médio crité. Il est impossible au même homme de rassembler en lui tout ce qui fait le bonheur. Un seul pays ne réunit pas les productions de toutes les espèces : il en a quelques unes, il lui en manque d'autres, et le meilleur de tous est celui qui en rassemble le plus. De même un seul homme ne possède pas tous les avantages; il jouit de quelques uns, d'autres lui sont refusés : mais celui qui en a constamment le plus grand nombre, et qui termine heureusement sa vie, voilà l'homme que j'appelle heureux. Combien de mortels les dieux n'ont comblés de toutes les faveurs de la fortune, que pour les plonger ensuite dans la dernière des calamités!

XVI.

La maison la plus heureuse est celle qui ne doit pas ses richesses à l'injustice, qui ne les conserve pas par la mauvaise foi, à qui ses dépenses ne causent pas de repentir.

XVII.

Il se commettrait peu de crimes, si les témoins de l'injustice n'en étaient pas moins indignés que les malheureux qui en sont les victimes.

XVIII.

Tant que tu vivras, cherche à t'instruire : ne présume pas que la vieillesse apporte avec elle la raison.

XIX.

La société est bien gouvernée quand les citoyens obéissent aux magistrats, et les magistrats aux lois.

XX.

Redoute la volupté; elle est mère de la douleur.

XXI.

Ne te hâte ni de faire des amis nouveaux, ni de quitter ceux que tu as.

XXII.

Ou n'approche pas des rois, ou dis-leur ce qu'il leur est utile d'entendre.

XXIII.

Garde-toi bien de dire tout ce que tu sais.

XXIV.

Solon gardait le silence à table. Pourquoi ne dis-tu rien? lui demanda Périandre : est-ce sottise? est-ce stérilité? Ne sais-tu donc pas, lui répondit Solon, qu'il est impossible au sot de se taire dans un repas?

CHILON.

XXV.

Tu gémis de tes malheurs! si tu considérais tout ce que souffrent les autres, tu te plaindrais plus doucement de tes maux.

XXVI.

Ce qu'un prince a de mieux à faire, c'est de ne croire aucun de ceux qui l'environnent.

XXVII.

Connais-toi toi-même. Rien de plus difficile : l'amour-propre exagère toujours notre mérite à nos propres yeux.

XXVIII.

Tu parles mal des autres : tu ne crains donc pas le mal qu'ils diront de toi?

XXIX.

Tes amis t'invitent à un repas; arrive tard si tu veux. Ils t'appellent pour les consoler; hâte-toi.

XXX.

Il vaut mieux perdre que de faire un gain honteux.

XXXI.

Défie-toi de l'homme empressé qui cherche toujours à se mêler des affaires des autres.

XXXII.

Fais-toi pardonner ta puissance par ta douceur : mérite d'être aimé; redoute d'être craint.

XXXIII.

Ne permets pas à ta langue de courir au-devant de ta pensée.

XXXIV.

Garder le secret, bien employer son loisir, supporter les injures, sont trois choses bien difficiles.

XXXV.

La pierre de touche fait connaître la qualité de l'or; et l'or, le caractère des hommes.

PITTACUS.

XXXVI.

Un fils voulait plaider contre son père. « Vous serez « condamné, lui dit Pittacus, si votre cause est moins « juste que la sienne : si elle est plus juste, vous serez « encore condamné. »

XXXVII.

Heureux le prince, quand ses sujets craignent pour lui, et ne le craignent pas !

XXXVIII.

Tu réponds pour un autre : le repentir n'est pas loin.

XXXIX.

L'homme prudent sait prévenir le mal ; l'homme courageux le supporte sans se plaindre.

XL.

J'aime la maison où je ne vois rien de superflu, où je trouve tout le nécessaire.

XLI.

Voulez-vous connaître un homme ? revêtez-le d'une grande puissance.

XLII.

L'état est heureux quand les méchants ne peuvent y commander.

XLIII.

Attends de tes enfants dans ta vieillesse ce que toi-même auras fait pour ton père.

XLIV.

Cache ton bonheur : mais, en fuyant l'envie, n'excite pas la pitié.

XLV.

En commandant aux autres, sache te gouverner toi-même.

BIAS.

XLVI.

Le plus malheureux des hommes est celui qui ne sait pas supporter le malheur.

XLVII.

Monarque, tu veux te couvrir de gloire : sois le pre ｉ mier soumis aux lois de ton empire.

XLVIII.

Le méchant suppose tous les hommes perfides comme lui : les bons sont faciles à tromper.

XLIX.

Ces gens qui appliquent toute leur intelligence à des choses inutiles, ressemblent assez bien à l'oiseau de nuit qui voit clair dans les ténèbres et devient aveugle à la clarté du soleil. Leur esprit est plein de sagacité quand ils l'appliquent à de savantes bagatelles : il ne voit plus, quand il est frappé de la véritable lumière.

L.

La bonne conscience est seule au-dessus de la crainte.

LI.

Desirer l'impossible, être insensible à la peine des autres, voilà deux grandes maladies de l'ame.

LII.

Tu te portes pour arbitre entre deux de tes ennemis : tu te feras un ami de celui que tu vas favoriser. Tu oses te constituer juge entre deux de tes amis : sois sûr que tu vas en perdre un.

LIII.

Écoute beaucoup, et ne parle qu'à propos.

LIV.

Bias pleurait en condamnant un homme à la mort. Si vous pleurez, lui dit quelqu'un, sur le coupable, pourquoi le condamnez-vous? Il faut, répondit-il, suivre la nature, qui nous inspire la pitié, et obéir à la loi.

CLÉOBULE.

LV.

Puissé-je vivre dans un état où les citoyens craignent moins les lois que la honte!

LVI.

Sois riche sans orgueil, pauvre sans abattement; aie l'injustice en horreur, observe la piété, contribue au bonheur de tes concitoyens, réprime ta langue, ne fais rien avec violence, instruis tes enfants, apaise les querelles, regarde comme tes ennemis ceux de l'état: tel est le caractère de la vertu.

LVII.

Choisis une femme parmi tes égaux. Si tu la prends dans un rang plus élevé, tu n'auras pas des alliés, mais des tyrans.

LVIII.

Ne te mets jamais du parti d'un railleur, tu te ferais un ennemi de sa victime.

LIX.

Beaucoup de paroles, encore plus d'ignorance, c'est ce qu'on trouve dans la plupart des hommes.

LX.

Répands tes bienfaits sur tes amis, pour qu'ils t'aiment plus tendrement encore : répands-les sur tes ennemis, pour qu'ils deviennent enfin tes amis.

PÉRIANDRE.

LXI.

La volupté ne dure qu'un instant : la vertu est immortelle.

LXII.

Que brillants de tout l'éclat de la fortune, qu'accablés des plus affreux revers, tes amis te trouvent toujours le même.

LXIII.

On a tiré de toi par force des promesses dangereuses; va, tu n'as rien promis.

LXIV.

Quand tu parles de ton ennemi, songe qu'un jour, peut-être, tu deviendras son ami.

LXV.

Ne te contente pas de reprendre ceux qui ont fait des fautes; retiens ceux qui vont en faire.

LXVI.

Veux-tu régner en sûreté? Ne te fais pas entourer de satellites armés de fer : n'aie d'autre garde que l'amour de tes sujets.

DE PYTHAGORE.

Seul des sages de la Grèce, Thalès, instruit par les prêtres de l'Égypte, avait cultivé l'astronomie, la physique et la géométrie. Personne après lui ne parut avec plus d'éclat que Pythagore de Samos, fils de Mnésarchus et de Parthénis. Il reçut des leçons de Phérécyde, disciple de Pittacus : mais son génie ardent et son avide curiosité ne lui permettaient pas de s'en tenir à cette école.

Il voyagea dans tous les pays où il crut trouver à s'instruire ; il visita les prêtres de la Chaldée ; on a même prétendu qu'il avait pénétré jusqu'à l'Inde, où il avait reçu des leçons des gymnosophistes. Il [est certain du moins qu'il resta longtemps en Égypte.

Déja la Grèce s'était élevée au-dessus de toutes les nations par les charmes d'une langue aussi riche qu'harmonieuse, et par les chants d'Homère et d'Hésiode : mais on y connaissait encore peu les sciences spéculatives ; et les jeunes gens n'avaient d'autre moyen de s'instruire qu'en voyageant chez des peuples plus anciennement policés. Cependant leurs esprits n'étaient pas préparés à recueillir les fruits qu'ils attendaient de leurs fatigues. Disciples soumis, et prévenus d'une dangereuse admiration pour leurs maîtres, ils recevaient sans examen tout ce que les prêtres de l'Egypte daignaient leur communiquer. Ils prenaient les rêveries de ses tristes penseurs, leurs préjugés, leurs erreurs, et jusqu'à leurs mensonges, pour des vérités sublimes, et donnaient le nom de sagesse à l'amas informe d'idées mystiques qu'ils rapportaient dans leur patrie. Telle est l'origine de cette fausse métaphysique introduite dans la Grèce par Pythagore, adoptée ensuite par Timée, surchargée par Platon de nouvelles subtilités, rendue plus obscure encore par ses disciples, et qui a nui si longtemps aux progrès de la vérité.

Ce fut à Crotone que s'établit Pythagore, et de là sa secte reçut le nom d'Italique. Les prêtres de l'Egypte faisaient un grand mystère de leur doctrine ; il se fit un devoir de les imiter : mais s'il croyait ses principes utiles, pouvait-il innocemment les tenir secrets?

Ses disciples portèrent jusqu'au fanatisme l'observation du mystère. Du temps que Denys régnait à Syracuse, un certain Mullias et Timycha, sa femme, étaient de la secte pythagoricienne. Le prince voulait apprendre d'eux la cause de l'aversion de cette secte pour les fèves ; Timycha, craignant qu'il ne la fît exposer à des tortures supérieures à sa faiblesse, se coupa, dit-on, la langue avec les dents, et la cracha au visage de Denys.

L'école de Pythagore était réellement une sorte de cloître. On commençait par un rude noviciat. Il fallait garder le silence pendant cinq ans. Après ce temps d'épreuve, on apportait ses biens en commun. Les chairs de certains animaux étaient interdites ; on ne pouvait manger que certaines parties de quelques autres ; il était sévèrement ordonné de s'abstenir de fèves et de poissons. Si quelque disciple se dégoûtait de l'école et rentrait dans le monde, on célébrait ses obsèques.

Pythagore avait apporté toutes ces pratiques de l'Égypte aussi bien que sa théologie. Il enseignait qu'un dieu unique et créateur avait formé les dieux immortels, semblables à lui ; et au-dessous d'eux, les démons et les héros. Les démons ou génies étaient les ministres du dieu suprême : ils étaient placés dans les différentes sphères, l'air en était rempli. C'étaient eux qui envoyaient aux hommes les songes, la santé, les maladies ; c'étaient eux seuls qui agissaient sur les êtres créés; c'était à eux que se rapportaient les cérémonies religieuses, les expiations, les divinations, les purifications. Il fallait prier les démons à midi ; on pouvait invoquer les dieux à toute heure.

Ce qui est singulier, c'est que Pythagore liait sa morale à ce système hiérarchique. Nous devons, disait-il, aimer nos pères et nos mères, parce qu'ils nous représentent les dieux immortels : nous devons aimer nos proches, parce qu'ils sont pour nous l'image des génies ; et considérer dans nos amis les ames heureuses qui, après avoir animé des corps mortels, sont admises dans les chœurs célestes [1].

Cette bizarrerie n'empêche pas que Pythagore n'ait débité des maximes d'une morale très pure. Les vers dorés, qui portent son nom et qui contiennent sa doctrine, sont de Lysis, l'un de ses disciples. C'est un de ces monuments antiques que l'on conserve avec respect, précisément parcequ'ils sont antiques. D'ailleurs on aime à se prouver à soi-même, par des monuments multipliés, que la morale est une, qu'elle est de tous les temps, de tous les pays, et que l'homme ne peut enfreindre ses devoirs sans offenser la raison universelle d'où ils sont émanés. C'est ce qui fait le prix du plus grand nombre des sentences répandues dans ce volume.

Pythagore, au titre de sage, substitua celui de philosophe, ami de la sagesse. La vraie sagesse est une perfection de l'esprit et du caractère, dépendante en partie de l'organisation, perfectionnée par la méditation, l'étude et l'exercice : la philosophie devint une profession. Ç'aurait été du moins la première de toutes, si les Grecs ne l'avaient pas souvent dégradée par de la charlatanerie. La république romaine eut dans la suite des citoyens, des magistrats, des guerriers philosophes : plusieurs écrivirent des ouvrages philosophiques, plusieurs même eu-

---

[1] J'écoute avec respect Pythagore quand il m'ordonne de regarder mon père comme une image des dieux mêmes ; mais je ne puis m'empêcher de le trouver un peu bizarre, quand il veut que je regarde mes cousins comme des génies, et mes amis comme des ames.

LES VERS DORÉS

ATTRIBUÉS A PYTHAGORE.

———

I.

Révère les dieux immortels, c'est ton premier devoir. Honore-les comme il est ordonné par la loi.

II.

Respecte le serment. Vénère aussi les héros dignes de tant d'admiration, et les démons terrestres [1]; rends-leur le culte qui leur est dû.

III.

Respecte ton père et ta mère, et tes proches parents.

IV.

· Choisis pour ton ami l'homme que tu connais le plus vertueux. Ne résiste point à la douceur de ses conseils, et suis ses utiles exemples.

V.

Crains de te brouiller avec ton ami pour une faute légère.

VI.

Si tu peux faire le bien, tu le dois : la puissance est ici voisine de la nécessité. Tels sont les préceptes que tu dois suivre.

———

[1] Le dieu créateur, les dieux immortels, les héros ou génies, les démons terrestres, ou les ames qui avaient appartenu à des hommes vertueux, formaient la hiérarchie pythagoricienne. Elle a été augmentée dans la suite par les platoniciens.

VII.

Prends l'habitude de commander à la gourmandise, au sommeil, à la luxure, à la colère.

VIII.

Ne fais rien de honteux en présence des autres ni dans le secret. Que ta première loi soit de te respecter toi-même.

IX.

Que l'équité préside à toutes tes actions, qu'elle accompagne toutes tes paroles.

X.

Que la raison te conduise jusque dans les moindres choses.

XI.

Souviens-toi bien que tous les hommes sont destinés à la mort.

XII.

La fortune se plaît à changer : elle se laisse posséder, elle s'échappe. Éprouves-tu quelques-uns de ces revers que les destins font éprouver aux mortels ? sache les supporter avec patience ; ne t'indigne pas contre le sort. Il est permis de chercher à réparer nos malheurs ; mais sois bien persuadé que la fortune n'envoie pas aux mortels vertueux des maux au-dessus de leurs forces.

XIII.

Il se tient parmi les hommes de bons discours et de mauvais propos. Ne te laisse pas effrayer par de ̃aines paroles : qu'elles ne te détournent pas des projets honnêtes que tu as formés.

XIV.

Tu te vois attaqué par le mensonge? prends patience, supporte ce mal avec douceur.

XV.

Observe bien ce qui me reste à te prescrire ; que personne par ses actions, par ses discours, ne puisse t'engager à rien dire, à rien faire qui doive te nuire un jour.

XVI.

Consulte-toi bien avant d'agir : crains, par trop de précipitation, d'avoir à rougir de ta folie. Dire et faire des sottises est le partage d'un sot.

XVII.

Ne commence rien dont tu puisses te repentir dans la suite. Garde-toi d'entreprendre ce que tu ne sais pas faire, et commence par t'instruire de ce que tu dois savoir. C'est ainsi que tu mèneras une vie délicieuse.

XVIII.

Ne néglige pas ta santé : donne à ton corps, mais avec modération, le boire, le manger, l'exercice. La mesure que je te prescris est celle que tu ne saurais passer sans te nuire.

XIX.

Que ta table soit saine, que le luxe en soit banni.

XX.

Evite de rien faire qui puisse t'attirer l'envie.

XXI.

Ne cherche point à briller par des dépenses déplacées, comme si tu ignorais ce qui est convenable beau. Ne te pique pas non plus d'une épargne excessive. Rien n'est préférable à la juste mesure qu'il faut observer en toutes choses.

XXII.

N'entame point un projet qui doive tourner contre toi-même : réfléchis avant d'entreprendre.

XXIII.

N'abandonne pas tes yeux aux douceurs du sommeil avant d'avoir examiné par trois fois les actions de ta journée. Quelle faute ai-je commise? Qu'ai-je fait? A quel devoir ai-je manqué? Commence par la première de tes actions, et parcours ainsi toutes les autres. Reproche-toi ce que tu as fait de mal ; jouis de ce que tu as fait de bien [1].

XXIV.

Médite sur les préceptes que je viens de te donner, travaille à les mettre en pratique, apprends à les aimer. Ils te conduiront sur les traces de la divine vertu; j'en jure par celui qui a transmis dans nos ames le sacré quaternaire [2], source de la nature éternelle.

[1] Cette maxime mérite bien de faire conserver avec respect les vers dorés.

[2] Chez les pythagoriciens, la monade ou l'unité représente Dieu même, parcequ'elle n'est engendrée par aucun nombre, qu'elle les engendre tous, qu'elle est simple et sans aucune composition. La dyade, ou le nombre deux, est l'image de la nature créée, parcequ'elle est le premier produit de l'unité, parcequ'elle est composée, parcequ'ayant des parties elle peut se décomposer et se dissoudre. La monade et la dyade réunies forment le ternaire, et représentent l'immensité de tout ce qui existe, l'être immuable, et la matière altérable et changeante. J'ignore par quelle propriété le quaternaire, le nombre quatre, est encore un emblème de la divinité.

XXV.

Avant de rien commencer, adresse tes vœux aux immortels, qui seuls peuvent consommer ton ouvrage. C'est en suivant ces pratiques que tu parviendras à connaître par quelle concorde les dieux sont liés aux mortels, quels sont les passages de tous les êtres, et quelle puissance les domine. Tu connaîtras, comme il est juste, que la nature est, en tout, semblable à elle-même. Alors tu cesseras d'espérer ce que tu espérais en vain, et rien ne te sera caché [1].

XXVI.

Tu connaîtras que les hommes sont eux-mêmes les artisans de leurs malheurs. Infortunés ! ils ne savent pas voir les biens qui sont sous leurs yeux ; leurs oreilles se ferment à la vérité qui leur parle. Combien peu connaissent les vrais remèdes de leurs maux ! C'est donc ainsi que la destinée blesse l'entendement des humains ! Semblables à des cylindres fragiles, ils roulent çà et là, se heurtant sans cesse, et se brisant les uns contre les autres.

XXVII.

La triste discorde, née avec eux, les accompagne toujours et les blesse, sans se laisser apercevoir. Il ne faut pas lutter contre elle, mais la fuir en cédant.

XXVIII.

O Jupiter, père de tous les humains, vous pourriez les délivrer des maux qui les accablent, et leur faire

---

[1] Pythagore croyait sans doute entendre tout cela, et tout le m⸍⸍ croyait aussi l'entendre dans son école.

connaître quel est le génie funeste auquel ils s'abandonnent.

XXIX.

Mortel, prends une juste confiance. C'est des dieux
mêmes que les humains tirent leur origine : la sainte
nature leur découvre tous ses secrets les plus cachés.
Si elle daigne te les communiquer, il ne te sera pas
difficile de remplir mes préceptes. Cherche des remèdes aux maux que tu endures ; ton ame recouvrera
bientôt la santé.

XXX.

Mais abstiens-toi des aliments que je t'ai défendus.
Apprends à discerner ce qui est nécessaire dans la pu-
rification et la délivrance de l'ame [1]. Examine tout,
donne à la raison la première place, et, content de te
laisser conduire, abandonne-lui les rênes.

XXXI.

Ainsi, quand tu auras quitté tes dépouilles mortelles, tu monteras dans l'air libre, tu deviendras un
dieu immortel, incorruptible, et la mort n'aura plus
d'empire sur toi.

---

[1] Les pythagoriciens croyaient, par l'abstinence et les purifications,
pouvoir communiquer avec les dieux, et participer à leur science. Por-
phyre nous apprend que de tristes contemplatifs se sont quelquefois
crevé les yeux pour mieux apercevoir la vérité intérieure en se déta-
chant du spectacle des choses terrestres.

SENTENCES

DE DÉMOPHILE,

PYTHAGORICIEN.

I.

Ne laisse pas ta raison tomber dans la langueur :
son sommeil est plus funeste que celui de la mort.

II.

Dieu ne peut éprouver la colère. Il punira, sans
doute, les coupables qui refusent de le reconnaître ;
il frappera l'impie, mais sans être irrité. Les hommes
se fâchent parcequ'on résiste à leur volonté : mais rien
peut-il se faire contre la volonté de Dieu ?

III.

Le sage honore la divinité, même par son silence :
il lui plaît, non par ses paroles, mais par ses actions.

IV.

Je compare la vie aux cordes d'un instrument de
musique, qu'il faut tendre et relâcher pour qu'elles
rendent un son plus agréable.

V.

Il est bien plus utile de s'entretenir avec soi-même
qu'avec les autres.

VI.

Le hommes qui se vantent le plus ressemblent

trop souvent à des armes dorées : le dehors semble précieux ; ôtez la superficie, vous ne trouverez qu'un vil métal.

VII.

Il n'est de véritables biens que ceux de l'esprit. On peut les communiquer sans en rien perdre ; ils s'augmentent quand on les partage. Mais un si riche trésor ne se peut acquérir au sein de la paresse.

VIII.

Les paroles du sage ressemblent à ces baumes salutaires qui nous soulagent dans nos maux et nous réjouissent dans la santé.

IX.

Riez du mépris et des éloges de l'insensé : regardez sa vie entière comme un opprobre.

X.

Le sage se retire modestement de la vie comme d'un festin.

XI.

Les sacrifices des insensés ne sont que des aliments pour le feu; et les offrandes qu'ils déposent dans les temples, que des appâts pour les voleurs sacriléges.

XII.

La fausseté ne peut longtemps se soutenir : elle n'a qu'un instant pour tromper.

XIII.

L'ampleur excessive des vêtements embarrasse les nouvements du corps ; une trop grande fortune gêne ?ux de l'ame.

XIV.

Bien plus cruellement tourmenté par la conscience de ses crimes que s'il était déchiré par les fouets des Furies, l'homme injuste porte son supplice dans son sein.

XV.

C'est au terme de la carrière qu'on reçoit le prix de la course; c'est vers la fin de la vie qu'on cueille la palme de la sagesse.

XVI.

Les peines que tu feras aux autres ne tarderont pas à retomber sur toi-même.

XVII.

La terre nous fait attendre une année entière ses présents : on recueille à chaque instant les doux fruits de l'amitié.

XVIII.

Lorsque le vent est favorable, le prudent nocher se précautionne contre la tempête : le sage, dans la prospérité, se ménage des ressources contre l'infortune.

XIX.

Ce n'est pas acquérir une science méprisable, que d'apprendre à supporter la sottise des ignorants.

XX.

Préfère l'étranger qui aime la justice à tes plus proches parents qui ne la respectent pas.

XXI.

Fais ce que tu sais être honnête, sans en atten-

aucune gloire ; n'oublie pas que le vulgaire est un bien mauvais juge des bonnes actions.

XXII.

Le musicien sait accorder sa lyre; et le sage, mettre son esprit d'accord avec tous les esprits.

XXIII.

Donne ta confiance aux actions des hommes, ne l'accorde pas à leurs discours : on ne voit que des gens qui vivent mal et parlent bien.

XXIV.

Se livrer aux perfides insinuations du flatteur, c'est boire du poison dans une coupe d'or.

XXV.

L'hirondelle nous amène la belle saison ; et les paroles du sage, la tranquillité de l'ame.

XXVI.

Ne promets pas des merveilles, et fais de grandes choses.

XXVII.

C'est dans le sein de la tempérance que l'ame réunit toutes ses forces : c'est dans le calme des passions qu'elle est éclairée de la véritable lumière. L'insensibilité du tombeau ne vaut-elle pas mieux que l'inutilité d'un esprit offusqué par l'incontinence ?

XXVIII.

Le furieux tourne ses armes contre son propre sein : l'insensé ne fait usage de ses richesses que pour se nuire à lui-même.

XXIX.

Appellerez-vous heureux celui qui fonde son bonheur sur ses enfants, sur ses amis, sur des choses fragiles et périssables ? En un moment, toute sa félicité peut s'évanouir. Ne connaissez d'autre appui que vous-même et la divinité.

XXX.

Il en est des jeunes gens comme des plantes : on connaît à leurs premiers fruits ce qu'on doit en attendre pour l'avenir.

SENTENCES
DE DÉMOCRATE.

I.

On peut, en perfectionnant sa raison, corriger bien des vices du corps : mais les forces du corps, si la raison ne les dirige, ne peuvent rendre l'esprit meilleur.

II.

Il est beau de s'opposer aux attentats de l'homme injuste : si tu n'en as pas le pouvoir, ne te rends pas du moins son complice.

III.

Évite les fautes, non par crainte, mais parceque tu le dois.

IV.

Les avantages du corps, tous ceux de la fortune, ne font pas le bonheur : il ne se trouve que dans la droiture et l'équité.

V.

Il reste une bien douce consolation aux malheureux; c'est d'avoir fait leur devoir.

VI.

Tu as fait une chose honteuse ; commence à rougir de toi-même. Le coupable qui se repent n'est pas encore perdu.

VII.

On ne te demande pas beaucoup de paroles ; on n'exige de toi que la vérité.

VIII.

Tu supportes des injustices; console-toi : le vrai malheur est d'en faire.

IX.

Ne rougis pas de te soumettre aux lois, au prince, au sage qui en sait plus que toi.

X.

Ces gens qui se plaisent à contredire et qui veulent tout savoir, ont un malheur; c'est qu'ils ne peuvent apprendre ce qui est vraiment utile. C'est perdre le temps que de vouloir éclairer l'orgueilleux qui s'étonne lui-même de ses propres lumières.

XI.

Il est des caractères heureux, qui, sans avoir cultivé la raison, y conforment cependant toute leur vie.

XII.

On ne peut te reprocher aucune injustice; c'est trop peu; bannis même l'injustice de ta pensée. Ce ne sont pas seulement les actions, c'est la volonté qui distingue le bon du méchant.

XIII.

Les sots n'apprennent rien de la raison, l'adversité peut les instruire. On a vu quelquefois l'imprudent devenir un sage dans l'infortune.

XIV.

Ce ne sont pas de belles paroles, c'est une conduite vertueuse qui rend hommage à la vertu.

XV.

La force et la beauté font le prix d'un coursier généreux; les bonnes mœurs, celui de l'homme.

XVI.

Pour exercer un métier, on commence par en faire l'apprentissage : pour pratiquer la sagesse, il faut s'en être fait une étude.

XVII.

Tout est perdu quand les méchants servent d'exemple et les bons de risée.

XVIII.

N'est-ce pas une honte de chercher à approfondir les affaires des autres, et de ne pas connaître les siennes?

XIX.

Celui qui diffère toujours laissera son ouvrage imparfait.

XX.

On voit une foule de gens qui semblent merveilleux, et qui ne payent que d'apparence : ils font tout en paroles, et n'agissent jamais.

XXI.

Il n'est pas inutile d'acquérir des richesses; mais rien n'est plus dangereux que d'en acquérir injustement. Heureux qui joint un jugement sain aux faveurs de la fortune ! Il saura dans l'occasion faire un bel usage de ses trésors.

XXII.

L'ignorance du bien est la cause du mal.

XXIII.

N'est-ce pas une odieuse présomption de vouloir parler de tout et de ne rien vouloir écouter ?

XXIV.

Avant de recevoir un bienfait, examinez bien comment vous en pourrez marquer votre reconnaissance.

XXV.

Observez de près le méchant, de peur qu'il ne saisisse l'occasion de faire du mal.

XXVI.

Que souvent il en coûte peu pour exercer l'humanité ! Un faible bienfait répandu à propos peut quelquefois sauver l'honneur ou la vie de celui qui le reçoit.

XXVII.

Mais celui que je vais obliger est peut-être un fourbe qui ne reconnaîtra mes bienfaits que par le mal qu'il s'apprête à me faire.... L'homme bienfaisant cherche à contenter son cœur : que lui importe d'obtenir du retour !

XXVIII.

Louez les belles actions : c'est avoir l'ame vile d'un lâche imposteur que de prostituer son suffrage à celles qui ne le sont pas. Mais souvenez-vous que le sage ne dédaigne pas l'estime qu'on lui accorde, et qu'il ne se montrera jamais inférieur aux honneurs qui lui seront décernés.

XXIX.

Celui qui ne peut même trouver un seul ami est-il digne de vivre? et celui qui n'aime personne peut-il donc être aimé?

XXX.

Ceux qui ont toujours la plainte dans la bouche sont incapables de trouver des amis.

XXXI.

Hommes, ne rions pas des faiblesses de l'humanité : elles doivent bien plutôt faire couler nos larmes.

XXXII.

Louer les gens médiocres, c'est leur faire bien du tort.

XXXIII.

Laisse les autres faire ton éloge, et si tu ne te connais pas les qualités qu'ils célèbrent en toi, sois convaincu que ce sont des flatteurs.

XXXIV.

L'amitié d'un seul sage vaut mieux que celle d'un grand nombre de fous.

XXXV.

La vie est un passage, le monde est une salle de spectacle. On entre, on regarde, on sort.

———

LETTRE

THÉANO à Eubule, salut. J'apprends que vous élevez vos enfants avec trop de délicatesse. Le devoir d'une mère n'est pas de préparer ses fils à la volupté, mais de les former à la tempérance. En voulant remplir auprès des vôtres le devoir d'une tendre mère, tremblez de jouer le rôle d'un flatteur dangereux.

Vous entretenez leur enfance dans la mollesse, et vous croyez qu'ils auront un jour la force d'y renoncer! Vous leur faites prendre l'habitude des plaisirs, et vous vous flattez qu'ils leur préféreront un jour les fatigues! Ah! ma chère Eubule, vous croyez les élever, et vous ne faites que les corrompre.

Et ne dites pas que j'exagère. Connaissez-vous donc une plus funeste corruption que de disposer de jeunes cœurs à la volupté, de jeunes corps à la délicatesse; que de détruire l'énergie des ames, de briser toute la force des corps, et de les rendre incapables de résister aux plus faibles travaux? Quoi! ce ne sera pas corrompre les enfants, que d'en faire des esprits timides et des masses inactives?

Craignez également de voir vos élèves se refuser au travail et se plonger dans les plaisirs : que le beau seul ait des charmes pour eux; qu'ils frémissent d'horreur à la seule pensée du vice. Voulez-vous donc en faire des débauchés, des dissipateurs, des hommes inutiles que des bagatelles pourront seules occuper? Que l'habitude leur apprenne à braver les peines et les dangers. Un jour ils seront soumis aux fatigues, ils connaîtront un jour la douleur : craignez-

[1] Théano était femme de Pythagore : elle avait laissé quelques écr'

vous qu'ils n'en deviennent les esclaves? préparez-les à n'être pas vaincus par elle. A leur âge rien n'est indifférent : ne leur permettez pas de tout dire,' ne les abandonnez pas indifféremment à tous leurs goûts.

J'ai peine à croire ce qu'on me dit. On m'assure que vous frémissez quand ils pleurent; que votre principale étude est de les faire rire; que vous avez la faiblesse de rire vous-même quand ils vous insultent, vous, leur mère, et quand ils battent leur nourrice. J'apprends aussi que vous êtes tout occupée à leur procurer de la fraîcheur en été, et de la chaleur en hiver. Quelque chose peut-il flatter leurs caprices? vous êtes là, toute prête à les satisfaire, à les prévenir; ils n'ont pas le temps de desirer. Est-ce ainsi qu'on élève les enfants des pauvres? On ne les nourrit pas si délicatement; ils n'en croissent que mieux, ils n'en sont que mieux constitués.

Voulez-vous élever une race de Sardanapales, et détruire dans sa naissance la mâle vigueur de votre postérité? Dites-moi donc, ma chère Eubule, que prétendez-vous faire d'un enfant qui se met à pleurer si l'on tarde un instant à lui donner à manger, qui refuse de se nourrir si on ne lui présente pas les mets les plus friands, qui tombe dans la langueur dès qu'il a chaud, qui grelotte au moindre froid, qui se fâche si on le reprend, qui s'emporte dès qu'on manque à deviner ses fantaisies, qui s'abandonne à la mollesse et ne contracte que des habitudes efféminées?

Soyez bien persuadée qu'une éducation voluptueuse ne produira jamais qu'un esclave. Éloignez de vos enfants la délicatesse si vous voulez en faire des hommes : que leur éducation soit austère; qu'ils supportent le froid et le chaud, la soif et la faim; qu'ils aient des égards, de la complaisance pour leurs égaux, du respect pour leurs supérieurs; c'est ainsi que vous leur imprimerez pour toujours le caractère de l'honnêteté.

Croyez-moi : les peines, les travaux, sont des préparations nécessaires à leur âge pour recevoir plus aisément ensuite la teinture de la vertu. La vigne qu'on néglige de cultiver ne donne pas de fruits ; craignez que de même un jour vos enfants, dégradés par le vice de leur éducation, ne deviennent inutiles au monde.

LETTRE

DE THÉANO A NICOSTRATE.

On ne m'a pas dissimulé, ma chère Nicostrate, l'égarement de votre mari. Le voilà donc amoureux d'une courtisane, et vous voilà jalouse? Je connais bien des hommes attaqués du même mal. Ces femmes-là ont un art tout particulier pour les prendre dans leurs filets, pour les y retenir, pour leur faire tourner la tête. La vôtre n'est pas en meilleur état ; vous vous tourmentez nuit et jour, vous vous laissez dévorer par le chagrin, vous n'êtes occupée que de projets de vengeance. Prenez-y garde, ma chère Nicostrate, vous prenez un mauvais parti. La vertu d'une femme n'est pas d'être la gardienne, c'est d'être la compagne de son époux; et une compagne fidèle doit supporter même la démence du compagnon de son sort. Il cherche le plaisir dans les bras d'une maîtresse; mais après l'accès de son délire, c'est auprès de sa femme qu'il cherchera son amie.

Surtout n'allez pas aggraver un mal par d'autres maux, ni une folie par une folie plus grande. Le feu qu'on ne souffle pas s'éteint de lui-même : c'est l'image des passions. Voulez-vous les combattre? elles s'irritent : ne les remarquez-vous pas? elles s'apaisent.

Connaissez bien toute votre imprudence. Votre mari cherche à vous cacher l'outrage qu'il vous fait, et vous avez la maladresse de vouloir l'en convaincre! eh! ne sentez-vous pas que vous arrachez le voile, et qu'il ne se gênera plus pour vous offenser ouvertement ? Ne fondez pas votre amour sur ses caresses, mais sur sa probité : c'est elle qui fait le charme de l'union conjugale. L'attrait du plaisir le met aux genoux d'une courtisane : mais, quand il revient à vous, c'est la compagne de sa vie qu'il cherche et qu'il aime à retrouver. Sa raison vous aime ; ce n'est que sa passion qui l'entraîne dans les bras de votre rivale. Mais les passions sont de courte durée ; bientôt la satiété les suit : un instant les enflamme, un instant les éteint.

A moins qu'un homme ne soit entièrement dissolu, il ne conserve pas un long attachement pour une femme méprisable. Bientôt il renonce à de coupables plaisirs qui coûtent toujours bien cher. Votre mari ne tardera pas à sentir qu'il se nuit à lui-même, qu'il se ruine, qu'il risque sa réputation. Il a trop de jugement pour s'obstiner à sa perte. Il reconnaîtra ses torts et ses dangers ; les droits de son épouse le rappelleront vers elle : alors il saura vous apprécier, il ne pourra supporter la honte de sa conduite passée, et vous le retrouverez repentant et digne de votre amour.

Mais surtout, ma chère Nicostrate, laissez aux courtisanes un art qui leur convient. La modestie, la fidélité, le soin de sa famille, sa tendresse pour ses enfants, ses égards pour les amis de son époux ; voilà tout le manége d'une femme honnête.

Elle doit rougir de manifester sa jalousie contre une courtisane. Une émulation plus noble est seule digne d'elle ; qu'elle combatte de vertu avec les femmes les plus vertueuses. Ne conservez pas un funeste ressentiment ; montrez-vous toujours prête à la réconciliation. Songez que les bonnes mœurs nous concilient la bienveillance même de nos ennemis : elles seules nous honorent ; seules elles nous rendent plus fortes même que nos époux, et nous donnent sur eux un ascendant invincible. Choisissez des deux partis : ou forcez votre époux à vous révérer, ou consentez à servir humblement votre maître.

Il vous reste un moyen de lui reprocher sa conduite ; et ce moyen, c'est votre vertu. C'est par elle que vous le ferez rougir ; c'est par elle que vous devez le presser d'obtenir de vous son pardon. Il vous en aimera davantage, quand il sentira toute son injustice, combien vous méritiez peu de l'éprouver, et combien était grande la perte qu'il risquait de faire lui-même en renonçant à votre tendresse. C'est après la maladie qu'on sent mieux tout le prix de la santé : de même les différends des gens qui s'aiment répandent les charmes les plus doux sur leur réconciliation.

Ne voulez-vous pas m'écouter ? Eh bien ! livrez-vous donc à toute l'impétuosité de votre jalousie. L'esprit de votre mari est malade, montrez que le vôtre n'est pas plus sain : il risque sa réputation ; perdez la vôtre : il néglige sa fortune ; aidez à la renverser ; punissez-vous en croyant le punir. Ou bien abandonnez-le, faites divorce, jetez-vous dans les bras d'un autre époux, qui vous sera de même infidèle, et que vous abandonnerez de même. Non, ma chère Nicostrate, ne vous livrez pas à ces excès : dissimulez les peines de votre cœur, souffrez-les avec patience ; c'est le moyen de les voir plus tôt finir.

LETTRE

DE LA PYTHAGORICIENNE MÉLISSE A CLÉARÈTE.

—

On voit que la nature elle-même a placé dans votre cœur le goût de la vertu. Dans l'âge où vos semblables ne sont occupées que du soin de leur parure, vous êtes assez indifférente sur la vôtre pour la soumettre à mes conseils : c'est nous faire connaître, dès l'aurore de votre vie, qu'elle sera consacrée tout entière à la sagesse.

Une femme honnête et sage doit toujours , dans sa parure, consulter la modestie , négliger la magnificence. Elle recherche dans ses vêtements la plus grande propreté, la plus sévère décence; elle en rejette tous ces ornements superflus, inventés par le luxe, désavoués par la nature. Laissons aux courtisanes ces brillantes robes de pourpre relevées par l'éclat de l'or : ce sont les instruments de leur vil métier, ce sont les filets où elles prennent leurs amants.

Une femme qui ne veut plaire qu'à son époux trouve sa parure dans sa vertu, et non sur sa toilette : elle ne cherche point à réunir, à captiver les suffrages offensants des étrangers. L'attrait de sa sagesse et de sa modestie lui prête bien plus de charmes que l'or et les émeraudes ; son fard est la rougeur aimable de la pudeur. Ses soins économiques , son attention de plaire à son mari, sa complaisance, sa douceur, telles sont les parures qui relèvent sa beauté.

Une femme estimable regarde comme une loi sacrée la volonté de son époux. Elle lui apporte une riche dot ; sa sagesse et sa soumission : car les richesses et la beauté de l'ame sont bien préférables à des charmes qui seront bientôt flétris , et aux présents trompeurs et passagers de la fortune. Une maladie efface la beauté des traits ; celle de l'âme dure autant que la vie.

LETTRE

DE MYIA A PHYLIS.

Vous allez devenir mère : votre premier devoir est de vous occuper du choix d'une nourrice[1]. Qu'elle ait assez

[1] On est étonné que la pythagoricienne Myia ne conseille pas à son amie de nourrir elle-même son enfant. Cette lettre ne peut rien apprendre de nouveau après tant d'ouvrages qui ont été publiés sur le même sujet,

d'empire sur elle-même pour se refuser constamment aux caresses de son mari ; qu'elle soit propre et modeste ; qu'elle n'ait ni la passion du vin ni l'amour du sommeil ; que son lait soit pur et nourrissant. Du choix que vous allez faire dépend la vie entière d'un enfant chéri.

Tous les instants d'une bonne nourrice doivent être partagés entre ses devoirs. Elle doit consulter la prudence et non sa fantaisie, son caprice, pour présenter le sein au nourrisson : c'est ainsi qu'elle lui fortifiera la santé. Il n'est pas moins nécessaire qu'elle attende, pour se livrer au sommeil, que l'enfant lui-même ait envie de se reposer.

Prenez garde qu'elle ne soit d'une humeur colérique; je n'apprendrais pas non plus avec plaisir qu'elle fût bègue ; tâchez même qu'elle soit née dans la Grèce, de peur que, par imitation, votre enfant ne contracte un accent vicieux. Surtout qu'elle soit prudente dans le choix de ses aliments, et qu'elle ne prenne même de nourriture saine qu'avec une juste réserve.

Il est bon de laisser dormir les enfants après qu'ils se sont bien nourris de lait : ce repos agréable, et qu'exige leur faiblesse, rend leur digestion plus facile. S'il faut absolument leur donner quelque autre nourriture que le lait de leur nourrice, n'oubliez pas qu'elle doit être simple et légère. Je crois que le vin est une boisson trop forte pour eux ; si vous ne le leur refusez pas entièrement, qu'il soit du moins assez trempé pour approcher de la douceur du lait.

Je ne conseillerais pas de les baigner tous les jours : il suffit qu'ils prennent le bain de temps en temps, et il est essentiel d'en bien ménager la température. N'étudiez pas avec moins d'attention celle de l'air que respirera votre enfant; qu'il n'éprouve ni une trop grande chaleur, ni un froid trop rigoureux. Sa chambre ne doit être ni trop close, ni trop exposée au vent ; l'eau qu'il boira, ni trop légère, ni

---

mais on sera bien aise de connaître les soins que les mères prenaient alors de la première nourriture de leurs enfants.

trop pesante. Ne lui donnez pas des langes trop rudes; qu'ils aient assez d'ampleur pour l'envelopper, trop peu pour l'incommoder. La nature doit être votre règle ; elle demande que ses besoins soient satisfaits , elle ne veut pas de magnificence.

J'ai cru devoir , dès à présent , vous donner ces conseils pour la nourriture de votre enfant ; j'espère vous entretenir quelque jour de son éducation.

FIN.

TABLE.

—

		Pages.
Entretiens de Socrate.	. . . .	1

PENSÉES DE MARC-AURÈLE.

| Vie de Marc-Aurèle. | . . . . | 195 |

PENSÉES.

Chapitre I. Exemples ou Leçons de vertu de mes parents et de mes maîtres.	205
II. Bienfaits que j'ai reçus des Dieux.	215
III. De l'Être suprême et des Dieux créés.	216
IV. Providence.	219
V. Résignation.	224
VI. Sur les Prières.	228
VII. Raison divine et humaine.	230
VIII. Loi naturelle.	236
IX. Du recueillement.	247
X. Sur les spectacles.	251
XI. Sur les pensées et les mouvements de l'ame. .	255
XII. Sur les troubles intérieurs.	259
XIII. Être content de tout ce qui arrive.	268
XIV. Force de l'ame contre la douleur.	271
XV. Règles de discernement.	278
XVI. Objets dignes de notre estime.	284
XVII. Véritables biens.	288
XVIII. Philosophie	292
XIX. Règles de conduite.	298
XX. Défauts à éviter.	305
XXI. Sur la volupté et la colère.	308
XXII. Contre la vaine gloire.	510
XXIII. Humbles sentiments	515
XXIV. Contre la paresse.	519
XXV. Contre le respect humain.	520
XXVI. Des obstacles à faire le bien.	525
XXVII. Encouragements à la vertu.	527
XXVIII. Supporter les hommes.	541
XXIX. Sur les offenses qu'on reçoit.	546

Pages.

Chap. **XXX.** Pardonner à ses ennemis et les aimer. . . . . . : 550

    XXXI. Bonheur de la vie. 551

    XXXII. L'homme vertueux. 558

.   **XXXIII.** Se détacher et s'attacher. 564

    XXXIV. Sur la mort. 575

    XXXV. Récapitulation de quelques maximes. 592

MANUEL D'ÉPICTÈTE.

Notice sur Épictète. 599

Manuel. 403

Appendice au Manuel. 435

Tableau de la vie humaine, par Cébès. 447

SENTENCES DE THÉOGNIS.

Sur Théognis. 471

Sentences. 475

SENTENCES DE PHOCYLIDE.

Sur Phocylide. 501

Sentences. 505

Des Sages de la Grèce. 519

Sentences des Sages de la Grèce. 525

De Pythagore. 535

Les Vers dorés. 541

Sentences de Démophile. 547

Sentences de Démocrate. 553

Lettre de Théano à Eubule. 559

    —   à Nicostrate. 561

    — de Mélisse à Cléarète. 565

    — de Myia à Phyllis. 564

FIN DE LA TABLE.

Lightning Source UK Ltd.
Milton Keynes UK
UKHW020740191218
334233UK00007B/528/P